世纪英才 高等职业教育课改系列规划教材 （经管类）

财务管理实践教程

张广柱 于兆河 王莉华 刘红英 刘志红 ◎ 主编

杨启浩 赵丽金 李士涛 ◎ 副主编

Caiwu Guanli
Shijian Jiaocheng

人民邮电出版社

北 京

图书在版编目（CIP）数据

财务管理实践教程 / 张广柱等主编. -- 北京：人
民邮电出版社，2013.8
世纪英才高等职业教育课改系列规划教材. 经管类
ISBN 978-7-115-29669-6

Ⅰ. ①财… Ⅱ. ①张… Ⅲ. ①财务管理－高等职业教
育－教材 Ⅳ. ①F275

中国版本图书馆CIP数据核字(2012)第286947号

内 容 提 要

本书旨在能较全面系统地介绍现代财务管理的基本概念、基本原理和基本方法，使读者通过本书的学习能对现代财务管理有一个总体的了解和认识。全书以概念、原理和方法的讨论介绍为主，同时也考虑财务管理的实务和内容的实际可操作性，但不过多地关注具体的法律和制度的规定。本书可作为高职高专会计专业及经济管理类其他专业的课程教材，也可作为企业管理人士的工具书。

◆ 主　　编　张广柱　于兆河　王莉华　刘红英　刘志红
　　副 主 编　杨启浩　赵丽金　李士涛
　　责任编辑　韩旭光
　　执行编辑　严世圣
　　责任印制　沈　蓉　杨林杰

◆ 人民邮电出版社出版发行　　北京市崇文区夕照寺街 14 号
　　邮编　100061　　电子邮件　315@ptpress.com.cn
　　网址　http://www.ptpress.com.cn
　　中国铁道出版社印刷厂印刷

◆ 开本：787×1092　1/16
　　印张：17.5　　　　　　　　　2013 年 8 月第 1 版
　　字数：418 千字　　　　　　　2013 年 8 月北京第 1 次印刷

定价：33.00 元

读者服务热线：(010)67132746　印装质量热线：(010)67129223
反盗版热线：(010)67171154
广告经营许可证：京崇工商广字第 0021 号

我国自 20 世纪 90 年代初引入西方财务管理理论以来，财务管理领域发生了重大变革，从事财务管理教学和研究的学者不断增加，财务管理理论与实务有了长足的发展。伴随我国金融、证券市场的发展和国际贸易的深入，企业财务管理工作面临的外界环境越来越复杂，企业越来越需要具有扎实财务管理理论知识和实践能力的人才，这是商品经济发展的必然要求，这为财务管理的理论研究和教学提供了需求的动力。

财务管理作为企业管理的重要工作，要实现对企业经营过程中的财务活动进行有效的预测、决策、计划、分析和控制。财务管理就是要将科学的决策方法运用于理财活动的方方面面，如以最低的成本筹集企业所需资金、选择最佳的投资方案使企业价值达到最大化、合理分担企业的投融资风险、有效地管理企业的现金流等。在实施现代企业制度的企业中，产品生产方向、规模和质量水平既定的条件下，财务管理就是企业管理的核心。经营管理人员需要树立货币时间价值观念、竞争观念、风险观念，进行各项财务决策，在动态中实现最优组合。

财务管理作为经济和管理类专业的核心课程，在课程体系中占有非常重要的地位。本书充分考虑当前企业对财务管理的要求和教学的需要，由浅入深、循序渐进地系统介绍了财务预测与计划、筹资、投资、资金营运、资金分配等财务决策、财务控制和财务分析等一系列财务管理基本理论和方法，并增加适当的案例分析，提高学生学以致用的能力。本书是为高职高专会计专业及经济管理类其他专业的财务管理课程服务的，同时也是企业财务管理人士的工具书。

全书由辽宁石油化工大学张广柱、于兆河、王莉华，广州铁路职业技术学院刘红英，河南许昌职业技术学院刘志红主编。张广柱负责整体框架的设计、大纲的制定及全书的定稿。河南工业职业技术学院杨启浩编写了开篇导读；于兆河编写了课题一；张广柱编写了课题二、课题三、课题七、课题九；茂名职业技术学院赵丽金编写了课题四；刘红英编写了课题五；刘志红编写了课题六；辽宁石油化工大学李士涛编写了课题八；王莉华编写了课题十；辽宁石油化工大学白丽负责收集数据资料整理稿件。

由于水平有限，书中难免有一些错误、疏漏，敬请各位读者指正。

编者
2013 年 2 月

目录

Contents

开篇导读

▶ **知识目标**

理解掌握财务管理的基本概念、方法及其环境影响因素

▶ **建议学时**

4 学时

导读一　财务管理的定义

　　财务管理就是从事与资金有关的活动，包括对资金的取得、使用和管理等一系列活动进行管理，是组织企业财务活动，处理财务关系的一项经济管理工作。

一、财务管理活动

　　企业财务管理是对价值量的管理，资金运动就是以价值形式综合地反映企业的再生产过程。即企业将拥有的资金用于购买生产经营所需的建筑物、设备、原材料等劳动资料和劳动对象；然后劳动者运用一定的劳动资料将劳动对象加工成新的产品，并将生产中消耗掉的劳动资料、劳动对象和活劳动的价值转移到产品中去，创造出新的价值；最后通过实物商品的出售转移价值，使新创造的价值得以实现。

　　在以上过程中，资金的形态不断发生变化，从最初的储备资金形态变化为实物资料形态，继而进入生产资金形态，完工后成为实物商品形态，出售后又恢复到货币资金形态，周而复始，不断循环，形成财务活动。它大致可以分为以下 4 个方面。

1．与筹资有关的财务活动

　　在商品经济条件下，企业想要从事经营，首先必须筹集到一定数量的资金，这也是企业资金运动的起点。企业可以通过吸收直接投资、发行股票和企业内部留存收益等自有资金的方式取得，也可以通过向银行借款、发行债券和商业信用等方式取得。

　　企业筹集到的资金，表现为资金的流入。与此相对应的，企业偿还借款、支付利息和股息等，则表现为资金的流出。这些资金收付活动就是由于筹集资金而产生的财务活动。

2．与投资有关的财务活动

　　企业筹集资金的目的就是为了将资金用于生产经营活动中，以便取得利润，不断增加企业价值。企业把筹集到的资金投资于企业内部，用于购置固定资产和无形资产等，便形成企业的对内投资；企业把筹集到的资金投资于购买其他企业的股票、债券或对其他企业进行直接投资，便形成企业的对外投资。

无论企业对内还是对外投资，都需要支出资金；而当企业变卖对内投资形成的各种资产或收回对外投资时，则会产生资金的收入。这些资金收付活动就是由于资金投放而产生的财务活动。

3．与经营有关的财务活动

企业在正常的经营过程中，也会发生一系列的资金收付。例如，采购材料、低值易耗品以及支付工资和各种费用产生资金流出；销售取得收入、收回资金以及通过合理占用应付款项等方式形成资金流入。这些资金收付活动就是由于经营活动而产生的财务活动。

4．与分配有关的财务活动

企业将资金投放和使用后，会取得收入并实现资金的增值，即产生利润。收入补偿生产经营中的各种成本、费用、销售税金后若有剩余，为企业的息税前利润，即支付利息及缴纳所得税之前的收益。

息税前利润在支付债权人的利息以后，即税前利润；依法缴纳所得税后，即税后利润。税后利润是企业的净利润，是弥补亏损以及提取公积金、公益金之后，向投资者分配的利润。这个过程中的资金收付就是由于利润分配而产生的财务活动。

上述 4 个方面的财务活动，就是财务管理的基本内容，即企业筹资管理、企业投资管理、营运资金管理和利润及其分配管理。

二、财务关系

财务关系是指企业在组织财务活动过程中与各有关方面发生的经济关系。企业的筹资活动、投资活动、经营活动、利润分配活动与企业的方方面面有着广泛的联系。企业的财务关系可归纳为以下几个方面。

1．企业与投资者之间的财务关系

企业与投资者之间的财务关系主要是指投资者按照投资合同、协议和章程的约定向企业投入资金，企业按出资比例或合同、章程的规定向投资者支付投资报酬所形成的经济利益关系。企业与投资者之间的财务关系体现着所有权的性质，反映着经营权和所有权的关系。企业的投资者主要有国家、法人单位、个人。

2．企业与受资者之间的财务关系

企业与受资者之间的财务关系主要是指企业以购买股票或直接投资的形式向其他企业投资，受资单位按规定分配给企业投资报酬所形成的经济利益关系。企业与受资者之间的财务关系体现着所有权的性质，反映着投资和受资的关系。

3．企业与债权人之间的财务关系

企业与债权人之间的财务关系主要是指企业向债权人借入资金，并按借款合同的规定按时支付利息和归还本金所形成的经济关系。企业与债权人之间的财务关系反映着债务与债权的关系。企业的债权人主要有债券持有人、贷款机构、商业信用提供者以及其他出借资金给企业的单位或个人。

4．企业与债务人之间的财务关系

企业与债务人之间的财务关系主要是指企业将其资金以购买债券、提供借款或商业信用等形式出借给其他单位，并按约定的条件要求债务人支付利息和归还本金所形成的经济关系。企业与债权人之间的财务关系反映着债权与债务的关系。

5．企业与税务机关之间的财务关系

企业与税务机关之间的财务关系主要是指企业按照国家税法规定依法缴纳流转税、所得税和其他各种税的过程中所形成的经济关系。企业与税务机关之间的财务关系反映的是依法纳税和依法征税的权利义务关系。

任何企业都要按照国家税法的规定及时、足额地缴纳各种税款，以保证国家财政收入的实现，满足社会各方面的需要，这既是企业对国家的贡献，又是对社会应尽的义务。

6．企业内部各单位之间的财务关系

企业内部各单位之间的财务关系主要是指在实行企业内部经济核算制和内部经营责任制的条件下，企业内部各单位之间在生产经营各环节中形成的资金结算关系。企业内部各单位之间的财务关系反映了企业内部各单位之间的利益关系。

在实行内部经济核算的企业，企业内部各单位具有相对独立的资金定额和独立支配的费用限额，对各单位之间相互提供的产品或劳务要进行计价结算。

7．企业与职工之间的财务关系

企业与职工之间的财务关系主要是指企业按照提供的劳动数量和质量向职工支付工资、津贴和奖金等劳动报酬，并按规定提取职工福利费和公益金以及为职工代垫款项等而形成的经济利益关系。企业与职工之间的财务关系反映了职工个人和企业在劳动成果上的分配关系。

导读二　财务管理的目标

一、企业的目标及其对财务管理的要求

企业是营利性组织，其出发点和归宿是获利。企业一旦成立，就会面临竞争，并始终处于生存和倒闭、发展和萎缩的矛盾之中。企业必须生存下去才可能获利，只有不断发展才能求得生存。因此，企业管理的目标可以概括为生存、发展和获利。

1．生存

企业只有生存，才可能获利。企业生存的"土壤"是市场。它包括商品市场、金融市场、人力资源市场、技术市场等。企业在市场中生存下去的基本条件是以收抵支。企业一方面付出货币，从市场上取得所需的资源；另一方面提供市场需要的商品或服务，从市场上换回货币。企业从市场获得的货币至少要等于付出的货币，以便维持继续经营，这是企业长期存续的基本条件。因此，企业的生命力在于它能不断创新，以独特的产品和服务取得收入并且不断降低成本，减少货币的流出。如果出现相反的情况，企业没有足够的货币从市场换取必要的资源，企业就会萎缩，甚至无法维持最低的运营条件。如果企业长期亏损，扭亏无望，就失去了存在的意义。为避免进一步扩大损失，企业应主动终止营业。

企业生存的另一个基本条件是到期偿债。企业为扩大业务规模或满足经营周转的临时需要，可以向其他个人或法人借债。国家为维持市场经济秩序，通过立法规定债务人必须"偿还到期债务"，必要时"破产偿债"。企业如果不能偿还到期债务，就可能被债权人接管或被法院判定破产。

因此，企业生存的主要威胁来自两方面。一个是长期亏损。它是企业终止的内在原因。另一个是不能偿还到期债务，它是企业终止的直接原因。亏损企业为维持运营被迫进行偿债

性融资，借新债还旧债，如不能扭亏为盈，迟早会借不到钱而无法周转，从而不能偿还到期债务。赢利企业也可能出现"无力支付"的情况。主要是借款扩大业务规模：冒险失败，为偿债必须出售不可缺少的厂房和设备，使生产经营无法继续下去。

力求保持以收抵支和偿还到期债务的能力减少破产的风险，使企业能够长期、稳定地生存下去，是对财务管理的第一个要求。

2．发展

企业是在发展中求得生存的。企业的生产经营如"逆水行舟"，不进则退。在科技不断进步的现代经济中，产品不断更新换代企业必须不断推出更好、更新、更受顾客欢迎的产品，才能在市场中立足。在竞争激烈的市场上。各个企业此消彼长、优胜劣汰。一个企业如不能发展，不能提高产品和服务的质量，不能扩大自己的市场份额，就会被其他企业挤出市场。

企业的发展集中表现为扩大收入。扩大收入的根本途径是提高产品的质量，扩大销售的数量，这就要求不断更新设备、技术和工艺，并不断提高各种人员的素质，也就是要投入更多、更好的物质资源，并改进技术和管理。在市场经济中，各种资源的取得都需要付出货币。企业的发展离不开资金。

因此，筹集企业发展所需要的资金，是对财务管理的第二个要求。

3．获利

企业必须能够获利，才有存在的价值。创立企业的目的是赢利。已经创立起来的企业，虽然有增加职工收入、改善劳动条件、扩大市场份额、提高产品质量、减少环境污染等多种目标，但是，赢利是最具综合能力的指标。赢利不但体现了企业的出发点和归宿，而且可以概括其他目标的实现程度，并有助于其他目标的实现。

从财务上看，赢利就是使资产获得超过其投资的回报。在市场经济中，没有"免费使用"的资金，资金的每项来源都有其成本。每项资产都是投资，都应当是生产性的，要从中获得回报。例如，各项固定资产要充分地用于生产，要避免存货积压，尽快收回应收账款，利用暂时闲置的现金等。财务主管务必使企业正常经营产生的和从外部获得的资金能以产出最大的形式加以利用。

因此，通过合理、有效地使用资金使企业获利，是对财务管理的第三个要求。

综上所述，企业的目标是生存、发展和获利。企业的这些目标要求财务管理完成筹措资金并有效地投放和使用资金的任务。企业的生存乃至于成功，在很大程度上取决于过去和现在的财务政策。财务管理不仅与资产的获得及合理使用的决策有关，而且与企业的生产、销售管理发生直接联系。

二、财务管理目标概述

1．财务管理目标的概念

财务管理目标又称理财目标，是指企业进行财务活动要达到的根本目的，是评价企业财务活动是否合理的基本标准。它是企业一切财务活动的出发点和归宿，决定着企业财务管理的基本方向。不同的财务管理目标会产生不同的财务管理运行机制，科学地设置财务管理目标，对优化理财行为、实现财务管理的良性循环具有重要意义。

2．财务管理目标的层次

财务管理目标之所以具有层次性，主要是因为财务管理的具体内容可以划分为若干层次。例如，企业财务管理的基本内容可以划分为筹资管理、投资管理、营运资金管理和利润分配管理等几个方面，而每一个方面又可以再进行细分。例如，筹资管理可以再分为预测资金需要量、选择资金渠道、确定筹资方式和决定资本结构等具体内容；投资管理可以再分为研究投资环境、确定投资方式和做出投资决策等具体内容。

财务管理内容的这种层次化和细分化，使财务管理目标成为一个由总体目标、分部目标和具体目标 3 个层次构成的层次体系。

（1）总体目标

总体目标是指整个企业财务管理所要达到的目标。财务管理的总体目标决定着分部目标和具体目标，决定着整个财务管理过程的发展方向，是企业财务活动的出发点和归宿。

（2）分部目标

分部目标是指在总体目标的制约下，进行某一部分财务活动所要达到的目标。财务管理的分部目标会随着总体目标的变化而变化，但它对总体目标的实现有重要作用。分部目标一般包括筹资管理目标、投资管理目标、营运资金管理目标、利润分配管理目标等几个方面。

（3）具体目标

具体目标是在总体目标和分部目标的制约下，从事某项具体财务活动所要达到的目标。例如，企业发行股票要达到的目标、更新固定资产要达到的目标，等等。具体目标是财务管理目标层次体系中的基层环节，是总体目标和分部目标的落脚点，对保证总体目标和分部目标的实现有重要意义。

三、财务管理的目标

明确财务管理目标是搞好财务工作的前提，也是搞好企业管理的一个重要组成部分。目前我国企业经营的总目标是经济效益最大化。企业财务管理的总体目标应该与企业的总体目标具有一致性。

（一）利润最大化目标

所谓利润最大化目标，是指企业理财应以实现最大的利润为目标。其表现形式有两种：一种为利润的绝对额最大，另一种是利润的相对额及每股收益最大。

1. 利润总额最大化

利润总额是企业在一定期间全部收入与全部费用的差额，它代表了企业新创造的财富，利润越多，则企业的财富增加就越多。同时，利润的多少在一定程度上反映了企业经济效益的高低和企业竞争能力的大小。把利润最大化作为财务管理目标，与旧体制下企业不讲经济核算和利润相比，有其合理的一面。

企业追求利润最大化，就必须讲求经济核算，加强管理，改进技术，提高劳动生产率，降低产品成本。这些措施都有利于资源的合理配置和经济效益的提高。

但是，以利润最大化作为财务管理的目标存在以下缺点。

① 利润最大化目标中的利润额容易被人为操纵。利润最大化中的利润额可以采用多计收入、少计费用等不利于企业会计核算谨慎性和真实性的方法获得。

② 利润最大化目标没有考虑资金的时间价值。利润最大化中的利润额是企业一定时期的利润总额，没有考虑利润实现的具体时间，即没有考虑资金的时间价值。

③ 利润最大化目标没有考虑风险问题。利润最大化没有考虑所获利润应承担的风险因素，这可能会导致企业不顾风险的大小去追求最多的利润。

④ 利润最大化目标是一种短期行为。利润最大化目标片面追求利润最大化，往往会使企业财务决策带有短期行为的倾向，只顾实现目前的最大利润，而不顾企业的长远发展。

综上所述，将利润最大化作为企业财务管理目标，既是对财务管理目标的浅层次认识，也是对企业生存价值和企业经济效益浅层次和片面的认识。所以，现代财务管理理论认为，利润最大化并不是财务管理的最优目标。

2．资本利润率或每股盈余最大化

资本利润率是非股份制企业的净利润与资本额的比值。

每股盈余是股份制企业的净利润与普通股股数的比值。

这是同一个问题处于不同环境的不同表现形式，即净利润在股份制与非股份制企业中的相对表现问题。

资本利润率或每股盈余最大化目标考虑了所获利润与投入资本额或股本数之间的关系，使不同资本规模的企业或同一企业不同期间的利润具有可比性。但这个目标仍然没有考虑到资金的时间价值和风险因素，也不能避免企业的短期行为。

（二）股东财富最大化目标

股东财富最大化是指通过财务上的合理运营，为股东带来最大财富。在股份制公司中，股东财富由其所拥有的股票数量和股票市场的价格两方面来决定。在股票数量一定时，当股票价格达到最高时，股东财富也达到最大。

所以，股东财富最大化又可演变为股票价格最大化。股票的市场价格体现着投资者对企业价值所做的客观评价，因而股票的市场价格可以全面地反映企业目前和将来的赢利能力、预期收益、资金的时间价值和风险等方面的因素及其变化。

1．优点

与利润最大化目标相比，股东财富最大化目标有以下优点。

① 股东财富最大化目标考虑了风险因素，因为风险的高低会对股票价格产生重要影响。

② 股东财富最大化目标考虑了资金的时间价值，在一定程度上能够克服企业在追求利润上的短期行为。目前的利润不仅会影响股票价格，预期未来的利润对企业股票的价格也会产生重要影响。

③ 股东财富最大化目标具有亲和力，容易被股东所接受。因为财务管理的各种决策均需通过股东的同意才可生效，否则无法开展财务管理工作。

2．缺点

股东财富最大化目标也存在以下一些缺点。

① 股东财富最大化目标只适用于股份制企业，而对于非股份制企业，必须通过资产评估才能确定其价值的大小。在评估时，又受到评估标准和评估方式的影响，从而影响到对股东财富确定的客观性和准确性。

② 股票价格受多种因素的影响，这些因素并不一定都是企业自身造成的，也并非都是企业所能控制的。股东财富最大化目标把不可控制的因素引入财务管理目标是不合理的。

③ 股东财富最大化目标只强调股东的利益，而忽视了企业其他关系人的利益。

（三）企业价值最大化目标

企业价值最大化是指企业的市场价值最大化，它反映了企业潜在或预期的获利能力。企业价值不是账面资产的总价值，而是企业资产作为一个整体的市场价值，即企业有形资产和无形资产总体的市场评价，这种评价体现在潜在或预期的获利能力或净现金流量上。

在确定企业价值时，应以企业未来各期预期产生的净现金流量的折现值之和为依据。其中，未来各期的净现金流量是按可能实现的概率来计算，折现率反映投资者对投资的风险报酬要求。

企业价值最大化目标，最关键的问题是其计量问题。从实践看，可以通过资产评估来确定企业价值的大小。从理论上讲，企业价值可以通过下列公式进行计量。

$$V = \sum_{t=1}^{n} FCF_t \frac{1}{(1+i)^t}$$

式中，V——企业价值；

t——取得报酬的具体时间；

FCF_t——第 t 年的企业报酬，通常用现金流量表示；

i——与企业风险相适应的贴现率；

n——取得报酬的持续时间，在持续经营假设条件下，n 为无穷大。

如果假设各年的现金流量相等，则上式可简化为

$$V = \frac{FCF}{i}$$

从上式中可以看出，企业价值与现金流量成正比，一段时间内企业取得的现金流量越大，折现后作为企业价值的组成部分就越大；企业价值与折现率成反比，折现率越高，折现后的现金流量就越小。而折现率的高低主要由企业风险的大小来决定。

以企业价值最大化作为财务管理的目标，具有以下优点。

① 企业价值最大化目标考虑了取得报酬的时间，并用资金时间价值的原理进行了计算。计算企业价值的公式，实际上是用每期的现金流量乘以复利现值系数再求和；而简化公式则是一个永续年金现值的计算。

② 企业价值最大化目标科学地考虑了风险与报酬的关系。报酬的大小与企业价值的大小成正比，风险的高低与企业价值的大小成反比。进行企业财务管理，就是要正确权衡报酬增加与风险增加的得与失，努力实现二者之间的最佳平衡，使企业价值达到最大。

③ 企业价值最大化目标能克服企业在追求利润上的短期行为。因为不仅目前的利润会影响企业的价值，而预期未来的利润对企业价值的影响更大。

④ 企业价值最大化目标扩大了财务管理考虑问题的范围。企业是多边关系的总合，股东、债权人、各级管理者和一般职工等，对企业的发展而言，缺一不可。

各方都有其自身利益，共同参与构成企业的利益机制，如果试图通过损害一方利益而使另一方获利，就会导致矛盾冲突，不利于企业的发展。所以，股东财富最大化仅仅考虑股东利益而忽略了其他关系人的利益，是有缺陷的，而企业价值最大化可以弥补以上不足。企业价值最大化的观点体现了对经济效益的深层次认识，它是现代企业财务管理的最优目标。

以上三种财务管理目标是目前最具有代表性的企业财务管理目标，随着社会经济的发展，企业的财务管理目标也有了新的发展。例如，当今有许多企业以社会价值最大化为财务

管理的目标，在强调企业效益的同时，还要注重社会效益，尽可能地安排残疾人士、下岗人士进企业工作，积极参与公益事业，关注人均纳税额。

选择一个符合企业自身特点的财务管理目标是一项非常重要的工作，它直接影响着财务管理工作的具体执行标准、工作方法和评价制度等。

导读三　财务管理原则

财务管理的原则，也称理财原则，是指人们对财务活动的共同的、理性的认识。它是联系理论与实务的纽带。财务管理理论是从科学角度对财务管理进行研究的成果，通常包括假设、概念、原理和原则等。财务管理实务是指人们在财务管理工作中使用的原则、程序和方法。理财原则是财务管理理论和实务的结合部分（见图 0-1）。

图 0-1　实践－原则－理论关系图

理财原则具有以下特征。

① 理财原则是财务假设、概念和原理的推论。它们是经过论证的、合乎逻辑的结论，具有理性认识的特征。

② 理财原则必须符合大量观察和事实情况，被多数人所接受。财务理论有不同的流派和争论，甚至存在完全相反的理论，而原则不同，它们被现实反复证明并被多数人接受，具有共同认识的特征。

③ 理财原则是财务交易和财务决策的基础。财务管理实务是应用性的，应用是指理财原则的应用。各种财务管理程序和方法，是根据理财原则建立的。

④ 理财原则为解决新的问题提供指引。已经开发出来的、被广泛应用的程序和方法，只能解决常规问题。当问题不符合任何既定程序和方法时，原则为解决新问题提供预先的感性认识，指导人们寻找解决问题的方法。

⑤ 原则不一定在任何情况下都绝对正确。原则的正确性与应用环境有关，在一般情况下它是正确的，而在特殊情况下不一定正确。

对于如何概括理财原则，人们的认识不完全相同。道格拉斯·R·爱默瑞和约翰·D·芬尼特的观点具有代表性，他们将理财原则概括为 3 类，共 12 条。

一、有关竞争环境的原则

有关竞争环境的原则，是对资本市场中人的行为规律的基本认识。

（一）自利行为原则

自利行为原则是指人们在进行决策时按照自己的财务利益行事，在其他条件相同的情况下人们会采取对自己经济利益最大的行动。

自利行为原则的依据是理性的经济人假设。该假设认为，人们对每一项交易都会衡量其代价和利益，并且会选择对自己最有利的方案来行动。自利行为原则假设企业决策人对企业目标具有合理的认识程度，并且对如何达到目标具有合理的理解。在这种假设情况下，企业会采取对自己最有利的行动。自利行为原则并不认为钱是任何人生活中最重要的东西，或者说钱可以代表一切。问题在于商业交易的目的是获利，在从事商业交易时人们总是为了自身的利益做出选择和决定，否则他们就不必从事商业交易。自利行为原则也并不认为钱以外的东西都是不重要的，而是说在"其他条件都相同时"，所有财务交易集团都会选择对自己经济利益最大的行动。

自利行为原则的一个重要应用是委托 – 代理理论。该理论把企业看成是各种自利的人的集合。如果企业只有业主一个人，他的行为就十分明确和统一。如果企业是一个大型的公司，情况就变得非常复杂，因为这些关系人之间存在利益冲突。一个公司涉及的利益关系人包括普通股东、优先股东、债券持有者、银行、短期债权人、政府、社会公众、经理人员、员工、客户、供应商等。这些人或集团都是按自利行为原则行事的。企业和各种利益关系人之间的关系，大部分属于委托代理关系。这种相互依赖又相互冲突的利益关系需要通过"契约"来协调。因此，委托代理理论是以自利行为原则为基础的。有人主张，把"委托代理关系"单独作为一条理财原则，可见其重要性。

自利行为原则的另一个应用是机会成本的概念。当一个人采取某个行动时，就等于取消了其他可能的行动。因此，他必然要用这个行动与其他的可能行动相比，看该行动是否对自己最有利。采用一个方案而放弃另一个方案时，被放弃方案的收益是被采用方案的机会成本，也称择机代价。尽管人们对机会成本或择机代价的理解有分歧，在计算中也经常会遇到困难，但是人们都不否认机会成本是一个在决策时不能不考虑的重要问题。

（二）双方交易原则

双方交易原则是指每一项交易都至少存在两方，在一方根据自己的经济利益决策时，另一方也会按照自己的经济利益决策行动，并且双方具有相当的实力，因此在决策时要正确预见对方的反应。

双方交易原则的建立依据是商业交易至少有两方、交易是"零和博弈"，以及各方都是自利的。每一项交易都有一个买方和一个卖方，这是不争的事实。无论是买方市场还是卖方市场，在已经成为事实的交易中，买进的资产和卖出的资产总是一样多。例如，在证券市场上卖出一股就一定有一股买入。既然买入的总量与卖出的总量永远一样多，那么一个人的获利只能以另一个人的付出为基础。一个高的价格使购买人受损而卖方受益；一个低的价格使购买人受益而卖方受损，一方得到的与另一方失去的一样多，从总体上看双方收益之和等于零，故称为"零和博弈"。

在"零和博弈"中，双方都按自利行为原则行事，谁都想获利而不是吃亏。那么，为什么还会成交呢?这与事实上人们的信息不对称有关。买卖双方由于信息不对称，因而对金融证券产生不同的预期。不同的预期导致了证券买卖，高估股票价值的人买进，低估股票价值的人卖出，直到市场价格达到他们一致的预期时交易停止。因此，决策时不仅要考虑自利行为原则，还要使对方有利，否则交易就无法实现。

双方交易原则要求在理解财务交易时不能"以我为中心"：在谋求自身利益时，反映出管理者对自己公司的实力以及新领域的未来前景充满信心。

（三）信号传递原则

信号传递原则要求根据公司的行为判断它未来的收益状况。例如，一个经常用配股的办法找股东筹资的公司，很可能自身产生现金能力较差；一个大量购买国库券的公司，很可能缺少净现值为正数的投资机会；内部持股人出售股份，常常是公司赢利能力恶化的重要信号。再例如，安然公司在破产前报告的利润一直不断上升，但是其内部人士在1年前就开始陆续抛售股票，并且没有任何内部人士购进安然股票的记录（在美国上市公司的董事、高级经理人员和持股10%以上的股东，在买卖本公司股票时必须向证监会申报，并且会被证监会在其网站上公告，使得内部人士的交易成为公开信息）。这一行动表明，安然公司的管理层已经知道公司遇到了麻烦，特别是在公司的宣告（包括它的财务报表）与其行动不一致时，行动通常比语言更具说服力。这就是通常所说的，"不但要听其言，更要观其行"。

信号传递原则还要求公司在决策时不仅要考虑行动方案本身，还要考虑该项行动可能给人们传达的信息。在资本市场上，每个人都在利用他人交易的信息，自己交易的信息也会被别人所利用，因此应考虑交易的信息效应。例如，当把一件商品的价格降至难以置信的程度时，人们就会认为它的质量不好，它本来就不值钱。又例如，一个会计师事务所从简陋的办公室迁入豪华的写字楼，会向客户传达收费高、服务质量高、值得信赖的信息。在决定降价或迁址时，不仅要考虑决策本身的收益和成本还要考虑信息效应的收益和成本。

（四）引导原则

引导原则是指当所有办法都失败时，寻找一个可以信赖的榜样作为自己的引导。所谓"当所有办法都失败"，是指我们的理解力存在局限性。不知道如何做对自己更有利；或者寻找最准确答案的成本过高以至于不值得把问题完全搞清楚。在这种情况下，不要继续坚持采用正式的决策分析程序，如收集信息、建立备选方案、采用模型评价方案等，而是直接模仿成功榜样或者大多数人的做法。引导原则是行动传递信号原则的一种运用。例如，你在一个自己从未到过的城市寻找一个就餐的饭馆不值得或者没时间调查每个饭馆的有关信息，你应当找一个顾客较多的饭馆去就餐。你不要去顾客很少的地方，那里不是价格很贵就是服务很差。很多人去这家饭馆就餐的事实，意味着很多人对它的评价不错；承认行动传递信号，就必然承认引导原则。

不要把引导原则混同于"盲目模仿"。它只在两种情况下适用：一是理解存在局限性认识能力有限，找不到最优的解决办法；二是寻找最优方案的成本过高。在这两种情况下，跟随值得信任的人或者大多数人才是有利的。引导原则可能不会找到最好的方案，却常常可以避免采取最差的行动。它是一个次优化准则，其最好结果是得出近似最优的结论，最差的结果是模仿了别人的错误。这一原则虽然有潜在的问题，但是我们经常会遇到理解力、成本或信息受到限制的情况，无法找到最优方案，就需要采用引导原则解决问题。

引导原则的一个重要应用，是行业标准概念。例如，对一项房地产的估价，如果系统的估价方法成本过高，不如观察近期同类房地产的成交价格。

引导原则的另一个重要应用就是"免费跟庄（搭便车）"概念。一个"领头人"花费大量资源得出一个最佳的行动方案，其他"追随者"通过模仿节约了信息处理成本。有时"领头人"甚至成了"革命烈士"，而追随者却成了"成功人士"。《中华人民共和国专利法》和《中华人民共和国著作权法》是在知识产权领域中保护"领头人"的法律，强制"追随者"向"领头人"付费，以避免"自由跟庄"问题的影响。在财务领域中并不存在这种限制。许多小股民经常跟随"庄家"或机构投资者，以节约信息成本。当然，庄家也会利用"免费跟庄(搭便车)"现象，进行恶意炒作，损害小股民的利益。因此，各国的证券监管机构都禁止恶意炒作，以维持证券市场的公平性。

二、有关创造价值的原则

有关创造价值的原则，是人们对增加企业财富基本规律的认识。

（一）有价值的创意原则

有价值的创意原则，是指新创意能获得额外报酬。竞争理论认为，企业的竞争优势可以分为经营奇异和成本领先两方面。经营奇异，是指产品本身、销售交货、营销渠道等客户广泛重视的方面在产业内独树一帜。任何独树一帜都来源于新的创意。创造和保持经营奇异性的企业，如果其产品溢价超过了为产品的独特性而附加的成本，它就能获得高于平均水平的利润。正是许多新产品的发明，使得发明人和生产企业变得非常富有。

有价值的创意原则主要应用于直接投资项目。一个项目依靠什么取得正的净现值？它必须是一个有创意的投资项目。重复过去的投资项目或者别人的已有做法，最多只能取得平均的报酬率，维持而不是增加股东财富。新的创意迟早要被别人效仿，失去原有的优势，因此创新的优势都是暂时的。企业长期的竞争优势，只有通过一系列的短期优势才能维持。只有不断创新，才能维持经营的奇异性并不断增加股东财富。

该项原则还应用于经营和销售活动。例如，连锁经营方式的创意使得麦当劳的投资人变得非常富有。

（二）比较优势原则

比较优势原则是指专长能创造价值。麦克尔·乔丹的专长是打篮球，若他改行去打棒球就违背了比较优势原则。没有比较优势的人，很难取得超出平均水平的收入；没有比较优势的企业，很难增加股东财富。

比较优势原则的依据是分工理论。让每一个人去做最适合他做的工作，让每一个企业生产最适合它生产的产品，社会的经济效益才会提高。

比较优势原则的一个应用是"人尽其才、物尽其用"。在有效的市场中。你不必要求自己什么都能做得最好，但要知道谁能做得最好。如果每个人都去做能够做得最好的事情，每项工作就找到了最称职的人，就会产生经济效益。国际贸易的基础，就是每个国家生产它最能有效生产的产品和劳务，这样可以使每个国家都受益。比较优势原则的另一个应用是优势互补。合资、合并、收购等，都是出于优势互补原则。一方有某种优势，如独特的生产技术，另一方有其他优势，如健全的销售网络，两者结合可以使各自的优势快速融合，并形成新的优势。

比较优势原则要求企业把主要精力放在自己的比较优势上，而不是日常的运行上。建立和维持自己的比较优势，是企业长期获利的根本。

（三）期权原则

期权是指不附带义务的权利，它是有经济价值的。期权原则是指在估价时要考虑期权的价值。

期权的概念最初产生于金融期权交易，它是指所有者（期权购买人）能够要求出票人（期权出售者）履行期权合同上载明的交易。而出票人不能要求所有者去做任何事情。在财务上，一个明确的期权合约经常是指按照预先约定的价格买卖一项资产的权利。

广义的期权不限于财务合约，任何不附带义务的权利都属于期权。许多资产都存在隐含的期权。例如，一个企业可以决定某个资产出售或者不出售。如果对价格不满意就什么事也不做，如果满意就出售。这种选择权是广泛存在的。一个投资项目，本来预期有正的净现值，被采纳并实施了以后发现它并没有原来设想的那么好。此时，决策人不会让事情按原计划一直发展下去，而会决定方案下马或者修改方案使损失减小到最低。这种后续的选择权是有价值的，它增加了项目的净现值。在评价项目时就应考虑到后续选择权是否存在以及它的价值有多大。有时一项资产附带的期权比该资产本身更有价值。

（四）净增效益原则

净增效益原则是指财务决策建立在净增效益的基础上，一项决策方案的价值取决于它和被替代方案相比所增加的净收益。

一项决策方案的优劣是与其他可替代方案（包括维持现状而不采取行动）相比较而言的。如果一个方案的净收益大于其他方案，我们就认为它是一个好的决策，其价值是增加的净收益。在财务决策中净收益通常用现金流量计量，一个决策方案的净收益是指该方案现金流入减去现金流出的差额，也称为现金流量净额。这里的现金流入是指该决策方案引起的现金流入量的增加额；现金流出是指该决策方案引起的现金流出量的增加额。"方案引起的增加额"，是指这些现金流量依存于特定方案，如果不采纳该方案就不会发生这些现金流入和流出。

净增效益原则的一个应用是差额分析法，也就是在分析投资方案时只分析它们有区别的部分，而省略其相同的部分。净增效益原则初看似乎很容易理解，但实际贯彻起来需要非常清醒的头脑，需要周密地考察方案对企业现金流量总额的直接和间接影响。例如，一项新产品投产的决策引起的现金流量：不仅包括新设备投资，还包括动用企业现有非货币资源对现金流量的影响；不仅包括固定资产投资，还包括需要追加的营运资金；不仅包括新产品的销售收入还包括对现有产品销售积极或消极的影响；不仅包括产品直接引起的现金流入和现金流出，还包括对公司税务负担的影响等。

净增效益原则的另一个应用是沉没成本概念。沉没成本是指已经发生、不会被以后的决策改变的成本。沉没成本与将要采纳的决策无关，因此在分析决策方案时应将其排除。

三、有关财务交易的原则

有关财务交易的原则，是人们对于财务交易基本规律的认识。

（一）风险－报酬权衡原则

风险－报酬权衡原则是指风险和报酬之间存在一个对等关系，投资人必须对报酬和风险作出权衡，为追求较高报酬而承担较大风险，或者为减少风险而接受较低的报酬。所谓对等关系，是指高收益的投资机会必然伴随巨大风险，风险小的投资机会必然只有较低的收益。

在财务交易中，当其他一切条件相同时人们倾向于高报酬和低风险。如果两个投资机会除了报酬不同以外，其他条件（包括风险）都相同，人们会选择报酬较高的投资机会，这是自利行为原则所决定的。如果两个投资机会除了风险不同以外，其他条件（包括报酬）都相同，人们会选择风险小的投资机会，这是风险反感决定的。所谓"风险反感"是指人们普遍对风险有反感，认为风险是不利的事情。肯定的1元钱，其经济价值要大于不肯定的1元钱。

如果人们都倾向于高报酬和低风险，而且都在按照他们自己的经济利益行事，那么竞争结果就产生了风险和报酬之间的权衡。人们不可能在低风险的同时获取高报酬，因为这是每个人都想得到的。即使一方最先发现了这样的机会并率先行动，别人也会迅速跟进，竞争会使报酬率降至与风险相当的水平。因此，现实的市场中只有高风险高报酬和低风险低报酬的投资机会。

（二）投资分散化原则

投资分散化原则，是指不要把全部财富投资于一个地方，而要分散投资。

投资分散化原则的理论依据是投资组合理论。马克维茨的投资组合理论认为，若干种股票组成的投资组合，其收益是这些股票收益的加权平均数，但其风险要小于这些股票的加权平均风险，所以投资组合能降低风险。如果一个人把他的全部财富投资于一个公司。这个公司破产了，他就失去了全部财富。如果他投资于10个公司，只有10个公司全部破产，他才会失去全部财富。10个公司全部破产的概率，比一个公司破产的概率要小得多。所以投资分散化可以减低风险。

分散化原则具有普遍意义不仅仅适用于证券投资，公司各项决策都应注意分散化原则。不应当把公司的全部投资集中于个别项目、个别产品和个别行业；不应当把销售集中于少数客户；不应当使资源供应集中于个别供应商；重要的事情不要依赖一个人完成；重要的决策不要由一个人做出。凡是有风险的事项，都要贯彻分散化原则，以降低风险。

（三）资本市场有效原则

资本市场是指证券买卖的市场。资本市场有效原则是指在资本市场上频繁交易的金融资产的市场价格反映了所有可获得的信息，而且面对新信息完全能迅速地做出调整。

资本市场有效原则要求理财时重视市场对企业的估价。资本市场是企业的一面镜子，又是企业行为的校正器。股价可以综合反映公司的业绩，弄虚作假、人为地改变会计方法对于企业价值的提高毫无用处。一些公司把巨大的精力和智慧放在报告信息的操纵上，通过"创造性会计处理"来提高报告利润，企图用财务报表给使用人制造幻觉，这在有效市场中是无济于事的。用资产置换、关联交易操纵利润，只能得逞一时，最终会付出代价，甚至导致公司破产。市场对公司的评价降低时，应分析公司的行为是否出了问题并设法改进，而不应设法欺骗市场。

资本市场有效性原则要求理财时慎重使用金融工具。如果资本市场是有效的，购买或出售金融工具的交易的净现值就为零。公司作为从资本市场上取得资金的一方，很难通过筹资获取正的净现值（增加股东财富）。公司的生产经营性投资带来的竞争，是在少数公司之间展开的，竞争不充分。一个公司因为它有专利权、专有技术、良好的商誉、较大的市场份额等相对优势，可以在某些直接投资中取得正的净现值。资本市场与商品市场不同，其竞争程度高、交易规模大、交易费用低、资产具有同质性，使得其有效性比商品市场要高得多。所有需要资本的公司都在寻找资本成本低的资金来源，大家机会均等。机会均等的竞争，使财务交易基本上是公平交易。在资本市场上，只获得与投资风险相称的报酬，也就是与资本成本相同的报酬，很难增加股东财富。

（四）货币时间价值原则

货币时间价值原则，是指在进行财务活动时要考虑货币时间价值因素。货币的时间价值是指货币在经过一定的时间投资和再投资所增加的价值。

货币具有时间价值的依据是货币投入市场后其数额会随着时间的延续而不断增加。这是一种普遍的客观经济现象。

货币时间价值原则的首要应用是现值概念。由于现在的1元货币比将来的1元货币经济价值大。不同时间的货币价值不能直接加减运算，需要进行折算。通常，要把不同时间的货币价值折算到"现在"时点，然后进行运算或比较。把不同时点的货币折算为"现在"时点的过程，称为"折现"，折现使用的百分率称为"折现率"，折现后的价值称为"现值"。财务估价中，广泛使用现值计量资产的价值。

货币时间价值的另一个重要应用是"早收晚付"观念。对于不附带利息的货币收支，与其晚收不如早收，与其早付不如晚付。货币在自己手上，可以立即用于消费而不必等待将来消费，可以投资获利而无损于原来的价值，可以用于预料不到的支付，因此早收、晚付在经济上是有利的。

导读四　财务管理方法

财务管理的方法是为了实现财务管理目标，完成财务管理任务，在进行理财活动时所采用的各种技术和手段。财务管理的方法有很多，可按多种标准进行分类。

第一是根据财务管理的具体内容，可以分为资金筹集管理方法、投资管理方法、营运资金管理方法、股利管理方法。

第二是根据财务管理的环节，可以分为财务预测方法、财务决策方法、财务计划方法、财务控制方法、财务分析方法。

第三是根据财务管理方法的特点，可分为定性财务管理方法和定量财务管理方法。

现以财务管理环节为标准，对财务管理方法进行说明。

一、财务预测

财务预测是根据财务活动的历史资料，考虑现实的要求和条件，对企业未来的财务活动和财务成果做出科学的预计和测算。现代财务管理必须具备预测这个"望远镜"，以便把握未来，明确方向。财务预测环节的作用是测算各项生产经营方案的经济效益，为决策提供可靠的依据；预计财务收支的发展变化情况，以确定经营目标；测定各项定额和标准，为编制计划、分解计划指标服务。财务预测环节是在前一个财务管理循环基础上进行的，运用已取得的规律性的认识指导未来。它既是两个管理循环的连接点，又是财务决策环节的必要前提。财务预测环节包括以下工作步骤。

1. 明确预测对象和目的

预测的对象和目的不同，则预测资料的收集、预测模型的建立、预测方法的选择、预测结果的表现方式等也有不同的要求。为了达到预期的效果，必须根据管理决策的需要，明确预测的具体对象和目的，如降低成本、增加利润、加速资金周转、安排设备投资等，从而规定预测的范围。

2. 收集和整理资料

根据预测的对象和目的，要广泛收集有关的资料，包括企业内部和外部资料、财务和生产技术资料、计划和统计资料、本年和以前年度资料等。对资料要检查其可靠性、完整性和典型性，排除偶然性因素的干扰，还应对各项指标进行归类、汇总、调整等加工处理，使资料符合预测的需要。

3．选择预测模型

根据影响预测对象的各个因素之间的相互联系，选择相应的财务预测模型。常见的财务预测模型有时间序列预测模型、因果关系预测模型、回归分析预测模型等。

4．实施财务预测

将经过加工整理的资料进行系统的研究，代入财务预测模型，采用适当预测方法，进行定性、定量分析，确定预测结果。

财务预测的方法有许多种，常用的有定性预测法和定量预测法，前者可分为经验判断法和调查研究法，后者可分为趋势预测法和因果预测法。

二、财务决策

财务决策是根据企业经营战略的要求和国家宏观经济政策的要求，从提高企业经济效益的理财目标出发，在若干个可以选择的财务活动方案中，选择一个最优方案的过程。在财务活动预期方案只有一个时，决定是否采用这个方案也属于决策问题。在市场经济条件下，财务管理的核心是财务决策，财务预测是为财务决策服务的，财务计划是财务决策的具体化。现代管理理论认为，企业管理的重心在经营，经营的重心在决策，因为决策关系到企业的兴衰成败。

财务决策环节包括以下一些工作步骤。

1．确定决策目标

根据企业经营目标，在调查研究财务状况的基础上，确定财务决策所要解决的问题，如发行股票和债券的决策、设备更新和购置的决策、对外投资的决策等，然后收集企业内部的各种信息和外部的情报资料，为解决决策面临的问题做好准备。

2．拟定备选方案

在预测未来有关因素的基础上，提出各种为达到财务决策目标而考虑的各种备选的行动方案。拟定备选方案时，对方案中决定现金流出、流入的各种因素，要做周密的查定和计算；拟定备选方案后，还要研究各方案的可行性，各方案实施的有利条件和制约条件。

3．评价各种方案，选择最优方案

备选方案提出后，根据一定的评价标准，采用有关的评价方法，评定出各方案的优劣或经济价值，从中选择一个预期效果最佳的财务决策方案。经择优选出的方案，如涉及重要的财务活动（如筹资方案、投资方案等），还要进行一次鉴定，经过专家鉴定认为决策方案切实可行，方能付诸实施。

财务决策的方法，主要有优选对比法和数学模型法，前者有总量对比法、差量对比法、指标对比法等，后者有数学微分法、线性规划法、概率决策法、损益决策法等。

三、财务计划

财务计划工作是运用科学的技术手段和数学方法，对目标进行综合平衡，制订主要计划指标，拟定增产节约措施，协调各项计划指标。它是落实企业奋斗目标和保证措施的必要环节。财务计划是以财务决策确定的方案和财务预测提供的信息为基础来编制的，它是财务预测和财务决策的具体化、系统化，又是控制财务收支活动、分析生产经营成果的依据。

企业财务计划主要包括：资金筹集计划、固定资产投资和折旧计划、流动资产占用和周转计划、对外投资计划、利润和利润分配计划。除了各项计划表格以外，还要附列财务计划说明书。编制财务计划要做好以下工作。

1. 分析主客观条件，确定主要指标

按照国家产业政策和企业财务决策的要求，根据供产销条件和企业生产能力，运用各种科学方法，分析与确定的经营目标有关的各种因素，按照总体经济效益的原则，确定出主要的计划指标。

2. 安排生产要素，组织综合平衡

要合理安排人力、物力、财力，使之与经营目标的要求相适应，在财力平衡方面，要组织流动资金和固定资金的平衡、资金运用和资金来源的平衡、财务支出和财务收入的平衡等。还要努力挖掘企业潜力，从提高经济效益出发，对企业各方面生产经营活动提出要求，制定好各单位的增产节约措施，制定和修订各项定额，以保证计划指标的落实。

3. 编制计划表格，协调各项指标

以经营目标为核心，以平均先进定额为基础，计算企业计划期内资金占用、成本、利润等各项计划指标，编制出财务计划表，并检查、核对各项有关计划指标是否密切衔接、协调平衡。

财务计划的编制方法，常见的有固定计划法、弹性计划法和滚动计划法。

四、财务控制

财务控制是在生产经营活动的过程中，以计划任务和各项定额为依据，对资金的收入、支出、占用、耗费进行日常的核算，利用特定手段对各单位财务活动进行调节，以便实现计划规定的财务目标。财务控制是落实计划任务、保证计划实现的有效措施。

财务控制要适应管理定量化的需要，重点抓好以下几项工作。

1. 制定控制标准，分解落实责任

按照责权利相结合的原则，将计划任务以标准或指标的形式分解落实到车间、科室、班组甚至个人，即通常所说的指标分解。这样，企业内部每个单位、每个职工都有明确的工作要求，便于落实责任、检查考核。通过计划指标的分解，可以把计划任务变成各单位和个人可以控制和实现的数量要求，在企业形成一个"个人保班组、班组保车间、车间保全厂"的经济指标体系，使计划指标的实现有坚实的群众基础。对资金的收付、费用的支出、物资的占用等，要运用各种手段（如限额领料单、费用控制手册、流通券、内部货币等）进行事先控制。凡是符合标准的，就予以支持，并给以机动权限；凡是不符合标准的，则加以限制，并研究处理。

2. 确定执行差异，及时消除差异

按照"干什么，管什么，算什么"的原则，详细记录指标执行情况，将实际同标准进行对比，确定差异的程度和性质。要经常预计财务指标的完成情况，考察可能出现的变动趋势，及时发出信号，揭露生产经营过程中发生的矛盾。此外，还要及时分析差异形成的原因，确定造成差异的责任归属，采取切实有效的措施，调整实际过程（或调整标准），消除差异，以便顺利实现计划指标。

3. 评价单位业绩，搞好考核奖惩

在一定时期终了，企业应对各责任单位的计划执行情况进行评价，考核各项财务指标的执行结果，把财务指标的考核纳入各级岗位责任制，运用激励机制，实行奖优罚劣。财务控制环节的特征在于差异管理，在标准确定的前提下，应遵循例外原则，及时发现差异，分析差异，采取措施，调节差异。

常见的财务控制方法有防护性控制、前馈性控制和反馈性控制。

五、财务分析

财务分析是以核算资料为主要依据，对企业财务活动的过程和结果进行评价与剖析的一项工作。借助于财务分析，可以掌握各项财务计划指标的完成情况，有利于改善财务预测、决策、计划工作；还可以总结经验，研究和掌握企业财务活动的规律性，不断改进财务管理。企业财务人员要通过财务分析提高业务工作水平，搞好业务工作。

进行财务分析的一般程序如下。

1. 收集资料，掌握情况

开展财务分析首先应充分占有有关资料和信息。财务分析所用的资料通常包括财务报告等实际资料、财务计划资料、历史资料及市场调查资料。

2. 指标对比，揭露矛盾

对比分析是揭露矛盾、发现问题的基本方法。先进与落后、节约与浪费、成绩与缺点，只有通过对比分析才能辨别出来。财务分析要在充分占有资料的基础上，通过数量指标的对比来评价业绩，发现问题，找出差异，揭露矛盾。

3. 因素分析，明确责任

进行对比分析可以找出差距，揭露矛盾，但为了说明产生问题的原因，还需要进行因素分析。影响企业财务活动的因素，有生产技术方面的，也有生产组织方面的；有经济管理方面的，也有思想政治方面的；有企业内部的，也有企业外部的。进行因素分析，就是要查明影响财务指标完成的各项因素，并从各种因素的相互作用中找出影响财务指标完成的主要因素，以便分清责任，抓住关键。

4. 提出措施，改进工作

要在掌握大量资料的基础上，去伪存真，去粗取精，由此及彼，由表及里，找出各种财务活动之间，以及财务活动同其他经济活动之间的本质联系，然后提出改进措施。提出的措施应当明确具体、切实可行。实现措施应当确定负责人员，规定实现的期限。措施一经确定，就要组织各方面的力量认真贯彻执行。要通过改进措施的落实，完善经营管理工作，推动财务管理发展到更高水平的循环。

财务分析的方法很多，主要的有对比分析法、比率分析法和因素分析法。

导读五　财务管理环境

财务管理环境也称理财环境，是指对企业财务活动产生影响作用的各种内部和外部因素。企业财务活动的运作是受理财环境制约的，财务管理人员只有研究企业财务管理所处环境的现状和发展趋势，把握开展财务活动的有利条件和不利条件，才能为企业财务决策提供可靠的依据，更好地实现企业的财务管理目标。

财务环境按其所涉及的范围分为宏观财务环境和微观财务环境。

一、宏观财务环境

宏观财务环境又称外部财务环境，是指存在于企业外部，作用于各个部门和地区，影响和制约企业财务活动的各种因素。

（一）经济环境

经济环境包括国家的经济发展规划、国家的产业政策、经济体制改革方案、国家的财政税收政策和税收制度、金融制度和金融市场等。经济环境会直接影响企业的财务活动，同时它还将通过影响国家法律、政治、文化从而间接影响企业的财务活动。

不同地域的经济发展水平、市场发育程度、经济资源、经济制度和经济政策是不完全相同的，这是影响企业财务活动的基本因素。

1．经济体制

经济体制又称经济管理体制，是指在一定的社会制度下，生产关系的具体形式以及组织、管理和调节国民经济的体系、制度、方式和方法的总称。

在市场条件下，国家赋予了企业自主权、经营权和决策权，企业的一切财务活动要面向市场，根据自身情况开展财务活动。经济体制决定了企业的经营方式，从而影响了企业的财务行为和财务决策。

2．经济增长状况

在市场经济条件下，经济发展总是带有一定的波动性。

当经济持续增长，处于经济繁荣时期，公众收入增加，市场需求旺盛，企业的经营环境良好，赢利增加，资金比较充足，投资风险减小。此时应抓住机遇，扩大生产，开拓市场，增加投资。

当经济增长速度放慢，处于经济衰退时期，企业的产、销量下降，企业的经营环境恶化，当产品积压不能变现时，则需要筹资以维持经营。

3．经济政策

（1）货币金融政策

货币金融政策是政府对国民经济进行宏观调控的重要手段之一。在市场经济条件下，货币金融政策直接影响到经济结构、经济发展速度、企业效益、公众收入、市场利率和市场运行等各个方面。

一般来说，紧缩的货币政策会减少市场的货币供给量，从而造成企业资金紧张，使企业的经济效益下降，这样就会增加企业的风险。同时公众的收入也会下降，购买力也随之下降。反之，宽松的货币政策能增加市场的货币供给量，增加企业的经济效益，减小企业的风险。

（2）财政政策

财政政策同货币政策一样是政府进行宏观经济调控的重要手段。财政政策可以通过增减政府收支规模和税率等手段来调节经济发展的速度。

当政府通过减低税率、增加财政支出刺激经济发展时，企业的利润就会上升，社会就业率增加，公众收入也增加；反之亦然。

（3）产业政策

产业政策是政府调节经济结构的重要手段之一。政府的产业政策对各个行业有不同的影响，国家对重点发展、优先扶持的行业，往往给予特殊优惠的政策，企业的发展前景较好，利润有望增加；而对限制发展的行业，往往会增加种种限制措施。因而产业政策会具体地影响企业的风险与收益。

4．通货膨胀

通货膨胀对经济发展的影响是复杂的。一般而言，适度的通货膨胀对投资市场的发展是有利的，但过度的通货膨胀对经济发展则会产生破坏作用。

通货膨胀是指货币购买力下降。这不仅对消费者不利，也给企业财务管理带来了不利的影响。它主要表现在：资金需要量迅速增加、筹资成本升高、筹资难度增大、利润虚增等。

5．金融市场

金融市场是指资金供应者和资金需求者通过某种形式进行交易而融通资金的市场。金融市场为资金供应者和资金需求者提供了各种金融工具和选择机会，使融资双方能自由灵活地调度资金。

当企业需要资金时，可以在金融市场上选择合适的筹资方式筹集资金；当企业有暂时闲置资金时，又可以在金融市场上选择合适的投资方式进行投资，从而提高资金的使用效率。同时，在金融市场交易中形成的各种参数，如市场利率、汇率、证券价格和证券指数等，为企业进行财务决策提供了有用的信息。

6．市场竞争

在市场经济条件下，企业与企业之间、各产品之间、现有产品与新产品之间，甚至在设备、技术、人才和管理等方面都存在着竞争，这是任何企业都无法回避的。

为了提高竞争力，求得生存和发展，企业必须使自己的产品、服务和质量等方面都优于其他企业，这就要求企业筹集足够的资金，投资于研究与开发新产品、广告宣传、售后服务等。投资成功会给企业带来机遇；若投资失败，则会使企业陷入困境，甚至破产。

（二）法律环境

在市场经济条件下，企业的一些经济活动总是在一定的法律法规范围内进行的。一方面，法律提供了企业从事一些经济活动所必须遵守的规范，从而对企业的经济行为进行约束；另一方面，法律也为企业合法从事各项经济活动提供了保障。

涉及企业财务活动的法律很多，主要有《公司法》《税法》和《会计法》等，如果进行境外投资还将面临不同国家和地区的法律。由于不同时期、不同国家的法律存在差别，因此企业设立、经营和清算过程中财务管理业务的要求和繁简程度不一样。

不仅如此，企业所有者、经营者、职工和债权人的利益也会受到较大影响。另外，相同数额的经营收入，因企业性质不同，所缴纳的税款和税后收益也不同。因此，企业经营者及财务管理者必须研究法律环境，避免因法律纠纷给企业造成财务损失。

（三）政治环境

企业财务管理活动还受政治因素的影响，如国内外政治形势的变化、国家重要领导人的更迭、国家法律与政策的变化以及国际关系的改变等都会产生直接或间接的影响。尤其是进行境外投资的企业将面临不同的政治环境。这一方面是由于各届或各国政府对各类性质不同的企业所持有的态度不同；另一方面是由于各届或各国政府的政治稳定程度不一样。

（四）文化与社会环境

文化与社会环境对企业财务管理活动的影响也是不可忽视的，因为公众的文化水平、文明程度、社会的文化传统和风俗习惯既影响到人们的思维方式、工作态度和个人追求，又制约着企业的经营行为，从而影响企业的财务管理活动及其成果。

二、微观财务环境

（一）企业的组织形式

企业有各种不同的形式，虽然它们具有共性，但由于类型不同，对财务管理产生的影响就不同。也就是说，在管理体制既定的条件下，不同的组织形式，决定了企业内部财务管理权限分配和职责划分的不同。

目前我国企业的组织形式按经济成分和投资主体的不同划分，有股份制企业、国有企业、集体企业、私营企业、中外合资经营企业、中外合作经营企业、外商独资经营企业及其他经济组织等形式。不同组织形式的企业，其资金来源和利润分配有着较大的差别，其遵守的财务制度和法律法规等也不尽相同。企业在进行财务活动时，必须根据企业的组织形式来筹集资金、投放资金和分配收益，处理好企业与各方面的财务关系。

（二）企业资产规模

企业资产规模是指企业所拥有的流动资产、固定资产、长期资产和无形资产的总和，它在一定程度上反映了企业的资金实力。大型企业资金实力雄厚，一般考虑大型的投资项目，以取得规模经济效应；而小型企业资金实力相对较弱，投资项目只在小范围内进行。

在注重企业资产规模大小的同时，还应关注其结构比例。企业的流动资产体现了其营运能力，固定资产则体现了企业的生产能力，企业的生产能力与营运能力必须相互配合，两者之间保持一定的比例，才能保证企业正常的生产经营活动。否则，固定资产过多，流动资产过少，会造成固定资产闲置；反之，流动资产过多，固定资产过少，又满足不了生产的需要。

企业除了安排好资金占用方面的结构比例外，还要安排好资金来源方面的结构比例，即安排好自有资金与借入资金的结构比例、负债与所有者权益的结构比例。企业必须根据自身的资产规模和结构比例，来规划自己的财务行为和进行财务决策，以便发挥资金的最大经济效益。

（三）企业生产经营状况

1. 企业生产状况

企业生产状况主要包括企业所处的生产条件和企业产品的生命周期。

（1）企业所处的生产条件

企业按生产条件可以分为技术密集型企业、劳动密集型企业和资源开发型企业，不同的生产条件要求有不同的财务行为与之相适应。

第一是技术密集型企业拥有较多的先进设备，固定资产比重大，企业需要筹集大量的长期资金。

第二是劳动密集型企业所需的人力较多，固定资产比重较小，企业需要筹集大量的短期资金。

第三是资源开发型企业需要投入大量资金用于勘探和开采，资金回收的时间长，企业需要筹集较多的长期资金。

（2）企业产品的生命周期

产品的生命周期通常分为初创期、成长期、成熟期和衰退期4个阶段。

初创期：指产品的研究、开发、试制与投产试销阶段。其特点是产品尚未被消费者认可，试制、推销费用较大,产品成本高,销量、赢利情况也不尽如人意。

成长期:这一时期产品试销成功,初步占领市场,销售量快速增长,利润也迅速增加。

成熟期:这一时期企业之间竞争激烈,该产品市场逐步趋于饱和,企业赢利水平开始滑坡。

衰退期:这一时期产品开始老化,逐渐丧失竞争能力,转入更新换代阶段。

不管是对个别产品还是对整个企业而言,产品收入的多少、成本的高低、利润的大小以及企业资金周转的快慢都会因不同产品生命周期而存在较大的差别。因此,企业不仅要针对产品所处的阶段采取适当的措施,并且要有预见性地开发新产品,以保持企业在同行业中的领先地位和竞争优势。

2．企业销售状况

企业销售状况反映了企业产品在销售市场上的竞争程度。企业所处的销售状况按其竞争程度可分为以下 4 种。

（1）完全竞争市场

完全竞争市场的特点是企业数量很多,商品差异不大,企业产品的销售价格主要取决于市场供求关系。

（2）不完全竞争市场

不完全竞争市场的特点是企业数量较多,但在商品的质量、服务和特性等方面存在一定的品牌差异,因此产品价格也会有一定程度的差异。那些生产规模大、质量优、服务好和品牌知名度高的企业在同行业中具有较强的竞争能力。

（3）寡头垄断市场

寡头垄断市场的特点是企业数量很少,企业之间的商品质量、服务和特性等方面略有差异,个别企业对其产品价格有较强的控制能力。

（4）完全垄断市场

完全垄断市场的特点是该行业为独家生产经营,其产品价格与市场也为独家企业所控制。

企业销售状况对企业财务管理具有重要的影响。对处于完全竞争市场的企业,由于产品价格和销售量容易出现波动,风险较大,因此要慎重利用债务资金;对处于不完全竞争市场和寡头垄断市场的企业,应注重产品特色,创出名牌产品,应在产品开发、宣传和售后服务等方面投入较多资金;而对处于完全垄断市场的企业,由于其产品销路畅通,价格波动不大,利润较稳定,风险较小,可较多地利用债务资金。

（四）企业内部管理水平

企业内部管理水平是指企业内部各项管理制度的制订及执行情况。从企业财务管理来看,如果内部有着完备、健全的管理制度并能得到严格执行,就意味着企业财务管理有着较好的基础,有章可循,企业财务管理工作的起点较高,容易走上规范化的轨道并带来理想的理财效果;反之,若企业内部管理制度不健全,或者即使有制度但没有严格执行,这必然给企业财务管理工作带来困难。在这种情况下,对企业财务管理的要求不能脱离实际,不能过高过急,要有一个循序渐进、逐步完善、规范和提高的过程。

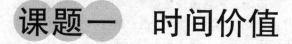

课题一 时间价值

> **知识目标**

理解、掌握时间价值观念
理解、掌握风险价值观念

> **技能目标**

学会时间价值复利换算
学会风险价值计算
学会证券估价

> **建议学时**

8学时

1.1 货币时间价值

第一部分 学习引导

1.1.1 时间价值的概念

货币的时间价值是客观存在的经济范畴，任何企业的财务活动都是在特定的时空中进行的，如果离开货币时间价值这一因素，就无法正确计算不同时期的财务收支，也不能正确评价企业盈亏。时间价值原理揭示了不同时点上货币资金之间的换算关系，是财务决策的基本依据。

在商品经济中，发生在不同时间的现金流量具有不同的价值，即使不存在通货膨胀也是如此。例如，现在收到的1元的价值要大于1年以后收到的1元的价值。因为如果银行存款利率为10%，一年后存款的利息为0.1元，本利和为1.1元。也就是，现在的1元钱经过一年时间增加了0.1元，这0.1元就是货币的时间价值。

马克思认为价值是凝结在商品中的一般人类劳动。资本是能带来剩余价值的价值，它首先表现为一定量的货币，货币本身不能带来价值，只有投入生产领域转化为劳动资料和劳动对象再和一定劳动结合才能产生价值。劳动是产生价值的唯一源泉。资本是产生价值的必要条件，资本只有同劳动结合才能产生价值，并在流通领域实现价值。

在《资本论》中，马克思曾精辟地论述了剩余价值是如何转化为利润，利润又是如何转化为平均利润的,并指出投资于不同行业的资金会获得大体相当的投资报酬率或社会平均的资金利润率。因此,在确定货币时间价值时,应以社会平均的资金利润率,或平均投资报酬率为基础。马克思不仅揭示了时间价值的量的规定性,还指明了时间价值应按复利方法来计算。他认为,在利润不断资本化的条件下,资本的积累要用复利方法来计算。因此,资本将按几何级数增长。

综上所述,货币时间价值是资金经过一定时期的投资和再投资所增加的价值。它包含两个重要前提。第一个前提是要把货币作为资金投资在生产经营中。如果货币的持有者把货币闲置在家中,脱离流通领域,显然是不能带来增值的。企业资金循环和周转的起点是投入货币资金,企业用它来购买所需的原料,然后生产出新的产品,产品出售后得到的货币量大于最初投入的货币量。第二个前提是资金的循环和周转,以及因此实现的货币价值,需要一定的时间,每完成一次循环,货币就增加一定数额,周转的次数越多,增值额也就越大。因此,随着时间的延续,货币总量在循环和周转中按几何级数增长,使得货币具有时间价值。

从量的规定性看,货币时间价值可以用绝对数表示,也可以用相对数表示,即时间价值额和时间价值率。在实际工作中,通常以相对数来计量,即货币的时间价值是在没有风险和通货膨胀下的社会平均资金利润率,通常用利息率表示。在市场经济条件下,各部门投资项目的资金,利润率有高有低,由于竞争的存在,各部门的投资利润率必将趋于平均化,所以每个企业的投资项目至少要取得社会平均利润率,否则不如投资于另外的项目和行业。因此时间价值也就成为评价投资项目的基本标准。

各种银行存款利率、贷款利率、债券利率、股票的股利率都可以看做是投资报酬率,但它们与时间价值是有区别的,只有在没有风险和通货膨胀的情况下,时间价值才与上述各报酬率相等。

1.1.2　时间价值线

时间线是一种辅助的图形工具,便于理解货币时间价值。首先把较长的时间分成若干时间段,并在水平线上描绘出来。然后,设当前时间点为零时间点,各时间段向右依次排列。如图1-1所示。

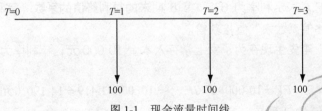

图1-1　现金流量时间线

时间点1在第一个时间段的末端,时间点2在第二个时间段末端,依次类推。我们可以在时间线上方或下方做标记以说明所处理问题的不同细节。例如,利率和数值。前面所举例子的时间线表示如下:时间线会有很大帮助,可以直观和更准确地把握问题的各个细节,减少错误发生的几率。大家在学习货币时间价值过程中,要灵活掌握及运用时间线作辅助分析。

1.1.3　终值和现值

在货币时间价值的学习过程中,会涉及许多计算问题,如现值、终值的计算以及年金的有关计算等。尽管在实际工作中我们基本上选择使用计算器,但在学习货币时间价值时,主要以查表学习为主。终值也称将来值或未来值，是现在一定金额的货币在将来某个时候的价值；现值是货币当前的价值。那么，如何得知货币的具体价值是多少呢？这就需要掌握时间价值的有关计算方法。

先要明确两个概念：单利和复利。单利和复利都是计算利息的方法。单利即简单利息计算法，其含义是本金在整个投资期中获得利息，不管投资期多长，所产生的利息均不加入本金重复计算利息。这里本金指的是进行投资以收取利息的原本金额。利息是进行投资所获得的超过本金的部分，也就是投入资金所得到的回报。复利，即复合利息计算法，是指在整个投资期内本金及利息都要产生利息的一种计息方式。按照这种方法，每经过一个计息期要将所产生的利息加入本金再计算利息，逐期滚算，俗称"利滚利"。这里所说的计息期，是指相邻两次计算利息的时间间隔，如年、月、日等。一般来说，除非特别指明，计息期为一年。下面介绍具体的计算方法。

第二部分　技能训练

技能训练 1：复利终值和复利现值计算

1. 复利终值的计算

复利终值是指一定量的本金按复利计算若干期后的本利和。例如公司将一笔资金 PV 存入银行，年利率为 i，如果每年计息一次，则 n 年后的本利和就是复利终值。

第一年的本利和为　　　$FV = PV + PV \cdot i = PV \cdot (1 + i)$

第二年的本利和为　　　$FV = PV(1 + i) \cdot (1 + i) = PV \cdot (1 + i)^2$

第三年的本利和为　　　$FV = PV(1 + i)^2 \cdot (1 + i) = PV \cdot (1 + i)^3$

依此类推，复利终值的计算公式为

$$FV = PV \cdot (1 + i)^n \qquad (1-1)$$

式中，$(1+i)^n$ 通常称为复利终值系数（Future Value Interest Factor），用符号表示为 $FVIF_{i,n}$，如 $FVIF_{6\%,8}$ 表示利率为 6%，第 8 期末的复利终值的系数。复利终值系数可以通过查阅"1 元复利终值系数表"直接获得。

【例 1-1】　李先生现在为子女上学存入本金 10 000 元，年利率为 6%，6 年后的复利终值为

$$FV = 10\ 000 \times FVIF_{6\%,6} = 10\ 000 \times 1.419 = 14\ 190（元）$$

2. 复利现值的计算

复利现值是复利终值的逆运算，它是指今后某一特定时间收到或付出一笔款项，按复利计算的相当于现在的价值。其计算公式为

$$PV = F \cdot (1 + i)^{-n} \qquad (1-2)$$

式中，$(1+i)^{-n}$ 通常称为复利现值系数（Present Value Interest Factor），用符号表示为 $PVIF_{i,n}$，复利现值系数可以通过直接查阅"1 元复利现值系数表"获得。

【例 1-2】　张先生的孩子上学 6 年后需要 60 000 元，按利率 6%，复利计算，现在需要存的复利现值为

$$PV = 60\ 000 \times PVIF_{6\%,6} = 60\ 000 \times 0.705 = 42\ 300（元）$$

技能训练 2：年金终值和年金现值计算

年金是指一定时期内连续、等额收付的系列款项，即如果每次收付的金额相等且时间连续，则这样的系列收付款项便称为年金，通常记为 A（Annuity）。年金的形式多种多样，如保险费、折旧、租金、等额分期收付款以及零存整取或整存零取储蓄等，都是年金问题。年金按其每次收付发生的时点不同，可分为普通年金、先付年金、递延年金和永续年金。

1. 普通年金的终值与现值

普通年金是指一定时期内每期期末等额收付的系列款项，又称后付年金。如图 1-2 所示。

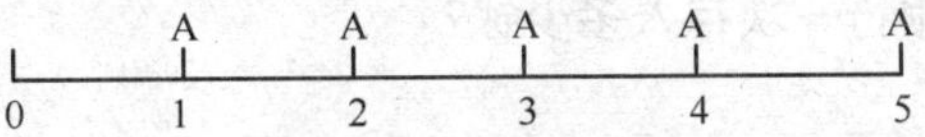

图 1-2　普通年金图示

（1）普通年金终值

普通年金终值是指在一定时期内每期等额发生款项的复利终值的累加和。

由定义可知，普通年金终值的计算公式为

$$FVA = A \cdot (1+i)^0 + A \cdot (1+i)^1 + A \cdot (1+i)^2 + \cdots + A \cdot (1+i)^{n-1}$$

根据等比数列前 n 项和公式 $Sn = \dfrac{a_1(1-q)^n}{1-q}$ 整理可得：

$$FVA = A \cdot \frac{(1+i)^n - 1}{i} \qquad (1-3)$$

其中，$\dfrac{(1+i)^n - 1}{i}$ 通常称为年金终值系数（Future Value Interest Factors for Annuity），用符号表示为 $FVIFA_{i,n}$，可以通过直接查阅"1 元年金终值系数表"获得。

【例 1-3】　东华公司准备在今后 5 年内，每年年末从利润留成中提取 50 000 元存入银行，计划 5 年后，将这笔存款用于建造活动中心，若年利率为 5%，问 5 年后共可以积累多少资金？

即计算普通年金终值

$$FVA = 50\,000 \times FVIFA_{5\%,5} = 50\,000 \times 5.526 = 276\,300（元）$$

【例 1-4】　东华公司准备在 5 年后建造活动中心，届时需要资金 276 300 元，若年利率为 5%，则该企业从现在开始每年年末应存入多少钱？

依题意可知

$$276\,300 = A \cdot FVIFA_{5\%,5}$$

$$A = 276\,300 / FVIFA_{5\%,5} = 276\,300 / 5.526 = 50\,000（元）$$

很明显，此例是已知年金终值 FVA，倒求年金 A，是年金终值的逆运算。这类问题是求偿债基金，偿债基金是指为使年金终值达到既定金额每年末应支付的年金数额。所以普通年金终值系数的倒数，称为偿债基金系数。

（2）普通年金现值

普通年金现值是指一定时期内每期等额发生款项的复利现值的累加和。

由定义可知，普通年金现值的计算公式为

$$PVA = A \cdot (1+i)^{-1} + A \cdot (1+i)^{-2} + \cdots + A \cdot (1+i)^{-n}$$

同样，根据等比数列前 n 项和公式 $Sn = \dfrac{a_1(1-q)^n}{1-q}$ 整理可得：

$$PVA = A \cdot \dfrac{1-(1+i)^{-n}}{i} \qquad (1-4)$$

其中，$\dfrac{1-(1+i)^{-n}}{i}$ 通常称为年金现值系数（Present Value Interest Factors for Annuity），用符号表示为 $PVIFA_{i,n}$，可以通过直接查阅"1 元年金现值系数表"获得。

【例 1-5】 东华公司计划在今后的 6 年内，每年年末发放福利 50 000 元，若年利率为 6%，问该企业现在需向银行一次存入多少钱？

即求普通年金现值

$$PVA = 50\,000 \times PVIFA_{6\%,6} = 50\,000 \times 4.917 = 245\,850（元）$$

【例 1-6】 东华公司现在存入银行 245 850 元，准备在今后的 6 年内等额取出，用于发放职工福利，若年利率为 6%，问每年年末可取出多少钱？

根据年金现值计算公式有

$$245\,850 = A \cdot PVIFA_{6\%,6}$$

$$A = 245\,850 / PVIFA_{6\%,6} = 245\,850 / 4.917 = 50\,000（元）$$

很明显，此例是已知年金现值，倒求年金 A，是年金现值的逆运算。这类问题是求年投资回收额，普通年金现值系数的倒数，它可以把普通年金现值折算为年金，称作投资回收系数。

2. 先付年金的终值与现值

先付年金是指一定时期内每期期初等额收付的系列款项，又称即付年金。如图 1-3 所示。

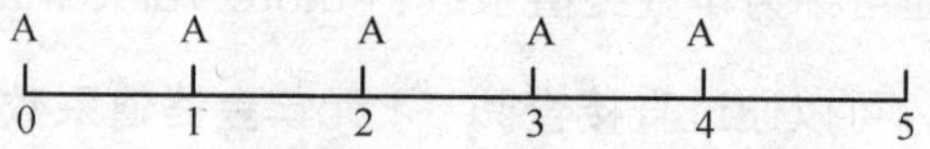

A A A A A
0 1 2 3 4 5

图 1-3 先付年金图示

（1）先付年金终值

将图 1-3 与图 1-2 进行比较可以看出，先付年金与普通年金的付款次数相同，但由于其付款时点不同，先付年金终值比普通年金终值多计算一期利息。因此，在普通年金终值的基础上乘以 $(1+i)$ 就是先付年金的终值，即

$$FV = A \cdot \dfrac{(1+i)^n - 1}{i} \cdot (1+i) \qquad (1-5)$$

【例 1-7】 东华公司准备在今后 5 年内，每年年初从利润留成中提取 50 000 元存入银行，计划 5 年后，将这笔存款用于建造体育馆，若年利率为 5%，问 5 年后共可以积累多少资金？

即求先付年金终值

$$FV = 50\,000 \times FVIFA_{5\%,5} \times (1+5\%) = 50\,000 \times 5.526 \times (1+5\%) = 290\,115（元）$$

（2）先付年金现值

将图 1-3 与图 1-2 进行比较可以看出，先付年金与普通年金的付款次数相同，但由于其付款时点不同，先付年金现值比普通年金现值多折现一期。因此，在普通年金现值的基础上乘以 $(1+i)$ 就是先付年金的现值，即

$$PV = A \cdot \dfrac{1-(1+i)^{-n}}{i} \cdot (1+i) \qquad (1-6)$$

【例1-8】 东华公司计划在今后的6年内，每年年末发放福利50 000元，若年利率为6%，问该企业现在需向银行一次存入多少钱？

即求先付年金现值。

$$PVA = 50\ 000 \times PVIFA_{6\%,6} \times (1+5\%) = 50\ 000 \times 4.917 \times (1+5\%) = 258\ 142.5\ （元）$$

3. 递延年金的现值

递延年金是指第一次收付款发生时间不在第一期期末，而是隔若干期后才开始发生的系列等额收付款项，如图1-4所示。

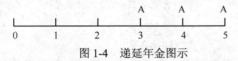

图1-4 递延年金图示

递延年金是普通年金的特殊形式，凡不是从第一期开始的普通年金都是递延年金。一般用m表示递延期数，用n表示年金实际发生的期数，则递延年金现值的计算公式为

$$PV = A \cdot \frac{1-(1+i)^{-(m+n)}}{i} - A \cdot \frac{1-(1+i)^{-m}}{i} \qquad （1-7）$$

或

$$= A \cdot \frac{1-(1+i)^{-n}}{i} \times (1+i)^{-m} \qquad （1-8）$$

【例1-9】 东华公司拟在年初存入一笔资金，以便能从第5年年末起每年取出100万元，至第8年年末取完。若银行存款利率为8%，东华公司应在现在一次存入银行多少钱？

即求递延年金的现值。

$$PV = 100 \times PVIFA_{8\%,8} - 100 \times PVIFA_{8\%,4}$$
$$= 100 \times 5.747 - 100 \times 3.312$$
$$= 243.5\ （万元）$$

或

$$PV = 100 \times PVIFA_{8\%,4} \times PVIF_{8\%,4}$$
$$= 100 \times 3.312 \times 0.735$$
$$= 243.4\ （万元）$$

4. 永续年金的现值

永续年金是无限期等额收付的特殊年金，可视为普通年金的特殊形式，即期限趋于无穷的普通年金。

永续年金没有终止的时间，也就没有终值。永续年金的现值可以通过普通年金现值的计算公式导出：

$$PV = A \times \frac{1-(1+i)^{-n}}{i} \qquad （1-9）$$

当$n \to \infty$时，$(1+i)^{-n}$的极限为零，故上式可写成：

$$PV = A \cdot \frac{1}{i} \qquad （1-10）$$

【例1-10】 东华公司现在发行固定股利的优先股，每年支付每股股利2元，若年利率为8%，则它现在的发行的价格为多少？

即求永续年金的现值

$$PV = 2/8\% = 12.5\ （元）$$

技能训练3：不等额现金流量计算

在经济活动中，往往要发生每次收付款项金额不相等的系列收付款项，这就需要计算不等额系列付款的现值之和。

为求得不等额系列付款现值之和，可先计算每次付款的复利现值，然后相加。不等额系列付款现值的计算公式为

$$pv_0 = \frac{A_0}{(1+K)^0} + \frac{A_1}{(1+K)} + \frac{A_2}{(1+K)^2} + \cdots + \frac{A_n}{(1+K)^n}$$

（1-11）

$$= \sum_{t=0}^{n} \frac{A_t}{(1+K)^t}$$

【例1-11】 东华公司购买兴达公司发行的股票，预计获得的现金流量如下表1-1所示，每年必要报酬率为10%。计算这年共需支付多少现金。

表1-1 　　　　　　　　　　　东华公司未来5年获得的现金流量　　　　　　　　　　　单位：万元

年	1	2	3	4	5
现金流量	40	60	50	30	70

假设折现率10%，以上每个复利现值系数，可查阅复利现值系数表：

$$pv_0 = \frac{A_0}{(1+K)^0} + \frac{A_1}{(1+K)} + \frac{A_2}{(1+K)^2} + \cdots + \frac{A_n}{(1+K)^n}$$

$$= 40 \times PVIF_{10\%,1} + 60 \times PVIF_{10\%,2} + 50 \times PVIF_{10\%,3} + 30 \times PVIF_{10\%,4} + 70 \times PVIF_{10\%,5}$$

$$= 40 \times 0.909 + 60 \times 0.826 + 50 \times 0.751 + 30 \times 0.683 + 70 \times 0.621$$

$$= 187.43（万元）$$

技能训练4：一年多次付息的时间价值计算

在前面的复利计算中，所涉及的利率均假设为年利率，并且每年复利一次。但在实际业务中，复利的计算期不一定是一年，可以是半年、一季、一月或一天复利一次。当利息在一年内要复利几次时，给出的年利率称为名义利率，用 r 表示，根据名义利率计算出的每年复利一次的年利率称为实际利率，用 i 表示。实际利率和名义利率之间的关系为

$$i = (1 + r/m)^m - 1$$

（1-12）

式中的 m 表示每年复利的次数。

【例1-12】 李某现存入银行100 000元，年利率6%，每半年复利一次。要求：1年后能取得多少本利和？

方法1：先根据名义利率与实际利率的关系，将名义利率折算成实际利率。

$$i = (1 + r/m)^m - 1$$

$$= (1 + 6\%/2)^2 - 1$$

$$= 6.09\%$$

再按实际利率计算资金的时间价值。

$$FV = PV \times (1 + i)^n$$

$$= 100\,000 \times (1 + 6.09\%)^1$$

$$= 106\,090（元）$$

方法 2：将已知的年利率 r 折算成期利率 r/m，期数变为 $m \cdot n$。

$$FV = PV \times (1 + r/m)^{m \cdot n}$$
$$= 100\,000 \times PVIF_{6\%/2,1\times 2}$$
$$= 106\,090（元）$$

技能训练 5：折现率计算

在前面计算现值和终值时，都假定利息率、期数是给定的。但是在财务管理中，经常会遇到已知计息期数、终值、现值或年金求利息率（贴现率）或已知利息率、终值、现值或年金求期数的问题。一般来说，求贴现率或期数分为两步：

第一步，根据已知条件求出换算系数；

第二步，根据换算系数和有关系数求贴现率或期数。

【例 1–13】 东华公司现在向银行存入 3 000 万元，按复利计算，在利率为多少时，才能保证在以后 10 年中每年得到 540 万元？

根据已知 $PV = 3\,000$，$n = 10$，$A = 540$，列出关系式：

$$3\,000 = 540 \times FVIFA_{i,10}$$
$$FVIFA_{i,10} = 3\,000 \div 540 = 5.556$$

查阅年金现值系数表，当期数为 10 年，利率为 12% 时，系数为 5.650；利率为 13% 时，系数为 5.426。没有与 5.556 一致的，所以，利率应在 12% ~ 13%，可用插值法计算所要求的利率。

假设所要求的贴现率为 x，则利用插值法计算如下。

利率	年金现值系数
$\begin{cases}12\% \\ x \\ 13\%\end{cases}$	$\begin{cases}5.560 \\ 5.556 \\ 5.426\end{cases}$

则
$$\frac{12\% - i}{12\% - 13\%} = \frac{5.650 - 5.556}{5.650 - 5.426}$$
$$i = 12.76\%$$

1.2 风险价值

第一部分 学习引导

1.2.1 风险的定义

1. 风险

风险是指当采取某一行动时，在一定条件下和一定时期内可能发生的各种结果的变动程

度。风险普遍存在于现实生活中，如企业进行投资，其实际获取的报酬率有多种可能，而且与期望报酬率可能会发生较大的差异。再如，企业进行举债融资，未来能否归还到期债务是不确定的，它取决于企业未来的经营状况和财务状况。

风险本身来自于与某项行动相关的未来环境的不稳定性和人的认知能力的局限性。与某项行动相关的各项因素在未来是多变的，我们事前很难准确地加以预计，由此会导致未来的不稳定性，可能会出现多种结果。

风险是事件本身的不确定性，具有客观性。投资者进行投资时，不同的投资项目的风险程度是不同的。例如，购买国库券收益稳定且到期一定能够收回本息，风险较小，但是如果投资于股票，其收益的不确定性高，风险也就高。一旦参与了该项投资，风险的大小也就无法改变，具有客观性。也就是说，特定投资的风险大小是客观的，但投资者是否去冒风险以及冒多大风险，是可以选择的，是主观的。

风险的大小随时间延续而变化，是"一定时期内"的风险，即表现为采取某项行动期间内的风险。当采取的某项行动结束时，事件的不确定性在缩小，其结果也就完全肯定了。

在现实中对风险和不确定性不做区分，统称为风险。严格讲，风险和不确定性是有区别的。风险是采取某项行动之前，可以知道所有可能的后果，以及每种后果的概率。不确定性是采取某项行动前，可以知道所有可能的后果，但不知道每种后果的概率，或者不知道所有的后果。风险中各种结果出现的概率往往是不准确的，不确定性中每种结果也可以估计一个概率。总之，某一行动的结果具有多种可能而不肯定，就叫有风险；而某一行动的结果十分肯定，就叫无风险。

风险是可以控制的。采取行动之前，我们可以测算该行动可产生的风险程度，根据抗风险能力、心理承受能力等多种因素，选择风险程度适宜的行动方案；在行动进行中，我们可以通过对行动方案的不断调节和严格的制度保证来控制行动的风险程度。例如，负债所带来的财务风险，可以通过根据企业经营的实际情况，选择适应企业的负债程度控制财务风险，当企业举债程度确定后，还可以通过改善企业现金流转的措施，增强企业的支付特别是还债支付能力，控制企业的债务风险。再如，对于企业经营中管理方面的不确定性所导致的风险，我们可以通过企业控制流程、内部审计等进行控制。

风险可能给投资者带来超出预期的收益，也可能带来超出预期的损失。采取投资行动，为获取高收益就必须承担发生高损失的可能性。从财务角度来说，风险主要是指无法达到预期报酬的可能性。

2. 风险报酬

风险的概念一般在财务决策时使用，任何财务决策的确定都应尽可能回避风险，以减少损失。但是，为什么还会有人进行风险投资呢？这是因为风险投资可获得额外的报酬——风险报酬。风险报酬有两种表示方法：风险报酬额和风险报酬率。所谓"风险报酬额"是指投资者因冒风险进行投资而获得的超过时间价值的那部分额外报酬。所谓"风险报酬率"是指投资者因冒风险进行投资而获得的超过时间价值率的那部分额外报酬率，即风险报酬额与原投资额的比率。在财务管理中，风险报酬通常用相对数——风险报酬率来加以计量。在不考虑通货膨胀的情况下，投资报酬率包括两部分：一部分是时间价值，即无风险报酬率；另一部分是风险价值，即风险报酬率。因此，时间价值和风险报酬便成为财务管理中的两项基本因素。

3．风险的分类

按照发生的原因，风险可分为以下几类。

（1）个人风险

当一个人对未来生活做出计划安排时，他总是要考虑各种不确定因素，如家庭状况、未来的收入、职业变动状况、健康状况、其他意外事件等。这些不确定因素对个人生活安排可能造成的影响就是个人风险。

（2）经济环境风险

外界经济条件的变更，如经济衰退和萧条、科学技术进步或顾客改变消费习惯等不确定因素，对企业收益的影响就是经济环境风险。

（3）通货膨胀风险

通货膨胀在使企业产品成本增加的同时，使产品销售价格上涨，但两者增长幅度不一定相等，从而可能造成企业销售收入的实际下降。而消费者可能因通货膨胀的原因改变消费习惯，选用其他替代商品，给企业带来进一步的销售收入下降。由通货膨胀带来的不确定性因素对企业收益的影响就是通货膨胀风险。通货膨胀风险是经济环境风险中的一个特例。

（4）经营风险

企业的生产经营活动中大量存在着的不确定因素，如产品在市场上的销售价格和销售量，生产经营成本水平等，对企业在未来获取经营利润中的影响就是经营风险。

（5）财务风险

财务风险一般是指企业由于负债带来的风险。

1.2.2 单项资产的风险价值

风险的衡量需要使用概率和统计方法。

1．概率

在经济活动中，某一事件在相同的条件下可能发生也可能不发生，这类事件称为随机事件。概率就是用来表示随机事件发生可能性大小的数值。通常，把必然发生的事件的概率定为 1，把不可能发生的事件的概率定为 0，而一般随机事件的概率是介于 0 与 1 之间的一个数。概率越大就表示该事件发生的可能性越大。例如，WM 公司有两个投资机会。A 投资机会是一个高科技项目，该领域竞争很激烈，如果经济发展迅速并且该项目搞得好，取得较大市场占有率，利润会很大。否则，利润很小甚至亏本。B 项目是一个老产品并且是必需品，销售前景可以准确预测出来。假设未来的经济情况只有 3 种：繁荣、正常、衰退，有关的概率分布和预期报酬率见表 1-2。

表 1-2　　　　　　　　　公司未来经济情况和预期报酬率表

经济情况	发生概率	A 项目预期报酬率	B 项目预期报酬率
繁荣	0.3	90%	20%
正常	0.4	15%	15%
衰退	0.3	-60%	10%
合计	1.0		

在这里，概率表示每一种经济情况出现的可能性，同时也是各种不同预期报酬率出现的可能性。例如，未来经济情况出现繁荣的可能性有 0.3。假如这种情况真的出现，采纳 A 项

目获利 90% 的可能性是 0.3。当然，报酬率作为一种随机变量，受多种因素的影响。我们这里为了简化，假设其他因素都相同，只有经济情况一个因素影响报酬率。

2. 离散型分布和连续型分布

如果随机变量（如报酬率）只取有限个值，并且对应于这些值有确定的概率，则称随机变量是离散型分布。前面的例子就属于离散型分布，它有 3 个值，见图 1-5。

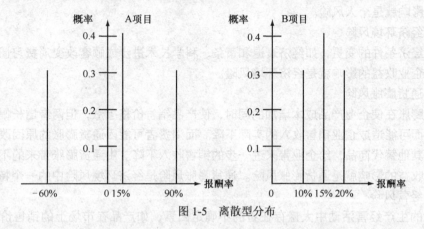

图 1-5　离散型分布

实际上，一个公司出现的经济情况远不止 3 种，有无数可能的情况会出现。如果对每种情况都赋予一个概率，并分别测定其报酬率，则可用连续型分布描述，见图 1-6。

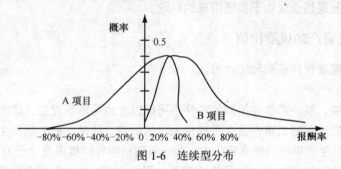

图 1-6　连续型分布

从图 1-6 可以看出，我们给出例子的报酬率呈正态分布，其主要特征是曲线为对称的钟形。实际上并非所有问题都按正态分布。但是，按照统计学的理论，不论总体分布是正态还是非正态，当样本很大时，其样本平均数都呈正态分布。一般说来，如果被研究的量受彼此独立的大量偶然因素的影响，并且每个因素在总的影响中只占很小部分，那么，这个总影响所引起的数量上的变化，就近似服从于正态分布。所以，正态分布在统计上被广泛使用。

3. 期望值

随机变量的各个取值，以相应的概率为权数的加权平均数，叫做随机变量的期望值（数学期望或均值），它反映随机变量取值的平均化。期望值可表示为

$$\overline{K} = \sum_{i=1}^{N}(P_i \cdot K_i) \qquad (1-13)$$

式中，P_i——第 i 种结果出现的概率；

　　　K_i——第 i 种结果出现后的预期报酬率；

　　　N——所有可能的结果的数目。

4. 离散程度

离散程度表示随机变量离散程度的量数，最常用的是方差和标准差。

方差是用来表示随机变量与期望值之间离散程度的一个量，它是离差平方的平均数。

$$总体方差 = \frac{\sum_{i=1}^{N}(K_i - \bar{K})^2}{N} \tag{1-14}$$

$$样本方差 = \frac{\sum_{i=1}^{n}(K_i - \bar{K})^2}{(n-1)} \tag{1-15}$$

标准差是方差的平方根：

$$总体标准差 = \sqrt{\frac{\sum_{i=1}^{N}(K_i - \bar{K})^2}{N}} \tag{1-16}$$

$$样本标准差 = \sqrt{\frac{\sum_{i=1}^{n}(K_i - \bar{K})^2}{(n-1)}} \tag{1-17}$$

总体，是指我们准备加以测量的一个满足指定条件的元素或个体的集合，也称母体。在实际工作中，为了了解研究对象的某些数学特性，往往只能从总体中抽出部分个体作为资料，用数理统计的方法加以分析。这种从总体中抽取部分个体的过程称为"抽样"，所抽得部分称为"样本"。通过对样本的测量，可以推测整体的特征。

在已经知道每个变量值出现概率的情况下，标准差可以按下式计算：

$$标准差(\sigma) = \sqrt{\sum_{i=1}^{n}(K_i - \bar{K})^2 \cdot P_i} \tag{1-18}$$

标准差是以均值为中心计算出来的，因而有时直接比较标准差是不准确的，需要剔除均值大小的影响。为了解决这个问题，引入了变化系数（离散系数）的概念。变化系数是标准差与均值的比，它是从相对角度观察的差异和离散程度，在比较均值相同项目的差异程度时较直接比较标准差更好些。

$$变化系数 = \frac{标准差}{均值} \tag{1-19}$$

而风险报酬率则与风险的大小有关，等于变化系数与风险程度的乘积。

$$风险报酬率 = 变异系数 \times 风险程度$$

投资项目的风险程度用标准离差率（亦称变化系数）来表示。变化系数反映证券市场上全体投资者对于风险的规避程度，可以通过统计的方法来确定。如果大家都愿意冒风险，则要求的风险溢价就小，变异系数就低；反之，大家都不愿意冒风险，变异系数就高。

对于一个投资项目来说，其变异系数可以用两种办法确定：一是专家们根据项目的风险大小及投资者对此类项目的态度进行主观确定，即专家评定法；二是根据历史上发生的风险相当的同类项目的数据加以计算。例如，某公司 3 年前曾投资过一个项目，预测该项目的标准离差率为 60%，当时的无风险报酬率为 5%，项目实施完毕得到的报酬率为 13%。根据这些数据就可以计算出此类项目的风险报酬斜率。风险报酬率 = 13% − 5% = 8%，风险报酬斜率 8%/60% = 13.33%，因此，对于标准离差率接近为 60% 的项目，其风险报酬斜率可取为 13.33%。当然，利用这种类比的方法是存在误差的，因为外部条件发生了变化，人们对风险的态度也会发生变化，所以风险报酬斜率也要变化。但是，在没有更好的解决方法时，这种方法仍是解决问题的一个思路。

在实际工作中，往往使用在无风险报酬率（即国库券利率）的基础上提高几个百分点的简单方法来确定项目要求的投资报酬率。项目风险越大，提高的百分点越多。这种方法简单易行，但主观性较强。这里需要指出的是，投资项目报酬率的期望值与投资者要求的报酬率是两个不同的概念。前者代表项目最有可能实现的报酬率，后者是投资者根据承担的风险的大小所要求实现的报酬率，只有当前者大于或等于后者时项目才具有投资的价值。

1.2.3 投资组合的风险价值

投资组合就是一个投资主体拥有的证券及资产的组合。投资组合中投资主体持有的一项投资，无论股票、债券或其他的资产，都将比持有单独一项投资风险小得多。在实际操作中，大部分金融资产都不是单独持有的。法律要求银行、退休基金、保险公司、共同基金或其他金融机构必须持有多样化的证券组合。即使是个人投资者——至少那些持有证券占总财富的绝大部分的人们，通常将持有证券组合，而不是单——家公司的股票。从投资者的立场出发，特定股票价格的上涨或下跌并不是最重要的，重要的是投资者持有的证券组合的收益以及整个组合相关的风险。

为了说明这个问题，我们以美国的佩古公司为例。这家公司从事捐款代理业务，在全球有几家办事处。该公司不太出名，其股票不易变现，且过去收益波动很大，甚至没有支付过股利。所有这些表明这家公司风险较高，其必要报酬率相对较高。但是，与多数其他公司相比较，佩古公司的必要报酬率还是很小的，这说明尽管其利润不稳定，也没有支付股利，但是投资者仍将佩古公司视作低风险公司，而能够解释这个悖论的就是投资多样化对风险的影响。佩古公司的股票价格在经济衰退期上涨，而其他的股票在经济衰退期均下跌。所以在"正常"股票的证券组合中持有佩古公司的股票可以稳定整个投资组合的收益。

1. 投资组合的期望报酬

投资组合的期望报酬是投资组合中单只股票的期望报酬的简单加权平均。每只股票的权重等于其在证券组合中所占的比例。

$$r_p = \sum_{j=1}^{m} r_j A_j \qquad (1-20)$$

其中，r_j是第j种证券的预期报酬率；A_j是第j种证券在全部投资额中的比重；m是组合中的证券种类总数。

2. 投资组合的风险

（1）投资组合与风险分散

如前所述，投资组合的期望报酬率是投资组合中每只股票期望报酬率的简单加权平均。但是，与收益不同，投资组合的风险通常不是组合中每只股票标准差的加权平均，而往往小于每只股票标准差的加权平均。从理论上说，只要条件合适，把用标准差衡量的风险较大的两种股票相组合，可以获得完全无风险的投资组合。

例如，投资 100 万元，A 公司股票和 B 公司股票各占 50%。如果 A 和 B 完全负相关，即一个变量的增加值永远等于另一个变量的减少值。组合的风险被全部抵消，如表 1-3 所示。如果 A 和 B 完全正相关，即一个变量的增加值永远等于另一个变量的增加值。组合的风险不减少也不扩大，如表 1–4 所示。

表 1–3　　　　　　　　　　　完全负相关的证券组合数据

年度＼方案	A		B		组合	
	收益	报酬率	收益	报酬率	收益	报酬率
19*1	20	40%	− 5	− 10%	15	15%
19*2	− 5	− 10%	20	40%	15	15%
19*3	17.5	35%	− 2.5	− 5%	15	15%
19*4	− 2.5	− 5%	17.5	35%	15	15%
19*5	7.5	15%	7.5	15%	15	15%
平均数	7.5	15%	7.5	15%	15	15%
标准差		22.6%		22.6%		0

表 1–4　　　　　　　　　　　完全正相关的证券组合数据

年度＼方案	A		B		组合	
	收益	报酬率	收益	报酬率	收益	报酬率
19*1	20	40%	20	40%	40	40%
19*2	− 5	− 10%	− 5	− 10%	− 10	− 10%
19*3	17.5	35%	17.5	35%	35	35%
19*4	− 2.5	− 5%	− 2.5	− 5%	− 5	− 5%
19*5	7.5	15%	7.5	15%	15	15%
平均数	7.5	15%	7.5	15%	15	15%
标准差		22.6%		22.6%		22.6%

　　可以看到，尽管两只成分股的收益波动极大，但是它们构成的组合却是没有风险的。之所以会导致一个无风险证券组合，是因为 A 与 B 的收益成反向变动——当 A 上涨的时候 B 下跌，反之亦然。两个变量之间的这种关系就是所谓的相关性。相关性通常用相关系数 r 来测量。用统计术语表示，我们称 W 和 M 是完全负相关的，即 $r = -1$。

　　完全负相关的相反情况就是完全正相关，即 $r = 1.0$。两个完全正相关的股票的收益同时上涨和下跌。组合中的股票如果是完全正相关的，则多样化对于减少投资风险是没有帮助的。当然，更多的股票是介于这两种极端状况之间的，在两种极端状况之间，将两只股票组成投资组合将减少投资组合的风险，但不能完全消除单只证券所固有的风险。

　　如果证券组合包含两个以上的股票将会怎样？通常，证券组合的风险将随着组合中股票数目的增加而减少。如果我们包含足够多的股票，是否可以完全消除风险呢？

　　答案一般是否定的，但是股票加入组合中所能够减少的风险程度取决于这些股票的相关程度：正相关系数越小，加入股票使组合中的多样化效果越明显。如果我们能找到一组负相关的股票（相关系数不一定非要等于 − 1 才行），则可以消除所有的风险。在典型的情况下，单只股票之间是正相关的，但是相关系数小于 1，所以我们可以消除一部分而不是全部的风险。通常而言，同一个行业中的股票相关系数要大于不同行业的股票。例如，是福特公司和通用汽车公司股票之间的报酬率相关度高，还是福特公司或通用汽车公司与宝洁公司的相关度高这个问题。有关的资料显示，福特公司和通用公司股票报酬的相关系数为 0.9，因为两者都从事于汽车销售，但是它们各自和宝洁公司股票搭配时，其相关系数只有 0.4。因此，为了最小化风险，证券组合应实行跨行业多元化。

（2）系统风险和非系统风险

在投资组合的讨论中，我们知道个别资产的风险，有些可以被分散掉，有些则不能。无法分散掉的是系统风险，可以分散掉的是非系统风险。

① 系统风险。系统风险是指那些影响所有公司的因素引起的风险。例如，战争、经济衰退、通货膨胀、高利率等非预期的变动，对许多资产都会有影响。系统风险所影响的资产非常多，虽然影响程度的大小有区别。例如，各种股票处于同一经济系统之中，它们的价格变动有趋同性，多数股票的报酬率在一定程度上正相关。经济繁荣时，多数股票的价格都上涨；经济衰退时，多数股票的价格下跌。尽管涨跌的幅度各股票有区别，但是多数股票的变动方向是一致的。所以，不管投资多样化有多充分，也不可能消除全部风险，即使购买的是全部股票的市场组合。

由于系统风险是影响整个资本市场的风险，所以也称"市场风险"。由于系统风险没有有效的方法消除，所以也称"不可分散风险"。

② 非系统风险。非系统风险，是指发生于个别公司的特有事件造成的风险。例如，一家公司的工人罢工、新产品开发失败、失去重要的销售合同、诉讼失败，或者宣告发现新矿藏、取得一个重要合同等。这类事件是非预期的、随机发生的，它只影响一个或少数公司，不会对整个市场产生太大影响。这种风险可以通过多样化投资来分散，即发生于一家公司的不利事件可以被其他公司的有利事件抵消。

由于非系统风险是个别公司或个别资产所特有的，因此也称"特殊风险"或"特有风险"。由于非系统风险可以通过投资多样化分散掉，因此也称"可分散风险"。

由于非系统风险可以通过分散化消除，因此一个充分的投资组合几乎没有非系统风险。假设投资人都是理智的，都会选择充分投资组合，非系统风险将与资本市场无关。市场不会对它给予任何价格补偿。通过分散化消除的非系统风险，几乎没有任何值得市场承认的、必须花费的成本。

我们已经知道，资产的风险可以用标准差计量。这个标准差是指它的整体风险。现在我们把整体风险划分为系统风险和非系统风险，如图 1-7 所示。

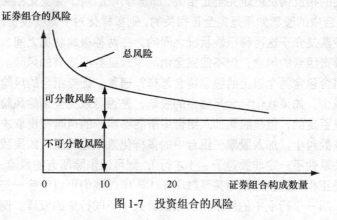

图 1-7　投资组合的风险

承担风险会从市场上得到回报，回报大小仅仅取决于系统风险。这就是说，一项资产的期望报酬率高低取决于该资产的系统风险大小。

综上所述，需要掌握的主要内容是：证券组合的风险不仅与组合中每个证券的报酬率标准差有关，而且与各证券之间报酬率的协方差有关。对于一个含有两种证券的组合，投资机会集曲线描述了不同投资比例组合的风险和报酬之间的权衡关系。风险分散化效应有时使得机会集曲线向左凸出，并产生比最低风险证券标准差还低的最小方差组合。有效边界就是机会集曲线上从最小方差组合点到最高预期报酬率的那段曲线。持有多种彼此不完全正相关的证券可以降低风险。如果存在无风险证券，新的有效边界是经过无风险利率并和机会集相切的直线，该直线称为资本市场线，该切点被称为市场组合，其他各点为市场组合与无风险投资的有效搭配。资本市场线横坐标是标准差，纵坐标是报酬率。该直线反映两者的关系即风险价格。

③ β 值表示系统风险。那么，单只股票的市场风险如何度量？比如说，通用电气公司的股票对于一个管理着由 150 只股票组成的基金管理人而言，该股票的风险就是通用电气股票在证券组合中的风险贡献。如果单独持有该股票，则风险可能很大，但是如果通过多样化能消除大部分的独立风险，那么，它的相关风险要比总风险或者独立风险小得多，其中的相关风险就是其对证券组合风险的贡献。我们看一下海上石油钻探公司在确定新的油井钻探项目相关的风险水平的实例。每年，公司都会钻探上千眼油井。每一眼油井成功的可能性只有10%，失败的可能性高达 90%，可以认为这个项目风险极大。若公司每年钻探 2000 眼井，以 10% 的成功率计算，会有 200 眼成功的产油井。在相对差的年份，可能只有 190 眼产油井，而在一个相对好的年份也许会有 210 眼油井。可见，单独看来属于高风险的投资，但是总体来讲却属于低风险活动，因为大部分风险已经被分散了。这就是持有股票的证券组合而不是持有单一股票的隐含意义。那么，是否所有的股票加入到合理多样化的证券组合后，都会对组合的风险产生相同的效果呢？回答是否定的，不同的股票对组合的风险的影响是不同的，所以不同的证券有不同程度的相关风险。如何度量单只股票的相关风险呢？假定除了与市场活动相关的风险之外，所有的风险都可以分散掉，那么我们就可以通过评估给定股票价格随着市场上下波动的程度来测定该风险。单只股票的相关风险基于其系统风险，而系统风险又取决于公司运作与利率变动、通胀压力等经济事件之间的敏感程度。因为金融市场中大部分活动将影响经济活动，所以股票的系统风险可以通过观察其所在市场的波动，或者与市场有相同特征的大部分股票的波动来测量。股票对市场波动的敏感度被称作 β 系数。β 可以用来衡量给定股票与市场或大部分股票的相对波动性。按照 β 值的大小，可以把股票分做3 类：一是中等风险股票，其 β 系数等于 1，与市场平均水平一致。按照定义，通常表示市场若上涨 10%，该股票同样上涨 10%，反之亦然。二是低风险股票，其 β 系数小于 1，低于市场平均水平。例如，β 等于 0.5 的股票——这种股票的波动性只有市场的一半。三是高风险股票，其 β 系数大于 1，高于市场平均水平。例如，β 等于 2 的股票——这种股票的波动性是市场平均水平的 2 倍。拥有这种股票构成的组合，可能会导致你迅速变成一个百万富翁或者乞丐。

④ 证券组合的 β 系数。证券组合的 β_p 等于被组合各证券 β 值的加权平均数：

$$\beta_p = \sum_{i=1}^{n} X_i \beta_i \qquad (1-21)$$

如果一个高 β 值股票（ $\beta > 1$ ）被加入一个平均风险组合（ β_p ）中，则组合风险将会提高；反之，如果一个低 β 值股票（ $\beta < 1$ ）加入一个平均风险组合中，则组合风险将会降低。所以，一种股票的 β 值可以度量该股票对整个组合风险的贡献，β 值可以作为这一股票风险程度的一个大致度量。

⑤ 资本资产定价模型。资本资产定价模型是用于确定资产的必要报酬率的模型。它认为，任何资产的报酬率必须等于无风险报酬率加上反映资产不可分散风险的风险补偿。对于给定的 β 水平，投资者对股票要求多高的报酬率合适呢？

$$K_i = R_f + \beta (K_m - R_f) \tag{1-22}$$

式中，K_i 是第 i 个股票的要求收益率；R_f 是无风险收益率（通常以国库券的收益率作为无风险收益率）；K_m 是平均股票的要求收益率（指 $\beta = 1$ 的股票要求的收益率，也是指包括所有股票的组合即市场组合要求的收益率）。在均衡状态下，（$K_m - R_f$）是投资者为补偿承担超过无风险收益的平均风险而要求的额外收益，即风险价格。

前面我们说过，投资期望报酬变动性越大，投资风险就越大，一项投资的期望报酬与投资风险正相关——项目投资风险越大，其期望报酬越高。但是，从投资组合的角度来说，投资者主要关注证券组合的风险，而不是组合中单个证券的风险。的确，股票的风险越高，其必要的报酬率也越高。但是补偿只是针对无法被投资多样化消除的风险而言的。如果风险补偿存在于那些高度可分散风险的股票中，那么采取合理多样化措施的投资者将开始购买这些证券，同时抬高价格，最终（均衡）的期望报酬只反映非多样化的市场风险。举例说明这个问题。假定股票 A 的一半风险属于市场风险（股票 A 随着市场上涨下跌），另一半风险则是可以多样化而完全消除的。如果资金有限，只能持有股票 A，就承受了所有的风险。作为对承担所有风险的补偿，就要得到比 5% 国债利率高 6% 的风险补偿。所以，从该投资中应得到的收益是 5% ＋ 6% ＝ 11%。但是，假定其他投资者都是投资多样化的高手，他们也将持有股票，但是由于他们可以消除可分散风险，于是只承担了一半的风险，他们在投资该股票时要求的报酬率只有 5% ＋ 3% ＝ 10%。

如果市场中股票的实际报酬率超过 7%，投资者将购买这一股票，如果收益正是另一投资者要求的 11%，那么他就愿意购买这一股票，但是多样化投资的投资者可能会与他竞争，抬高了股票的价格，从而降低了收益，这将使他无法得到期望 11% 的报酬——换句话说，他承担了所有风险，但是却只有部分风险得到了补偿。最后，他不得不接受 7% 的报酬率或者将钱存进银行。因此，在理性投资者组成的市场中，风险补偿只反映市场风险，投资必要报酬率中只包含无风险报酬率和系统风险补偿。

⑥ 证券市场线。证券市场线是资产定价模型的函数曲线。

按照资本资产定价模型理论，单一证券的系统风险可由 β 系数来度量，而且其风险与收益之间的关系可由证券市场线来描述。

证券市场线：
$$K_i = R_f + \beta(K_m - R_f)$$

式中，K_i 是第 i 个股票的要求收益率；R_f 是无风险收益率（通常以国库券的收益率作为无风险收益率）；K_m 是平均股票的要求收益率（指 $\beta = 1$ 的股票要求的收益率，也是指包括所有股票的组合即市场组合要求的收益率）。在均衡状态下，（$K_m - R_f$）是投资者为补偿承担超过无风险收益的平均风险而要求的额外收益，即风险价格（见图 1-8）。

证券市场线的主要含义如下。

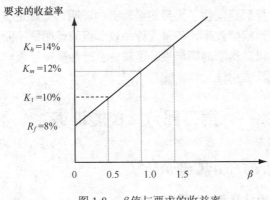

图 1-8 β值与要求的收益率

① 纵轴为要求的收益率，横轴则是以β值表示的风险。

② 无风险证券的β＝0，故 R_f 成为证券市场线在纵轴的截距。

③ 证券市场线的斜率[ΔY/ΔX＝（K_m－R_f）/（1－0）＝12%－8%＝4%]表示经济系统中风险厌恶感的程度。一般来说，投资者对风险的厌恶感越强，证券市场线的斜率越大，对风险资产所要求的风险补偿越大，对风险资产的要求收益率越高。

④ 在β值分别为0.5、1和1.5的情况下，必要报酬率由最低 K_1＝10%，到市场平均的 K_m＝12%，再到最高的 K_h＝14%。β值越大，要求的收益率越高。

从证券市场线可以看出，投资者要求的收益率不仅仅取决于市场风险，而且还取决于无风险利率（证券市场线的截距）和市场风险补偿程度（证券市场线的斜率）。由于这些因素始终处于变动之中，所以证券市场线也不会一成不变。预计通货膨胀提高时，无风险利率会随之提高，进而导致证券市场线的向上平移。风险厌恶感的加强，会提高证券市场线的斜率。

证券市场线适用于单个证券和证券组合（不论它是否已经有效地分散了风险），它测度的是证券（或证券组合）每单位系统风险（贝塔系数）的超额收益。证券市场线比资本市场线的前提宽松，应用也更广泛。

3. 资本资产定价模型的假设

资本资产定价模型建立在如下基本假设之上。

① 所有投资者均追求单期财富的期望效用最大化，并以各备选组合的期望收益和标准差为基础进行组合选择。

② 所有投资者均可以无风险利率无限制地借入或贷出资金。

③ 所有投资者拥有同样预期，即对所有资产收益的均值、方差和协方差等，投资者均有完全相同的主观估计。

④ 所有的资产均可被完全细分，拥有充分的流动性且没有交易成本。

⑤ 没有税金。

⑥ 所有投资者均为价格接受者。即任何一个投资者的买卖行为都不会对股票价格产生影响。

⑦ 所有资产的数量是给定的和固定不变的。

在以上假设的基础上，提出了具有奠基意义的资本资产定价模型。随后，每一个假设逐步被放开，并在新的基础上进行研究，这些研究成果都是对资本资产定价模型的突破与发展。

多年来，资本资产定价模型经受住了大量的经验上的证明，尤其是 β 概念。

自提出资本资产定价模型以来，各种理论争议和经验证明便不断涌现。尽管该模型存在许多问题和疑问，但是以其科学的简单性、逻辑的合理性赢得了人们的支持。各种实证研究验证了 β 概念的科学性及适用性。

第二部分　技能训练

技能训练6：单项资产的风险价值计算

单项资产的风险价值计算基本步骤：
1. 计算期望值
2. 计算方差和标准差
3. 计算变异系数
4. 计算风险报酬率
5. 计算投资报酬率

【例 1-14】　某公司现有甲、乙两个投资项目可供选择，其预测信息市场销售情况如表 1-5 所示。

表 1-5　　　　　　　　　　甲乙投资项目预期收益率分布表

市场销售情况	概率	甲项目的收益率	乙项目的收益率
很好	0.3	20%	40%
一般	0.4	16%	20%
很差	0.3	12%	-10%

要求：

（1）计算甲、乙两个项目的预期收益率、标准差和标准离差率；

（2）比较甲、乙两个项目的风险，说明该公司应该选择哪个项目；

（3）假设市场是均衡的，政府短期债券的收益率为 4%，计算所选项目的风险价值系数（ b ）。

解：（1）甲项目的预期收益率 $= 20\% \times 0.3 + 16\% \times 0.4 + 12\% \times 0.3 = 16\%$

乙项目的预期收益率 $= 40\% \times 0.3 + 20\% \times 0.4 - 10\% \times 0.3 = 17\%$

两者的预期报酬率不同，但其概率分布不同。甲项目的报酬率的分散程度小，变动范围在 12%～20%；乙项目的报酬率的分散程度大，变动范围在 -10%～40%。这说明两个项目的报酬率不同，风险不同。为了定量地衡量风险大小，还要使用统计学中衡量概率分布离散程度的指标。

（2）甲项目的标准差

$$\sqrt{(20\%-16\%)^2 \times 0.3 + (16\%-16\%)^2 \times 0.4 + (12\%-16\%)^2 \times 0.3} = 3.10\%$$

乙项目的标准差

$$\sqrt{(40\%-20\%)^2 \times 0.3 + (10\%-10\%)^2 \times 0.4 + (-10\%-20\%)^2 \times 0.3} = 8.31\%$$

甲项目的标准离差率 = 3.10%/16% = 0.19

乙项目的标准离差率 = 8.31%/17% = 0.49

直接从标准差看,乙项目的离散程度较大,能否说乙项目的风险比甲项目大呢?不能轻易下这个结论,因为乙项目的平均报酬率较小。如果以各自的平均报酬率为基础观察,甲项目的标准差是其均值的 0.19 倍,而乙项目的标准差是其均值的 0.49 倍,乙项目的相对风险较大。这就是说,甲的绝对风险较小,但相对风险较大,乙项目与此正相反。由于乙项目的标准离差率大于甲项目,所以,乙项目的风险大于甲项目。由于甲项目的预期收益率低于乙项目,即甲项目的预期收益率低但相对风险低,所以,该公司应该选择甲项目。

（3）因为市场是均衡的,所以,必要收益率 = 预期收益率 = 16%

由于必要收益率 = 无风险收益率 + 风险收益率

　　　　　　 = 无风险收益率 + 风险价值系数（b）× 标准离差率

而无风险收益率 = 政府短期债券的收益率 = 4%

所以,　　　　　　　　$17\% = 4\% + b \times 0.19$

解得:　　　　　　　　$b = 0.68$

技能训练 7：证券组合的风险价值计算

证券组合的风险价值计算步骤:

1. 计算证券组合中每一种证券的 β 值（通常可以通过其他途径找到）
2. 计算证券组合综合 β 值
3. 利用 $K_i = R_f + \beta(K_m - R_f)$ 计算证券组合报酬率

【例 1-15】　国库券的利息率为 5%,市场证券组合的报酬率为 13%,有 A、B 两只股票,A 的 β 值 2.0,B 的 β 值 1.5,有 100 万元,投资 A、B 各 50%。

要求:（1）计算市场风险报酬率;

　　　 （2）计算 A、B 必要报酬率为多少;

　　　 （3）计算 A、B 组合的报酬率。

解:（1）风险报酬率 = 必要报酬率 - 无风险报酬率

　　　　　　　　　　　　$8\% = 13\% - 5\%$

（2）必要报酬率 $K_i = R_f + \beta(K_m - R_f)$

　　　　　　$K_A = 5\% + 2 \times (13\% - 5\%) = 21\%$

　　　　　　$K_B = 5\% + 1.5 \times (13\% - 5\%) = 17\%$

（3）证券组合 $\beta_p = \sum_{i=1}^{n} X_i \beta_i$

证券组合必要收益率 $K_i = R_f + \beta(K_m - R_f)$

　　　　　　$\beta = \beta_A \times 50\% + \beta_B \times 50\%$

　　　　　　　 $= 2 \times 50\% + 1.5 \times 50\%$

　　　　　　　 $= 1.75$

　　　　　　$K = 5\% + 1.75 \times (13\% - 5\%)$

　　　　　　　 $= 19\%$

1.3　证券估价

第一部分　学习引导

1.3.1　证券估价原理

证券估价也叫金融证券估价，即证券公平价格的评估。在投资与融资过程中，难免需要进行价值分析。价值分析中，价值可能是指单个项目的价值、普通股股票的价值、债券价值，也可以是企业的总体价值。

1．估价涉及的两组概念

（1）清算价值与持续经营价值

① 清算价值指资产或者整个公司退出营业序列而被出售时所能够得到的价格，通常低于正常交易价格。

② 持续经营价值指公司作为一个正在持续运营的组织出售时所能获得的货币额。可见，清算价值与持续经营价值的假设是不一样的，其计算方法也不相同。我们估价估的是持续经营状态下的价值。

（2）账面价值、市场价值与内在价值

① 账面价值，根据会计原则核算出来的价值。对资产而言就是入账价值减去折旧或摊销。

② 市场价值，资产交易时的市场价格。

③ 内在价值（公允价值），在考虑了影响价值的所有因素后决定的证券应有价值。我们这里要计算的是内在价值，因为在有效资本市场假设下，市场价值应围绕内在价值上下波动。计算出了内在价值，就可以确定一个合理的买卖价格。

2．贴现现金流量方法的基本原理

估价的方法有多种，如贴现现金流量法、相对估价法以及期权定价法等。在这些方法中，贴现现金流量方法是最为基础性的，其他的估价方法都是辅助性质的，任何估价方法的根源都是贴现现金流量法。从贴现现金流量方法的角度看，任何融资证券现在的价格，都是预期它所能够带来的现金流量经过适当的贴现率贴现后的现值之和。也就是说，这种方法的基础就是现值原则，也就是股票的内在价值等于其未来期望现金流量的现值。其数学表达式为

$$PV_0 = \sum_{t=a}^{n} CF_t \times PVIF_{t,i}$$

（1-23）

式中，PV_0指证券在 0 点（即决策点）的价格；CF_t指证券第 t 期末预期所能够带来的现金流量；i指与证券自身风险相当的贴现率；n指证券的存续期，股票存续期为 $+\infty$。

从定义中可以看出：

① 将来的现金流量决定证券的内在价值而不是过去的现金流量；

② 预期现金流量实际上是证券在未来的收益能力（的估计），而贴现率则反映被评估现

金流量的风险，预期现金流量的风险高贴现率就高，风险低贴现率就低；

③ 证券在现在的内在价值实际上与它的收益能力与风险程度紧密相关，其他因素不变的情况下，证券价格与收益能力成正向变动，与风险成反向变动。

3．债券估价

债券估价具有重要的实际意义。企业运用债券形式从资本市场上筹资，必须要知道它如何定价。如果定价偏低，企业会因付出更多现金而遭受损失；如果定价偏高，企业会因发行失败而遭受损失。对于已经发行在外的上市交易的债券，估价仍然有重要意义。债券的价值代表了债券投资人要求的报酬率，对于经理人员来说，不知道债券如何定价就是不知道投资人的要求，也就无法使他们满意。

（1）债券的概念

① 债券。债券是发行者为筹集资金，向债权人发行的，在约定时间支付一定比例的利息，并在到期时偿还本金的一种有价证券。

② 债券面值。债券面值是指设定的票面金额，它代表发行人借入并且承诺于未来某一特定日期偿付给债券持有人的金额。

③ 债券票面利率。债券票面利率是指债券发行者预计一年内向投资者支付的利息占票面金额的比率。票面利率不同于实际利率。实际利率通常是指按复利计算的一年期的利率。债券的计息和付息方式有多种，可能使用单利或复利计息，利息支付可能半年一次、一年一次或到期日一次总付，这就使得票面利率可能不等于实际利率。

④ 债券的到期日。债券的到期日指偿还本金的日期。债券一般都规定到期日，以便到期时归还本金。

（2）债券的价值

债券的价值是发行者按照合同规定从现在至债券到期日所支付的款项的现值。计算现值时使用的折现率，取决于当前的利率和现金流量的风险水平。

① 债券估价的模型。

· 到期一次还本付息债券

典型的债券是固定利率、每年计算并支付利息、到期归还本金。按照这种模式，债券价值计算的基本模型是

$$PV = \frac{I_1}{(1+i)^1} + \frac{I_2}{(1+i)^2} + \cdots + \frac{I_n}{(1+i)^n} + \frac{M}{(1+i)^n} \qquad (1-24)$$

式中，PV ——债券价值；

I ——每年的利息；

M ——到期的本金；

i ——折现率，一般采用当时的市场利率或投资人要求的必要报酬率；

n ——债券到期前的年数。

通过该模型可以看出，影响债券定价的因素有折现率、利息率、计息期和到期时间。

· 纯贴现债券

纯贴现债券是指承诺在未来某一确定日期作某一单笔支付的债券。这种债券在到期日前购买人不能得到任何现金支付，因此也称为"零息债券"。零息债券没有标明利息计算规则的，通常采用按年计息的复利计算规则。

纯贴现债券的价值：

$$PV = \frac{F}{(1+i)^n} \qquad (1-25)$$

在到期日一次还本付息债券，实际上也是一种纯贴现债券，只不过到期日不是按票面额支付而是按本利和做单笔支付。

· 平息债券

平息债券是指利息在到期时间内平均支付的债券。支付的频率可能是一年一次、半年一次或每季度一次等。

平息债券价值的计算公式如下。

$$PV = \sum_{t=1}^{mn} \frac{I/m}{(1+\frac{i}{m})^t} + \frac{M}{(1+\frac{i}{m})^{mn}} \qquad (1-26)$$

式中，m ——年付利息次数；

n ——到期时间的年数；

i ——每期的折现率；

I ——年付利息；

M ——面值或到期日支付额。

· 永久债券

永久债券是指没有到期日，永不停止定期支付利息的债券。英国和美国都发行过这种公债。对于永久公债，通常政府都保留了回购债券的权力。优先股实际上也是一种永久债券，如果公司的股利支付没有问题，将会持续地支付固定的优先股息。

永久债券的价值计算公式为

$$PV = \frac{利息额}{折现率} \qquad (1-27)$$

② 债券价值与折现率。债券价值与折现率有密切的关系。债券定价的基本原则是：折现率等于债券利率时，债券价值就是其面值。如果折现率高于债券利率，债券的价值就低于面值；如果折现率低于债券利率，债券的价值就高于面值。对于所有类型的债券估价，都必须遵循这一原理。

应当注意，折现率也有实际利率（周期利率）和名义利率（报价利率）之分。凡是利率，都可以分为名义的和实际的。当一年内要复利几次时，给出的年利率是名义利率，名义利率除以年内复利次数得出实际的周期利率。对于这一规则，票面利率和折现率都需要遵守，否则就破坏了估价规则的内在统一性，也就失去了估价的科学性。在计算债券价值时，除非特别指明折现率与票面利率采用同样的计息规则，包括计息方式（单利还是复利）、计息期和利息率性质（报价利率还是实际利率）。

在发债时，票面利率是根据等风险投资的折现率确定的。假设当前的等风险债券的年折现率为 10%，拟发行面值为 1 000 元、每年付息的债券，则票面利率应确定为 10%。此时，折现率和票面利率相等，债券的公平价值为 1 000 元，可以按 1 000 元的价格发行。如果债券印制或公告后折现率发生了变动，可以通过溢价或折价调节发行价，而不应修改票面利率。如果拟发行债券改为每半年付息，票面利率如何确定呢？发行人不会以 5% 作为半年的票面利率，他不会不知道半年付息 5% 比一年付息 10% 的成本高。他会按 4.8809%

（$\sqrt{1+10\%}-1$）作为半年的实际利率，这样报价的名义利率为 $2\times4.8809\%=9.7618\%$，同时指明半年付息。它与每年付息、报价利率 10%，其实际年利率相同，在经济上是等效的。既然报价利率是根据半年的实际利率乘以 2 得出的，则报价利率除以 2 得出的当然是半年的实际利率。影响利息高低的因素，不仅是利息率，还有复利期长短。利息率和复利期必须同时报价，不能分割。反过来说，对于平价发行的半年付息债券来说，若票面利率为 10%，则它的定价依据是年实际折现率为 10.25%，或者说名义折现率是 10%，或者说半年的实际折现率是 5%。为了便于不同债券的比较，在报价时需要把不同计息期的利率统一折算成年利率。折算时，报价利率根据实际的周期利率乘以一年的复利次数得出，已经形成惯例。

③ 债券价值与到期时间。债券价值不仅受折现率的影响，而且受债券到期时间的影响。债券的到期时间，是指当前日至债券到期日之间的时间间隔。随着时间的延续，债券的到期时间逐渐缩短，至到期日时该间隔为零。

在折现率一直保持不变的情况下，不管它高于或低于票面利率，债券价值随到期时间的缩短逐渐向债券面值靠近，至到期日债券价值等于债券面值。这种变化情况可如图 1-9 所示。当折现率高于票面利率时，随着时间向到期日靠近，债券价值逐渐提高，最终等于债券面值；当折现率等于票面利率时，债券价值一直等于票面价值；当折现率低于票面利率时，随着时间向到期日靠近，债券价值逐渐下降，最终等于债券面值。

图 1-9 显示的是连续支付利息的情景，或者说是支付期无限小的情景。如果不是这样，而是每间隔一段时间支付一次利息，债券价值会呈现周期性波动，后面将讨论这种情况。

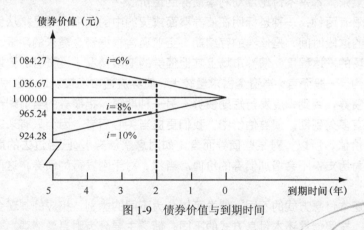

图 1-9　债券价值与到期时间

在折现率不变（10%）的情况下，到期时间为 5 年时债券价值为 924.28 元，3 年后到期时间为 2 年时债券价值上升至 965.24 元，向面值 1 000 元靠近了。在折现率等于票面利率时，到期时间的缩短对债券价值没有影响。

综上所述，当折现率一直保持至到期日不变时，随着到期时间的缩短，债券价值逐渐接近其票面价值。如果付息期无限小则债券价值表现为一条直线。

如果折现率在债券发行后发生变动，债券价值也会因此而变动。随着到期时间的缩短，折现率变动对债券价值的影响越来越小。这就是说，债券价值对折现率特定变化的反应越来越不灵敏。

从上述计算中，可以看出，如果折现率从 8% 上升到 10%，债券价值从 1 000 元降至

924.28 元，下降了 7.6%。在到期时间为 2 年时，折现率从 8% 上升至 10%，债券价值从 1 000 元降至 965.24 元，仅下降了 3.5%。

4. 影响债券投资现金流量的几个因素

债券估价相对于股票估价是比较容易的，一方面在于其贴现率比较容易确定，这种确定当然是针对普通股而言的，是名义上的，因为任何投资都有风险，都有不确定性。另一方面在于其预期未来能够给投资者带来的现金流量是确定的。对于贴现率的确定方法，我们可以参照前面的利息率预测，以及风险报酬中所讲的道理来确定，目前的关键就是如何根据已知条件来确定债券投资预期能够给投资者带来的现金流量的数额。

笼统地说，投资于债券，能够给投资者带来的现金流量有两种类型，一是将来可得的利息收入，二是本金的偿还。如果能够将它们分别进行确定，则确定债券的内在价值问题就解决了一半。总地说来，影响债券投资现金流量的基本因素包括债券的票面价值、票面利率、债券的期限以及债券类别等。票面价值指印在债券票面上的金额，是各类债券到期偿还本金的依据。一般而言，债券发行主体可根据不同认购者的需要，使债券面值多样化，既有大额面值，也有小额面值，例如，1996 年三峡债券面值为 100 元、1 000 元、10 000 元 3 种。在我国，企业向社会公开发行的债券，每份面值为 100 元，定向发行的债券应当采用记账方式向合格投资者发行，每份面值为 50 万元，每一合格投资者认购的债券不得低于面值 100 万元。票面利率是债券票面上标定的利率，等于债券每年应付利息数额除以债券的票面价值。票面利率是确定债券每期应付利息数额的依据之一。票面利率可分为固定利率和浮动利率两种，因其较为复杂，本书不讨论浮动利率债券的定价。

债券的期限有两种，一种是标明在债券票面或契约中的期限，它是指从债券发行日起到偿还本息日止的这段时间，是债券的存续期。企业通常根据资金需求的期限、未来市场利率走势、流通市场的发达程度、债券市场上其他债券的期限情况、投资者的偏好等来确定发行债券的期限结构。一般而言，当资金需求量较大、债券流通市场较发达、利率有上升趋势时，可发行中长期债券，否则，应发行短期债券。另一种期限，指债券的当前剩余年限，即截至今日，债券还有多久到期。债券估价中，我们更应当关心后者。因为只有未来的现金流量才会影响债券的价值，所以，对某些债券而言（如附息票债券），已经过去的期限中产生的现金流量已经成为历史，不会增加债券的价值。当然，对于刚发行的债券，这两者基本上是相等的。

按照债券还本付息方式的不同，债券可以分为不同的类别，相应的其现金流量的特征也不同。在我国，按照债券还本付息方式的不同，债券主要分为附息票债券、一次还本付息债券和贴现债券 3 种。其中，附息票债券指存续期内定期支付利息，到期按面值支付本金的债券，也叫分期付息债券。定期支付利息可以是每年支付一次，也可以是一年支付两次，视债券契约的规定而言。一次还本付息债券，也叫利随本清债券，指所有利息均单利累积，债券到期时连同债券面值一同偿还给投资者的债券。这种债券在我国大量存在，我国债券市场上的债券多属于此类。零息债券指期限大于 1 年，平时不支付利息，折价发行，到期按面值还本的债券。贴现债券是期限小于 1 年，平时不支付利息，折价发行，到期按面值还本的债券。零息债券和贴现债券没有本质的差异，只不过债券的期限有所不同，从这点上看，贴现债券与零息债券可以看做一种债券。

1.3.2 股票估价

1. 股票的有关概念

（1）股票的定义

股票是股份公司发给股东的所有权凭证，是股东借以取得股利的一种有价证券。股票持有者即为该公司的股东，对该公司财产有要求权。

股票可以按不同的方法和标准分类：按股东所享有的权利，可分为普通股和优先股；按票面是否标明持有者姓名，分为记名股票和不记名股票；按股票票面是否记明入股金额，分为有面值股票和无面值股票；按能否向股份公司赎回自己的财产，分为可赎回股票和不可赎回股票。我国目前各公司发行的都是不可赎回的、记名的、有面值的普通股票，只有少量公司过去按当时的规定发行过优先股票。

（2）股票价格

股票本身是没有价值的，仅是一种凭证。它之所以有价格，可以买卖，是因为它能给持有人带来预期收益。一般说来，公司第一次发行时，要规定发行总额和每股金额，一旦股票发行后上市买卖，股票价格就与原来的面值分离。这时的价格主要由预期股利和当时的市场利率决定，即股利的资本化价值决定了股票价格。此外，股票价格还受整个经济环境变化和投资者心理等复杂因素的影响。

股市上的价格分为开盘价、收盘价、最高价和最低价等，投资人在进行股票估价时主要使用收盘价。股票的价格会随着经济形势和公司的经营状况而升降。

（3）股利

股利是公司对股东投资的回报，它是股东所有权在分配上的体现。股利是公司税后利润的一部分。

2. 普通股估价的理论

长期以来，有关普通股估价的理论经历了深刻的变化。至今，仍是一个争论的热点，还没有一种定价方法被普遍地接受。但近些年来，有一种观点正在日益地被广泛接受，该观点认为，在对单个普通股进行分析时，应把它作为投资者能持有的普通股组合的一部分。换句话说，投资者对于单个股票的涨跌和单个股票对股票投资组合总价值的影响这二者的关心程度是不一样的。这种观点对于确定普通股股票的必要报酬率是很重要的。与债券和优先股不同的是，债券和优先股现金流量是由交易合同事先规定的，而普通股的现金流量则与此不同，它的未来报酬有更大的不确定性。

前面论述中，可知贴现现金流量法是以期望的现金流量和贴现率为基础的。对于普通股估价而言，现金流量的形式可以是现金股利、每股税后现金流量（EPS）等。因此，贴现现金流量方法又分为具体的几种方法，即股利估价模型和自由现金流量模型，前者适用于经常派发现金股利的公司的股票估价，后者则适用于公司不常派发股利时的情况。本节，我们来探讨股利估价模型方法。

3. 股利估价模型的现金流基础

通过计算债券和优先股提供给投资者的现金报酬的贴现价值，可以计算出债券和优先股的价值。用与此类似的方法，对于一个永远不打算出售手中持有的股票的投资者而言，普通股的每股价值可以这样计算：普通股股票现在的价值是其预期未来现金股利的现值和。

这里指的是最一般意义上的优先股，实际上，一些特殊种类的优先股，其股息也可能不是完全固定的，如可参与优先股。②请参见风险报酬部分，关于系统风险以及资本资产定价模型的论述。

$$V = \sum_{n}^{t=1} \frac{D_t}{(1+i)^t} + \frac{V_n}{(1+i)^n} \qquad (1-28)$$

式中，D_t指第 t 期的股利；i 指股东的必要报酬率。

但是，倘若我们只准备将股票持有 2 年，那又该怎么样呢？若只持有 2 年，则定价模型变为

$$V_2 = \frac{D_1}{(1+K)} + \frac{D_2}{(1+K)^2} + \frac{V_2}{(1+K)^2}$$

式中，V_2是第二年年末股票的期望售价。这里假定两年后有投资者愿意购买我们的普通股。相应地，两年后的这些潜在的购买者则把该股票未来预计的股利和未来预计的售价作为他们判断是否购买该股票的基础。随着股票交易的进行，这一"传递过程"将在投资者之间持续下去。需要特别注意的是，用来确定股票价值的预计未来股利和售价本身，也是以未来的预计股利为基础估计出来的。因为现金股利是发行公司付给作为一个整体的股票持有人的全部报酬。由此可知，普通股定价的基础一定是股利。这里的股利应包括股票持有人的全部现金流量，所以也包括股票被公司回购时支付给持有人的款项。

谈到这里，很自然地引出另一个问题，即当公司股票不支付股利时，为什么它还会有正的价值，并且这个正的价值常常还是相当高的？例如，一些新兴行业中的企业，由于其业务增长速度很快，需要大量的资金支撑，它们可能在最初的许多年里都不会发放哪怕是一分钱的现金股利，但是其股票价格却并没有因此一钱不值，反而可能价格高启。答案就在于，市场容量总是有限的，没有哪家公司会一直保持一个很高的增长速度，当公司增长速度放慢以后，公司会将"多余"的钱用于发放现金股利。这种情形，可以看做是发行公司将公司的收益重新投资（而不是用于当期现金股利支付），以便将来可以发放更多的现金股利。投资者看好这些公司的未来，公司投资者预期未来该股票的卖价会高于买价。

4. 股票估价的基本模型

股票带给持有者的现金流入包括两部分：股利收入和出售时的售价。股票的内在价值由一系列的股利和将来出售股票时售价的现值所构成。

如果股东永远持有股票，则他只获得股利，是一个永续的现金流入。这个现金流入的现值就是股票的价值：

$$V = \frac{D_1}{(1+R_s)^1} + \frac{D_2}{(1+R_s)^2} + \cdots + \frac{D_n}{(1+R_s)^n} = \sum_{t=1}^{\infty} \frac{D_t}{(1+R_s)^t} \qquad (1-29)$$

式中，D_t——t 年的股利；

R_s——折现率，即必要的收益率；

t ——折现期数。

如果投资者不打算永久地持有该股票，而在一段时间后出售，他的未来现金流入是几次股利和出售时的股价。因此，买入时的价格 P_0（一年的股利现值加上一年后股价的现值）和一年后的价格 P_1（第二年股利在第二年年初的价值加上第二年年末股价在第二年年初的价值）为

$$P_0 = \frac{D_1}{1+R_s} + \frac{P_1}{1+R_s} \qquad (1-30)$$

$$P_1 = \frac{D_2}{1+R_s} + \frac{P_2}{1+R_s} \qquad (1-31)$$

将式（1-30）代入式（1-31）：

$$P_0 = \frac{D_1}{1+R_s} + \left(\frac{D_2}{1+R_s} + \frac{P_2}{1+R_s}\right) \div (1+R_s)$$

$$= \frac{D_1}{(1+R_s)^1} + \frac{D_2}{(1+R_s)^2} + \frac{P_2}{(1+R_s)^2}$$

如果不断继续上述代入过程，则可得出：

$$P_0 = \sum_{t=1}^{\infty} \frac{D_t}{(1+R_s)^t} \qquad (1-32)$$

式（1-32）是股票估价的基本模型。它在实际应用时，面临的主要问题是如何预计未来每年的股利，以及如何确定折现率。

股利的多少，取决于每股赢利和股利支付率两个因素。对其估计的方法是历史资料的统计分析，例如回归分析、时间序列的趋势分析等。股票评价的基本模型要求无限期地预计历年的股利（D_t），实际上不可能做到。因此应用的模型都是各种简化办法，如每年股利相同或固定比率增长等。

折现率的主要作用是把所有未来不同时间的现金流入折算为现在的价值。折算现值的比率应当是投资者所要求的收益率。那么，投资者要求的收益率应当是多少呢？我们将在本课题稍后再讨论这个问题。

第二部分　技能训练

技能训练 8：分期付息到期还本债券估价

【例 1-16】　东化公司拟于 2011 年 2 月 1 日发行面额为 1 000 元的债券，其票面利率为 10%，每年 2 月 1 日计算并支付一次利息，并于 5 年后的 1 月 31 日到期。同等风险投资的必要报酬率为 8%，则债券的价值为

$$PV = \frac{1000 \times 10\%}{(1+8\%)} + \frac{1000 \times 10\%}{(1+8\%)^2} + \frac{1000 \times 10\%}{(1+8\%)^3} + \frac{1000 \times 10\%}{(1+8\%)^4} + \frac{1000 \times 10\% + 1000}{(1+8\%)^5}$$

$$= 92.59 + 85.73 + 79.38 + 73.50 + 748.64$$

$$= 1079.85$$

技能训练 9：到期一次性还本付息债券估价

【例 1-17】　有一个五年期债券，面值 100 元，票面利率 10%，单利计息，到期时一次还本付息。假设折现率为 12%（复利、按年计息），其价值为

$$PV = \frac{100 + 100 \times 10\% \times 5}{(1+12\%)^5} = 85.11$$

技能训练 10：贴现债券估价

【例 1-18】 有一纯贴现债券，面值 1 000 元，10 年期。假设折现率为 8%，其价值为

$$PV = \frac{1000}{(1+8\%)^{10}} = 463.19$$

技能训练 11：一年多次付息债券估价

【例 1-19】 有一债券面值为 1 000 元，票面利率为 8%，每半年支付一次利息，5 年到期。假设折现率为 10%。

按惯例，报价利率为按年计算的名义利率，每半年计息时按年利率的 $\frac{1}{2}$ 计算，即按 4% 计息，每次支付 40 元。折现率按同样方法处理，每半年期的折现率按 5% 确定。该债券的价值为

$$PV = 1000 \times 4\% \times PVIFA_{10\%/2,5\times2} + 1000 \times PVIF_{10\%/2,5\times2}$$
$$= 40 \times 7.7217 + 1000 \times 0.6139$$
$$= 922.77$$

该债券的价值比每年付息一次时的价值（924.28 元）降低了。债券付息期越短价值越低的现象，仅出现在折价出售的状态。如果债券溢价出售，则情况正好相反。

【例 1-20】 有一面值为 1 000 元，5 年期，票面利率为 8%，每半年付息一次的债券。假设折现率为 6%，则债券价值为

$$PV = 40 \times (p/A，3\%，10) + 1\,000 \times (p/s，3\%，10)$$
$$= 40 \times 8.5302 + 1000 \times 0.7441$$
$$= 341.21 + 744.10$$
$$= 1\,085.31（元）$$

该债券每年付息一次时的价值为 1 084.29 元，每半年付息一次使其价值增加到 1 085.31 元。

技能训练 12：零增长股票的价值估价

假设未来股利不变，其支付过程是一个永续年金，则股票价值为

$$P_0 = D \div R_S$$

【例 1-21】 东化公司每年分配股利 1.5 元，最低报酬率为 12%，则

$$P_0 = 1.5 \div 12\% = 12.5（元）$$

这就是说，该股票每年给你带来 1.5 元的收益，在市场利率为 12% 的条件下，它相当于 12.5 元资本的收益，所以其价值是 12.5 元。

当然，市场上的股价不一定就是 12.5 元，还要看投资人对风险的态度，可能高于或低于 12.5 元。

如果当时的市价不等于股票价值，如市价为 12 元，每年固定股利 2 元，则其预期报酬率为

$$R = 2 \div 12 \times 100\% = 16.67\%$$

可见，市价低于股票价值时，预期报酬率高于最低报酬率。

技能训练 13：固定增长股票估价

企业的股利不应当是固定不变的，而应当不断增长。各公司的增长率不同，但就整个平均来说应等于国民生产总值的增长率，或者说是真实的国民生产总值增长率加通货膨胀率。

假设 ABC 公司今年的股利为 D_0，则 t 年的股利应为

$$D_t = D_0 \cdot (1 + g)^t$$

若 $D_0 = 2$，$g = 5\%$，则 5 年后的每年股利为：

$$D_t = D_0 \cdot (1 + g)^5 = 2 \times (1 + 5\%)^5 = 2 \times 1.2763 = 2.55 （元）$$

固定成长股票的股价计算公式如下：

$$P = \sum_{t=1}^{\infty} \frac{D_0 \times (1 + g)^t}{(1 + K)^t}$$

当 g 为常数，并且 $k > g$ 时，上式可简化为

$$P = \frac{D_0 \times (1 + g)}{(K - g)} = \frac{d_1}{(K - g)}$$

【例 1-22】 东化公司报酬率为 15%，年增长率为 10%，$D_0 = 2$ 元，$D_1 = 2 \times (1 + 10\%) = 2 \times 1.10 = 2.20$ 元，则股票的内在价值为

$$P = （2 \times 1.10） \div （0.15 - 0.10） = 44 （元）$$

技能训练 14：非固定增长股票估价

在现实生活中有的公司股利是不固定的。例如，在一段时间里高速增长，在另一段时间里正常固定增长或固定不变。在这种情况下，就要分段计算，才能确定股票的价值。

【例 1-23】 一个投资人持有东化公司的股票，他的投资必要报酬率为 15%。预计东化公司未来 3 年股利将高速增长，增长率为 20%。在此以后转为正常增长，增长率为 12%。公司最近支付的股利是 2 元。现计算该公司股票的内在价值。

首先，计算非正常增长期的股利现值（见表 1-6）。

表 1-6 　　　　　　　　　　　　非正常增长期的股利现值计算 　　　　　　　　　　单位：元

年份	股利（D_t）	现值因数（15%）	现值（PVD_t）
1	$2 \times 1.2 = 2.4$	0.870	2.088
2	$2.4 \times 1.2 = 2.88$	0.756	2.177
3	$2.88 \times 1.2 = 3.456$	0.658	2.274
合计（3 年股利的现值）			6.539

其次，计算第三年年底的普通股内在价值：

$$P_3 = \frac{D_4}{Rs - g} = \frac{D_3 \cdot (1 + g)}{Rs - g} = \frac{3.456 \times 1.12}{0.15 - 0.12} = 129.02 （元）$$

计算其现值：

$$PVP_3 = 129.02 \times （p/s，15\%，3） = 129.02 \times 0.6575 = 84.831 （元）$$

最后，计算股票目前的内在价值：$P_0 = 6.539 + 84.831 = 91.37$（元）

课题二 财务分析

➤ 知识目标

理解掌握财务比率分析

理解掌握沃尔评分法和杜邦分析法

➤ 技能目标

学会财务比率计算与分析

学会沃尔评分法和杜邦分析法的分析程序

➤ 建议学时

6 学时

2.1 财务分析基础

第一部分 学习引导

2.1.1 财务分析定义

1. 财务分析的概念

财务分析是以企业财务报表及其他有关财务资料为依据,对企业财务活动的过程和结果进行的研究评价过程,目的在于判断企业的财务状况,诊断企业经营活动的利弊得失,以便进一步分析企业未来的发展趋势,为财务决策、财务计划和财务控制提供依据。可见,财务分析是企业财务管理的重要环节,它既是财务管理活动的终点,又是起点。同时,财务分析所运用的财务比率是进行财务预测、开展日常管理所必须运用的财务指标,财务分析是研究企业财务管理各项具体内容的有效工具。企业的财务活动是一个非常复杂的过程,某一单项的财务报告只能从一个侧面反映企业的财务状况,而整个企业财务状况的判断,需要从不同角度对多种财务报告进行分析比较;另外,企业的财务状况处于不断的变化过程中,要想了解企业财务状况的发展趋势,必须对不同时期的财务报告进行分析比较。财务分析就是通过对财务报告中的数据作进一步的加工处理,来揭示各项资料之间存在的内在联系,对企业的财务状况和经营成果做出综合的分析和评价。

2. 财务分析对企业的意义

财务分析的主要依据是财务报告,而财务报告的使用者除了公司内部管理当局外,还有投资者、债权人、财政部门等。不同的人员和单位都要通过财务分析做出正确的经济决策和财务预测,以便取得最佳的经济效益,但各个单位和个人进行财务分析的目的又有所不同。

(1)财务分析对企业的意义

对企业本身而言,财务分析的意义主要表现在以下3个方面。

第一,财务分析是正确评价企业财务状况、考核其经营业绩的依据。

通过财务分析,可以了解企业资产、负债和所有者权益的情况,了解企业的偿债能力、营运能力及赢利能力等,可以考核财务计划的完成程度及经营目标的实现程度。通过分析、发现问题,找出可借鉴的经验或教训,明确经济责任,合理评价各部门的经营业绩,并据此进行奖优罚劣。

第二,财务分析是进行财务预测与决策的基础。

财务预测与决策是企业财务管理的重要环节。财务决策是财务管理的关键,财务预测是财务决策的前提。要做好财务预测与决策,必须首先进行财务分析,通过分析了解过去,掌握现在,预测未来发展趋势,进而进行正确的决策。

第三,财务分析是挖掘内部潜力,实现企业财务管理目标的手段。

企业财务管理目标是实现企业价值最大化。在市场经济条件下,每个企业都面临着激烈的市场竞争,为了谋生存、求发展,实现企业价值最大化,企业必须通过财务分析了解自己,对现有的财务状况和经营成果进行评价,研究财务管理中存在的薄弱环节,分析其产生的原因,不断挖掘企业改善财务状况、扩大经营成果的潜力,采取有力措施,促使企业生产经营活动按照财务管理的目标实现良性运行。

(2)财务分析对外部利益相关方的意义

① 对企业投资者的意义。这里指的是广义的投资者,包括企业的现有投资者和市场上的潜在投资者,他们最关注的是企业的赢利能力。因为赢利能力是保证投资者投入资本保值和增值的关键,企业财务状况的好坏会直接影响投资者的投资收益,并影响投入资本的安全性。当然,投资者(尤其是拥有较大股份的长期投资者)除了关注企业的赢利能力,还要研究企业的权益结构、变现能力及营运状况等。因此,作为投资者要利用财务分析的结论,全面考察公司的经营状况、赢利能力、发展趋势,以及预测投资风险和投资报酬,以便做出投资、继续投资或转移投资的决策。作为股份公司的投资者,还要了解公司每年股利的发放情况以及股票市价的变化,以便决定他们是买进、继续持有还是抛出股票。另外,作为公司的投资者,利用财务分析的结论,可以了解经营者受托责任的完成情况,评价经营者的经营业绩,以便决定对其进行解聘、继续聘用还是重用等。

② 对企业债权人的意义。企业债权人包括向企业提供贷款的银行、其他金融机构和向企业提供商品和劳务并以赊销方式结算货款的供应商,以及购买企业债券的单位和个人等。他们的利益是一致的,即维护债权的安全性、流动性和收益性。因此,企业债权人进行财务分析的重点是企业的长期和短期偿债能力,衡量企业是否能够及时、足额地支付利息和清偿债务本金;还要分析企业的收益状况与风险程度,将偿债能力与赢利能力结合起来分析,利用分析的结论做出是否借款以及对该企业借款额度、付款条件、利率水平、保障条款等方面的决策。

③ 对其他利益相关者的意义。其他利益相关者主要包括企业内部职工、与企业经营有关的企业、社会中介机构的注册会计师及其他审计人员和国家行政管理与监督部门等。

企业经营得好与坏，与其职工（包括个人和工会组织）的自身利益密切相关，企业职工通过财务分析，可以了解企业目前的经营状况、获利能力以及企业的经营前景，了解自己辛勤劳动的成果，本岗位职责完成的情况，工资、奖金和福利增加的可能性，判断公司的稳定性以及职业的保险程度，以便做出是否继续留在该公司的决策。

与企业经营有关的社会中介机构有会计师事务所、律师事务所、资产评估事务所以及各类咨询机构等。企业发行债券或股票、联营合资、股份制改造、发生经济案件、宣告破产清算等环节都要通过会计师事务所对本企业的会计报告进行审查并做出财务分析。注册会计师进行财务分析的目的在于查寻错误事项，揭示舞弊行为，验证公司的会计报表是否能正确反映其财务状况和经营成果并做出公正评价。另外，资产评估师进行财务分析的目的在于对评估对象进行正确估价，律师、经济分析师等其他专业人员可为各类服务对象提供专门的咨询服务。

国家行政管理与监督部门主要指工商、物价、财政、税务以及审计等机构。它们对企业进行财务分析主要是为了了解公司纳税的会计信息，揭露偷税、漏税现象，监督公司依法、及时、足额地缴纳税金；监督、检查国家的各项经济政策、法规、制度在公司的执行情况，及时揭露和阻止违法行为，维护全社会的共同利益；逐级汇总基层企业单位的会计信息资料，进行宏观的财务分析，为国民经济的综合平衡提供重要依据。

2.1.2 财务分析的方法

财务分析的方法有多种，比如结构分析、趋势分析、截面分析，还有就是比率分析等。这其中，可以说比率分析法是最基本的财务分析工具。

1. 比较分析法

比较分析法是把两个或几个有关的可比数据进行对比，以揭示矛盾，从数量上确定差异的一种方法。没有比较就没有鉴别，只有通过比较才能够进行分析，因此可以说比较分析法是财务报表分析的最基本方法。具体运用比较分析法时，首先需要确定分析的对象，也就是比较的内容。财务报表分析的对象是财务分析指标，是将财务指标的分析值与标准数进行比较，以揭示差异。财务指标又有绝对数指标与相对数指标两种，故两种不同的指标形式所揭示的差异具有不同的比较分析作用。其次，要确定比较分析的标准，也就是具体比较的对象。分析的目的不同，评价的标准是不同的，一般应有以下几种形式。

（1）本期实际指标与前期实际指标比较分析

这是一种同类指标的动态对比。通过这种对比可以了解企业财务状况和经营成果的发展过程和发展趋势。这种比较按其分析目的的不同，又可以采用不同的评价标准。例如，为了分析两个时期的某项指标的发展变化情况，可将本期实际指标与上期实际指标比较分析、与上年同期实际指标比较分析、与历史最高水平比较分析，以及与某一特定历史时期的实际指标等比较分析。

另外，为了分析某项指标在几个连续时期内的发展趋势，还可以把不同时期的某项指标的数值按时间先后顺序排列，然后进行动态分析，从中揭示经营过程存在的问题。这种方法又称为"趋势分析法"。趋势分析法实质上是水平分析法的扩展。为发现真正的趋势规律，趋势分析法往往涉及较多的期数，通常至少应有连续 3 个以上比较时期的数据资料。

趋势分析既可用于对财务报表的横向比较和纵向比较的整体分析，也可对某些主要指标的发展趋势进行分析。横向比较是将连续财务报表各个项目的绝对数在不同时间上进行比较，以观察各个项目的变化趋势；纵向比较是将连续财务报表的各个项目换算成百分比的形式，分析各个项目在不同时期所占比重的变化情况。趋势分析涉及指数，用于以某一时期为基期的财务数据比较，这种方法能够化繁为简，提供一个明确的趋势概念，而且能够通过对过去的研究与观察，显示企业未来的发展趋势。指数可以采用定基指数，即以某时期的数额为固定的基期数额进行计算；也可以采用环比指数，即以每一分析期的前期数额为基期数额进行计算，以评价与判断企业各项指标的变动趋势及其合理性，预测未来的发展趋势。其计算公式为

$$定基指数 = 分析期数额 \div 固定基期数额$$

$$环比指数 = 分析期数额 \div 前一期数额$$

（2）本期实际指标与预期目标比较分析

将本期的实际指标与本期预期目标、预算指标、计划指标、定额指标、标准值等相比较，考核企业经营管理者受托责任的完成情况，即称为"差异分析"。对比分析中，必须检查计划目标本身的合理性，否则对比就失去了客观的依据。

（3）本期实际指标与国内外先进水平比较分析

将本期实际指标同以往各期或预期目标相比较，都是企业内部进行的自身比较，而同国内外先进水平相比较，可以找出本企业与先进企业之间的差距，以便不断推动本企业改善经营管理，增强企业的竞争能力。

2．比率分析法

比率分析法是计算各项指标之间的相对数，将相对数进行比较的一种分析方法。这种方法是先将两个财务指标相除计算财务比率，然后将财务比率指标进行比较分析。财务比率指标的比较依据有：本期财务比率和前期财务比率比较、和预期目标比较、和同类公司同类指标比较，和行业平均值以及经验数据比较等。严格地说，比率分析法是比较法的一种，是比较法中的相对数的比较。只因比率的计算有各种不同的形式，构成了财务比率的指标体系，是财务报表分析内容的具体化，所以这种财务比率比较分析法才单独作为一种方法介绍。比率分析法的比率指标主要有 3 种类型。

① 结构比率。结构比率又称构成比率，是指某财务指标的部分占总体的比例。通过结构比率的比较可以观察构成的内容及其变化，以掌握该项财务活动的特点和变化趋势。结构比率的比较分析应用于财务报表中的指标分析，又称"构成分析法"、"共同比分析法"、"垂直分析法"等。例如，计算资产负债表中各项资产占资产总额的比重，各项负债占负债总额的比重，然后将分析期各项目的比重与前期同项目的比重对比，研究各项目比重的变动情况，并结合企业生产经营的具体情况，进一步分析结构变动的合理性及原因。

② 效率比率。效率比率是某项经济活动中所费与所得的比例，反映投入与产出的关系。利用效率比率指标，可以进行得失比较，考察企业经营成果的变化，评价经济效益的水平，了解有关支出是否符合提高经济效益的原则。例如，将利润项目与成本费用、主营业务收入、所有者权益等项目加以对比，可计算出成本费用利润率、销售利润率以及净资产利润率等利润率指标，可以从不同角度观察、比较企业赢利能力的高低及其增减变化情况。

③ 相关比率。相关比率是指反映除部分与总体关系、投入与产出关系之外的其他具有相关关系的财务指标的比率，其目的是揭示有关经济活动的相互关系。利用相关比率指标，可以考察与企业有联系的相关业务安排及变化是否合理，了解前两类指标难以反映出的事项和问题。例如，将流动资产与流动负债加以对比，计算出流动比率，就可据以判断企业的短期偿债能力等。

在使用比率指标时应注意以下问题：第一，在比率指标中，对比指标应具有相关性；第二，对比指标的计算时间、计算方法、计算标准口径要一致；第三，采用的比率指标，应有对比的标准，如预定目标、历史标准、行业标准、公认标准等。

应当指出的是，以上两种方法仅能发现指标的实际数与标准数之间的差异，但无法分析差异产生的原因、影响因素及各因素对指标的影响程度。因此上述两种方法的应用仅是分析的最初阶段，对影响因素的分析要运用因素分析法。

3. 因素分析法

因素分析法是指通过分析影响财务指标的各项因素并计算其对指标的影响程度，从而揭示财务指标变动的主要原因的一种分析方法。该方法适用于多种因素构成的综合性指标的分析，如成本、利润、资金周转等方面的指标。因素分析法的具体方法主要是连环替代法和差额分析法。

（1）连环替代法

连环替代法是因素分析法的基本形式。它是将分析指标分解为各个可以计量的因素，并根据各个因素之间的依存关系，依次用各因素的比较值（通常是实际值）替代基准值（通常是标准值或计划值），据以测定各因素对分析指标的影响。在进行分析时，首先要假定众多因素中的一个因素发生了变化，而其他因素则保持不变，然后逐个替换，并分别比较其计算结果，以确定各个因素的变化对分析指标的影响程度。

因素分析法的计算步骤如下。

第一，确定分析对象（即所分析的财务指标），并计算出实际与目标（或预算）数的差异。

第二，确定该指标的构成因素，并按其相互关系进行排序。

第三，以目标（或预算）数为基础，将各因素的目标（或预算）数相乘，作为分析替代的基数。

第四，将各个因素的实际数按照上面的排列顺序进行替换计算，并将替换后的实际数保留下来。

第五，将每次替换计算所得的结果，与前一次的计算结果相比较，两者的差异即为该因素对分析指标的影响程度。

（2）差额分析法

差额分析法是连环替代法的一种简化形式。两者因素分析的原理相同。区别只是在分析程序上，差额计算法比连环替代法简化，即它可直接利用各影响因素的比较值与基准值之间的差额，在其他因素不变的假定条件下，计算各因素对分析指标的影响。

（3）运用因素分析法必须注意的几个问题

第一，因素分解的相关性。

分析指标与其影响因素之间必须真正相关，即有实际的经济意义，各影响因素的变动确实能说明分析指标差异产生的原因。而且综合财务指标往往有多种分解方法，这就需要分析者在因素分解时，根据分析的目的和要求，确定合适的因素分解式，以找出分析指标变动的真正原因。

第二，因素替代的顺序性。

因为是连环替代，必须按照各因素的内在依存关系，排列成一定的前后次序，按顺序替代，如若不然，各因素变动对指标的影响值就会得出不同的结果。一般来说，替代顺序排列在前的因素对财务指标的影响不受其他因素影响或影响较小，排列在后的因素中含有其他因素共同作用的成分。因此，应将对分析指标影响大的主要因素排列在前，次要因素排列在后；基本因素排列在前，从属因素排列在后。数量因素往往是变动大的因素，因此在替代顺序中数量因素排列在前，质量因素排列在后；若数量因素中有实物量因素，则实物量因素排列在前，货币量因素排列在后。但是若各因素与财务指标是相加关系，各因素的替代就无顺序可言。

第三，顺序替代的连环性。

在确定各因素变动对分析指标的影响时，都是通过连环比较的方法，也就是将某因素替代后的结果与该因素替代前的结果对比，来确定因素变化的影响结果。只有保持这种连环性，才能使各因素影响之和等于分析指标变动的总差异。

第四，计算结果的假定性。

由于因素分析法计算的各因素变动的影响数，可能会因替代顺序的不同而有差别，因而计算结果难免带有假定性。它只是在某种假定前提下的影响结果，不可能使每个因素计算的结果都达到绝对的准确。另外，在财务分析方法中还有图解分析法，它是以各种图形或表格来表示企业在同一年度或不同年度内有关经营状况、财务状况和现金流量及其变动情况的分析方法。从严格意义上讲，图解分析并不是一种独立的财务报表分析方法，而是其他一些基本分析方法的分析过程或结果的直观表达方式。例如，比率分析、趋势分析等，都可结合图解分析来表达，从而使得信息使用者对分析的过程、结果一目了然，以便更好地掌握有关财务状况、经营成果和现金流量的相互关系和变动趋势。

第二部分　技能训练

技能训练1：熟悉资产负债表

资产负债表相当于一张财务快照，它反映企业在某一特定日期所拥有的全部资产和与之相对应的全部要求权。资产负债表是根据"资产＝负债＋所有者权益"这一会计恒等式来编制的，主要从两个方面反映了企业财务状况的时点（静态）指标：一方面反映企业某一日期所拥有的资产规模及其分布，另一方面反映企业这一日期的资金来源及其结构。据此，财务报表使用者可以评价企业财务状况的优劣，预测企业未来财务状况的变动趋势，从而做出相应的决策。

1. 资产负债表的格式

资产负债表按照资产、负债和所有者权益分类分项列示，其主体的格式一般有3种：账户式、报告(垂直)式和财务状况式。我国现行财务会计制度规定，资产负债表采用账户式，其基本格式如表2-1所示。

表 2－1　　　　　　　　　　　资产负债表

编制单位：东化公司　　　　　　　2010 年 12 月 31 日　　　　　　　单位：万元

资　　产	年末余额	年初余额	负债及股东权益	年末余额	年初余额
流动资产：			流动负债：		
货币资金	48	35	短期借款	50	40
交易性金融资产	6	12	交易性金融负债		
应收票据	8	11	应付票据	5	4
应收账款	400	189	应付账款	110	114
预付账款	22	4	预收账款	10	4
应收股利	0	0	应付职工薪酬	2	
应收利息	0	0	应交税费	5	4
其他应收款	12	22	应付利息	12	16
存货	120	320	应付股利	28	10
待摊费用	31	13	其他应付款	14	13
一年内到期的非流动资产	45	4	预提费用	9	5
其他流动资产	8	0	预计负债	2	4
流动资产合计	700	610	一年内到期的非流动负债	50	0
			其他流动负债	3	5
			流动负债合计	300	220
			非流动负债：		
非流动资产：			长期借款	450	245
可供出售金融资产	0	45	应付债券	240	260
持有至到期投资			长期应付款	50	60
长期股权投资	30	0	专项应付款	0	0
长期应收款			递延所得税负债	0	0
固定资产	1 238	955	其他非流动负债	0	15
在建工程	18	35	非流动负债合计	750	580
固定资产清理		12	负债合计	1 040	800
无形资产	6	8	股东权益：		
开发支出			股本	100	100
商誉			资本公积	10	10
长期待摊费用	5	15	盈余公积	100	40
递延所得税资产	0	0	未分配利润	750	730
其他非流动资产	3	0	减：库存股	0	0
非流动资产合计	1 300	1 070	股东权益合计	960	880
资产总计	2 000	1 680	负债及股东权益总计	2 000	1 680

2．进行财务分析应注意的问题

为准确评价企业财务状况，财务分析人员必须清楚资产负债表所存在的局限性。它的主要局限性表现在以下几个方面。

① 资产和负债的确认和计量都涉及人为估计、判断，很难做到绝对客观真实。

② 企业使用的会计程序与方法具有很大的选择性，导致报表信息在不同企业之间可比性差。

③ 对不同的资产项目采用不同的计价方法，使得报表上得出的合计数失去了可比的基础而影响财务信息的相关性。

④ 有些无法或难以用货币计量的资产或负债完全被遗漏、忽略，而此类信息均具有决策价值，如公司自创的商誉、人力资源、管理人员的报酬合约、信用担保等。

⑤ 物价变动使以历史成本为计量属性的资产与负债严重偏离现实，可能出现历史成本大大低于现行的重置成本，使资产的真实价值得不到反映，形成虚盈实亏状况。

⑥ 资产负债表不能直接披露企业的偿债能力，比如存货只反映了它的数额，而不能披露它的质量等。为了利用资产负债表做出正确的财务分析，财务分析人员必须利用各种知识、经验去判断，甚至需要收集其他相关的非会计信息。

技能训练 2：熟悉利润表

利润表是反映企业在一定会计期间经营成果的报表。利润表是按照"利润＝收入－费用"这一公式编制的一张动态报表，它反映了企业报告期的利润或亏损。

1. 利润表的格式

为了提供清晰明了的信息，利润表应当按照各项收入、费用以及构成利润的各个项目分类、分项列示。利润表的格式主要有两种：单步式和多步式。我国现行财务会计制度规定利润表格式采用多步式，其基本格式如表 2－2 所示。

表 2－2 　　　　　　　　　利 润 表

编制单位：东化公司　　　　　　　　　2010 年度　　　　　　　　　单位：万元

项　　目	本年金额	上年金额
一、营业收入	3 200	3 050
减：营业成本	2 844	2 703
营业税金及附加	30	30
销售费用	20	22
管理费用	45	42
财务费用	112	95
资产减值损失	0	0
加：公允价值变动收益	0	0
投资收益	6	0
二、营业利润	155	162
加：营业外收入	45	72
减：营业外支出	0	0
三、利润总额	200	235
减：所得税费用	64	75
四、净利润	136	100

2．进行财务分析应注意的问题

利润表是以权责发生制为基础编制的。一般利润计量带有一定的不确定性，因而利用利润表进行财务分析时，财务分析人员要了解利润表的以下主要缺陷。

① 利润表只反映已实现的利润，不包括未实现的收益，而后者往往是报表使用者进行决策更有用的信息。

② 会计利润只考虑对原始投入货币资本的保全，在物价变动时，并不能使实物资本得以保全，从而有可能造成虚盈实亏的现象。

③ 利润表是以权责发生制为基础编制的，因而从此表无法得到以收付实现制为基础的现金流动信息，利润大的企业其现金流动状况不一定良好。

技能训练3：熟悉现金流量表

现金流量表是反映企业一定会计期间现金和现金等价物（以下简称"现金"）流入和流出的报表。其中，现金是指企业的库存现金以及可以随时用于支付的存款；现金等价物是指企业持有的期限短、流动性强、易于转换为已知金额现金、价值变动风险很小的投资；现金流量是指企业一定时期的现金和现金等价物（简称"现金"）流入和流出的数量。

众所周知，利润是评价企业经营业绩及赢利能力的重要指标。但是由于利润是收入减去费用的差额，而收入费用的确认与计量又是以权责发生制为基础，广泛地运用了费用配比原则、划分资本性支出和收益性支出原则等来进行的，因此，其中包含了很多会计估计。尽管会计人员在进行估计时要遵循会计准则，并有一定的客观依据，但不可避免地要运用主观判断，由此计算的利润存在一定的缺陷，常常使一个企业的赢利水平与其真实的财务状况不符。有的企业账面利润数额很大，而现金却入不敷出，举步维艰；而有的企业虽然账面亏损，而现金却很充足，周转自如。由此可见，仅以利润来评价企业的经营业绩和赢利能力有失偏颇。因此，要结合现金流量表所提供的现金流量信息，特别是经营活动现金流量的信息来进行评价。现金流量表一般按照经营活动：投资活动和筹资活动的现金流量分类分项列示，如表2-3所示。

表2-3　　　　　　　　　　　　　　现金流量表

编制单位：东化公司　　　　　　　　2010 年度　　　　　　　　单位：万元

项　　　目	金　　额
一、经营活动产生的现金流量：	
销售商品、提供劳务收到的现金	2 810
收到的税费返还	
收到其他与经营活动有关的现金	10
经营活动现金流入小计	2 820
购买商品、接受劳务支付的现金	2 363
支付给职工以及为职工支付的现金	29
支付的各项税费	91
支付其他与经营活动有关的现金支出	14
经营活动现金流出小计	2 497
经营活动产生的现金流量净额	323
二、投资活动产生的现金流量：	

续表

项　目	金　额
收回投资收到的现金	4
取得投资收益收到的现金	6
处置固定资产、无形资产和其他长期资产收回现金净额	12
处置子公司及其他营业单位收到的现金净额	
收到其他与投资活动有关的现金	
投资活动现金流入小计	22
购置固定资产、无形资产和其他长期资产支付的现金	369
投资支付的现金	30
支付其他与投资活动有关的现金	
投资活动现金流出小计	399
投资活动产生的现金流量净额	-377
三、筹资活动产生的现金流量：	
吸取投资收到的现金	
取得借款收到的现金	270
收到其他与筹资活动收到的现金	
筹资活动现金流入小计	270
偿还债务支付的现金	20
分配股利、利润或偿付利息支付的现金	152
支付其他与筹资活动有关的现金	25
筹资活动现金流出小计	197
筹资活动产生的现金流量净额	73
四、汇率变动对现金及现金等价物的影响	
五、现金及现金等价物净增加额	19
加：期初现金及现金等价物余额	37
六、期末现金及现金等价物余额	56
补充资料	
1．将净利润调节为经营活动现金流量：	
净利润	136
加：资产减值准备	
固定资产折旧、油气资产折耗、生产性生物资产折旧	100
无形资产摊销	2
长期待摊费用摊销	-11
处置固定资产、无形资产和其他长期资产的损失（收益以"-"号填列）	
固定资产报废损失（收益以"-"号填列）	
公允价值变动损失（收益以"-"号填列）	

续表

项 目	金 额
财务费用（收益以"–"号填列）	110
投资损失（收益以"–"号填列）	–6
递延所得税资产减少（增加以"–"号填列）	
递延所得税负债增加（减少以"–"号填列）	
存货的减少（增加以"–"号填列）	207
经营性应付项目的减少（增加以"–"号填列）	–212
经营性应付项目的增加（减少以"–"号填列）	–3
其他	
经营活动产生的现金流量净额	323
2．不涉及现金收支的投资和筹资活动：	
债务转为资本	
一年内到期的可转换公司债券	
融资租入固定资产	
3．现金及现金等价物净增加情况：	
现金的期末余额	56
减：现金的期初余额	37
加：现金等价物的期末余额	
减：现金等价物的期初余额	
现金及现金等价物净增加额	19

技能训练 4：熟悉股东权益变动表

股东权益变动表是指反映构成所有者权益的各组成部分当期的增减变动情况的报表。所有者权益变动表应当全面反映一定时期所有者权益变动的情况。

股东权益变动表解释在某一特定时间内，股东权益如何因企业经营的盈亏及现金股利的发放而发生的变化。它是说明管理阶层是否公平对待股东的最重要的信息。股东权益变动表包括在年度会计报表中，是资产负债表的附表。

股东权益变动表全面反映了企业的股东权益在年度内的变化情况，便于会计信息使用者深入分析企业股东权益的增减变化情况，并进而对企业的资本保值增值情况做出正确判断，从而提供对决策有用的信息。

股东权益变动表包括表首、正表两部分。其中，表首说明报表名称、编制单位、编制日期、报表编号、货币名称、计量单位等；正表是股东权益变动表的主体，具体说明股东权益增减变动的各项内容，包括股本(实收资本)、资本公积、法定和任意盈余公积、法定公益金、未分配利润等。每个项目中，又分为年初余额、本年增加数、本年减少数、年末余额四小项，每个小项中，又分别列示其不同内容。

股东权益变动表各项目应根据"股本"、"资本公积"、"盈余公积"、"未分配利润"等科目的发生额分析填列，如表2－4所示。

表 2－4　　　　　　　　　　　　　股东权益变动表

编制单位：东化公司　　　　　　　　　2010 年度　　　　　　　　　单位：万元

项　目	本年金额						上年金额
	股本	资本公积	减：库存股	盈余公积	未分配利润	股东权益合计	（略）
一、上年年末余额	100	10		40	730	880	
加：会计政策变更							
前期差错更正							
二、本年年初余额	100	10		40	730	880	
三、本年增减变动金额							
（一）净利润					136	136	
（二）直接计入股东权益的利得和损失							
1．可供出售金融资产公允价值变动净额							
2．权益法下被投资单位其他股东权益变动的影响							
3．与计入股东权益项目相关的所得税影响							
4．其他							
上述（一）和（二）小计					136	136	
（三）所有者投入和减少资本							
1．所有者投入资本							
2．股份支付计入股东权益的金额							
3．其他							
（四）利润分配							
1．提取盈余公积				60	−60	0	
2．对股东的分配					−56	−56	
3．其他							
（五）股东权益的内部结转							
1．资本公积转增股本							
2．盈余公积转增股本							
3．盈余公积弥补亏损							
4．其他							
四、本年年末余额	100	10	0	100	750	900	

2.2　偿债能力分析

第一部分　学习引导

2.2.1　短期偿债能力

企业偿债能力是反映企业财务状况和经营能力的重要标志。企业偿债能力低，不仅说明企业资金紧张，难以支付日常经营支出，而且说明企业资金周转不灵，难以偿还到期应偿付的债务，甚至面临破产危险。企业的负债包括流动负债和长期负债。企业偿还流动负债的能力是由流动资产的变现能力所决定的，除货币资金以外，变现能力强的流动资产还有有价证券、应收票据及应收账款等。如果货币资金及变现能力强的流动资产的数额与流动负债的数额基本一致，或前者大于后者，说明企业是有偿债能力的；如果后者大于前者，则反映出企业的偿债能力差。企业偿还长期负债的能力一方面取决于负债与资产总额的比例，另一方面取决于企业的获利能力。获利能力强，且资产总额大于负债总额，为有偿债能力。否则，偿债能力差。

短期偿债能力主要是指企业流动资产及时足额偿付流动负债的能力。也就是说，当企业短期债务到期时，有多少流动资产可以变现作为用于偿还流动负债的保证。所以，一般用变现能力比率来反映企业的短期偿债能力。

短期偿债能力的好坏，直接影响一个企业的短期存活能力，它是企业健康与否的重要指标。短期偿债能力的分析对透视企业的财务状况有重大的价值和影响，一个赢利不错的企业很可能仅仅因为不能偿还当前债务而陷入危机，甚至可能破产或被兼并。如果一个企业缺乏短期偿债能力，不但无法获取有利的进货折扣的机会，公司的信用等级降低，融资能力减弱，而且由于无力支付其短期债务，势必会被迫出售长期资产，甚至因无力偿还债务而导致破产。短期偿债能力比率常把流动资产与流动负债联系起来，为债权人、管理当局分析企业的短期偿债能力提供简便快捷的衡量指标。

1. 财务指标分析

常用的反映企业变现能力的财务指标主要有流动比率、速动比率、现金比率和流动负债经营活动净现金流比。

（1）流动比率

流动比率是流动资产与流动负债的比值，表示企业每1元流动负债有多少流动资产作为偿还的保证，反映了企业短期内转变为现金的流动资产偿还到期流动负债的能力。其计算公式为

$$流动比率 = 流动资产 \div 流动负债$$

企业能否偿还短期债务，要看有多少债务，以及有多少可变现偿债的流动资产。流动资产越多，短期债务越少，则偿债能力越强。企业流动资产偿还全部短期债务后的余额称为营运资金，企业的营运资金越多，说明偿付债务的能力越强。

如果流动比率等于1，即流动资产等于流动负债，说明只要流动资产都能及时、足额地变现，不发生任何损失，清偿债务是有物质基础的，但资产变现过程中会遇到种种障碍，一旦某些流动资产不能足额变现，债务清偿就会遇到风险，所以流动比率仅仅等于1是不安全的。一般认为，流动比率为2比较适宜，这是因为流动资产中变现能力最差的存货金额约占流动资产总额的一半，剩下的流动性较好的流动资产至少要等于流动负债，才能保证企业最低的短期偿债能力。这种认识一直未能从理论上证明。最近几十年，企业的经营方式和金融环境发生很大变化，流动比率有降低的趋势，许多成功企业的流动比率都低于2。当然，流动比率越高，企业变现能力越强。但对企业而言，流动比率越大，说明企业流动资产占用资金越多，越有可能发生存货积压、应收账款收现期延长、流动资产周转速度减慢、赢利减少等问题。

事实上，只要企业是正常经营的，流动比率超过1，就可以对流动负债的偿还提供一定

的保证。然而，有些企业流动比率虽然超过2，但财务状况并不一定良好，这可能是由于存货过多造成积压或因应收账款加大又难以收回所致；而有些企业流动比率小于2，但财务状况却较良好，这可能是由于加快存货和应收账款周转速度而减少了流动资产占用所致。所以，衡量流动比率，应视企业的具体情况而定，如旺季与淡季，服务业与制造业，经济发达地区与经济落后地区等，应有不同的评价标准。

流动比率有某些局限性，在使用时应注意：流动比率假设全部流动资产都可以变为现金并用于偿债，全部流动负债都需要还清。实际上，有些流动资产的账面金额与变现金额有较大差异，如产成品等；经营性流动资产是企业持续经营所必需的，不能全部用于偿债；经营性应付项目可以滚动存续，无需动用现金全部结清。因此，单纯用这个指标判断短期偿债能力还是不全面的，流动比率是对短期偿债能力的粗略估计。

（2）速动比率

速动比率是速动资产与流动负债的比值，反映了流动资产中可以立即用来偿付流动负债的能力。它与流动比率一起使用，用来判断和评价企业短期偿债能力。其计算公式为

$$速动比率 = 速动资产 \div 流动负债$$

构成流动资产的各个项目的流动性有很大差别。其中的货币资金、交易性金融资产和各种应收、预付款项等，可以在较短时间内变现，称之为速动资产。另外的流动资产，包括存货、待摊费用、一年内到期的非流动资产及其他流动资产等，称为非速动资产。

非速动资产的变现时间和数量具有较大的不确定性。①存货的变现速度比应收款项要慢得多；部分存货可能已损失报废还没做处理，或者已抵押给某债权人，不能用于偿债；存货估价有多种方法，可能与变现金额相差悬殊。②待摊费用不能出售变现。③一年内到期的非流动资产和其他流动资产的数额有偶然性，不代表正常的变现能力。因此，将可偿债资产定义为速动资产，计算出来的短期债务存量比率更令人可信。

若简单地加以估算，则

$$（速动资产 = 流动资产 - 存货）$$

速动比率越高，说明企业短期偿债能力就越强。速动比率在美国习惯上称为酸性试验（美国对足以证明某事物价值的决定性试验称为酸性试验）比率。

一般认为，速动比率等于1是合理的、安全的。因为速动比率等于1，说明速动资产等于流动负债，若收款遇不到困难，则每1元的流动负债都有1元几乎可以立即变现的资产来偿付，公司不会遇到偿债压力。如果速动比率小于1，即速动资产小于流动负债，意味着企业破产或清算时，必须依靠变卖存货才能偿付全部短期债务，债权人有遭受折价损失的风险，企业面临偿债的压力。

当然，速动比率越高，对债权人越有利。但速动比率过高，意味着企业存在较多的无收益货币资金，债权占用较多，从而延缓资金周转，降低收益。在进行财务分析时，速动比率多少为合适，还应根据企业的性质、企业所处的行业以及企业所处的市场环境等因素而定。

如同流动比率一样，不同行业的速动比率有很大差别。例如，采用大量现金销售的商店，几乎没有应收账款，速动比率大大低于1是很正常的。相反，一些应收账款较多的企业，速动比率可能要大于1。

虽然与流动比率相比，速动比率更能反映流动负债偿还的安全性和稳定性，但并不意味着流动比率和速动比率都低于一般公认标准，则其流动负债就不能得到偿还。实际上，只要

企业的存货周转流畅、周转速度快，应收账款周转速度快、变现周期短，流动负债偿还所需现款能及时、足额获得即可。所以，分析企业的短期偿债能力时，还必须结合存货周转速度、应收账款周转速度一起进行。

（3）现金比率

现金比率是企业现金类资产与流动负债的比值。现金资产包括货币资金、交易性金融资产等，它们与其他速动资产有区别，其本身就是可以直接偿债的资产。实际上，现金类资产等于速动资产扣除应收账款后的余额。由于应收账款存在着发生坏账损失的可能，某些到期的账款也不一定能按时收回。因此，扣除应收账款后的速动资产更能反映企业直接偿付流动负债的能力。其计算公式为

现金比率 = （货币资金 + 交易性金融资产）÷ 流动负债

现金比率假设现金资产是可偿债资产，表明 1 元流动负债有多少现金资产作为偿还保障。

现金比率过高，则意味着企业所筹集到的流动负债未能得到合理的运用，而经常以低收益的现金资产保持着；现金比率过低，则说明企业的直接支付能力较弱。至于这一比率多少为合适，要视企业所处的行业、生产经营情况等因素来定。分析人员在利用现金比率进行财务分析时要将期末数与期初数及计划指标等做比较。

（4）流动负债经营活动净现金流比

流动负债经营活动净现金流比指标衡量企业产生的经营活动净现金流量对流动负债的保障程度。其计算公式为

流动负债经营活动净现金流比 = 经营活动净现金流量 ÷ 流动负债

公式中的"经营活动净现金流量"，通常使用现金流量表中的"经营活动产生的现金流量净额"。它代表了企业产生现金的能力，已经扣除了经营活动自身所需的现金流出，是可以用来偿债的现金流量。

公式中的"流动负债"，通常使用资产负债表中的"流动负债"的年初与年末的平均数。为了简便，也可以使用期末数。

现金流量比率表明每 1 元流动负债的经营现金流量保障程度。该比率越高，偿债越有保障。

与现金比率指标相比，该指标把企业现金资产存量换成了现金流量。实际上，真正能用于偿还债务的是现金流量，而企业经营活动产生的现金流量净额是企业偿债的基础，如果其经营活动净现金流量不足，则还要通过再筹资（借债）来偿付。该比率越高，偿债越有保障。

2．影响短期偿债能力的其他因素

上述短期偿债能力比率，都是根据财务报表中资料计算的。还有一些表外因素也会影响企业的短期偿债能力，甚至影响相当大。财务报表的使用人应尽可能了解这方面的信息，有利于做出正确的判断。

（1）增强短期偿债能力的因素

增强短期偿债能力的因素主要有如下几个。

第一，可动用的银行贷款指标，银行已同意、企业未办理贷款手续的银行贷款限额，可以随时增加企业的现金，提高支付能力。这一数据不反映在财务报表中，但会在董事会决议中披露。

第二，准备很快变现的非流动资产，企业可能有一些长期资产可以随时出售变现，而不

出现在"一年内到期的非流动资产"项目中。例如，储备的土地、未开采的采矿权、目前出租的房产等，在企业发生周转困难时，将其出售并不影响企业的持续经营。

第三，偿债能力的声誉如果企业的信用很好，在短期偿债方面出现暂时困难比较容易筹集到短缺的现金。

（2）降低短期偿债能力的因素

降低短期偿债能力的因素主要有如下几个。

第一，与担保有关的或有负债，如果它的数额较大并且可能发生，就应在评价偿债能力时给予关注。

第二，经营租赁合同中承诺的付款，很可能是需要偿付的义务。

第三，建造合同、长期资产购置合同中的分阶段付款，也是一种承诺，应视同需要偿还的债务。

2.2.2 长期偿债能力

长期偿债能力是指企业偿还长期负债的能力，它不仅取决于企业在长期内的赢利能力，还取决于企业的资本结构。企业的长期负债包括长期借款、应付长期债券等。企业的长期负债具有债务金额大、期限长、到期还本付息压力大等特点，与偿还流动负债不同，企业不可能靠变卖资产来还债，而只能靠实现利润来偿还债务。一般的长期偿债能力分析侧重于对资本结构的分析，即企业资产对其债务保障程度的分析。

1. 财务指标分析

用来评价企业长期偿债能力的财务指标有资产负债率、产权比率、有形净值债务率、已获利息倍数和现金债务总额比等。

（1）资产负债率

资产负债率是负债总额与资产总额的百分比，反映在总资产中有多大比例是通过借债而筹集的，用于衡量企业在清算时债权人利益受保护的程度。其计算公式为

$$资产负债率 = 负债总额 \div 资产总额 \times 100\%$$

负债总额不仅包括长期负债，还包括短期负债，这是因为在现实偿债过程中，资产变现后一般先用于偿还短期债务，然后偿还长期债务。

资产负债率反映总资产中有多大比例是通过负债取得的。它可以衡量企业在清算时保护债权人利益的程度。资产负债率越低，企业偿债越有保证，贷款越安全。资产负债率还代表企业的举债能力。一个企业的资产负债率越低，举债越容易。如果资产负债率高到一定程度，没有人愿意提供贷款了，则表明企业的举债能力已经用尽。

资产负债率这一指标对于不同的分析主体来说有不同的期望值。

① 从债权人的角度看，他们最关心的是贷给企业的款项的安全程度，也就是能否按期收回本金和利息。如果股东所提供的资本占的比例在企业资本总额中所占比例较小，即资产负债率较高，则企业的风险将主要由债权人承担，这对债权人来讲是不利的。因此，他们希望资产负债比例越低越好，企业偿债有保证，贷款不会有太大的风险。

② 从股东的角度看，由于企业通过举债筹措的资金与股东提供的资金在经营中发挥的作用是相同的，所以股东所关心的是全部资本利润率是否超过借入款项的利率（即借入资本的代价）。若企业所得的全部资本利润率超过借款利率，股东所得的利润就会加大；反之，

则对股东不利，因为这时仅运用借款资金的获利不足以偿付借款利息，需要动用股东的利润来偿付。因此，从股东的立场看，当全部资本利润率高于借款利率时，资产负债率越高越好；反之，越低越好。

③ 从经营者的角度看，如果举债很大，超过债权人心理承受程度，则被认为是不保险的，企业将借不到钱。如果企业不举债，或负债比例很小，说明企业畏缩不前，利用债权人资本进行经营活动的能力很差。只要企业经营状况正常，在一定范围内，借款额度越大，越能说明企业对前途充满信心，活力充沛。

企业可以用该指标与本企业前期、计划、本行业平均值以及全国、本地区平均值进行对比，以分析形成差距的原因。

（2）产权比率和权益乘数

产权比率和权益乘数是资产负债率的另外两种表现形式，它们和资产负债率的性质一样，产权比率计算公式为

$$产权比率 = 负债总额 \div 股东权益 \times 100\%$$

该公式表明，产权比率与资产负债率成正比关系，资产负债率越高，产权比率越高。

产权比率与资产负债率两者之间有如下关系：

$$权益乘数 = 总资产 \div 股东权益 = 1 + 产权比率 = \frac{1}{1 - 资产负债率}$$

产权比率表明1元股东权益借入的债务数额，表明债权人投入的资本受股东权益的保障程度，或者说企业清算时对债权人利益的保障程度。权益乘数表明1元股东权益拥有的总资产。它们是两种常用的财务杠杆计量，可以反映特定情况下资产利润率和权益利润率之间的倍数关系。财务杠杆表明债务的多少，与偿债能力有关，并且可以表明股东权益净利率的风险，也与赢利能力有关。

（3）有形净值债务率

有形净值债务率是企业负债总额与企业股东具有所有权的有形资产的净值（即有形净值）的比值。其计算公式为

$$有形净值债务率 = 负债总额 \div （股东权益 - 无形资产净值） \times 100\%$$

有形净值债务率指标是产权比率指标的延伸。由于无形资产（包括商标、商誉、专利权及非专利技术等）的变现价值具有很大的不确定性，如果企业清算，它们不一定能用来还债，为谨慎起见，将其从分母中剔除。

（4）已获利息倍数

已获利息倍数，也称利息保障倍数，是企业息税前利润与负债利息的比值，用来衡量企业偿付借款利息的能力。其计算公式为

$$已获利息倍数 = 息税前利润 \div 利息费用$$
$$= （净利润 + 利息费用 + 所得税费用） \div 利息费用$$

由于我国现行利润表中没有单列利息费用，而是混在财务费用项目之中，外部报表使用者只能利用"财务费用"来做近似估计。

长期债务不需要每年还本，却需要每年付息。利息保障倍数表明1元债务利息有多少倍的息税前收益作保障，它可以反映债务政策的风险大小。如果企业一直保持按时付息的信誉，则长期负债可以延续，举借新债也比较容易。利息保障倍数越大，利息支付越有保障。如果

利息支付尚且缺乏保障,归还本金就很难。因此,利息保障倍数可以反映长期偿债能力。

若已获利息倍数小于(或等于)1,意味着企业实现的利润根本无法(或刚好)承担举债经营的利息支出,反映在利润表上即利润总额为负数(或0)。所以,已获利息倍数指标至少要大于1,但要大到何种程度才算偿付利息能力强,这要根据企业的往年经验并结合行业特点来判断。在运用已获利息倍数分析时,应结合若干年指标进行分析,以判断企业利息保障程度的稳定性;也可以在同一年度、同行业不同企业之间进行比较,以评价本公司的偿债能力在同行公司中所处的位置。

(5)现金债务总额比

现金债务总额比指标衡量企业产生的经营活动净现金流量对债务总额的保障程度。其计算公式为

$$现金债务总额比 = 经营活动净现金流量 \div 债务总额 \times 100\%$$

公式中的"债务总额",一般情况下使用年末和年初的加权平均数。为了简便,也可以使用期末数。

该比率表明企业用经营现金流量偿付全部债务的能力。比率越高,承担债务总额的能力越强。进一步考察该指标的优劣还需与企业历史同期水平或同行业平均水平相比较。

2. 影响长期偿债能力的其他因素

上述衡量长期偿债能力的财务比率是根据财务报表数据计算的,还有一些表外因素影响企业的长期偿债能力,必须引起足够的重视。

(1)长期租赁

当企业急需某种设备或厂房而又缺乏足够的资金时,可以通过租赁的方式解决。财产租赁的形式包括融资租赁和经营租赁。融资租赁形成的负债大多会反映于资产负债表,而经营租赁则没有反映于资产负债表。当企业的经营租赁量比较大、期限比较长或具有经常性时,就形成了一种长期性筹资,这种长期性筹资,到期时必须支付租金,会对企业的偿债能力产生影响。因此,如果企业经常发生经营租赁业务,应考虑租赁费用对偿债能力的影响。

(2)债务担保

担保项目的时间长短不一,有的涉及企业的长期负债,有的涉及企业的流动负债。在分析企业长期偿债能力时,应根据有关资料判断担保责任带来的潜在长期负债问题。

(3)未决诉讼

未决诉讼一旦判决败诉,便会影响企业的偿债能力,因此在评价企业长期偿债能力时要考虑其潜在影响。

第二部分 技能训练

技能训练5:短期偿债能力评价指标计算

【例2-1】 东化公司2009年的经营活动现金流量净额13 560万元,2010经营活动现金流量净额是14 125万元,2010资产负债表、利润表如表2-5、表2-6所示。试进行东化公司短期偿债能力分析。

表 2-5   资产负债表

编制单位：东化公司   2010 年 12 月 31 日   单位：万元

资　产	年初数	年末数	负债及所有者权益	年初数	年末数
流动资产：			流动负债：		
货币资金	125	250	短期借款	225	300
短期投资	60	30	应付票据	20	25
应收票据	55	40	应付账款	545	500
应收账款	995	1 990	预收账款	20	50
预付账款	20	60	其他应付款	60	35
其他应收款	110	110	应付工资	5	10
存货	1 630	595	应付福利费	80	60
待摊费用	55	200	未交税金	20	25
一年内到期的长期债权投资	0	225	未付利润	50	140
流动资产合计	3 050	3 500	其他未交款	5	35
			预提费用	25	45
长期投资	225	150	待扣税金	20	10
固定资产：			一年内到期的长期负债	0	250
固定资产原价	8 085	10 000	其他流动负债	25	15
减：累计折旧	3 310	3 810	流动负债合计	1 100	1 500
固定资产净值	4 775	6 190	长期负债：		
固定资产清理	60	0	长期借款	1 225	2 250
在建工程	175	90	应付债券	1 300	1 200
固定资产合计	5 010	6 280	其他长期负债	375	350
无形及递延资产：			长期负债合计	2 900	3 800
无形资产	40	30	所有者权益：		
递延资产	75	25	实收资本	3 000	3 000
其他长期资产	0	15	资本公积	50	80
			盈余公积	200	370
			未分配利润	1 150	1 250
			所有者权益合计	4 400	4 700
资　产　总　计	8 400	10 000	负债及所有者权益总计	8 400	10 000

表 2-6   利　润　表

编制单位：东化公司   2010 年度   单位：万元

项　　目	上年实际	本年累计
一、营业务收入	14 250	15 000
减：营业务成本	12 515	13 220
营业务税金及附加	140	140
二、主营业务利润	1 595	1 640
减：营业费用	100	110
管理费用	200	230
财务费用	480	550

续表

项　目	上年实际	本年累计
加：投资收益	365	300
三、营业利润	1 180	1 050
营业外收入	20	50
减：营业外支出	25	100
四、利润总额	1 175	1 000
减：所得税	375	320
五、净利润	800	680

（1）流动比率＝流动资产÷流动负债

根据表2-5可知，东华公司2010年年初与年末的流动资产分别为3 050万元、3 500万元，流动负债分别为1 100万元、1 500万元，则该公司流动比率为

$$年初流动比率 = 3\ 050 \div 1\ 100 = 2.773$$
$$年末流动比率 = 3\ 500 \div 1\ 500 = 2.333$$

东华公司年初年末流动比率均大于2，说明该企业具有较强的短期偿债能力。

（2）速动比率＝速度资产÷流动负债

根据表2-5可知，东化公司2010年的年初速动资产为1 365万元（125＋60＋55＋995＋20＋110），年末速动资产为2 480万元（250＋30＋40＋1 990＋60＋110）。东化公司的速动比率为

$$年初速动比率 = 1\ 365 \div 1\ 100 = 1.24$$
$$年末速动比率 = 2\ 480 \div 1\ 500 = 1.65$$

东化公司2010年年初、年末的速动比率都比一般公认标准高，一般认为其短期偿债能力较强，但进一步分析可以发现，在东化公司的速动资产中应收账款比重很高（分别占73%和80%），而应收账款不一定能按时收回，所以我们还必须计算分析第三个重要比率——现金比率。

（3）现金比率＝（现金＋现金等价物）÷流动负债

根据表2-5可知，东化公司的现金比率为

$$年初现金比率 = (125 + 60) \div 1\ 100 = 0.168$$
$$年末现金比率 = (250 + 30) \div 1\ 500 = 0.186$$

东化公司虽然流动比率和速动比率都较高，而现金比率偏低，说明该公司短期偿债能力还是有一定风险，应缩短收账期，加大应收账款催账力度，以加速应收账款资金的周转。

（4）流动负债经营活动净现金流比＝经营活动净现金流量÷流动负债

根据表2-5可知，东化公司的现金比率为

$$年初流动负债经营活动净现金流比 = 13\ 560 \div 1\ 100 = 12.33$$
$$年末流动负债经营活动净现金流比 = 14\ 125 \div 1\ 500 = 9.42$$

东化公司流动负债经营活动净现金流比年初、年末都较高，说明东化公司自身创造现金的能力较强，对短期债务有一定的保障，但是年末较年初有所下降。

技能训练 6：长期偿债能力评价指标计算

【例 2－2】 由表 2－5、表 2－6 试进行东化公司长期偿债能力分析。

（1）资产负债率 ＝ 负债总额 ÷ 资产总额

根据表 2－5 可知，东化公司的资产负债率为

$$年初资产负债率 = (1\,100 + 2\,900) \div 8\,400 \times 100\% = 47.62\%$$

$$年末资产负债率 = (1\,500 + 3\,800) \div 10\,000 \times 100\% = 53\%$$

东化公司年初资产负债率为 47.62%，低于 50%，而年末资产负债率为 50%，虽然偏高，但在合理的范围内，说明东化公司有一定的偿债能力和负债经营能力。

（2）产权比率 ＝ 负债总额 ÷ 股东权益 × 100%

根据表 2－5 可知，东化公司的产权比率为

$$年初产权比率 = (1\,100 + 2\,900) \div 4\,400 \times 100\% = 90.91\%$$

$$年末产权比率 = (1\,500 + 3\,800) \div 4\,700 \times 100\% = 112.77\%$$

由计算可知，东化公司年初的产权比率不是很高，而年末的产权比率偏高，表明年末该公司举债经营程度偏高，财务结构不很稳定。

（3）有形净值债务率 ＝ 负债总额 ÷（股东权益 － 无形资产净值）× 100%

根据表 2－5 可知，东化公司的有形资产负债率为

$$年初有形资产负债率 = \frac{1\,100 + 2\,900}{4\,400 - (40 + 75 + 0)} \times 100\% = \frac{4\,000}{4\,285} \times 100\% = 93.3\%$$

$$年末有形资产负债率 = \frac{1\,500 + 3\,800}{4\,700 - (30 + 25 + 200)} \times 100\% = \frac{5\,300}{4\,445} \times 100\% = 119.24\%$$

相对于资产负债率来说，有形资产负债率指标将企业偿债安全性的分析建立在更加切实可靠的物质保障基础之上。有形净值负债率指标实质上是产权比率指标的延伸，能更为谨慎、保守地反映在企业清算时债权人投入的资本对所有者权益的保障程度。

（4）已获利息倍数 ＝ 息税前利润 ÷ 利息费用

$$= （净利润 + 利息费用 + 所得税费用）\div 利息费用$$

根据表 2－6 资料，假定表中财务费用全部为利息费用，资本化利息为 0，则东化公司利息保障倍数为

$$上年利息保障倍数 = (1\,175 + 480) \div 480 = 3.45$$

$$本年利息保障倍数 = (1\,000 + 550) \div 550 = 2.82$$

从以上计算结果看，东化公司这两年的利息保障倍数虽不太高，但大于 1，说明有一定的偿债能力，但还需要与其他企业特别是本行业平均水平进行比较来分析评价。从稳健角度看，还要比较本企业连续几年的该项指标进行分析评价。

（5）现金债务总额比 ＝ 经营活动净现金流量 ÷ 债务总额 × 100%

根据表 2－5 资料，计算东化公司的现金债务总额比为

$$年初现金债务总额比 = 14\,125 \div 4\,000 = 353.13\%$$

$$年末现金债务总额比 = 13\,560 \div 5\,300 = 255.85\%$$

从以上计算结果看，东化公司这两年的现金债务总额比较高，说明有一定的偿债能力，但还需要与其他企业特别是本行业平均水平进行比较来分析评价。

2.3 营运能力分析

第一部分 学习引导

2.3.1 营运能力

营运能力是指通过企业生产经营资金周转速度的有关指标反映出来的企业资金利用的效率。它表明企业管理人员经营管理、运用资金的能力。企业生产经营资金周转的速度越快，表明企业资金利用的效果越好效率越高，企业管理人员的经营能力越强。

企业的资金周转状况与供、产、销各个经营环节密切相关，任何一个环节出现问题，都会影响企业的资金正常周转。资金只有顺利地通过各个经营环节，才能完成一次循环。在供、产、销各环节中，销售有着特殊的意义。因为产品只有销售出去，才能实现其价值，收回最初投入的资金，顺利完成一次资金周转。这样，就可以通过产品销售情况与企业资金占用量来分析企业的资金周转状况，评价企业的营运能力。

评价营运能力的主要指标有应收账款周转率、存货周转率、营业周期、流动资产周转率、非流动资产周转率和总资产周转率等指标。

1. 应收账款周转率

应收账款周转率是企业一定时期内的赊销收入净额同应收账款平均余额的比率。由于财务报表外部使用者难以得到赊销收入净额的数据，所以计算应收账款周转率时，常以营业收入净额代替赊销收入净额。应收账款周转率反映了企业应收账款的流动速度，即企业应收账款转变为现金的能力。其计算公式为

$$应收账款周转率 = 主营业务收入净额 \div 平均应收账款$$

式中，平均应收账款 ＝（期初应收账款 ＋ 期末应收账款）÷2

$$应收账款周转天数 = 360 \div 应收账款周转率$$

一般说来，应收账款周转率越高，平均收账期越短，表明应收账款回收速度越快，企业在应收账款方面的管理工作的效率越高，而且越有利于提高企业资产的流动性和变现能力。否则，应收账款将占用过多的企业营运资金，严重影响正常的资金周转，且极易可能发生坏账损失，出现"账面有利润，银行无存款"的现象。

在运用应收账款周转率进行分析时，应将报告期实际指标与本企业前期指标、行业平均水平或其他类似企业的指标相比较，以判断该指标的高低。另外，以下因素也会造成该指标的波动：①季节性经营；②大量采用分期付款结算方式；③大量采用现金结算销售；④年末销售的骤增或骤减。

在计算和使用应收账款周转率时应注意以下问题。

（1）销售收入的赊销比例问题

从理论上说应收账款是赊销引起的，其对应的流量是赊销额，而非全部销售收入。因此，

计算时应使用赊销额取代销售收入。但是，外部分析人无法取得赊销的数据，只好直接使用销售收入计算。实际上相当于假设现金销售是收现时间等于零的应收账款。只要现金销售与赊销的比例是稳定的，不妨碍与上期数据的可比性，只是一贯高估了周转次数。问题是与其他企业比较时，不知道可比企业的赊销比例，也就无从知道应收账款是否可比。

（2）应收账款年末余额的可靠性问题

应收账款是特定时点的存量，容易受季节性、偶然性和人为因素影响。在应收账款周转率用于业绩评价时，最好使用多个时点的平均数，以减少这些因素的影响。

（3）应收账款的减值准备问题

统一财务报表上列示的应收账款是已经提取减值准备后的净额，而销售收入并没有相应减少。其结果是，提取的减值准备越多，应收账款周转天数越少。这种周转天数的减少不是好的业绩，反而说明应收账款管理欠佳。如果减值准备的数额较大，就应进行调整，使用未提取坏账准备的应收账款计算周转天数。报表附注中应披露应收账款减值的信息，可作为调整的依据。

（4）应收票据是否计入应收账款周转率

大部分应收票据是销售形成的。只不过是应收账款的另一种形式，应将其纳入应收账款周转天数的计算，称为"应收账款及应收票据周转天数"。

（5）应收账款周转天数是否越少越好

应收账款是赊销引起的，如果赊销有可能比现金销售更有利，周转天数就不会越少越好。收现时间的长短与企业的信用政策有关。例如，甲企业的应收账款周转天数是18天，信用期是20天；乙企业的应收账款周转天是15天，信用期是10天。前者的收款业绩优于后者，尽管其周转天数较多。改变信用政策，通常会引起企业应收账款周转天数的变化。信用政策的评价涉及多种因素，不能仅仅考虑周转天数的缩短。

（6）应收账款分析应与销售额分析、现金分析联系起来

应收账款的起点是销售，终点是现金。正常的情况是销售增加引起应收账款增加，现金的存量和经营现金流量也会随之增加。如果一个企业应收账款日益增加，而销售和现金日益减少，则可能是销售出了比较严重的问题，促使放宽信用政策，甚至随意发货，而现金收不回来。

总之，应当深入应收账款的内部，并且要注意应收账款与其他问题的联系，才能正确评价应收账款周转率。

2．存货周转率

存货周转率是指一定时期（一年）内企业主营业务成本与存货平均余额的比率。存货周转率是衡量企业销售能力和存货管理工作水平的指标。存货是企业流动资产中所占比例较大的资产，它的质量和流动性直接反映了企业的营运能力，同时也影响企业的偿债能力和获利能力。其计算公式为

$$存货周转率 = 主营业务成本 \div 平均存货$$

式中，

$$平均存货 = （年初存货 + 年末存货）\div 2$$

$$存货周转天数 = 360 \div 存货周转率$$

一年中存货周转次数越多，每周转一次所用的时间就越短，周转速度越快，说明资金利用的效率越高；在成本利润率相同的情况下，赢利能力越强，存货积压的风险相对越低。相

反，每周转一次所用的时间越长，周转速度越慢，则说明存货积压，产品质量欠佳，或是销售部门工作不力，销售政策和销售方法不当等。

一般说来，企业的存货周转率越高越好，但也不能绝对化，不同类型的企业也有不同的要求。周转率过高有可能牺牲必要的库存储备，如果存货供应不能保证，则会给企业的生产、销售带来不利影响。因此，在进行存货周转率的分析时，应将报告期实际周转率与上年或计划相比较，评价周转速度的快慢，而且要查明影响周转速度加快或减缓的原因，要了解到底是哪一阶段的存货周转速度的变化影响了总周转速度。

该比率不仅可用于评价企业存货的管理效率，而且可用于衡量企业存货的变现力。存货周转率越高，存货变现力越强；反之，变现力越差。通过分析一定时期内企业存货周转率的变动，还可以分析企业是否存在产品滞销问题。

3．营业周期

营业周期是指从取得存货开始到销售存货并收回现金为止的这段时间。营业周期的长短取决于存货周转天数和应收账款周转天数。营业周期的计算公式为

$$营业周期 = 存货周转天数 + 应收账款周转天数$$

把存货周转天数和应收账款周转天数加在一起计算出来的营业周期，指的是需要多长时间能将期末存货全部变为现金。一般情况下，营业周期短，说明资金周转速度快；营业周期长，说明资金周转速度慢。由于营业周期的长短取决于存货周转天数和应收账款周转天数，所以决定企业资产流动性强弱的主要因素是存货周转天数和应收账款周转天数。

营业周期是反映企业资金利用效率的一个重要指标，同时也是决定企业流动资金需求量的重要因素。一个营业周期短的企业，虽然拥有的流动资产相对较少，流动比率相对较低，但其经营效率高。

4．流动资产周转率

流动资产周转率是销售收入与流动资产的比值，也有 3 种计量方式，其计算公式为

$$流动资产周转次数 = 销售收入 \div 平均流动资产$$

$$流动资产周转天数 = 360 \div （销售收入 \div 平均流动资产）$$

$$= 360 \div 流动资产周转次数$$

流动资产周转次数，表明流动资产一年中周转的次数，或者说是 1 元流动资产所支持的销售收入。流动资产周转天数表明流动资产周转一次所需要的时间，也就是期末流动资产转换成现金平均所需要的时间。通常，流动资产中应收账款和存货占绝大部分，因此它们的周转状况对流动资产周转具有决定性影响。

5．非流动资产周转率

非流动资产周转率是销售收入与非流动资产的比值，其计算公式为

$$非流动资产周转次数 = 销售收入 \div 平均非流动资产$$

$$非流动资产周转天数 = 360 \div （销售收入 \div 平均非流动资产）$$

$$= 360 \div 非流动资产周转次数$$

非流动资产周转率反映非流动资产的管理效率。分析时主要是针对投资预算和项目管理，分析投资与其竞争战略是否一致，收购和剥离政策是否合理等。

6．总资产周转率

总资产周转率是销售收入与总资产之间的比率。

$$总资产周转次数 = 销售收入 ÷ 平均总资产$$

在销售利润率不变的条件下，周转的次数越多，形成的利润越多，所以它可以反映赢利能力。它也可以理解为 1 元资产投资所产生的销售额。产生的销售额越多，说明资产的使用和管理效率越高。习惯上，总资产周转次数又称为总资产周转率。

以时间长度表示的总资产周转率，称为总资产周转天数。其计算公式为

$$总资产周转天数 = 360 ÷ （销售收入／总资产）= 360 ÷ 总资产周转次数$$

总资产周转率越高，总资产周转天数越短，企业资产的使用效率就越高，企业的经营效率就越高，在其他条件不变时，资产利润率及股东权益净利率就越高。一个企业总资产周转情况的评价，需要以本期资产周转指标同企业历史各期指标相对比，以观察企业资产周转效率的变化趋势，也需要以企业本期资产周转指标同行业平均值进行对比，以观察企业在行业竞争中所处的位势，确定企业在行业竞争中的优势与劣势，并相应制定企业改进资产周转效率的经营措施。

一般而言，企业总资产升高或降低的原因可以从两个方面进行分析。

第一，应分析总资产周转率构成因素的变动情况。总资产周转率是由销售收入与资产占用额两因素构成的，两个因素的变化是造成总资产变动的原因。如果总资产周转率升高，说明相对于企业总资产占用，销售收入增长较快；如果总资产周转率降低，说明相对于现有销售规模而言总资产占用规模过高，或者说明现有资产的利用效率不足。

第二，追溯总资产周转率的形成过程。一般而言，总资产周转率的变动要受到流动资产中的存货周转率与应收账款周转率的影响，在对总资产周转率进行分析时，应观察存货周转率与应收账款周转率的变动情况，找出影响应收账款周转率与存货周转率变动的具体原因，进而结合企业的经营情况，肯定企业在行业竞争中的优势，针对劣势制订相应的改进措施。

第二部分　技能训练

技能训练 7：营运能力评价指标计算

【例 2-3】　根据例 2-1 有关数据计算营运能力指标，分析东化公司营运能力。

1．应收账款周转率=主营业务收入净额÷平均应收账款

$$应收账款周转天数 = 360 ÷ 应收账款周转率$$

根据表 2-5、表 2-6 资料，东化公司 2010 年度销售收入净额 15 000 万元，2010 年年末应收账款、应收票据净额为 2 030（1 990 + 40）万元，年初数为 1 050（995 + 55）万元；则 2010 年该公司应收账款周转率指标为

$$应收账款周转次数 = \frac{15\,000}{(2\,030 + 1\,050) ÷ 2} ≈ 9.74（次）$$

$$应收账款周转天数 = 360 ÷ 9.74 ≈ 37（天）$$

在评价应收账款周转率指标时，应将计算出的指标与该企业前期、与行业平均水平或其他类似企业相比较来判断该指标的高低。

2．存货周转率=主营业务成本÷平均存货

$$存货周转天数 = 360 ÷ 存货周转率$$

根据表2-5、表2-6资料，东化公司2010年度销售成本为13 220万元，期初存货1 630万元，期末存货595万元，该公司存货周转率指标为

$$存货周转次数 = \frac{13\,220}{(1\,630+595)\div 2} \approx 11.88（次）$$

$$存货周转天数 = 360 \div 11.88 \approx 30（天）$$

一般来讲，存货周转速度越快，存货占用水平越低，流动性越强，存货转化为现金或应收账款的速度就越快，这样会增强企业的短期偿债能力及获利能力。通过存货周转速度分析，有利于找出存货管理中存在的问题，尽可能降低资金占用水平。

3. 流动资产周转次数=销售收入÷平均流动资产

根据表2-5、表2-6资料，东化公司2010年销售收入净额15 000万元，2010年流动资产期初数为3 050万元，期末数为3 500万元，则该公司流动资产周转指标计算为

$$流动资产周转次数 = \frac{15\,000}{(3\,050+3\,500)\div 2} \approx 4.58（次）$$

$$流动资产周转天数 = 360 \div 4.58 \approx 78.6（天）$$

4. 非流动资产周转次数=销售收入÷平均非流动资产

根据表2-5、表2-6资料，东化公司2009、2010年的销售收入净额分别为14 250万元、15 000万元，2010年年初非流动资产为5 350万元，2010年年末为6 485万元。假设2009年年初非流动资产周转次数为4 650万元，则非流动资产周转次数计算为

$$2009年非流动资产周转次数 = \frac{14\,250}{(4\,650+5\,350)\div 2} = 2.85（次）$$

$$2010年非流动资产周转次数 = \frac{15\,000}{(5\,350+6\,485)\div 2} = 2.53（次）$$

通过以上计算可知，2010年固定资产周转率为2.53次，2009年固定资产周转率为2.85次，说明2010年度周转速度要比上年要慢，其主要原因在于固定资产净值增加幅度要大于销售收入净额增长幅度，说明企业营运能力有所减弱，这种减弱幅度是否合理，还要视公司目标及同行业水平的比较而定。

5. 总资产周转次数=销售收入÷平均总资产

根据表2-5、表2-6资料，2009年东化公司销售收入净额为14 250万元，2010年为15 000万元，2010年年初资产总额为8 400万元，2002年年末为10 000万元。假设2009年初资产总额为7 500万元，则该公司2009、2010年总资产周转率计算为

$$2009年总资产周转率 = \frac{14\,250}{(7\,500+8\,400)\div 2} \approx 1.79（次）$$

$$2010年总资产周转率 = \frac{15\,000}{(8\,400+10\,000)\div 2} \approx 1.63（次）$$

从以上计算可知，东化公司2010年总资产周转率比上年减慢，这与前面计算分析固定资产周转速度减慢结论一致，该公司应扩大销售额，处理闲置资产，以提高资产使用效率。

2.4　企业获利能力分析

第一部分　学习引导

2.4.1　企业获利能力

获利能力是指企业获得利润的能力。由于企业赢利能力的大小直接影响企业的偿债能力及未来发展能力，也反映了企业营运能力的强弱。因此，不论是投资人、债权人还是企业经理人员，都日益重视和关心企业的赢利能力。

1．反映利润质量的财务指标

（1）营业收入收现率

营业收入收现率是经营活动现金流入量与营业收入净额的比率，反映企业营业收入的现金保障程度。

营业收入收现率 = 经营活动现金流量净额 ÷ 主营业务收入

经营活动现金流入量与营业收入净额之间的差异主要为应收账款存量变动的影响。该指标的正常值应该在 1 上下波动，指标值大于 1，说明当期销售活动实际收入现金高于销售应得现金，反映应收账款存量减少，营业收入转化为实际现金流入的能力较强，收益质量好；反之，指标值低于 1，说明当期销售活动实际收入现金低于销售应得现金，反映应收账款存量增加，营业收入转化为实际现金流入的能力下降，收益质量变差。

（2）经营应得现金收现率

经营应得现金收现率是经营活动现金流量净额与经营应得现金对比，反映会计利润的现金实现程度。

经营应得现金收现率 = 经营活动现金流量净额 ÷ 经营应得现金

经营应得现金是企业净利润扣除投资收益、处置固定资产、无形资产和其他长期资产收益等非经营性收益，加上计提的资产减值准备、固定资产折旧等非付现费用和属于筹资活动的财务费用。

该指标的正常值应该在 1 上下波动，指标值大于 1，说明企业经营活动现金流量净额高于经营应得现金额，反映企业当期经营性应收项目存量减少或经营性应付项目存量增加，收益质量提高；反之，指标值小于 1，说明企业经营活动现金流量净额低于经营应得现金额，反映企业当期经营性应收项目存量增加或经营性应付项目存量减少，收益质量降低。

（3）净收益营运指数

净收益营运指数是经营净收益与全部净收益的比值，反映全部收益中经营收益所占比例。

净收益营运指数 = 经营净收益 ÷ 净收益

= (净收益 – 非经营净收益) ÷ 净收益

对企业赢利能力分析，一般只分析企业正常的经营活动的赢利能力，不涉及非正常的经营活动。因为一些非正常的、特殊的经营活动,虽然也会给企业带来收益,但它不是经常的和持久的,不能说明企业的正常的赢利能力。因此在分析企业的赢利能力时,应当排除这些非常项目。

净收益营运指数越小,非经营收益所占比重越大,收益质量越差,因为非经营收益不反映公司的核心能力及正常的收益能力,可持续性较低。

2. 反映经营效益的财务指标

（1）销售毛利率

销售毛利率是企业的销售毛利与主营业务收入的比率,其中销售毛利是主营业务收入与主营业务成本的差。其计算公式为

$$销售毛利率 = \frac{主营业务收入 - 主营业务成本}{主营业务收入} \times 100\%$$

销售毛利率表示每1元主营业务收入扣除主营业务成本后,有多少可以用于各项期间费用和形成赢利。毛利率越大,说明在主营业务收入中主营业务成本所占比重越小,企业竞争力越强,企业通过销售获取利润的能力越强。销售毛利率是企业销售净利率的最初基础,没有足够大的毛利率便不能赢利。

（2）销售利润率

销售利润率是企业主营业务利润与主营业务收入的比率。其计算公式为

$$销售利润率 = 主营业务利润 \div 主营业务收入 \times 100\%$$

其中：主营业务利润 = 主营业务收入 - 主营业务成本 - 主营业务税金及附加

销售利润率越高,表明企业主营业务利润空间大,市场竞争力越强,发展潜力越大,从而赢利能力越强。

（3）销售净利率

销售净利率是指净利润与主营业务收入净额的百分比,其计算公式为

$$销售净利率 = （净利润 \div 主营业务收入净额） \times 100\%$$

销售净利率反映每1元主营业务收入带来净利润的多少,表示主营业务收入的收益水平。净利润与销售净利率成正比关系,而主营业务收入净额与销售净利率成反比关系,企业在努力扩大销售、增加销售收入额的同时,必须改进经营管理以降低成本,才能相应增加净利润,使销售净利率保持不变或有所提高。如果要做进一步分析,还可将该指标分解成销售毛利率、销售税金率、销售成本率以及销售期间费用率等。

该指标受行业特点影响较大,因此在分析时应结合不同行业的具体情况进行分析。

3. 反映投入产出效益的财务指标

（1）资产净利率

资产净利率是一定时期企业的净利润与资产平均总额的比率,它反映公司从1元受托资产（不管资金来源）中得到的净利润。其计算公式为

$$资产净利率 = （净利润 \div 总资产） \times 100\%$$

资产利润率是企业赢利能力的关键。虽然股东的报酬由资产利润率和财务杠杆共同决定,但提高财务杠杆会同时增加企业风险,往往并不增加企业价值。此外,财务杠杆的提高有诸多限制,企业经常处于财务杠杆不可能再提高的临界状态。因此,驱动股东权益净利率的基本动力是资产利润率。

公式中的"总资产"的计量有3种选择。①使用年末总资产。其缺点是年内变化大时不具有代表性。②使用年末与年初平均数，季节性企业的期末数较低，代表性也不理想。③使用12个月末的平均数，外部分析人的数据来源有问题，也比较麻烦。凡是财务比率的分子和分母，一个是期间流量数据，另一个是期末存量数据，在确定存量数据时都会遇到类似问题。本书举例时使用期末数据只是为了简便，它不如平均数合理。

影响资产利润率的因素是销售利润率和资产周转率。

$$资产利润率 = \frac{净利润}{总资产} = \frac{净利润}{销售收入} \times \frac{销售收入}{总资产}$$

$$= 销售利润率 \times 总资产周转次数$$

总资产周转次数是1元资产创造的销售收入，销售利润率是1元销售收入创造的利润，两者共同决定了资产利润率即1元资产创造的利润。

严格地说，总资产息税前利润率才能精确衡量资产经营效果，其计算公式为

$$总资产息税前利润率 = 息税前利润 \div 总资产平均余额 \times 100\%$$

因为有些时候，用总资产报酬率衡量资产经营效果可能会得出完全错误的结论。例如，总资产与息税前利润率相同，但所得税税率有很大差异，资产负债率也大不一样的两个企业，其净利润差异可能是很大的。这时候，总资产报酬率相差会很大，但是这并不能说明总资产报酬率低的企业资产经营效果差。还有就是，因为利息支付的来源是息税前利润，所以通过总资产息税前利润率与负债成本率的比较，可以看出企业负担利息的能力高低，以及企业通过负债能够产生的财务杠杆效应的高低。

（2）股东股东权益净利率

股东权益净利率是净利润与股东权益的比率，也叫股东权益净利率，它反映1元股东资本赚取的净收益，可以衡量企业的总体盈利能力。

$$股东权益净利率 =（净利润 \div 股东权益）\times 100\%$$

股东股东权益净利率的分母是股东的投入，分子是股东的所得。对于股权投资人来说，具有非常好的综合性，概括了企业的全部经营业绩和财务业绩。ABC公司本年股东的回报率减少了，总体上看不如上一年。

股东股东权益净利率也可以用以下公式表示：

$$股东股东权益净利率 = 资产净利率 \times 权益乘数$$

$$= 销售净利率 \times 总资产周转率 \times 权益乘数$$

因此，可以说股东权益净利率是评价企业自有资本及其积累获取报酬水平的最具综合性与代表性的指标，它反映企业资本运营的综合效益。该指标通用性强，适应范围广，不受行业局限，在国际上的企业综合评价中使用率非常高。通过对该指标的综合对比分析，可以看出企业赢利能力在同行业中所处的地位，以及与同类企业的差异水平。一般认为，股东权益净利率越高，企业自有资本赚取收益的能力越强，运营效率越好，对企业投资人、债权人权益的保证程度也越高。

4. 反映股东收益的财务指标

评价上市公司获利能力除了可通过前面所介绍的一些指标分析外，还应进行一些特殊指标的分析，特别是一些与企业股票价格或市场价值相关的指标分析，如每股收益、每股股利、市盈率、股利支付率、每股净资产等指标。

（1）每股收益

每股收益，也称每股盈余或每股利润，是指净利润扣除优先股股利后的余额与发行在外普通股的加权平均数之比，它反映了每股发行在外的普通股所能分摊到的净收益额。其计算公式为：

每股收益 =（净利润－优先股股利）÷发行在外普通股的加权平均数

由于优先股股东对股利的受领权优于普通股股东，因此在计算普通股股东所能享有的收益额时，应将优先股股利扣除。为了与公式分子中当年获得的净利润保持一致，公式分母必须采用加权平均数，是因为本期内发行在外的普通股股数只能在增加后的这一段时期内产生权益，减少的普通股股数在减少以前的期间内仍产生收益，所以必须采用加权平均数，以正确反映本期内发行在外的股份数额。

每股收益是衡量上市公司赢利能力最重要的财务指标。显然每股收益越高，说明企业的赢利能力越强。在分析企业赢利能力时，应将不同企业或者同一企业不同时期的每股收益进行比较，才能得出正确判断。

在使用每股收益分析营利性时要注意以下几点。

① 每股收益不反映股票所含有的风险。例如，假设某公司原来经营日用品的生产和销售，最近转向房地产投资，公司的经营风险增大了许多，但每股收益可能不变或提高，并没有反映风险增加的不利变化。

② 股票是一个"份额"概念，不同股票的每一股在经济上不等量，它们所含有的净资产和市价不同即换取每股收益的"成本"不相同，限制了每股收益的公司间比较。

③ 每股收益多，不一定意味着多分红，还要看公司股利分配政策。为了克服每股收益指标的局限性，可以结合市盈率、每股股利、股利支付率等财务比率来分析。

（2）每股净资产与市净率

① 每股净资产，也称为每股账面价值或每股权益，是期末净资产（即股东权益）扣除优先股权益后的差额与发行在外的普通股股数的比值。其计算公式为

每股净资产 =（年度末股东权益－优先股权益）÷发行在外的普通股股数

其中：优先股权益主要表现为优先股股本，当存在未支付的优先股股利时，还应包括过去累积的未支付的优先股股利额。

该指标反映发行在外的每股普通股所代表的净资产成本，即账面权益。在投资分析时，只能有限地使用这个指标，因其是用历史成本计量的，既不反映净资产的变现价值，也不反映净资产的产出能力。每股净资产，在理论上提供了股票的最低价值。如果公司的股票价格低于净资产的成本，成本又接近变现价值，说明公司已无存在价值，清算是股东最好的选择。正因为如此，新建公司不允许股票折价发行。

② 把每股净资产和每股市价联系起来，可以说明市场对公司资产质量的评价。反映每股市价和每股净资产关系的比率，称为市净率。

市净率（倍数）= 每股市价÷每股净资产

市净率可用于投资分析。每股净资产是股票的账面价值，它是用成本计量的；每股市价是这些资产的现在价值，它是证券市场上交易的结果。投资者认为，市价高于账面价值时企业资产的质量好，有发展潜力；反之则资产质量差，没有发展前景。市价低于每股净资产的股票，就像售价低于成本的商品一样，属于"处理品"。当然，"处理品"也不是没有购买价

值，问题在于该公司以后是否有转机，或者购入后经过资产重组能否提高赢利能力。

（3）市盈率

市盈率，是指普通股每股市价与每股收益的比率。其计算公式为

市盈率 = 普通股每股市价 ÷ 普通股每股收益

市盈率是反映股份公司赢利能力的一个重要财务比率，是投资者做出投资决策的重要参考因素之一。在市价确定的情况下，每股收益越高，市盈率越低，投资风险越小；反之亦然。在每股收益确定的情况下，市价越高，市盈率越高，风险越大；反之亦然。

一般来说，市盈率高，说明投资者对该公司的发展前景看好，愿意出较高的价格购买该公司股票，所以一些成长性较好的高科技公司股票的市盈率通常要高一些。但是，也应注意，如果某一种股票的市盈率过高，则也意味着这种股票具有较高的投资风险。

使用市盈率指标时应注意以下几点。

① 每股收益可能为零或负数，因此市盈率会很高。在这一特殊情况下，仅仅利用该指标来分析企业的赢利能力，会错误地估计企业的发展前景。

② 由于受可选择的会计政策的影响，各企业每股收益的确定口径可能不一致，从而使得市盈率在企业间的比较受到限制。

③ 市盈率高低受市价的影响，市价变动的影响因素很多，包括投机炒作等非正常因素，因此观察市盈率的长期趋势尤为重要。

④ 由于一般的期望报酬率为 5%～20%，所以正常的市盈率为 5%～20%。

⑤ 投资者要结合其他有关信息，才能运用市盈率指标判断股票的价值。

（4）每股股利

每股股利是指股利总额与发行在外普通股的加权平均数之比。其计算公式为

每股股利 = 股利总额 ÷ 发行在外普通股的加权平均数

其中：股利总额是指用于分配普通股现金股利的总额。

每股股利表示每一元普通股获取股利的大小，指标值越高，对投资者越有吸引力。但是很难说每股股利多大才算合理，它取决于企业的股利政策。如果企业为了扩大再生产，可能会少发股利，那么每股股利必然会减少；反之，则会增加。

（5）股利支付率与股利保障倍数

股利支付率，也称股利发放率，是每股现金股利与每股收益之间的比率。其计算公式为

股利支付率 =（普通股每股股利 ÷ 普通股每股收益）× 100%

股利支付率表明公司的净利润中有多少用于股利的分派，反映了公司的股利分配政策和支付股利的能力。对于股利支付率，也没有一个具体的标准来判断股利发放率是大好还是小好。一般而言，如果一家公司的现金量比较充裕，并且目前没有更好的投资项目，则可能会倾向于发放现金股利；如果公司有较好的投资项目，则可能会少发股利，而将资金用于投资。

股利支付率的倒数，称为股利保障倍数，倍数越大，支付股利的能力越强。其计算公式为

股利保障倍数 = 普通股每股净收益 ÷ 普通股每股股利

股利保障倍数是一种安全性指标，可以反映净利润减少到什么程度公司仍能按目前水平支付股利。

第二部分 技能训练

技能训练 8：获利能力评价指标计算

【例 2-4】 根据例 2-1 有关数据计算下列指标：

1. 营业收入收现率＝经营活动现金流量净额÷主营业务收入

根据表 2-5、表 2-6 资料计算：

$$年初营业收入收现率 = 13\ 560 ÷ 14\ 250 = 95.16\%$$

$$年末营业收入收现率 = 14\ 125 ÷ 15\ 000 = 95\%$$

东化公司营业收入收现率年末较年初下降了 0.16%，说明企业赢利质量有所降低。

2. 净收益营运指数＝经营净收益÷净收益＝(净收益－非经营净收益)÷净收益

根据表 2-5、表 2-6 资料计算：

$$年初净收益营运指数 = [800 - (365 + 20 - 25) × 0.75] ÷ 800 = 66.25\%$$

$$年末净收益营运指数 = [680 - (300 + 50 - 100) × 0.75] ÷ 680 = 72.42\%$$

东化公司净收益营运指数年末较年初提高了 6.318%，说明企业主营业务对收益的贡献增加，东化公司收益的稳定性提高。

3.（1）销售毛利率 $= \dfrac{主营业务收入 - 主营业务成本}{主营业务收入} × 100\%$

根据表 2-6 资料，可计算东化公司销售毛利率如下。

$$年初销售毛利率 = (14\ 250 - 12\ 515) ÷ 14\ 250 = 12.18\%$$

$$年末销售毛利率 = (15\ 000 - 13\ 220) ÷ 15\ 000 = 11.87\%$$

（2）销售净利率＝(净利润÷主营业务收入净额)×100%

根据表 2-6 资料，可计算销售净利率如下。

$$年初销售净利率 = 800 ÷ 14\ 250 = 5.61\%$$

$$年末销售净利率 = 680 ÷ 15\ 000 = 4.53\%$$

从上述计算分析可以看出，2010 年各项销售利润率指标均比上年有所下降。说明企业赢利能力有所下降，企业应查明原因，采取相应措施，提高赢利水平。

4. 资产净利率＝（净利润÷总资产）×100%

据表 2-5、表 2-6 资料，东化公司 2009 年净利润为 800 万元，年末资产为 8 400 万元；2010 年净利润为 680 万元，年末资产为 10 000 万元。假设 2009 年年初所有者权益为 8 400 万元，则东化公司资产收益率为

$$年初资产收益率 = \dfrac{800}{(8\ 400 + 8\ 400) ÷ 2} × 100\% = 9.52\%$$

$$年末资产收益率 = \dfrac{680}{(8\ 400 + 10\ 000) ÷ 2} × 100\% = 7.39\%$$

由于该公司资产的增长快于净利润的增长，2010 年资产收益率要比上年低了 2 个多百分点，赢利能力明显降低。

5. 股东股东权益净利率＝资产净利率×权益乘数

据表 2-5、表 2-6 资料，东化公司 2009 年净利润为 800 万元，年末所有者权益为 4 400 万元；2010 年净利润为 680 万元，年末所有者权益为 4 700 万元。假设 2009 年年初所有者权益为 4 000 万元，则东化公司净资产收益率为

$$年初净资产收益率 = \frac{800}{(4\,000 + 4\,400) \div 2} \times 100\% = 19.05\%$$

$$年末净资产收益率 = \frac{680}{(4\,400 + 4\,700) \div 2} \times 100\% = 14.95\%$$

由于该公司所有者权益的增长快于净利润的增长，2010 年净资产收益率要比上年低了 4 个多百分点，赢利能力明显降低。

6. 根据表 2-5、表 2-6 中的数据，假设公司年初普通股数 1 000 万股和年末普通股数 1 100 万股，2009 年发现金股利 450 万元，2010 年发现金股利 380 万元，公司没有优先股，2009 年 9.4 元/股，2010 年 10.2 元/股：

（1）每股收益＝（净利润－优先股股利）÷发行在外普通股的加权平均数

年初每股收益＝800÷1 000＝0.8

年末每股收益＝680÷1 100＝0.62

由于利润的下滑导致，2010 年每股收益较 2009 年有所下降。

（2）每股净资产＝（年度末股东权益－优先股权益）÷发行在外的普通股股数

年初每股净资产＝4 400÷1 000＝4.4

年末每股净资产＝4 700÷1 100＝4.27

由于东化公司 2010 年发行股票，净资产增长没有股数增加快，导致每股净资产下降。

（3）市净率（倍数）＝每股市价÷每股净资产

年初市净率（倍数）＝9.4÷4.4＝2.14

年末市净率（倍数）＝10.2÷4.27＝2.39

（4）市盈率＝普通股每股市价÷普通股每股收益

年初市盈率＝9.4÷0.8＝11.75

年末市盈率＝10.2÷0.62＝16.45

东化公司虽然每股收益下降，但是市盈率却上升了，说明投资普遍预期公司具有较好的发展潜力。

（5）每股股利＝股利总额÷发行在外普通股的加权平均数

年初每股股利＝450÷1 000＝0.45

年末每股股利＝380÷1 100＝3.45

（6）股利支付率＝（普通股每股股利÷普通股每股收益）×100%

年初股利支付率＝0.45÷0.8＝56.25%

年末股利支付率＝0.345÷0.62＝55.64%

（7）股利保障倍数＝普通股每股净收益÷普通股每股股利

年初股利保障倍数 = 0.8 ÷ 0.45 = 1.78

年末股利保障倍数 = 0.62 ÷ 0.345 = 1.80

2.5 财务趋势分析

第一部分 学习引导

2.5.1 财务趋势分析

财务状况的趋势分析主要是通过对企业连续几期的财务指标、财务比率和财务报告的比较，来了解企业财务状况的变动趋势，包括变动的方向、数额和幅度，从而据以预测企业未来财务活动的发展前景。趋势分析主要从以下三方面来进行。

（1）财务比率趋势分析

对企业主要的财务指标和财务比率，可从前后数年的财务报告中选出，进行必要的计算加工，直接观察其金额或比率的变动数额和变动幅度，分析其变动趋势是否合理，并据以预测未来。

（2）比较会计报表的金额趋势分析

将相同会计报表中的连续数期的金额并列起来，可比较其中相同项目增减变动的金额及其幅度，能全面说明企业财务状况和经营成果的变动趋势。

（3）比较会计报表的构成分析

比较会计报表的构成，就是以会计报表中的某一总体指标作为 100%，计算其各组成部分指标占该总体指标的百分比，然后比较若干连续时期的该项构成指标的增减变动趋势。

最常见的一种方法是销售收入百分比法，就是以产品销售收入作为 100%，计算数期产品销售成本、产品销售费用、流转税、产品销售利润等指标各占产品销售收入的百分比，分析各指标所占百分比的增减变动，对企业利润总额的影响。此外，还可以流动资产总额为 100%，计算数期的货币资金、短期投资、应收账款、存货等指标占流动资产总额的百分比，分析流动资产结构变动趋势的性质如何、是否有利等。其他如企业的资产总额、所有者权益等关键性指标，均可作为总体指标，分析其构成指标的变化，考察企业财务状况某一方面的变动性质和变动趋势。

第二部分 技能训练

技能训练 9：比较财务比率趋势分析

【例 2-5】 通过表 2-7 对东化公司 2008～2010 年进行比较财务比率趋势分析。

表2-7　　　　　　　　　东化公司比较财务比率

财务比率	2008年	2009年	2010年
流动比率	2.151	2.7727	2.3333
速动比率	1.283	1.2409	1.6533
资产负债率	42.3%	47.62%	53%
存货周转率		11.748	11.88
应收账款周转率		14.25	9.74
总资产周转率		1.8263	1.63
总资产报酬率		10.25%	7.39%
股东权益报酬率		18.69%	14.95%
销售净利率	6.2%	5.61%	4.53%

根据上表可以看出，东化公司2008～2010年流动比率和速动比率有所增长，说明该公司短期偿债能力比较好；资产负债率逐年增长说明企业的财务风险在增加；东化公司的存货管理略有提高，应收账款管理略有下降；东化公司的收益率下降了，说明企业的成本控制不好。

技能训练10：比较财务报表的金额趋势分析

【例2-6】　东化公司2009～2010年的资产负债表和利润表的资料为依据，分别编制比较资产负债表、比较利润表如表2-8、表2-9所示，并对其进行趋势分析。

表2-8　　　　　　　　　　　比较资产负债表　　　　　　　　　　单位：万元

资产	2008年	2009年	2010年	环比分析		定比分析	
				2008年比2009年	2010年比2009年	2009年比2008年	2010年比2008年
流动资产：							
货币资金	162	185	280	1.142	1.5135	1.142	1.73
应收账款	950	1 050	2 030	1.105	1.9333	1.105	2.14
其他应收款	100	130	170	1.3	1.3076	1.3	1.7
存货	796	1 630	595	2.048	0.365	2.048	0.75
一年内到期的长期债权投资	25	55	425	2.2	7.7273	2.2	17
流动资产合计	2 033	3 050	3 500	1.5	1.1475	1.5	1.72
长期投资	120	225	150	1.875	0.6667	1.875	1.25
固定资产合计	4 960	5 010	6 280	1.01	1.2535	1.01	1.27
其他长期资产	92	115	70	1.25	0.6087	1.25	0.76
资产总计	7 205	8 400	10 000	1.166	1.1905	1.166	1.39
负债及所有者权益	2008	2009	2010	环比分析		定比分析	
				2009年比2008年	2010年比2009年	2009年比2008年	2010年比2008年
流动负债：							
短期借款	200	225	300	1.125	1.3333	1.125	1.5
应付账款	495	585	575	1.182	0.9829	1.182	1.16
其他流动负债	250	290	625	1.16	2.1552	1.16	2.5

续表

资　　产	2008 年	2009 年	2010 年	环比分析		定比分析	
流动负债：				2009 年比 2008 年	2010 年比 2009 年	2009 年比 2008 年	2010 年比 2008 年
流动负债合计	945	1 100	1 500	1.164	1.3636	1.164	1.59
长期负债合计	2 100	2 900	3 800	1.381	1.3103	1.381	1.81
实收资本	3 000	3 050	3 080	1.017	1.0098	1.017	1.03
盈余公积	180	200	370	1.111	1.85	1.111	2.06
未分配利润	980	1 150	1 250	1.173	1.087	1.173	1.28
所有者权益合计	4 160	4 400	4 700	1.058	1.0682	1.058	1.13
负债及所有者权益总计	7 205	8 400	10 000	1.166	1.1905	1.166	1.39

表 2-9　　　　　　　　　　　　　比较利润表　　　　　　　　　　　　　单位：万元

项　　　目	2008 年	2009 年	2010 年	环比分析		定比分析	
				2008 年比 2009 年	2010 年比 2009 年	2009 年比 2008 年	2010 年比 2008 年
一、营业务收入	12 450	14 250	15 000	1.1446	1.0526	1.1446	1.2048
减：营业务成本	10 780	12 515	13 220	1.1609	1.0563	1.1609	1.2263
营业务税金及附加	140	140	140	1	1	1	1
二、主营业务利润	1 530	1 595	1 640	1.0425	1.0282	1.0425	1.0719
减：营业费用	80	100	110	1.25	1.1	1.25	1.375
管理费用	160	200	230	1.25	1.15	1.25	1.4375
财务费用	450	480	550	1.0667	1.1458	1.0667	1.2222
加：投资收益	300	365	300	1.2167	0.8219	1.2167	1
三、营业利润	1 140	1 180	1 050	1.0351	0.8898	1.0351	0.9211
营业外收入	30	20	50	0.6667	2.5	0.6667	1.6667
减：营业外支出	54	25	100	0.463	4	0.463	1.8519
四、利润总额	1 116	1 175	1 000	1.0529	0.8511	1.0529	0.8961
减：所得税	345	375	320	1.087	0.8533	1.087	0.9275
五、净利润	771	800	680	1.0376	0.85	1.0376	0.882

　　根据比较资产负债表可以看出：该企业资产有所增加，流动资产由 2 033 万元增加到 3 500 万元，2009 年比 2008 年增加 50%、2010 年比 2009 年增加 14.75%；固定资产由 4 960 万元增加到 6 280 万元，2009 年比 2008 年增加 1%、2010 年比 2009 年增加 25.35%；资产总额由 7205 万元增加到 10 000 万元 2009 年比 2008 年增加 16.6%、2010 年比 2009 年增加 19.05%，这说明企业生产能力得到加强，生产经营得到发展。同时，所有者权益也有增加，4 160 万元增加到 4 700 万元，2009 年比 2008 年增加 5.8%、2010 年比 2009 年增加 6.82%，说明企业贯彻了资本金保全的原则，实现了资本金增值的要求。

　　此外，企业的流动负债由 945 万元增加到 1 500 万元，2009 年比 2008 年增加 16.4%、2010 年比 2009 年增加 36.36%；长期负债由 2 100 增加到 3 800，2009 年比 2008 年增加 38.1%、2010 年比 2009 年增加 31.03%，由此可见企业资产的增加主要源自企业负债的增加。

根据比较利润表可以看出，该企业 2008～2010 年利润整体上下降，2009 年比 2008 年增加 3.76%、2010 年比 2009 年降低了 15%，而收入整体在增长，说明企业的成本费用控制得不是太好。

技能训练 11：比较会计报表的构成分析

【例 2-7】 东化公司 2009～2010 年的比较资产负债表的构成和比较利润表的构成如表 2-10、表 2-11 所示。

表 2-10 比较资产负债表的构成

资　　产	2008 年	2009 年	2010 年	2008 年 %	2009 年 %	2010 年 %
流动资产：						
货币资金	162	185	280	2.2	2.2	2.8
应收账款	950	1 050	2 030	13.2	12.5	20.3
其他应收款	100	130	170	1.4	1.55	1.7
存货	796	1 630	595	11	19.4	6
一年内到期的长期债权投资	25	55	425	0.3	0.65	4.3
流动资产合计	2 033	3 050	3 500	28.2	36.31	35
长期投资	120	225	150	1.7	2.68	1.5
固定资产合计	4 960	5 010	6 280	68.8	59.64	62.8
其他长期资产	92	115	70	1.3	1.37	0.7
资　产　总　计	7 205	8 400	10 000	100	100	100
负债及所有者权益	2008 年	2009 年	2010 年			
流动负债：						
短期借款	200	225	300	2.8	2.68	3
应付账款	495	585	575	6.9	6.96	5.8
其他流动负债	250	290	625	3.5	3.45	6.3
流动负债合计	945	1 100	1 500	13.1	13.1	15
长期负债合计	2 100	2 900	3 800	29.1	34.52	38
实收资本	3 000	3 050	3 080	41.6	36.31	30.8
盈余公积	180	200	370	2.5	2.38	3.7
未分配利润	980	1 150	1 250	13.6	13.69	12.5
所有者权益合计	4 160	4 400	4 700	57.7	52.38	47
负债及所有者权益总计	7 205	8 400	10 000	100	100	100

从表 2-10 能够看出企业的流动负债和长期负债占企业资产总额的比重在上升，而所有者权益在下降，资产中流动资产比重上升而固定资产比重在下降。

表2-11 比较利润表的构成

项 目	2008 年	2009 年	2010 年	2008 年 (%)	2009 年 (%)	2010 年 (%)
一、营业务收入	12 450	14 250	15 000	100	100	100
减：营业务成本	10 780	12 515	13 220	86.6	87.62	88.1
营业务税金及附加	140	140	140	1.1	0.98	0.9
二、主营业务利润	1 530	1 595	1 640	12.3	0.1119	0.109
减：营业费用	80	100	110	0.6	0.7	0.7
管理费用	160	200	230	1.3	1.4	1.5
财务费用	450	480	550	3.6	3.37	3.7
加：投资收益	300	365	300	2.4	2.56	2
三、营业利润	1 140	1 180	1 050	9.2	8.28	7
营业外收入	30	20	50	0.2	0. 14	0.3
减：营业外支出	54	25	100	0.4	0. 18	0.7
四、利润总额	1 116	1 175	1 000	9	8.25	6.7
减：所得税	345	375	320	2.8	2.63	2.1
五、净利润	771	800	680	6.2	5.61	4.5

由表 2-11 可以看出，东化公司的销售收入在逐年上升，但是其销售成本、销售费用、管理费用、财务费用占销售收入的比重在提高，导致销售利润率逐年下降，可见企业的成本控制不好。

根据以上举例可以看出，趋势分析法是在过去的基础上分析现在，展望未来，把企业置于发展运动中加以考察的一种方法。它与比率法单独分析当年的财务报表相比，能够更加全面地认识企业现实的财务状况，能够更有根据地预测未来。因此，它是财务分析中应用较广的一种方法。

2.6 财务综合分析

第一部分 学习引导

财务报表分析的最终目的在于全方位地了解企业的财务状况和经营成果，并对企业经济效益的优劣做出系统的、合理的评价。单独分析任何一类财务指标，都难以达到这个目的。因此，必须将各项指标有机地联系起来，对企业进行综合的财务分析，做出系统的综合评价。

所谓财务综合分析就是将偿债能力、营运能力、赢利能力和发展能力等诸方面的分析纳入一个系统中，借以衡量企业财务管理各个方面活动的综合绩效，全面地揭示和披露企业的财务状况和经营状况，并做出准确的评价与判断。财务报表的综合分析法目前主要有财务比率综合评分法、杜邦分析法、坐标图分析法和雷达图法。这里仅介绍前面两种常用的综合分析法。

2.6.1 沃尔评分法

在进行财务分析时，分析者遇到的难题之一，就是不能准确判断各项财务比率实际值的高低优劣。而与本企业历史标准进行比较，也只能看出自身的变化，无法评价其在市场竞争中的地位。为此，亚历山大·沃尔在其 20 世纪初出版的《信用晴雨表研究》和《财务报表比率分析》中提出了信用能力指数概念，将流动比率、产权比率、存货周转率等七项指标用线性关系结合起来，并分别赋予各项指标一定的分数比重，然后通过与标准比率进行比较，确定各项指标的得分及总体指标的累计分数，从而对企业的信用水平做出评价。

但是，沃尔最初提出的分析方法如今看来存在两个主要的缺陷：一是所选择的七项指标缺乏足够的理论支持；二是未能证明每个指标所占比重的合理性，某项指标若存在严重的异常，会对总评分产生很大的影响。因此必须对沃尔比重评分体系进行拓展，才能做到更加全面、实用。

当今社会经济生活已经发生很大变化，沃尔最初提出的七项指标构成也在不断地调整和完善，以适应当前企业的需要。

1．评价指标体系

1995 年我国财政部颁布了一套企业经济效益评价指标体系，该体系包括 10 个指标：

① 营业利润率＝利润总额÷产品营业净额

② 总资产报酬率＝息税前利润总额÷平均资产总额

并且有：税息前利润总额＝利润总额＋财务费用

③ 资本收益率＝利润净额÷实收资本

④ 资本保值增值率＝期末所有者权益总额÷期初所有者权益总额

⑤ 资产负债率＝负债总额÷资产总额

⑥ 流动比率＝流动资产÷流动负债

或：速动比率＝速动资产÷流动负债

⑦ 应收账款周转率＝赊销净额÷平均应收账款余额

⑧ 存货周转率＝产品营业成本÷平均存货成本

平均存货成本＝（期初存货成本＋期末存货成本）÷2

⑨ 社会贡献率＝企业社会贡献总额÷平均资产总额

其中，企业社会贡献总额，包括工资（含奖金、津贴等工资性收入）、劳保退休统筹及其他社会福利支出、利息支出净额、应缴增值税、应缴产品营业税金及附加、应缴所得税及其他税收、净利润等。

⑩ 社会积累率＝上交国家财政总额÷企业社会贡献总额

其中，上交国家财政总额，包括应缴增值税、应缴产品营业税金及附加、应缴所得税及其他税收等。

上述指标可以分成四类：前四项为获利能力指标，⑤、⑥两项为偿债能力指标⑦、⑧两项为营运能力指标，最后两项为社会贡献指标。

2．该指标体系的综合评分一般方法

① 以行业平均水平为标准值。

② 标准值的重要性权数总计为 100 分，其中，营业利润率 15 分、总资产报酬率 15 分、资本收益率 15 分、资本保值增值率 10 分、资产负债率 5 分、流动比率（或速动比率）5 分、应收账款周转率 5 分、存货周转率 5 分、社会贡献率 10 分、社会积累率 15 分。

③ 根据企业财务报表，分项计算十项指标的实际值，然后加权平均计算十项指标的综合实际分数。其计算公式为

$$综合实际分数 = \sum（权数 \times 关系比率）$$

其中，关系比率总地说来是实际值与标准值的比率。

综合评分法是评价企业总体财务状况的一种比较可取的方法，但这一方法的正确性取决于指标的选定、标准值的合理程度、标准值重要性权数的确定等，当选用指标和权重分配不同时，评分结果会相去甚远。

2.6.2 杜邦分析法

通过财务比率综合评分法，可以比较全面地分析企业的综合财务状况，但无法揭示企业各种财务比率之间的相互关系。实际上，不同的财务比率之间都存在着一定的内在联系，揭示和发现这些联系，可以使分析者更加深刻地理解各个比率形成的原因，更加深入、全面地了解企业的财务状况。

企业的财务状况是一个完整的系统，内部各种因素都是相互依存、相互作用的，任何一个因素的变动都会引起企业整体财务状况的改变。因此，财务分析者在进行财务状况综合分析时，必须深入了解企业财务状况内部的各项因素及其相互之间的关系，这样才能比较全面地揭示企业财务状况的全貌。

它是美国杜邦公司财务管理人员在 1915 年首创的一种很有影响力的企业业绩评价方法。它的基本原理是将股东权益报酬率分解为多个不同的财务比率，这些财务比率反映了企业经营的各个不同侧面。通过对每个财务比率横向（同行业）与纵向（历史同期）的比较，可以找出影响股东权益报酬率变化的业绩要素，为公司各部门改善经营业绩，以及提高未来的股东权益报酬率提供参考方向。可以说，同样是综合分析法，综合评分法是一种由分到总的综合分析方法，与此相反，杜邦分析法则是一种由总到分的综合分析法，侧重点各有不同。

1．杜邦分析法的分析思路

杜邦分析法是以股东权益净利率为分析的核心比率，它不仅有很好的可比性，可以用于不同企业之间的比较，而且有很强的综合性。而股东股东权益净利率又受到三个比率的影响，用公式表示为

$$股东权益净利率 = \frac{净利润}{销售收入} \times \frac{销售收入}{总资产} \times \frac{总资产}{股东权益}$$

$$= 销售净利率 \times 总资产周转率 \times 权益乘数$$

无论提高其中的哪一个比率，股东权益净利率都会提升。其中，"销售净利率"是利润表的概括，"销售收入"在利润表的第一行，"净利润"在利润表的最后一行，两者相除可以概括全部经营成果；"权益乘数"是资产负债表的概括，表明资产、负债和股东权益的比例关系，可以反映最基本的财务状况；"总资产周转率"把利润表的和资产负债的联系起来，

使股东权益净利率可以综合整个企业的经营活动和财务活动的业绩。

该分析法是一个多层次的财务比率分解体系，各项财务比率在每个层次上与本企业历史或同业的财务比率比较，比较之后向下一级分解。逐级向下分解，逐步覆盖企业经营活动的每一个环节，可以实现系统、全面评价企业经营成果和财务状况的目的。

（1）第一层次分解

第一层次分解就是把股东权益净利率分解为销售利润率、总资产周转率和权益乘数。这三个比率在各企业之间可能存在显著差异。通过对差异的比较，可以观察本企业与其他企业的经营战略和财务政策有什么不同。

分解出来的销售利润率和总资产周转率，可以反映企业的经营战略。一些企业销售净利率较高，而资产周转率较低；另一些企业与之相反，资产周转率较高而销售净利率较低。两者经常呈反方向变化。这种现象不是偶然的。为了提高销售利润率，就是要增加产品的附加值，往往需要增加投资，引起周转率的下降。与此相反，为了加快周转，就要降低价格，引起销售净利率下降。通常，销售净利率较高的制造业，其周转率都较低；周转率很高的零售商业，销售利润率很低。采取"高赢利、低周转"还是"低赢利、高周转"的方针，是企业根据外部环境和自身资源做出的战略选择。正因为如此，仅从销售净利率的高低并不能看出业绩好坏，把它与资产周转率联系起来可以考察企业经营战略。真正重要的，是两者共同作用而得到的资产利润率。资产利润率可以反映管理者运用受托资产赚取赢利的业绩，是最重要的赢利能力。

分解出来的权益乘数可以反映企业的财务政策。在资产净利率不变的情况下，提高权益乘数可以提高股东权益净利率，但同时也会增加财务风险。一般说来，资产利润率较高的企业，财务杠杆较低，反之亦然。这种现象也不是偶然的。可以设想，为了提高股东权益净利率，企业倾向于尽可能提高财务杠杆。但是，贷款提供者不一定会同意这种做法。贷款提供者不分享超过利息的收益，更倾向于为预期未来经营现金流量比较稳定的企业提供贷款。为了稳定现金流量，企业的一种选择是降低价格以减少竞争，另一种选择是增加营运资本以防止现金流中断，这都会导致资产利润率下降。这就是说，为了提高流动性，只能降低营利性。因此，我们实际看到的是，经营风险低的企业可以得到较多的贷款，其财务杠杆较高；经营风险高的企业，只能得到较少的贷款，其财务杠杆较低。资产利润率与财务杠杆呈现负相关，共同决定了企业的股东权益净利率。企业必须使其经营战略和财务政策相匹配。

（2）向下逐级分解

在第一层次分解的基础上，还要对各项主要因素进行逐级分解，从而进一步分析某个因素变化的深层次原因，达到全面、系统而深入分析的目的。杜邦分析法的分析思路常常可以用杜邦系统图（见图2-1）来表示。

2．分析的一般方法

该分析体系要求，在每一个层次上进行财务比率的比较和分解。通过与上年比较可以识别变动的趋势，通过同业的比较可以识别存在的差距。分解的目的是识别引起变动（或产生差距）的原因，并计量其重要性，为后续分析指明方向。

下面以东化公司股东股东权益净利率的比较和分解为例，说明其一般方法。

股东权益净利率的比较对象，可以是其他企业的同期数据，也可以是本企业的历史数据，这里仅以本企业的本年与上年的比较为例。

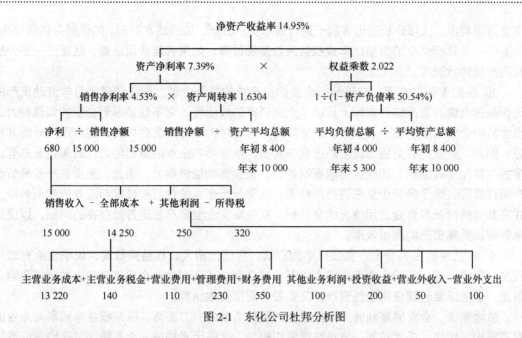

图 2-1 东化公司杜邦分析图

股东权益净利率＝销售净利率×资产周转率×权益乘数

即本年股东权益净利率

上年股东权益净利率

股东权益净利率变动

利用连环替代法可以定量分析它们对股东权益净利率变动的影响程度：

① 销售净利率变动的影响：按本年销售净利率计算的上年股东权益净利率，销售净利率变动的影响。

② 资产周转率变动的影响：按本年销售净利率、资产周转率计算的上年股东权益净利率，资产周转率变动的影响。

③ 财务杠杆变动的影响：财务杠杆变动的影响。

3．分析的要点

杜邦分析法的主要作用在于解释各主要指标的变动原因及揭示各项比率之间的关系，为财务分析提供了一个分析思路，为采取措施指明了方向。利用杜邦分析图进行综合分析需要把握以下几点。

① 从杜邦分析图可以看出，股东权益净利率是所有财务比率中综合性最强、最具有代表性的一个指标，是杜邦系统的核心指标。企业财务管理的目标是实现股东财富的最大化或企业价值最大化，股东权益净利率正是反映了所有者投入资本及相关权益的赢利能力，反映了企业筹资、投资和生产运营等各方面经营活动的效率。提高股东权益净利率是实现财务管理目标的基本保证。该指标的大小不仅受企业盈利能力的影响，而且还受到企业资产周转营运能力及资本结构状况的影响。

② 销售净利率反映了企业净利润与销售（营业）收入之间的关系。一般来说，销售收入增加，企业的净利润也会随之增加。但是，要想提高销售净利率，必须一方面提高销售收入，另一方面降低各种成本费用，这样才能使净利润的增长高于销售收入的增长，从而使销售净利率得到提高。扩大销售收入既有利于提高销售净利率，又可提高总资产周转率。从图

中也可以看出，杜邦分析法也有利于进行成本费用分析，加强成本控制。如果财务费用过高，就要进一步分析企业的负债比率或权益乘数是否过高；如果管理费用过高，就要进一步分析其资产周转状况等。

③ 在企业资产方面，应该分析企业的资产结构是否合理，即流动资产与非流动资产的比例是否合理。资产结构实际上反映了企业资产的流动性，它不仅关系到企业的偿债能力，也会影响企业的赢利能力。如果发现某项资产比重过大，影响资金周转，就应深入分析其原因，例如，企业持有的货币资金超过业务需要，就会影响企业的赢利能力；如果企业占有过多的存货和应收账款，则既会影响赢利能力，又会影响偿债能力。因此，还应进一步分析资产周转情况，除了分析企业总资产周转率，还要分析企业的存货周转率与应收账款周转率，并将其周转情况与资金占用情况结合分析。从中发现企业资产管理方面存在的问题，以便加强管理，提高资产的利用效率。

④ 权益乘数主要受资产负债比率的影响。负债比例大，权益乘数高，说明企业有较高程度的负债经营，能给企业带来较大的财务杠杆利益，同时也给企业带来较大的偿债风险。因此，企业既要合理使用全部资产，又要妥善安排资本结构。

总地来说，企业的赢利能力涉及企业的经营活动的方方面面。股东权益净利率与企业的筹资结构、销售、成本控制、资产管理密切相关，这些因素构成一个系统。只有协调好系统内各个因素之间的关系，才能使股东权益净利率达到最大，从而实现股东财富最大化或企业价值最大化的理财目标。

4．杜邦分析法的局限性

杜邦分析法虽然被广泛使用，但是也存在某些局限性。

① 计算总资产利润率的"总资产"与"净利润"不匹配。首先被质疑的是资产利润率的计算公式。总资产是全部资产提供者享有的权利，而净利润是专门属于股东的，两者不匹配。由于总资产净利率的"投入与产出"不匹配，该指标不能反映实际的回报率。为了改善该比率的配比，要重新调整其分子和分母。

为公司提供资产的人包括股东、有息负债的债权人和无息负债的债权人，后者不要求分享收益。要求分享收益的是股东、有息负债的债权人。因此，需要计量股东和有息负债债权人投入的资本，并且计量这些资本产生的收益，两者相除才是合乎逻辑的资产报酬率，才能准确反映企业的基础赢利能力。

② 没有区分经营活动损益和金融活动损益。传统财务分析体系没有区分经营活动和金融活动。对于多数企业来说金融活动是净筹资，它们从金融市场上主要是筹资，而不是投资。筹资活动没有产生净利润，而是支出净费用。这种筹资费用是否属于经营活动的费用，即使在会计规范的制定中也存在争议，各国的会计规范对此的处理也不尽相同。从财务管理的基本理念看，企业的金融资产是投资活动的剩余，是尚未投入实际经营活动的资产。应将其从经营资产中剔除。与此相适应，金融费用也应从经营收益中剔除，才能使经营资产和经营收益匹配。因此，正确计量基础赢利能力的前提是区分经营资产和金融资产，区分经营收益与金融收益（费用）。

③ 没有区分有息负债与无息负债。既然要把金融（筹资）活动分离出来单独考察，就会涉及单独计量筹资活动的成本。负债的成本（利息支出）仅仅是有息负债的成本。因此，必须区分有息负债与无息负债，利息与有息负债相除，才是实际的平均利息率。此外。区分

有息负债与无息负债后，有息负债与股东权益相除，可以得到更符合实际的财务杠杆。无息负债没有固定成本，本来就没有杠杆作用，将其计入财务杠杆，会歪曲杠杆的实际作用。

第二部分　技能训练

技能训练 12：沃尔评分法分析

【例 2-8】　根据表 2-5 和表 2-6 有关资料，计算出该公司的综合评分情况，如表 2-12 所示。

表 2-12　　　　　　　　　　　　综合评分表

指　标	标准值 （1）	实际值 （2）	关系比率 （3）=（2）/（1）	权数 （4）	得　分 （5）=（3）×（4）
流动比率	2	2.333	1.1665	10	11.665
速动比率	1.2	1.65	1.375	10	13.75
资产负债率	52%	53%	1.0192	12	12.2308
存货周转率	6.8	11.88	1.7471	10	17.4706
应收账款周转率	11	9.74	0.8855	10	8.8545
总资产周转率	2.2	1.63	0.7409	8	5.9273
总资产报酬率	11.1%	7.39%	0.6658	15	9.9865
股东权益报酬率	16.5%	14.95%	0.9061	15	13.5909
销售净利率	6.4%	4.53%	0.7078	10	7.0781
合计				100	100.55

该公司财务指标的综合得分为 100.55 分，高于整个行业的平均水平 100 分，其在行业中的地位属于中等偏上。

技能训练 13：杜邦分析法分析

【例 2-9】　根据表 2-5、表 2-6 资料，可做出东化公司杜邦财务分析的基本结构图，假设东化公司 2009 年的应收账款、应收票据、存货、流动资产年初与年末相同。

解：（1）股东权益报酬率 = 销售净利率 × 总资产周转率 × 权益乘数

权益乘数主要受资产负债率的影响。负债比率大，权益乘数就高，说明企业有较高的负债程度，给企业带来了较多的杠杆利益，同时也给企业带来了较多的风险。企业既要充分有效地利用全部资产，提高资产利用效率，又要妥善安排资金结构。

销售净利率是净利润与销售收入之比，它是反映企业赢利能力的重要指标。提高这一比率的途径有：扩大销售收入和降低成本费用等。

资产周转率是销售收入与资产平均总额之比，是反映企业运用资产以产生销售收入能力的指标。对资产周转率的分析，除了对资产构成部分从总占有量上是否合理进行分析外，还可通过流动资产周转率、存货周转率、应收账款周转率等有关资产使用效率的分析，以判明影响资产周转的主要问题所在。

① 2010 年股东权益报酬率 = 4.53% × 1.63 × 2.02 = 14.92%

② 2009 年股东权益报酬率 = 5.61% × 1.69 × 2.19 = 19.17%

东化公司股东权益报酬率 2010 比 2009 年下降了 4.25%，我们采用逐步替代法分析：

③ 用 2009 年销售净利率替换①中销售净利率得股东权益报酬率

$$= 5.61\% × 1.63 × 2.02 = 18.47\%$$

④ 用 2009 年总资产周转率替换③中总资产周转率得股东权益报酬率

$$= 5.61\% × 1.7 × 2.02 = 19.15\%$$

东化公司 2009 年销售净利率下降导致 2010 年股东权益率下降③−① = 3.5%，总资产周转率下降 0.06 倍导致 2010 年股东权益率下降④−③ = 0.68%，权益乘数下降了 0.17 倍导致 2010 年股东权益率下降 0.02%，从以上数据看东化公司股东权益报酬率下降的主要原因是销售净利率的下降所导致。

我国通过图 2-2 的进一步分解，揭示东化公司股东权益报酬率下降的原因。

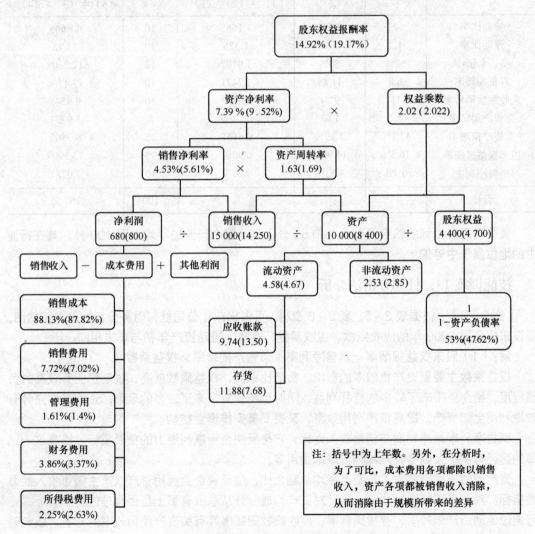

图 2-2　东化公司股东权益报酬率分解图

　　从上面的分析图中可以看出，东化公司 2010 年销售净利率下降的原因是成本费用控制得不好，除了因利润下降导致的所得税费用下降外，企业销售成本、销售费用、管理费用、财务费用占销售收入的比重都在上升，从企业报表数据看可能的原因是扩展的速度快，管理跟不上不能及时消化扩充的产能，所以效率不高；总资产周转率下降的原因主要是流动资产中的应收账款和固定资产使用效率的下降导致，这一点也说明企业对扩张的产能消化不好；权益乘数略有下降，影响不大。

课题三 长期筹资方式

▶ 知识目标

理解掌握长期筹资的概念、股权融资、债权融资

▶ 技能目标

学会股权融资的主要方式和程序
学会申请长期借款和发行债券的主要程序

▶ 建议学时

4 学时

3.1 长期筹资概述

第一部分 学习引导

3.1.1 长期筹资概念

1. 企业筹资的含义与动机

企业筹资是指企业由于生产经营、对外投资和调整资本结构等活动对资金的需要，采取适当的方式，获取所需资金的一种行为。资金是企业生存和发展的必要条件。筹集资金既是保证企业正常生产经营的前提，又是谋求企业发展的基础。筹资工作做得好，不仅能降低资本成本，给经营或投资创造较大的可行或有利的空间；而且能降低财务风险，增大企业经济效益。筹集资金是企业资金运动的起点，它会影响乃至决定企业资金运动的规模及效果。企业的经营管理者必须把握企业何时需要资金、需要多少资金、以何种合理的方式取得资金。

2. 筹资的分类

（1）按照资金的来源渠道不同，分为权益筹资和负债筹资

企业通过发行股票、吸收直接投资和内部积累等方式筹集的资金全部属于自有资金。企业通过发行债券、向银行借款和融资租赁等方式筹集的资金属于企业的负债资金。企业通过自有资金的方式筹集的资金，财务风险小，但资本成本相对较高；企业通过负债方式筹集的资金，有固定的还本付息的日期，一般风险较高，但资本成本相对较低。

（2）按照是否通过金融机构，分为直接筹资和间接筹资

直接筹资是指资金供求双方通过一定的金融工具直接形成债权债务关系或所有权关系的筹资形式。直接筹资的工具主要有股票和债券等。直接筹资的优点在于资金供求双方联系紧密，有利于资金快速合理配置和提高使用效率。直接筹资也有其局限性，主要表现在：①资金供求双方在数量、期限、利率等方面限制比间接筹资多。②直接筹资的便利程度和融资工具的流动性均受金融市场发达程度的制约。

间接筹资是指资金供求双方通过金融中介机构间接实现资金融通的活动。典型的间接融资是向银行借款。与直接筹资相比，间接筹资的优点在于灵活便利。间接筹资的局限性主要有：①割断了资金供求双方的直接联系，减少了投资者对资金使用的关注和对筹资者的压力。②金融机构要从经营服务中获取收益，从而增加了筹资者的成本，减少了投资者的收益。

（3）按照资金使用期限的长短，分为短期资金和长期资金

短期资金是指企业使用期限在1年以内的资金。企业由于在生产经营过程中资金周转调度等原因，往往需要一定数量的短期资金。企业的短期资金一般包括短期借款、应付账款和应付票据等项目，通常采用银行借款和商业信用等筹资方式取得或形成。

长期资金是指企业使用期限在1年以上的资金。企业长期资金通常包括各种股权资金、长期借款、应付债券等。企业要长期生存和发展，需要经常保持一定规模的长期资金。企业需要长期资金的原因主要有构建固定资产、取得无形资产、开展长期投资等，长期资金通常采用吸收投资、发行股票、发行公司债券、取得长期借款、融资租赁和内部积累等方式来筹集。

3.1.2　长期筹资的动机

企业筹资的根本目的是为了自身的生存和发展。但是，具体来讲也有一些其他不同的动机，这些具体的筹资动机有时是单一的，有时是相互结合的，归纳起来有三种类型，即扩张性筹资动机、调整性筹资动机和混合性筹资动机。

（1）扩张性筹资动机

扩张性筹资动机是指企业因扩大生产经营规模或增加对外投资而产生的追加筹资行为。处于成长期和具有良好发展前景的企业通常会产生这种筹资动机，扩张性筹资动机所产生的直接后果是企业资产总额和资本总额的增加。

例如，企业现有资产1000万元，由于经营的需要扩大生产，增加设备500万元，资金通过长期借款获得，企业扩张后资产总额由原来的1000万元增加到1500万元，负债和所有者权益也同样增长。

（2）调整性筹资动机

调整性筹资动机是企业因调整现有资本结构的需要而产生的筹资动机。资本结构是指企业各种不同筹资方式筹集的资金所形成的组合。理论上可以证明，企业的最佳资本结构是使企业价值最大同时资本成本最低的资本结构。因此，当企业资本结构不合理时，可以通过调整筹资方式使其达到最佳。

调整性筹资动机所产生的结果可以是在不增加资本总额和资产总额的情况下，使企业价值增加的同时降低资本成本。

例如，企业原有资本1000万元，其中负债300万元，所有者权益700万元。该企业认

为此资本结构不合理，没有充分发挥杠杆效应，故回购股票的同时增加债务，使负债达到 500 万元，所有者权益 500 万元。这项财务活动的结果并没有导致资产的变化，而只是改变了资本结构。

（3）混合性筹资动机

这种筹资动机兼容了扩张性筹资和调整性筹资两种筹资活动。在混合性筹资动机的驱使下，企业通过筹资，既扩大了资产和资本的规模，又调整了资本结构。

例如，例如，企业原有资本 1 000 万元，其中负债 300 万元，所有者权益 700 万元。由于经营的需要扩大生产，增加设备 500 万元。在筹资时该企业对原有的资本结构进行评估，认为债务占 50% 是合理的，故在筹资后，债务应达到 750 万元，所以在增加 500 万元筹资时，有 450 万元利用负债筹资，50 万元利用权益筹资。既扩大了规模又调整了结构。

3.1.3 长期筹资的原则

企业筹集资金要研究影响筹资的多种因素，注重资金筹集的综合经济效益。要遵循一定的原则进行资金的筹集。这些原则主要有如下几个。

（1）资金筹集的数量和时间与资金的使用相匹配的原则

不论通过什么渠道，采用什么方式筹集资金，都应该合理确定资金的需求量，既要明确流动资金的需求量，又要确定固定资金的需求量。筹集资金固然要广开财路，但必须有一个合理的界限，并非多多益善。资金不足，会影响企业的经营及发展，丧失一些可以赢利的机会，但资金过剩，积压或使用不当，也会影响资金的使用效果。资金是有时间价值的，筹资是要付出代价的，筹资过剩或不足都会影响企业经济效益的提高。因此，合理确定资金的需求量，是企业筹资的首要原则。日常生产经营所需资金量的确定，主要依据企业的生产计划，同时要注意市场供需的变化趋势，防止盲目生产，造成资金积压。长期投资项目所需资金量的确定，主要依据是项目的可行性研究报告对资金需求量的估算。资金需求量的计算方法既要科学合理，又要适当简化，使资金的筹集和投入有据可依。

企业筹集资金不仅要从总量上满足企业生产经营的需要，而且在时间上也必须保证及时供应，适时满足资金的投放。在全年的生产过程中，企业资金的使用量并非固定不变，对生产销售带有较强季节特点的企业来说更是如此。因此，不仅要掌握全年的资金投入总量，而且要测定每月、每季度资金的投放量，合理地安排资金的投放和回收，减少资金占用，加速资金周转，提高资金使用的时效性。对于长期投资项目也是如此，要根据项目的进度决定资金的到位时间。

（2）降低资金成本的原则

企业筹集资金有不同的渠道和方式，如发行债券、发行股票、银行贷款、外商投资等，从不同的资金来源所得到的资金，其成本各不相同，而且取得资金的难易程度也不一样，为此就要选择最经济方便的资金来源。在实际工作中，要充分利用各种筹资方式的优点。例如，有的资金来源比较稳定，有的取得比较方便，有的资金成本低，等等。只有正确认识这些特点，才能使企业筹资的综合成本降低。

（3）优化资本结构的原则

资本结构是指企业的所有者权益（亦称自有资金）与借入资金之间的比例。不同的资本结构对应不同的资本成本与财务风险。采用不同方式筹集资金将会改变企业的资本结构，带来不同的效益与风险。因此，在筹集资金时，要尽量采用能够使资本结构达到最优化的筹资方案。

（4）合法筹集资金的原则

企业自主筹集资金必须遵照国家的有关法律、法规进行，要切实保障投资者和债权人的利益。企业负债经营时，借债数额要适当，要以一定的自有资金比例为条件，切不可盲目增大借债额，以免因缺乏偿债能力而损害债权人的利益。我国已出现多起非法集资的案例，严重地损害了投资者的权益，扰乱了金融市场秩序，造成了很大的损失，集资者也受到了法律的惩处。因此，企业在筹资时增强法制观念是十分必要的，否则，将会自食苦果。

3.1.4 长期筹资的渠道

1．筹资渠道

筹资渠道是指筹措资金来源的方向与通道。总体而言，我国企业筹集的渠道一般有以下六种。

（1）国家财政资金

国家对企业的投资，历来是我国国有企业资金来源的主渠道。现在国有企业的资金来源，大部分还是过去由国家以各种方式投资形成的。国家财政资金具有广阔的来源和稳固的基础，而国民经济命脉也应当由国家掌握。所以国家投资是大中型企业的重要资金来源，在企业各种资金来源中占有重要地位。但是，国家资金的供应方式可以多种多样，不一定都采取拨款的方式，更不宜实行无偿方式。

（2）银行信贷资金

银行对企业的各种贷款，是我国目前各类企业最为重要的资金来源。我国银行分为商业性银行和政策性银行两种。商业性银行是以赢利为目的、从事信贷资金投放的金融机构，它主要为企业提供各种商业贷款。政策性银行为特定企业提供政策性贷款。

（3）其他金融机构资金

其他金融机构主要有信托投资公司、租赁公司、保险公司、证券公司、企业集团的财务公司等。它们可以为一些企业直接提供部分资金或为企业提供金融服务。

（4）其他企业资金

企业在生产经营过程中，往往形成部分闲置资金，甚至可在较长时间腾出部分资金，如准备用于新兴产业的资金、已提取而未使用的折旧、未动用的企业公积金等，可在企业之间相互调剂使用。随着横向经济联合的开展，企业同企业之间的资金联合与资金融通有了广泛发展。其他企业投入资金包括联营、入股、债务及各种商业信用，既有长期稳定的联合，又有短期临时的融通。其他企业单位投入资金往往同本企业的生产经营活动有密切联系，它有利于促进企业之间的经济联系，开拓本企业的经营业务，所以这种资金渠道得到了广泛利用。

（5）居民个人资金

企业职工和城乡居民的结余货币，作为"游离"于金融机构之外的个人资金，可用于对企业进行投资，形成民间资金来源渠道，为企业所利用。

（6）企业自留资金

企业自留资金主要是包括提取的公积金和未分配利润等，此项经营积累是企业生产经营

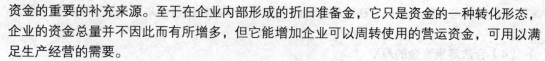

资金的重要的补充来源。至于在企业内部形成的折旧准备金，它只是资金的一种转化形态，企业的资金总量并不因此而有所增多，但它能增加企业可以周转使用的营运资金，可用以满足生产经营的需要。

2. 筹资方式

筹资方式是指企业取得资金的具体形式。如果说筹资渠道属于客观存在的，那么筹资方式则属于企业主观能动行为。企业筹资管理的重要内容是如何针对客观存在的筹资渠道，选择合理的筹资方式进行筹资。认识筹资方式的种类及各种筹资方式的特点，有利于企业选择适宜的筹资方式并有效地进行筹资组合，降低筹资成本，提高筹资效益。目前，我国企业筹资方式有以下几种：吸收直接投资、发行股票、利用留存收益、向银行借款、利用商业信用、发行公司债券、融资租赁。利用前三种筹措的资金为权益资金，利用后四种筹措的资金为负债资金。

3.1.5 筹资金额预测

企业筹集资金应以需定筹。测算企业资金需要量是筹集资金的基础工作。企业资金需要量的预测有很多方法，现仅介绍销售百分比法。所谓销售百分比法是指以未来销售收入变动的百分比为主要参数，考虑随销售变动的资产负债项目及其他因素对资金需求的影响，从而预测未来需要追加的资金量的一种定量计算方法。

销售百分比法下企业需要追加资金量的基本计算公式是

$$\Delta F = K(A - L) - R$$

式中，ΔF 表示企业在预测年度需从企业外部追加筹措资金的数额；

K 表示预测年度销售收入对于基年度增长的百分比；

A 表示随销售收入变动而成正比例变动的资产项目基期金额。资产项目与销售收入的关系一般可分为 3 种情况：第一种情况是随销售收入变动成正比例变动，如货币资金、应收账款、存货等流动资产项目，这些是公式中 A 的计量对象。第二种情况是与销售收入变动没有必然因果关系，如长期投资、无形资产等，这些项目不是 A 的计量对象。第三种情况是与销售收入关系有多种可能的，如固定资产。假定基期固定资产的利用已经饱和，那么增加销售必需追加固定资产投资，且一般可以认为与销售增长成正比，应把基期固定资产净额计入 A 之内；假定基期固定资产的剩余生产能力足以满足销售增长的需要，则不必追加资金添置固定资产；在销售百分比法中，固定资产仅作上述两种假定。

L 表示随销售收入变动而成正比例变动的负债项目基期金额。负债项目与销售收入的关系一般可分为二种情况：第一种情况是随销售收入变动成正比例变动，如应付账款、应交税金等流动负债项目，这些是公式中 L 的计量对象。第二种情况是与销售收入变动没有必然因果关系，如各种长期负债等，这些项目不是 L 的计量对象。L 在公式中前面取"－"号，是因为它能给企业带来可用资金。"资产是资金的占用、负债是资金的来源"。

R 表示预测年度增加的可以使用的留存收益，在销售净利率、股利发放率等确定的情况下计算得到。R 是企业内部形成的可用资金，可以作为向外界筹资的扣减数。

关于销售百分比法的使用应注意：资产、负债中各项目与销售收入的关联情况各企业不一定是相同的，上面的叙述存在着假定性，应当考察企业本身的历史资料，确定 A 与 L 的计量范围。所有者权益类项目与销售收入变动无关，公式中没有涉及。

第二部分 技能训练

技能训练1：销售百分比法预测企业筹资额

【例3-1】 东化公司2010年实现销售额30万元，销售净利率为10%，并按净利润的40%发放股利，假定该公司的固定资产利用能力已经饱和，2010年年底的资产负债表如表3-1所示。

表3-1 资 产 债 表 单位：万元

资产		负债及所有者权益		
1. 货币资金	10	负债：	1. 应付账款	25
2. 应收账款	20		2. 应缴税金	5
3. 存货	30		3. 长期负债	10
4. 固定资产	55	所有者权益：	1. 实收资本	60
5. 无形资产	5		2. 留存收益	20
合　计	120			120

若该公司计划在2011年把销售额提高到36万元，销售净利率、股利发放率仍保持2010年水平。

要求：用销售百分比法预测该公司2011年需向外界融资额。

解：
$$K = \frac{36-30}{30} = 20\%$$
$$A = 10+20+30+55 = 115（万元）$$
$$L = 25+5 = 30（万元）$$
$$R = 36 \times 10\% \times (1-40\%) = 2.16（万元）$$
$$\Delta F = 20\% \times (115-30) - 2.16$$
$$= 14.84（万元）$$

该公司2011年需向外界融资14.84万元。

3.2 权益融资

第一部分 学习引导

企业的全部资产由两部分构成：投资人提供的所有者权益和债权人提供的负债。所有者权益是企业资金的最主要来源，是企业筹集债务资金的前提与基础。所有者权益是指投资人对企业净资产的所有权，包括投资者投入企业的资本金及企业在经营过程中形成的积累，如盈余公积金、资本公积金和未分配利润等。资本金是企业在工商行政管理部门登记的注册资金，是企业设立时的启动资金，资本金的数额不能低于国家规定的开办此类企业的最低资本数额（法定资本金）。企业通过吸收直接投资、发行股票、内部积累等方式筹集的资金都称为权益资金，权益资金不用还本，因而也称之为自有资金或主权资金。

3.2.1　吸收直接投资

吸收直接投资是指非股份制企业按照"共同投资、共同经营、共担风险、共享利润"的原则直接吸收国家、法人、个人、外商投入资金的一种筹资方式。吸收直接投资不以股票为媒介，无需公开发行证券。吸收直接投资中的出资者都是企业的所有者，他们对企业拥有经营管理权，并按出资比例分享利润、承担损失。

1．吸收直接投资的渠道

企业通过吸收直接投资方式筹集资金有以下4种渠道。

（1）吸收国家投资

吸收国家投资是指有权代表国家投资的政府部门或者机构以国有资产投入企业，由此形成国家资本金。

（2）吸收法人投资

法人投资是指其他企业、事业单位以其可支配的资产投入企业，由此形成法人资本金。

（3）吸收个人投资

个人投资是指城乡居民或本企业内部职工以其个人合法财产投入企业，形成个人资本金。

（4）吸收外商投资

外商投资是指外国投资者或我国港澳台地区投资者的资金投入企业，形成外商资本金。

2．吸收直接投资的出资方式

吸收直接投资中的投资者可采用现金、实物、无形资产等多种形式出资。主要出资方式有以下几种。

（1）现金投资

现金投资是吸收直接投资中最重要的出资形式。企业有了现金，就可获取所需物资，就可支付各种费用，具有最大的灵活性。因此，企业要争取投资者尽可能采用现金方式出资。

（2）实物投资

实物投资是指以房屋、建筑物、设备等固定资产和原材料、商品等流动资产所进行的投资。实物投资应符合以下条件：适合企业生产经营、科研开发等的需要；技术性能良好；作价公平合理；实物不能涉及抵押、担保、诉讼冻结。投资实物的作价，除由出资各方协商确定外，也可聘请各方都同意的专业资产评估机构评估确定。

（3）无形资产投资

无形资产投资是指以商标权、专利权、非专利技术、知识产权、土地使用权等所进行的投资。企业在吸收无形资产投资时应持谨慎态度，避免吸收短期内会贬值的无形资产，避免吸收对本企业利益不大及不适宜的无形资产，还应注意符合法定比例，即吸收无形资产的出资额一般不能超过注册资本的20%（不包括土地使用权），对于高新技术等特殊行业，经有关部门审批最高放宽至30%。

3．吸收直接投资的程序

企业吸收直接投资，一般要遵循如下程序。

① 确定吸收直接投资所需的资金数量。企业新建或扩大经营规模时，应先确定资金的总需要量及理想的资本结构，然后据以确定吸收直接投资所需的资金数量。

② 寻求投资单位，商定投资数额和出资方式。吸收直接投资中的双方是双向选择的结果。受资单位要选择相宜的投资者，投资单位要选择收益理想或对自身发展有利的受资者。为此，要做好信息交流工作，企业既要广泛了解有关投资者的财力和意向，又要主动传递自身的经营状况和赢利能力，以利于在较多的投资者中寻求最好的合作者。投资单位确定后，双方便可进行具体的协商，确定投资数额和出资方式。落实现金出资计划及实物、无形资产的评估作价。

③ 签署投资协议。企业与投资者商定投资意向和具体条件后，便可签署投资协议，明确双方的权利和责任。

④ 执行投资协议。企业与投资者按协议约定，做好投资交接及有关手续，并在以后确保投资者参与经营管理的权利及赢利分配权利。

4．吸收直接投资的优缺点

① 吸收直接投资的优点主要有以下几个。

第一，筹资方式简便、筹资速度快。吸收直接投资的双方直接接触磋商，没有中间环节。只要双方协商一致，筹资即可成功。

第二，有利用增强企业信誉。吸收直接投资所筹集的资金属于自有资金，与借入资金比较，能提高企业的信誉和借款能力。

第三，有利于尽快形成生产能力。吸收直接投资可直接获得现金、先进设备和先进技术，与通过有价证券间接筹资比较，能尽快地形成生产能力，尽快开拓市场。

第四，利于降低财务风险。吸收直接投资可以根据企业的经营状况向投资者支付报酬，没有固定的财务负担，比较灵活，所以财务风险较小。

② 吸收直接投资的缺点主要有以下几个。

第一，资金成本较高。企业向投资者支付的报酬是根据企业实现的净利润和投资者的出资额计算的，不能减免企业所得税，当企业赢利丰厚时，企业向投资者支付的报酬很大。

第二，企业控制权分散。吸收直接投资的新投资者享有企业经营管理权，这会造成原有投资者控制权的分散与减弱。

3.2.2　发行股票

股票是股份公司为筹集主权资金而发行的有价证券，是持股人拥有公司股份的凭证，它表示了持股人在股份公司中拥有的权利和应承担的义务。本节仅介绍股票与筹资有关的内容，有关股票的其他内容将在证券投资部分介绍。

股票按股东权利和义务的不同，有普通股和优先股之分。

1．普通股筹资

普通股是股份有限公司发行的无特别权利的股份，也是最基本的、标准的股份。通常情况下，股份有限公司只发行普通股。

（1）普通股股东主要权利

持有普通股股份者为普通股股东。依我国《公司法》的规定，普通股股东有如下权利：

① 出席或委托代理人出席股东大会，并依公司章程规定行使表决权。这是普通股股东参与公司经营管理的基本方式。

② 股份转让权。股东持有的股份可以自由转让，但必须符合《公司法》、其他法规和公司章程规定的条件和程序。

③ 股利分配请求权。

④ 对公司账目和股东大会决议的审查权和对公司事务的质询权。

⑤ 分配公司剩余财产的权利。

⑥ 公司章程规定的其他权利。

同时，普通股股东也基于其资格，对公司负有义务。我国公司法中规定了股东具有遵守公司章程、缴纳股款、对公司负有有限责任、不得退股等义务。

（2）普通股的种类

股份有限公司根据有关法规的规定以及筹资和投资者的需要，可以发行不同种类的普通股。

① 按股票有无记名，可分为记名股和不记名股。

记名股是在股票票面上记载股东姓名或名称的股票。这种股票除了股票上所记载的股东外，其他人不得行使其股权，且股份的转让有严格的法律程序与手续，需办理过户。我国《公司法》规定，向发起人、国家授权投资的机构、法人发行的股票，应为记名股。

不记名股是票面上不记载股东姓名或名称的股票。这类票的持有人即股份的所有人，具有股东资格，股票的转让也比较自由、方便无需办理过户手续。

② 按股票是否标明金额，可分为面值股票和无面值股票。

面值股票是在票面上标有一定金额的股票。持有这种股票的股东，对公司享有的权利和承担的义务大小，依其所持有的股票票面金额占公司发行在外股票总面值的比例而定。

无面值股票是不在票面上标出金额，只载明所占公司股本总额的比例或股份数的股票。无面值股票的价值随公司财产的增减而变动，而股东对公司享有的权利和承担义务的大小，直接依股票标明的比例而定。目前，我国《公司法》不承认无面值股票，规定股票应记载股票的面额，并且其发行价格不得低于票面金额。

③ 按投资主体的不同，可分为国家股、法人股、个人股等。

国家股是有权代表国家投资的部门或机构以国有资产向公司投资而形成的股份。

法人股是企业法人依法以其可支配的财产向公司投资而形成的股份，或具有法人资格的事业单位和社会团体以国家允许用于经营的资产向公司投资而形成的股份。

个人股是社会个人或公司内部职工以个人合法财产投入公司而形成的股份。

④ 按发行对象和上市地区的不同，又可将股票分为A股、B股、H股和N股等。

A股是供我国大陆地区个人或法人买卖的，以人民币标明票面金额并以人民币认购和交易的股票。B股、H股和N股是专供外国和我国港、澳、台地区投资者买卖的，以人民币标明票面金额但以外币认购和交易的股票。其中，B股在上海、深圳上市；H股在香港上市；N股在纽约上市。

以上第③、④种分类，是我国目前实务中为便于对公司股份来源的认识和股票发行而进行的分类。在其他一些国家，还有的按是否拥有完全的表决权和获利权，将普通股分为若干级别。例如，A级普通股卖给社会公众，支付股利，但一段时期内无表决权；B级普通股由公司创办人保留，有表决权，但一段时期内不支付股利；E级普通股拥有部分表决权，等等。

筹资公司以普通股筹措资本时，应选择较为适宜的某种普通股。

（3）普通股融资的优缺点

① 普通股融资的优点。与其他筹资方式相比，普通股筹措资本具有如下优点。

第一，发行普通股筹措资本具有永久性，无到期日，不需归还。这对保证公司对资本的最低需要、维持公司长期稳定发展极为有益。

第二，发行普通股筹资没有固定的股利负担，股利的支付与否和支付多少，视公司有无盈利和经营需要而定，经营波动给公司带来的财务负担相对较小。由于普通股筹资没有固定的到期还本付息的压力，所以筹资风险较小。

第三，发行普通股筹集 的资本是公司最基本的资金来源，它反映了公司的实力，可作为其他方式筹资的基础，尤其可为债权人提供保障，增强公司的举债能力。

第四，由于普通股的预期收益较高并可一定程度地抵消通货膨胀的影响（通常在通货膨胀期间，不动产升值时普通股也随之升值），因此普通股筹资容易吸收资金。

② 普通股融资的缺点。第一，普通股的资本成本较高。首先，从投资者的角度讲，投资于普通股风险较高，相应地要求有较高的投资报酬率。其次，对于筹资公司来讲，普通股股利从税后利润中支付，不像债券利息那样作为费用从税前支付，因而不具抵税作用。此外，普通股的发行费用一般也高于其他证券。

第二，以普通股筹资会增加新股东，这可能会分散公司的控制权。此外，新股东分享公司未发行新股前积累的盈余，会降低普通股的每股净收益，从而可能引发股价的下跌。

2．优先股筹资

优先股是股份公司发行的具有一定优先权的股票。它既具有普通股的某些特征，又与债券有相似之处。从法律上讲，企业对优先股不承担还本义务，因此它是企业自有资金的一部分。

优先股的特点是较普通股有某些优先权利同时也有一定限制，其"优点"表现在以下两方面。

第一，优先分配股利权，优先股股利的分配在普通股之前，其股利率是固定的。

第二，优先分配剩余财产权，当企业清算时，优先股的剩余财产请求权位于债权人之后，但位于普通股之前。

优先股筹资的缺点在以下两方面。

第一，资金成本高，优先股股利要从税后利润中支付，股利支付虽无约定性且可以延时，但终究是一种较重的财务负担。

第二，优先股较普通股限制条款多。

3.2.3　股票发行

股份有限公司在设立时要发行股票。此外，公司设立之后，为了扩大经营、改善资本结构，也会增资发行新股。股份的发行，实行公开、公平、公正的原则，必须同股同权、同股同利。同次发行的股票，每股的发行条件和价格应当相同。任何单位或个人所认购的股份，每股应支付相同的价款。同时，发行股票还应执行的管理规定，主要包括股票发行条件、发行程序和方式、销售方式等。

（1）股票发行的规定与条件

按照我国《公司法》的有关规定，股份有限公司发行股票，应符合以下规定与条件。

① 每股金额相等。同次发行的股票，每股的发行条件和价格应当相同。

② 股票发行价格可以按票面金额，也可以超过票面金额，但不得低于票面金额。

③ 股票应当载明公司名称、公司登记日期、股票种类、票面金额及代表的股份数、股票编号等主要事项。

④ 向发起人、国家授权投资的机构、法人发行的股票，应当为记名股票；对社会公众发行的股票，可以为记名股票，也可以为无记名股票。

⑤ 公司发行记名股票的，应当置备股东名册，记载股东的姓名或者名称、住所、各股东所持股份、各股东所持股票编号、各股东取得其股份的日期；发行无记名股票的，公司应当记载其股票数量、编号及发行日期。

⑥ 公司发行新股，必须具备下列条件：前一次发行的股份已募足，并间隔一年以上；公司在最近三年内连续赢利，并可向股东支付股利；公司在三年内财务会计文件无虚假记载；公司预期利润率可达同期银行存款利率。

⑦ 公司发行新股，应由股东大会做出有关下列事项的决议：新股种类及数额；新股发行价格；新股发行的起止日期；向原有股东发行新股的种类及数额。

（2）股票发行的程序

股份有限公司在设立时发行股票与增资发行新股，程序上有所不同。

① 设立时发行股票的程序：

• 提出募集股份申请；

• 公告招股说明书，制作认股书，签订承销协议和代收股款协议；

• 招认股份，缴纳股款；

• 召开创立大会，选举董事会、监事会；

• 办理设立登记，交割股票。

② 增资发行新股的程序：

• 股东大会做出发行新股的决议；

• 由董事会向国务院授权的部门或省级人民政府申请并经批准；

• 公告新股招股说明书和财务会计报表及附属明细表，与证券经营机构签订承销合同，定向募集时向新股认购人发出认购公告或通知；

• 招认股份，缴纳股款；

• 改组董事会、监事会，办理变更登记并向社会公告；

• 股票发行方式、销售方式和发行价格。

公司发行股票筹资，应当选择适宜的股票发行方式和销售方式，并恰当地制定发行价格，以便及时募足资本。

① 股票发行方式。股票发行方式，指的是公司通过何种途径发行股票。总地来讲，股票的发行方式可分为如下两类。

• 公开间接发行：指通过中介机构，公开向社会公众发行股票。我国股份有限公司采用募集设立方式向社会公开发行新股时，须由证券经营机构承销的做法，就属于股票的公开间接发行。这种发行方式的发行范围广、发行对象多，易于足额募集资本；股票的变现性强，流通性好；股票的公开发行还有助于提高发行公司的知名度和扩大其影响力。但这种发行方式也有不足，主要是手续繁杂，发行成本高。

● 不公开直接发行：指不公开对外发行股票，只向少数特定的对象直接发行，因而不需经中介机构承销。我国股份有限公司采用发起设立方式和以不向社会公开募集的方式发行新股的做法，即属于股票的不公开直接发行。这种发行方式弹性较大，发行成本低；但发行范围小，股票变现性差。

② 股票的销售方式。股票的销售方式，指的是股份有限公司向社会公开发行股票时所采取的股票销售方法。股票销售方式有两类：自销和委托承销。

● 自销方式：股票发行的自销方式，指发行公司自己直接将股票销售给认购者。这种销售方式可由发行公司直接控制发行过程，实现发行意图，并可以节省发行费用；但往往筹资时间长，发行公司要承担全部发行风险，并需要发行公司有较高的知名度、信誉和实力。

● 承销方式：股票发行的承销方式，指发行公司将股票销售业务委托给证券经营机构代理。这种销售方式是发行股票所普遍采用的。我国《公司法》规定股份有限公司向社会公开发行股票，必须与依法设立的证券经营机构签订承销协议，由证券经营机构承销。股票承销又分为包销和代销两种具体办法。所谓包销，是根据承销协议商定的价格，证券经营机构一次性全部购进发行公司公开募集的全部股份，然后以较高的价格出售给社会上的认购者。对发行公司来说，包销的办法可及时筹足资本，免于承担发行风险（股款未募足的风险由承销商承担）；但股票以较低的价格售给承销商会损失部分溢价。所谓代销，是证券经营机构仅替发行公司代售股票，并由此获取一定的佣金，但不承担股款未募足的风险。

③ 股票发行价格。股票的发行价格是股票发行时所使用的价格，也就是投资者认购股票时所支付的价格。股票发行价格通常由发行公司根据股票面额、股市行情和其他有关因素决定。以募集设立方式设立公司首次发行的股票价格，由发起人决定；公司增资发行新股的股票价格，由股东大会作出决议。

股票的发行价格可以和股票的面额一致，但多数情况下不一致。股票的发行价格一般有以下三种。

● 等价。等价就是以股票的票面额为发行价格，也称为平价发行。这种发行价格，一般在股票的初次发行或在股东内部摊增资的情况下采用。等价发行股票容易推销，但无从取得股票溢价收入。

● 时价。时价就是以本公司股票在流通市场上买卖的实际价格为基准确定的股票发行价格。其原因是股票在第二次发行时已经增值，收益率已经变化。选用时价发行股票，考虑了股票的现行市场价值，对投资者也有较大的吸引力。

● 中间价。中间价就是以时价和等价的中间值确定的股票发行价格。

按时价或中间价发行股票，股票发行价格会高于或低于其面额。前者称溢价发行，后者称折价发行。如属溢价发行，发行公司所获的溢价款列入资本公积。

我国《公司法》规定，股票发行价格可以等于票面金额（等价），也可以超过票面金额（溢价），但不得低于票面金额（折价）。

④ 新上市股票发行价格的计算。目前，我国大部分的股票发行定价属于固定价格方式，即在发行前由主承销商和发行人根据市盈率法来确定新股发行价：

新股发行价 = 每股税后利润×发行市盈率

其中每股税后利润是衡量公司业绩和股票投资价值的重要指标：它等于发行当年预期利润除以发行当年加权平均股本数。

发行当年加权平均股本数 = 发行前总股本数 + 本次公开发行股本数×（12 – 发行月份）/12。

市盈率是股票市场价格与每股税后利润的比率，它也是确定发行价格的重要因素。发行公司在确定市盈率时，应考虑所属行业的发展前景、同行业公司在股市上的表现以及近期二级市场的规模供求关系和总体走势等因素，以利于一、二级市场之间的有效衔接和平衡发展。目前，我国股票的发行市盈率在 13～15 倍。

3.2.4　股票上市

（1）股票上市的目的

股票上市，指的是股份有限公司公开发行的股票经批准在证券交易所进行挂牌交易。经批准在交易所上市交易的股票则称为上市股票。按照国际通行做法，非公开募集发行的股票或未向证券交易所申请上市的非上市证券，应在证券交易所外的店头市场(Over The Counter market，OTC market) 上流通转让；只有公开募集发行并经批准上市的股票才能进入证券交易所流通转让。我国《公司法》规定，股东转让其股份，亦即股票进入流通，必须在依法设立的证券交易场所里进行。

股份公司申请股票上市，一般出于这样的一些目的。

① 资本大众化，分散风险。股票上市后，会有更多的投资者认购公司股份，公司则可将部分股份转售给这些投资者，再将得到的资金用于其他方面，这就分散了公司的风险。

② 提高股票的变现力。股票上市后便于投资者购买，自然提高了股票的流动性和变现力。

③ 便于筹措新资金。股票上市必须经过有关机构的审查批准并接受相应的管理，执行各种信息披露和股票上市的规定，这就大大增强了社会公众对公司的信赖，使之乐于购买公司的股票。同时，由于一般人认为上市公司实力雄厚，也便于公司采用其他方式（如负债）筹措资金。

④ 提高公司知名度，吸引更多顾客。股票上市公司为社会所知，并被认为经营优良，会带来良好声誉，吸引更多的顾客，从而扩大销售量。

⑤ 便于确定公司价值。股票上市后，公司股价有市价可循，便于确定公司的价值，有利于促进公司财富最大化。

但股票上市也有对公司不利的一面。这主要指：公司将负担较高的信息披露成本；各种信息公开的要求可能会暴露公司商业秘密；股价有时会歪曲公司的实际状况，丑化公司声誉；可能会分散公司的控制权，造成管理上的困难。

（2）股票上市的条件

公司公开发行的股票进入证券交易所挂牌买卖（即股票上市），须受严格的条件限制。我国《公司法》规定，股份有限公司申请其股票上市，必须符合下列条件。

① 股票经国务院证券管理部门批准已向社会公开发行。不允许公司在设立时直接申请股票上市。

② 公司股本总额不少于人民币 5 000 万元。

③ 开业时间在三年以上，最近三年连续赢利；属国有企业依法改建而设立股份有限公司的，或者在《公司法》实施后新组建成立，其主要发起人为国有大中型企业的股份有限公司，可连续计算。

④ 持有股票面值人民币 1 000 元以上的股东不少于 1 000 人，向社会公开发行的股份达公司股份总数的 25%以上；公司股本总额超过人民币 4 亿元的，其向社会公开发行股份的比例为 15%以上。

⑤ 公司在最近三年内无重大违法行为，财务会计报告无虚假记载。

⑥ 国务院规定的其他条件。

具备上述条件的股份有限公司经申请，由国务院或国务院授权的证券管理部门批准，其股票方可上市。股票上市公司必须公告其上市报告，并将其申请文件存放在指定的地点供公众查阅。股票上市公司还必须定期公布其财务状况和经营情况，每一会计年度内半年公布一次财务会计报告。

（3）股票上市的暂停与终止

股票上市公司有下列情形之一的，由国务院证券管理部门决定暂停其股票上市。

① 公司股本总额、股权分布等发生变化，不再具备上市条件（限期内未能消除的，终止其股票上市）。

② 公司不按规定公开其财务状况。或者对财务报告作虚假记载（后果严重的，终止其股票上市）。

③ 公司有重大违法行为（后果严重的，终止其股票上市）。

④ 公司最近三年连续亏损（限期内未能消除的，终止其股票上市）。

另外，公司决定解散、被行政主管部门依法责令关闭或者宣告破产的，由国务院证券管理部门决定终止其股票上市。

第二部分 技能训练

技能训练 2：了解普通股筹资的流程

股份有限公司股票发行的程序

一、申请程序

申请人聘请会计师事务所、资产评估事务所、律师事务所等专业性机构，对其资产资信、财务状况等进行审计、评估，并就相关事项出具财务状况意见书、资产评估意见书以及法律意见书。然后公司向地方政府或中央企业主管部门提出公开发行股票的申请，同时提交下列文件：申请报告、发起人会议或股东大会同意公开发行股票的决议；批准设立股份有限公司的文件；工商行政管理部门颁发的股份有限公司营业执照或股份有限公司筹办登记证明；公司章程；招股说明书；资金运用的可行性报告；需要国家提供资金或其他条件的固定资产投资项目，还应当提供有关部门同意固定资产投资立项的批准文件；经会计事务所审计的公司近 3 年来或自公司成立以来的财务报告和由 2 名以上的注册会计师及其所在会计师事务所签名、盖章的审计报告；就公司发行股票相关事宜由 2 名以上律师及其律师事务所签名、盖章的法律意见书；由 2 名以上的专业资产评估人员及其所在机构签名、盖章的资产评估报告；

由 2 名以上注册会计师及其所在事务所签名、盖章的验资报告；涉及国有资产的，还应提交国有资产管理部门出具的确认文件；股票发行的承销方案和承销协议；地方政府或中央企业管理部门要求提交的其他文件。

二、审批程序

股份有限公司的股票发行申请，由地方政府或中央企业管理部门进行审批；地方政府或中央企业管理部门应当在自接到申请之日起 30 个工作日内作出是否批准的审批决定，并抄报证监会。

三、复审程序

经批准的股票发行申请，送证监会复审。证监会应当在自收到申请之日起的 20 个工作日内出具复审意见书。经证监会复审同意的，申请人应当向证券交易所上市委员会提出申请，经上市委员会同意接受上市的，才能发行股票。

四、股份有限公司与证券经营机构签订证券承销协议，由证券经营机构承销股票

根据《证券法》第 21 条的规定，公开发行的股票应当由证券经营机构承销。股份有限公司与证券经营机构签订的承销协议应当载明下列事项：

1. 当事人的名称、住所及法定代表人姓名；
2. 代销、包销股票的种类、数量、金额及发行价格；
3. 代销、包销期限及起止日期；
4. 代销、包销的付款方式及日期；
5. 代销、包销费用的计算、支付方式及日期；
6. 违约责任；
7. 其他需要约定的事项。

另外，《证券法》第 24 条规定，证券公司承销证券，应当对公开发行募集文件的真实性、准确性、完整性进行核查；发现有虚假记载、误导性陈述或者重大遗漏的，不得进行销售活动；已经销售的，必须立即停止销售活动，采取相应的纠正措施。

五、向社会公布招股说明书及发行股票的通知，进行股票发售工作

招股说明书一般要在股票发售之前刊登在证监会指定的全国性证券报刊上。发行股票的通知也要在报刊上公开发布。通知中应当列明发行股票的数量、价格、发行时间以及发行方法。发行记名股票的，股份有限公司还应当置备股东名册。股东名册应当记载以下事项：

1. 股东姓名、名称及住所；
2. 各股东所持股份数；
3. 各股东所持股票的编号；
4. 各股东取得其股份的日期。发行无记名股票的，股份有限公司应当记载其股票数量、编号及发行日期。

股份有限公司股票上市的程序

股份有限公司申请股票上市，要经过一定的程序。按照《股票发行与交易管理暂行条例》与《公司法》的规定，股票上市的程序如下。

一、上市申请与审批

《股票发行与交易管理暂行条例》规定，公开发行股票符合条件的股份有限公司，申请

其股票在证券交易所交易，应当向证券交易所的上市委员会提出申请；上市委员会应当自收到申请之日起二十个工作日内作出审批，确定上市时间，审批文件报证监会备案，并抄报证券委。

《公司法》规定，股份有限公司申请其股票上市交易，应当报经国务院或者国务院授权证券管理部门批准，依照有关法律、行政法规的规定报送有关文件。

《公司法》同时规定，国务院或者国务院授权证券管理部门对符合本法规定条件的股票上市交易申请，予以批准；对不符合本法规定条件的，不予批准。

目前，符合上市条件的股份有限公司要经过经过证监会复审通过，由证券交易所审核批准。

二、申请股票上市应当报送的文件

股份公司向交易所的上市委员会提出上市申请。申请时应报送下列文件：申请书；公司登记文件；股票公开发行的批准文件；经会计师事务所审计的公司近3年或成立以来的财务报告和由2名以上的注册会计师及所在事务所签字。盖章的审计报告；证券交易所会员的推荐书；最近一次招股说明书；其他交易所要求的文件。

三、订立上市契约

股份有限公司被批准股票上市后，即成为上市公司。在上市公司股票上市前，还要与证券交易所订立上市契约，确定上市的具体日期，并向证券交易所缴纳上市费。

四、发表上市公告

根据《公司法》的规定，股票上市交易申请经批准后，被批准的上市公司必须公告其股票上市报告，并将其申请文件存放在指定地点供公众查阅。

上市公司的上市公告一般要刊登在证监会指定的，全国性的证券报刊上。上市公告的内容，除了应当包括招股说明书的主要内容外，还应当包括下列事项：（1）股票获准在证券交易所交易的日期和批准文号；（2）股票发行情况，股权结构和最大的10名股东的名单及持股数；（3）公司创立大会或股东大会同意公司股票在证券交易所交易的决议；（4）董事、监事、高级管理人员简历及持有本公司证券的情况；（5）公司近3年或者开业以来的经营业绩和财务状况以及下一年赢利的预测文件；（6）证券交易所要求载明的其他情况。

3.3 债务筹资

第一部分 学习引导

3.3.1 银行借款筹资

银行借款是指企业根据借款合同向银行或非银行金融机构借入的需要还本付息的款项。

1．银行借款的种类

（1）按借款期限长短分

按借款期限长短可分为短期借款和长期借款。短期借款是指借款期限在1年以内的借款；

长期借款是指借款期限在 1 年以上的借款。

（2）按借款担保条件分

按借款担保条件可分为信用借款、担保借款和票据贴现。

（3）按借款用途分

按借款用途可分为基本建设借款、专项借款和流动资金借款。

（4）按提供贷款的机构分

按提供贷款的机构可分为政策性银行贷款和商业性银行贷款。

2．银行借款的程序

借款人提出贷款申请，提供贷款资信

（1）借款人若需要银行贷款，应当向银行或其经办机构直接提出书面申请，填写《贷款申请书》。申请书的内容应当包括贷款金额、贷款用途、偿还能力及还款方式，同时还须向银行提交以下材料。

① 借款人及保证人基本情况。

② 财务部门或会计师事务所核准的上年度财务报告，以及申请贷款前一期财务报告。

③ 原有不合理占用贷款的纠正情况。

④ 抵押物、质物清单和有处分权人的同意抵押、质押的证明及保证人拟同意保证的有关证明文件。

⑤ 项目建议书和可行性报告。

⑥ 银行认为需要提供的其他有关材料。

⑦ 固定资金贷款要在申请时附可行性研究报告、技术改造方案或经批准的计划任务书、初步设计和总概算。

（2）银行的审批

① 立项

该阶段的主要工作是确认审查目的、选定主要考察事项、制订并开始实施审查计划。

② 对借款人进行信用等级评估

信用等级是根据借款人的领导者素质、经济实力、资金结构、履约情况、经营效益和发展前景等因素来评定的。评级可以由贷款人独立进行，内部掌握，也可以由有关部门批准的评估机构进行。

③ 进行可行性分析

这一阶段包括发现问题、探究原因、确定问题的性质及可能的影响程序等。其中，对企业的财务状况的分析最为重要，因为它是银行掌握和判断企业偿还能力的依据。

④ 综合判断

审查人员对调查人员提供的材料进行核实，判断企业目前的状况、中期的盈亏和长期的发展，复测贷款的风险度，提出意见，按规定权限审批。

⑤ 进行贷前审查，确定能否贷款

银行贷前审查的方式多种多样，主要有 A 接调查、侧面调查等。贷前审查结束后，由银行经办人员写出贷款审查报告进行审批，并明确能否给予贷款。

（3）签订借款合同

若银行对借款申请进行审查后，认为各项均符合规定，并同意贷款，便与借款人签订《借款合同》。在《借款合同》中约定贷款种类、贷款用途、贷款金额、利率、贷款期限、还款方式、借贷双方的权利和义务、违约责任、纠纷处理及双方认为需要约定的其他事项。《借款合同》自签订之日起即发生效力。

（4）贷款的发放

借款合同签订后，双方即可按合同规定核实贷款。借款人可以根据借款合同办理提款手续，按合同计划一次或多次提款。借款人提款时，由借款人填写银行统一制定的提款凭证，然后到银行办理提款手续。银行贷款从提取之日起开始计算利息。借款人取得借款后，必须严格遵守借款合同，按合同约定的用途、方式使用贷款。

（5）银行贷后检查

贷后检查是指银行在借款人提取贷款后，对其贷款提取情况和有关生产、经营情况、财务活动进行监督和跟踪调查。

（6）贷款的收回与展期

贷款到期时，借款人应按借款合同按期足额归还贷款本息。

① 银行在短期贷款到期前 1 个星期、中长期贷款到期前 1 个月，向借款人发送还本付息通知单。

② 借款人应及时筹备资金，贷款到期时，一般由借款人主动开出结算凭证，交银行办理还款手续。

③ 对于贷款到期而借款人未主动还款的，银行可采取主动扣款的办法，从借款人的存款账户中收回贷款本息。

借款人如因客观原因不能按期归还贷款，应按规定提前的天数向银行申请展期，填写展期金额及展期日期，交由银行审核办理。

3．银行借款的信用条件

向银行借款往往附带一些信用条件，主要有如下几个。

（1）补偿性余额

补偿性余额是银行要求借款企业在银行中保留一定数额的存款余额，约为借款额的 10%～20%，其目的是降低银行贷款风险，但对借款企业来说，加重了利息负担。

（2）信贷额度

信贷额度是借款企业与银行在协议中规定的借款最高限额。在信贷额度内，企业可以随时按需要支用借款。但如协议是非正式的，则银行并无必须按最高借款限额保证贷款的法律义务。

（3）周转信贷协议

周转信贷协议是银行具有法律义务地承诺提供不超过某一最高限额的贷款协议。企业享用周转信贷协议，要对贷款限额中的未使用部分付给银行一笔承诺费。

4．银行借款的优缺点

（1）银行借款的优点

第一，筹资速度快。与发行证券相比，不需印刷证券、报请批准等，一般所需时间短，可以较快满足资金的需要。

第二，筹资的成本低。与发行债券相比，借款利率较低，且不需支付发行费用。

第三，借款灵活性大。企业与银行可以直接接触，商谈借款金额、期限和利率等具体条款。借款后如情况变化可再次协商。到期还款有困难，如能取得银行谅解，也可延期归还。

（2）银行借款的缺点

其缺点有：

第一，筹资数额往往不可能很多；

第二，银行会提出对企业不利的限制条款。

3.3.2 发行债券筹资

债券是企业依照法定程序发行的、承诺按一定利率定期支付利息，并到期偿还本金的有价证券，是持券人拥有公司债权的凭证。

1. 债券的种类

（1）按发行主体分类

按发行主体可分为政府债券、金融债券和企业债券。

政府债券是由中央政府或地方政府发行的债券。政府债券风险小、流动性强。

金融债券是银行或其他金融机构发行的债券。金融债券风险不大、流动性较强、利率较高。

企业债券是由各类企业发行的债券。企业债券风险较大、利率较高、流动性差别较大。

（2）按有无抵押担保分类

按有无抵押担保可分为信用债券、抵押债券和担保债券。

信用债券又称无抵押担保债券，是以债券发行者自身的信誉发行的债券。政府债券属于信用债券，信誉良好的企业也可发行信用债券。企业发行信用债券往往有一些限制条件，如不准企业将其财产抵押给其他债权人，不能随意增发企业债券，未清偿债券之前股利不能分得过多等。

抵押债券是指以一定抵押品作抵押而发行的债券。当企业不能偿还债券时，债权人可将抵押品拍卖以获取债券本息。

担保债券是指由一定保证人作担保而发行的债券。当企业没有足够资金偿还债券时，债权人可以要求保证人偿还。

（3）按偿还期限分类

按偿还期限可分为短期债券和长期债券。

短期债券是指偿还期在一年以内的债券。

长期债券是指偿还期在一年以上的债券。

按是否记名可分为记名债券和无记名债券。

按计息标准可分为固定利率债券和浮动利率债券。

按是否标明利息率可分为有息债券和贴现债券。

按是否可转换成普通股可分为可转换债券和不可转换债券。

2. 债券的发行

公司债券的发行条件如下。

① 股份有限公司的净资产不低于人民币 3 000 万元，有限责任公司的净资产不低于人民币 6 000 万元。

② 本次发行后累计公司债券余额不超过最近一期末净资产额的 40%；金融类公司的累计公司债券余额按金融企业的有关规定计算。

③ 公司生产经营符合法律、行政法规和公司章程的规定，募集的资金投向符合国家产业政策。

④ 最近 3 个会计年度实现的年均可分配利润不少于公司债券 1 年的利息。

⑤ 债券的利率不超过国务院限定的利率水平。

⑥ 公司内部控制制度健全，其完整性、合理性、有效性不存在重大缺陷。

⑦ 经资信评级机构评级，债券信用级别良好。

存在下列情形之一的，不得发行公司债券：

① 前一次公开发行的公司债券尚未募足；

② 对已发行的公司债券或者其他债务有违约或者迟延支付本息的事实，仍处于继续状态；

③ 违反《证券法》规定，改变公开发行债券所募集资金的用途；

④ 最近 36 个月内公司财务会计文件存在虚假记载，或公司存在其他重大违法行为；

⑤ 本次发行申请文件存在虚假记载、误导性陈述或者重大遗漏；

⑥ 严重损害投资者合法权益和社会公共利益的其他情形。

3．公司债券的发行程序

① 公司全体董事、监事、高级管理人员应当在债券募集说明书上签字，保证不存在虚假记载、误导性陈述或者重大遗漏，并声明承担个别和连带的法律责任。保荐人应当对债券募集说明书的内容进行尽职调查，并由相关责任人签字，确认不存在虚假记载、误导性陈述或者重大遗漏，并声明承担相应的法律责任。为债券发行出具专项文件的注册会计师、资产评估人员、资信评级人员、律师及其所在机构，应当按照依法制定的业务规则、行业公认的业务标准和道德规范出具文件，并声明对所出具文件的真实性、准确性和完整性承担责任。

② 发行公司债券，可以申请一次核准，分期发行。自中国证监会核准发行之日起，公司应在 6 个月内首期发行，剩余数量应当在 24 个月内发行完毕。超过核准文件限定的时效未发行的，须重新经中国证监会核准后方可发行。

③ 首期发行数量应当不少于总发行数量的 50%，剩余各期发行的数量由公司自行确定，每期发行完毕后 5 个工作日内报中国证监会备案。

④ 债券发行价格的计算公式

$$\text{债券发行价格} = \frac{\text{票面金额}}{(1+\text{市场利率})^{n}} + \sum_{t=1}^{n} \frac{\text{票面金额}\times\text{票面利率}}{(1+\text{市场利率})^{t}}$$

式中，n——债券期限；

T——付息期数。

市场利率指债券发行时的市场利率。

4．债券筹资的优缺点

（1）债券筹资的优点

第一，债券利息作为财务费用在税前列支，而股票的股利需由税后利润发放，利用债券筹资的资金成本较低。

第二，债券持有人无权干涉企业的经营管理，因而不会减弱原有股东对企业的控制权。

第三，债券利率在发行时就确定，如遇通货膨胀，则实际减轻了企业负担；如企业盈利情况好，由财务杠杆作用导致原有投资者获取更大的得益。

（2）债券筹资的缺点

第一，筹资风险高。债券筹资有固定到期日，要承担还本付息义务。当企业经营不善时，会减少原有投资者的股利收入，甚至会因不能偿还债务而导致企业破产。

第二，限制条件较多。债券持有人为保障债权的安全，往往要在债券合同中签订保护条款，这对企业造成较多约束，影响企业财务灵活性。

第三，筹资数量有限。债券筹资的数量比银行借款一般较多，但它筹集的毕竟是债务资金，不可能太多，否则会影响企业信誉，也会因资金结构变差而导致总体资金成本的提高。

3.3.3 融资租赁

租赁是承租人向出租人交付租金，出租人在契约或合同规定的期限内将资产的使用权让渡给承租人的一种经济行为。

（1）租赁的种类

租赁的种类很多，按租赁的性质可分为经营性租赁和融资性租赁两大类。

① 经营性租赁，又称服务性租赁。它是由承租人向出租人交付租金，由出租人向承租人提供资产使用及相关的服务，并在租赁期满时由承租人把资产归还给出租人的租赁。经营性租赁通常为短期租赁，其特点如下。

第一，资产所有权属于出租人，承租人仅为获取资产使用权，不是为了融资。

第二，经营租赁是一个可解约的租赁，承租企业在租期内可按规定提出解除租赁合同。

第三，租赁期短，一般只是租赁物使用寿命期的小部分。

第四，出租企业向承租企业提供资产维修、保养及人员培训等服务。

第五，租赁期满或合同中止时，租赁资产一般归还给出租企业。

② 融资性租赁，又称财务租赁、资本租赁。它是承租人为融通资金而向出租人租用由出租人出资按承租人要求购买的租赁物的租赁。它是以融物为形式，融资为实质的经济行为，是出租人为承租人提供信贷的信用业务。融资性租赁通常为长期租赁，其特点如下。

第一，资产所有权形式上属于出租方，但承租方能实质性地控制该项资产，并有权在承租期内取得该项资产的所有权。承租方应把融资租入资产作自有资产对待，如要在资产账户上作记录、要计提折旧。

第二，融资租赁是一种不可解约的租赁，租赁合同比较稳定，在租赁期内，承租人必须连续交纳租金，非经双方同意，中途不得退租。这样既能保证承租人长期使用该项资产，又能保证出租人收回投资并有所得益。

第三，租赁期长，租赁期一般是租赁资产使用寿命期的绝大部分。

第四，出租方一般不提供维修、保养方面的服务。

第五，租赁期满，承租人可选择留购、续租或退还，通常由承租人留购。

（2）融资租赁的形式

融资租赁有以下3种形式。

① 直接租赁。直接租赁是指承租人直接向出租人租入所需要的资产。直接租赁的出租人主要是制造厂商、租赁公司。直接租赁是融资租赁中最为普遍的一种，是融资租赁的典型形式。

② 售后回租。售后回租是指承租人先把其拥有主权的资产出售给出租人，然后再将该项资产租回的租赁。这种租赁方式既使承租人通过出售资产获得一笔资金，以改善其财务状况，满足企业对资金的需要，又使承租人通过回租而保留了企业对该项资产的使用权。

③ 杠杆租赁。杠杆租赁是由资金出借人为出租人提供部分购买资产的资金，再由出租人购入资产租给承租人的方式。因此，杠杆租赁涉及出租人、承租人和资金出借人三方。从承租人的角度来看，它与其他融资租赁形式并无多大区别。从出租人的角度来看，它只支付购买资产的部分资金（20%～40%），其余部分（60%～80%）是向资金出借人借来的。在杠杆租赁方式下，出租人具有三重身份，即资产所有权人、出租人、债务人。出租人既向承租人收取租金，又向借款人偿还本息，其间的差额就是出租人的杠杆收益。从资金出借人的角度来看，它向出租人借出资金是由出租人以租赁物为抵押的，它的债权对出租人没有追索权，但对租赁物有第一留置权。即当承租人不履行支付租金义务时，资金出借人不能向出租人追索债务，但可向法院申请执行其担保物权。该项租赁物被清偿的所得，首先用以清偿资金出借人的债务，如有剩余再给出租人。

（3）融资租赁的优缺点

融资租赁的优点如下。

① 融资租赁的实质是融资，当企业资金不足，举债购买设备困难时，更显示其"借鸡生蛋，以蛋还鸡"办法的优势。

② 融资租赁的资金使用期限与设备寿命周期接近，比一般借款期限要长，使承租企业偿债压力较小；在租赁期内租赁公司一般不得收回出租设备，使用有保障。

③ 融资与融物的结合，减少了承租企业直接购买设备的中间环节和费用，有助于迅速形成生产能力。

融资租赁的缺点如下。

① 资金成本高。融资租赁的租金比举债利息高，因此总的财务负担重。

② 不一定能享有设备残值。

第二部分　技能训练

技能训练3：了解银行贷款流程

一、借款人提出贷款申请，提供贷款资信

借款人若需要银行贷款，应当向银行或其经办机构直接提出书面申请，填写《贷款申请书》。申请书的内容应当包括贷款金额、贷款用途、偿还能力及还款方式，同时还需向银行提交以下材料。

（1）借款人及保证人基本情况。

（2）财务部门或会计师事务所核准的上年度财务报告，以及申请贷款前一期财务报告。

（3）原有不合理占用贷款的纠正情况。

（4）抵押物、质物清单和有处分权人的同意抵押、质押的证明及保证人拟同意保证的有关证明文件。

（5）项目建议书和可行性报告。

（6）银行认为需要提供的其他有关材料。

（7）固定资金贷款要在申请时附可行性研究报告、技术改造方案或经批准的计划任务书、初步设计和总概算。

二、银行的审批

1．立项

该阶段的主要工作是确认审查目的、选定主要考察事项、制定并开始实施审查计划。

2．对借款人进行信用等级评估

信用等级是根据借款人的领导者素质、经济实力、资金结构、履约情况、经营效益和发展前景等因素来评定的。评级可以由贷款人独立进行，内部掌握，也可以由有关部门批准的评估机构进行。

3．进行可行性分析

这一阶段包括发现问题、探究原因、确定问题的性质及可能的影响程序等。其中，对企业的财务状况的分析最为重要，因为它是银行掌握和判断企业偿还能力的依据。

4．综合判断

审查人员对调查人员提供的材料进行核实，判断企业目前的状况、中期的盈亏和长期的发展，复测贷款的风险度，提出意见，按规定权限审批。

5．进行贷前审查，确定能否贷款

银行贷前审查的方式多种多样，主要有Ａ接调查、侧面调查等。贷前审查结束后，由银行经办人员写出贷款审查报告进行审批，并明确能否给予贷款。

三、签订借款合同

若银行对借款申请进行审查后，认为各项均符合规定，并同意贷款，便与借款人签订《借款合同》。在《借款合同》中约定贷款种类、贷款用途、贷款金额、利率、贷款期限、还款方式、借贷双方的权利和义务、违约责任、纠纷处理及双方认为需要约定的其他事项。《借款合同》自签订之日起即发生效力。

四、贷款的发放

借款合同签订后，双方即可按合同规定核实贷款。借款人可以根据借款合同办理提款手续，按合同计划一次或多次提款。借款人提款时，由借款人填写银行统一制定的提款凭证，然后到银行办理提款手续。银行贷款从提取之日起开始计算利息。借款人取得借款后，必须严格遵守借款合同，按合同约定的用途、方式使用贷款。

五、银行贷后检查

贷后检查是指银行在借款人提取贷款后，对其贷款提取情况和有关生产、经营情况、财务活动进行监督和跟踪调查。

六、贷款的收回与延期

贷款到期时，借款人应按借款合同按期足额归还贷款本息。

（1）银行在短期贷款到期前1个星期、中长期贷款到期前1个月，向借款人发送还本付息通知单。

（2）借款人应及时筹备资金，贷款到期时，一般由借款人主动开出结算凭证，交银行办理还款手续。

（3）对于贷款到期而借款人未主动还款的，银行可采取主动扣款的办法，从借款人的存款账户中收回贷款本息。

借款人如因客观原因不能按期归还贷款，应按规定提前的天数向银行申请展期，填写展期金额及展期日期，交由银行审核办理。

技能训练4：了解债券发行程序

1．做出决议或决定

股份有限公司、有限责任公司发行公司债券，由董事会制订方案，股东会作出决议；国有独资公司发行公司债券，应由国家授权投资的机构或者国家授权的部门做出决定。

2．申请发行

公司在做出发行公司债券的决议或者决定后，必须依照公司法规定的条件，向国务院授权的部门提交规定的申请文件，报请批准，所提交的申请文件，必须真实、准确、完整。向国务院授权的部门提交的申请文件包括：公司登记证明、公司章程。公司债券募集办法、资产评估报告和验资报告。

3．发行公司债券的批准

国务院授权的部门依照法定条件负责批准公司债券的发行，该部门应当自受理公司债券发行申请文件之日起三个月内做出决定；不予审批的，应当作出说明。

4．公告募集办法

发行公司债券申请经批准后，应当公告债券募集办法；在募集办法中应当载明下列事项：①公司名称；②债券总额和债券的票面金额；③债券的利率；④还本付息的期限和方式；⑤债券发行的起止日期；⑥公司净资产额；⑦已发行的尚未到期的公司债券总额；⑧公司债券的承销机构。

5．公司债券的载明事项

公司发行公司债券，必须在债券上载明公司名称、债券票面金额、利率、偿还期限等事项，并由董事长签名，公司盖章。

6．公司债券存根簿

公司发行公司债券应当置备公司债券存根簿。发行记名公司债券的，应当在公司债券存根簿上载明下列事项：①债券持有人的姓名或者名称及住所；②债券持有人取得债券的日期及债务的编号；③债券总额，债券的票面金额，债券的利率，债券的还本付息的期限和方式；④债券的发行日期。

7．发行中不当行为的纠正

国务院授权的部门对已作出的审批公司债券发行的决定，发现不符合法律、行政法规规定的，应当予以撤销；尚未发行的，停止发行；已经发行公司债券的，发行的公司应当向认购人退还所缴股款并加算银行同期存款利息。

技能训练5：了解融资租赁流程

企业机械设备融资租赁业务流程

一、出租方为承租方购买设备，再租赁给承租方使用。

在租赁期间，由承租方分期向出租方支付租金，出租方则把租赁设备的使用及管理（包括质量维修、保险、安全和纳税）等权利和义务转移给承租方，即承租方拥有对租赁物的使用权，而所有权由出租方所有。租赁期满后，由承租方在租赁期满后获得设备的所有权。这个融资租赁过程以"融物"代替"融资"。

（1）承租方向出租方申请融资租赁相关设备，并提供相关资料，出租方进行项目审查。

（2）如审查通过，则项目进入实质操作阶段；如不通过，项目终止。

（3）根据项目的情况，出租方要求承租方提供相关担保。

（4）出租方与设备供应商、承租方三方签订采购合同和租赁合同。

（5）采购合同和租赁合同生效，设备供应商按采购合同提供设备。

（6）承租方按租赁合同约定支付租金及其他费用。

（7）合同期满，在支付租赁全部租金和相关租赁费用后，出租方所有权转移给承租方。

二、融资租赁业务收费

业务收费主要包括4个部分：手续费、保证金、租金、残值转让费用。根据项目不同各种费用的比例也不同，一般企业租赁项目手续费每年1%左右；保证金按照项目和承租企业资信状况一般在20%～40%；租金的计算利率在银行同期贷款利率的基础有一定上浮；残值转让费用比较低。

三、申请流程

（1）租赁物件的选定

由客户直接与供应商就租赁物件的机型，规格，价格和交货期等进行商谈，决定购买租赁物件。

（2）租赁申请与租赁审查

按照客户提交的租赁申请相关资料进行审核。

（3）租金估算

按照供应商的报价计算租金后，向客户提交报价单。

（4）租赁合同的签订

和客户确认根据审查结果所确定的最终租赁条件，并签订租赁合同。

（5）租赁物的订货与交货

与供应商签订购销合同后，由供应商直接将租赁物件交付租赁客户。

（6）验收（租赁开始）

租赁物件验收完毕后，客户提交租赁物件验收单，租赁合同开始。

（7）支付标的物货款

在确认收到客户的首期租金后，向供应商支付货款。

课题四 资本结构决策

▶ **知识目标**

理解资本结构的基本观念
理解掌握资本结构的基本决策方法

▶ **技能目标**

学会个别资本成本率的计算
学会杠杆系数的计算
学会资本成本比较法、每股收益分析法、公司价值法的应用

▶ **建议学时**

8学时

4.1 资本结构理论

第一部分 学习引导

4.1.1 资本结构的概念

1．资本结构的概念

资本结构是指公司各种资本的价值构成及其比例关系。在公司筹资管理活动中，资本结构有广义和狭义之分。广义的资本结构是指公司全部资本价值的构成及其比例关系。它不仅包括长期资本，还包括短期资本，主要是短期债务资本。狭义的资本结构是指公司各种长期资本价值的构成及其比例关系，尤其是指长期的权益资本与债务资本的构成及其比例关系。在狭义资本结构下，短期债务资本一般作为营运资本来管理。

2．资本结构的种类

资本结构可以从不同角度来认识，于是形成各种资本结构种类，主要有资本的属性结构和期限结构。

（1）资本的属性结构

资本的属性结构是指公司不同属性资本的价值构成及其比例关系。公司全部资本就属性而言，通常分为两大类：一类是权益资本，另一类是债务资本。这两类资本构成的资本结构

就是该公司资本的属性结构。例如，MM 公司的资本总额为 10 000 万元，其中银行借款和应付债券属于债务资本，两者金额合计 5 000 万元，比例为 50%；普通股和保留盈余属于权益资本，两者合计 5 000 万元，比例为 50%。债务资本和权益资本各为 5 000 万元或者说各占 50%，也可以说债务资本与权益资本之比为 1∶1。这就是 MM 公司资本的属性结构的不同表达。

（2）资本的期限结构

资本的期限结构是指不同期限资本的价值构成及其比例关系。一个权益的全部资本就期限而言，一般可以分为两类：一类是长期资本；另一类是短期资本。这两类资本构成的资本结构就是资本的期限结构。在上例中，MM 公司的银行借款 2 000 万元中有 1 000 万元是短期借款，1 000 万元是长期借款，应付债券、普通股和保留盈余都是长期资本，因此该公司短期资本为 1 000 万元，长期资本为 9 000 万元，即长期资本占 90%，短期资本占 10%，或者说长期资本与短期资本之比为 9∶1。这就是 MM 公司资本期限结构的不同表达。

3．资本结构的意义

公司的资本结构决策问题，主要是资本的属性结构的决策问题，即债务资本的比例安排问题。在公司的资本结构决策中，合理地利用债务筹资，科学地安排债务资本的比例，是公司筹资管理的一个核心问题。它对公司具有重要的意义。

① 合理安排债务资本比例可以降低公司的综合资本成本。由于债务利息率通常低于股票股利率，而且债务利息在所得税前利润中扣除，公司可减少所得税，从而债务资本成本率明显地低于权益资本成本率。因此，在一定的限度内合理地提高债务资本的比例，可以降低权益的综合资本成本率。

② 合理安排债务资本比例可以获得财务杠杆利益。由于债务利息通常是固定不变的，当息税前利润增大时，每一元利润所负担的固定利息会相应降低，从而使税后利润会相应增加。因此，在一定的限度内合理地利用债务资本，可以发挥财务杠杆的作用，给公司所有者带来财务杠杆利益。

③ 合理安排债务资本比例可以增加公司的价值。一般而言，一个公司的价值应该等于其债务资本的市场价值与权益资本的市场价值之和，用公式表示为：

$$V = B + S$$

式中，V —— 公司总价值，即公司总资本的市场价值；

B —— 公司债务资本的市场价值；

S —— 公司权益资本的市场价值。

上列公式清楚地表达了按资本的市场价值计量反映的资本属性结构与公司总价值的内在关系。公司的价值与公司的资本结构是紧密联系的，资本结构对公司的债务资本市场价值和权益资本市场价值，以及对公司总资本的市场价值即公司总价值具有重要的影响。因此，合理安排资本结构有利于增加公司的市场价值。

4.1.2 资本结构的价值基础

对于上述资本结构，尚未具体指明资本的价值计量基础。在上一讲介绍综合资本成本率时曾说明资本价值的计量基础有账面价值、现时市场价值和未来目标价值。一个公司的资本分别按这三种价值计量基础来计量和表达资本结构，就形成三种不同价值计量基础反映的资本结构，即资本的账面价值结构、资本的市场价值结构和资本的目标价值结构。

① 资本的账面价值结构是指公司资本按历史账面价值基础计量反映的资本结构。一个公司资产负债表的右方"负债及所有者权益"或"负债及股东权益"所反映的资本结构就是按账面价值计量反映的，由此形成的资本结构是资本的账面价值结构。它不太适合公司资本结构决策的要求。

② 资本的市场价值结构是指公司资本按现时市场价值基础计量反映的资本结构。当一个公司的资本具有现时市场价格时，可以按其市场价格计量反映资本结构。通常上市公司发行的股票和债券具有现时的市场价格，因此，上市公司可以市场价格计量反映其资本的现时市场价值结构。它比较适于上市公司资本结构决策的要求。

③ 资本的目标价值结构是指公司资本按未来目标价值计量反映的资本结构。当一个公司能够比较准确地预计其资本的未来目标价值时，可以按其目标价值计量反映资本结构。从理想的角度讲，它更适合公司资本结构决策的要求，但资本的未来目标价值不易客观准确地估计。

4.1.3 资本结构的理论观点

人们对资本结构有着若干不同的认识，主要有以下几种。

（1）净收益理论

净收益理论认为，负债可以降低企业的资本成本，负债程度越高，企业的价值越大。这是因为债务利息和权益资本成本均不受财务杠杆的影响，无论负债程度多高，企业的债务资本成本和权益资本成本都不会变化。因此，只要债务成本低于权益成本，那么负债越多，企业的加权平均资本成本就越低，企业的净收益或税后利润就越多，企业的价值就越大。当负债比率为 100% 时，企业加权平均资本成本最低，企业价值将达到最大值。如果用 K_b 表示债务资本成本、K_s 表示权益资本成本、K_w 表示加权平均资本成本、V 表示企业总价值，则净收益理论可用图 4-1 来描述。

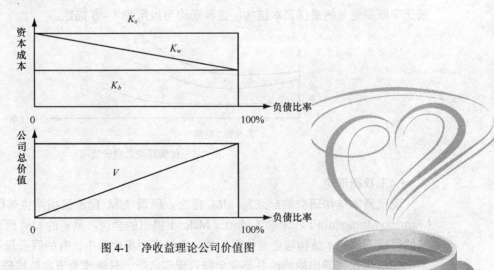

图 4-1 净收益理论公司价值图

（2）营业收益理论

营业收益理论认为，不论财务杠杆如何变化，企业加权平均资本成本都是固定的，因而企业的总价值也是固定不变的。这是因为企业利用财务杠杆时，即使债务成本本身不变，一旦由于加大了权益的风险，也会使权益成本上升，于是加权平均资本成本不会因为负债比率的提高而降低，而是维持不变。因此，资本结构与公司价值无关；决定公司价值的应是其营业收益。营业收益理论下资本成本与公司总价值之间的关系如图4-2所示。

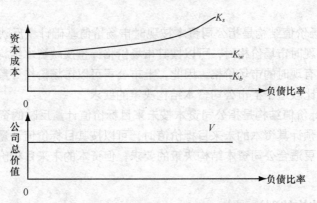

图 4-2　营业收益理论公司价值图

　　按照这种理论推论，不存在最佳资本结构，筹资决策也就无关紧要。可见，营业收益理论和净收益理论是完全相反的两种理论。

（3）传统理论

传统理论是一种介于净收益理论和营业收益理论之间的理论。传统理论认为，企业利用财务杠杆尽管会导致权益成本的上升，但在一定程度上却不会完全抵消利用成本率低的债务所获得的好处，因此会使加权平均资本成本下降，企业总价值上升。但是，超过一定程度地利用财务杠杆，权益成本的上升就不再能为债务的低成本所抵消，加权平均资本成本便会上升。以后，债务成本也会上升，它和权益成本的上升共同作用，使加权平均资本成本上升加快。加权平均资本成本从下降变为上升的转折点，是加权平均资本成本的最低点，这时的负债比率就是企业的最佳资本结构。这种理论可以用图4-3描述。

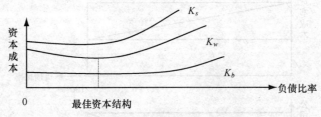

图 4-3　传统理论公司价值图

（4）权衡理论

现代资本结构研究的起点是 MM 理论。所谓 MM 理论是指两位美国学者莫迪格利尼（Franco Modigliani）和米勒（Mertor Miller）提出的学说。最初的 MM 理论认为，在某些严格的假设下，资本结构与企业价值无关。但是在现实生活中，有的假设是不能成立的，因此早期 MM 理论推导出的结论并不完全符合现实情况，只能作为资本结构研究的起点。此后，在早期 MM 理论的基础上不断放宽假设，继续研究，几经发展，提出了税负利益—破产成本的权衡理论，如图4-4所描述。

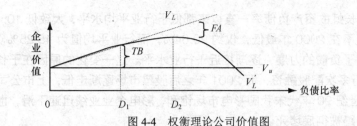

图 4-4 权衡理论公司价值图

图中，V_L——只有负债税额庇护而没有破产成本的企业价值（破产成本是指与破产有关的成本）；

V_u——无负债时的企业价值；

V_L'——同时存在负债税额庇护、破产成本的企业价值；

TB——负债税额庇护利益的现值；

FA——破产成本；

D_1——破产成本变得重要时的负债水平；

D_2——最佳资本结构。

图 4-4 说明如下几点。

①负债可以为企业带来税额庇护利益。②最初的 MM 理论假设在现实中不存在，事实是各种负债成本随负债比率的增大而上升，当负债比率达到某一程度时，息税前盈余会下降，同时企业负担破产成本的概率会增加。③当负债比率未超过 D_1 点时，破产成本不明显；当负债比率达到 D_1 点时，破产成本开始变得重要，负债税额庇护利益开始被破产成本所抵消；当负债比率达到 D_2 点时，边际负债税额庇护利益恰好与边际破产成本相等，企业价值最大，达到最佳资本结构；负债比率超过 D_2 点后，破产成本大于负债税额庇护利益，导致企业价值下降。

此后，资本结构的研究还提出了代理理论、信号传递理论等。各种各样的资本结构理论为企业融资决策提供了有价值的参考，可以指导决策行为。但是也应指出，由于融资活动本身和外部环境的复杂性，目前仍难以准确地显示出存在于财务杠杆、每股收益、资本成本及企业价值之间的关系，所以在一定程度上融资决策还要依靠有关人员的经验和主观判断。

第二部分 技能训练

技能训练 1：比较资本结构的理论应用

【例 4-1】 四川长虹的资本结构优化

一、四川长虹的现行资本结构

表 4-1 是四川长虹上市来历年的资本结构情况。

表 4-1　　　　　四川长虹及其所在行业上市公司的资产负债情况

年度	资产（万元）	负债（万元）	资产负债率（%）	行业平均资产负债率（%）
2005	1 582 399	577 708	38.13	52.5
2006	1 656 997	732 690	44.22	55.13
2007	2 306 557	1 230 063	53.35	63.32
2008	2 872 510	1 610 370	56.06	
2009	3 653 610	2 310 270	63.23	

可以发现，长虹的资产负债率一直以来都低于行业平均水平，大致低 10～20 个百分点，长虹的资产负债率在 2000 年最低，仅约 20.64%，而行业平均值为 45.25%。从 2001 年开始，长虹又加大了负债的力度，逐渐接近于行业水平。这一变化的原因在于长虹在 20 世纪 90 年代后期进行多次配股融资，而 2001 年之后股票市场逐渐走低，上市公司再融资非常困难。加之在 20 世纪 90 年代末我国彩电市场饱和，彩电企业业绩迅速下滑，也使得长虹在股市上的再融资之路被彻底堵死。

从表 4-2 可以看出，长虹的流动负债占总负债的比例相当高。流动负债一般占总负债比例的一半左右较为合理。流动负债比重过高，尽管会在一定程度上降低融资成本，但必然会增加短期偿债压力，从而加大了财务风险和经营风险，对企业稳健经营极为不利。

表 4-2　　　　　　　　　　四川长虹负债结构

年度	流动负债（万元）	负债（万元）	流动负债比率（%）
2005	575 537	577 708	99.62
2006	730 258	732 690	99.67
2007	1 207 086	1 230 063	98.13
2008	1 489 240	1 610 370	92.48
2009	1 797 500	2 310 270	77.80

二、资本结构动态优化分析

在这里我们运用加权平均资本成本最低法，可以得出最优资本结构的点大致位于资产负债率在 50% 的情况下，这时加权平均资本成本最低为 9.81%。

应用加权平均资本得到最优资本结构点，这个最优资本结构是静态的，是在这个资本规模和现有的条件下得出的。现在我们来分析影响长虹资本结构的宏观和微观的因素，来得出资本结构动态优化的方向。

1. 宏观经济态势

（1）国内生产总值增长率及通货膨胀率。在最新发布的《中国经济季报》中，世界银行预测，由于金融危机的影响继续扩大，2009 年全球经济的增长将进一步大幅减缓至 1% 左右，下滑幅度远远高于 2008 年，并直到 2010 年才会复苏。报告称，2008 年中国经济增速已经从 2007 年的高位下滑。随着原材料价格的大幅走低，通货膨胀风险已不再令人担忧。根据上述资料，国内生产总值增长率在减缓，预期通货膨胀率也会降低。国内生产总值增长率减缓以及预期通货膨胀率降低会抑制企业负债的增加。

（2）实际借款利率。为了贯彻党中央、国务院对 2008 年下半年经济工作的部署，解决当时经济运行中存在的突出问题，落实区别对待、有保有压、结构优化的原则，保持国民经济平稳较快持续发展，中国人民银行决定下调人民币贷款基准利率：从 2008 年 9 月 16 日起，下调一年期人民币贷款基准利率 0.27 个百分点，其他期限档次贷款基准利率按照短期多调、长期少调的原则作相应调整；存款基准利率保持不变。由此可看出银行贷款平均利率也将下调。银行贷款平均利率下调，实际贷款利率低于企业的资产总资产利润率的概率就更大，因此会刺激企业负债的增加。

（3）固定资产投资。2007 年 1～9 月，我国固定资产投资同比增长 26.4%，虽然保持高位增长的态势，但增速较上年同期降低 1.8 个百分点；与此同时，2007 年 1～9 月我国消费品零售额增长势头较 2006 年同期有所加快，1～9 月份我国消费品零售额增长同比增长

15.9%，较 2006 年同期加快 2.4 个百分点；由于投资增速下降而消费品零售额增速加快，使得两者之间的增速差距由 2006 年同期的 14.7 个百分点缩小为 2007 年的 10.5 个百分点，两者的增长更趋协调。2008 年的固定资产投资形势，使得投资保持较快增长的因素要多于使投资降温的因素，投资继续保持较快增长，但增速较 2007 年有所降低。从国家统计局公布的三次产业数据来看，第二产业投资增速和 1 季度持平，投资增速回落主要和第一、第三产业投资增速回落有关。其中第一产业增长 71.6%，增速比上月回落 9.2 个百分点；第三产业增长 24.9%，增速比上月回落 0.4 个百分点。1～4 月份房地产投资增长 32.1%，增速比上月回落 0.1 个百分点，是第三产业固定资产投资增速回落的主要动力。根据资料显示 2008 年我国固定资产投资增长率有所降低。该因素的降低会刺激企业负债的增加。

（4）狭义货币供应量的增长率。2008 年 5 月末，狭义货币供应量增长 17.9%，增幅比上年末低 3.1 个百分点，比上月末低 1.1 个百分点，形成了较明显的回落走势，是紧缩性货币政策实施以来的一个重要变化。狭义货币供应量的增长率降低，会抑制企业负债的增加。2008 年上半年，国家"从紧"的宏观调控政策环境下，人民币升值及新劳动合同法实施、日趋激烈的行业竞争、原材料价格的持续上涨等给公司经营带来了不利。但公司传统 CRT 彩电依然具有较强竞争优势，市场份额居行业前列；LCD 电视受外资品牌挤压，竞争较为激烈；PDP 电视市场整体增长较快，同时随着公司研发、市场资源投入的增加，公司 PDP 电视产品竞争能力不断增强；公司旗下的美菱冰箱已居于国内市场第二；公司的手机产品市场表现日趋良好，份额正逐步提升，已居于国内主要品牌前列。

2．微观因素

（1）所有者及经营者的态度。这一点目前还无法找到任何关于所有者及经营者态度的相关证据，因此在分析过程中这个因素被假定较往年来讲没有发生重大变化，该影响因素在这里被剔除。

（2）公司规模。长虹作为国家重点支持的大型国有企业，其融资环境是非常优越的。银行对类似于长虹这样的国有大型企业给予了特别关照，即使在 2004 年已暴露公司存在巨额应收账款可能无法收回的巨大风险情况下，银行仍然给其 15 亿元的短期信用贷款和 7 000 元的长期信用贷款。大企业规模的性质成为刺激负债增加的因素。

（3）成长性。分析长虹主要产品所属的领域，其已迈入了成熟期，如果不大规模转型转产，公司的成长性已不大。成长性与刺激负债增加成负相关关系，因此低成长性会抑制负债的增加。

（4）资产结构。四川长虹属日用电子器具制造业，其有形资产数量很大，也就是说资产结构中可抵押资产数量很大，因此该因素会刺激负债增加。

（5）独特性。四川长虹的主营业务是视频产品、视听产品、空调产品、电池系列产品的制造、销售。其生产的产品独特性不强，由此可看出公司的独特性不强，该因素与负债增加成负相关，所以其负向变化产生刺激负债增加的效果。

（6）赢利能力。2007 年到 2008 年上半年，四川长虹综合毛利率显著提高，主营赢利能力大幅提升。公司主营业务实现毛利 24.4 亿元，同增长 78.45%，新增毛利 10.71 亿元，综合毛利率提高 4.82 个百分点至 17.11 个百分点，可见赢利能力大幅提升。主营业务收入大幅增加原因为冰箱手机业务快速发展以及并表范围扩大增加部分新营业收入，公司综合毛利率提升的主要原因是冰箱手机业务营业收入同比大幅增加且毛利率大幅提升所致。截至 2008

年 6 月 30 日，国内主要家电企业均已上市，通过比较发现（见表 4－3），从销售规模上看，青岛海尔仍然是国内最大的家电企业，但是从效率上看，四川长虹已经不再是领先企业，公司毛利率远低于青岛海尔，净资产收益率在几家公司里最低，甚至低于银行存款利率水平，值得关注。虽然公司自身赢利能力有所提高，但是在同行业中其盈利能力并不高，因此赢利能力水平较低导致抑制负债增加。

表 4－3　　　　　　　　　　　　　　　同业比较

公司简称	营业收入（亿元）	营业利润（亿元）	净资产收益率	毛利率
四川长虹	142.39	3.17	0.21%	17.11%
青岛海尔	189.02	9.14	8.34%	24.65%
深康佳	56.21	1.02	2.24%	18.50%
海信电器	61.76	0.93	3.07%	16.96%
TCL集团	185.38	4.32	10.77%	15.82%

（7）经营风险。四川长虹属成熟型的传统企业，其收益波动一般情况下并不大，所以其经营风险不大。因此该因素因水平低成为刺激负债增加的因素之一。

在这里对四川长虹资本结构影响因素的分析，笔者由于无法了解长虹公司情况的具体细节，因此在这里假定每个影响因素的权重相同。刺激负债增加的因素有 9 项，而抑制负债增加的因素有 3 项，我们可以看出刺激负债增加的分力要大于抑制负债增加的分力，由此产生的合力效果是刺激负债增加。之前分析得出四川长虹的静态最优资本结构点位于 50% 左右，那么动态优化的方向应该是适度增加负债，也就是说负债至少应大于 50%。参考行业近几年来的平均利润率，长虹的资产负债率有些过低，应该增加负债的力度。在负债结构上，尤其应该增加的是长期负债的比例，长虹的短期负债比例过高，短期内增加了企业的流动性风险，对该企业的经营是十分不利的。

三、资本结构优化的政策分析及融资方案安排

实际负债率与最优负债率差别很大的公司有几个选择。第一，它必须决定是转向最优比率还是保持现状。第二，一旦做出了转向最优负债率的决策后，公司必须在快速改变财务杠杆系数和小心谨慎地转变之间做出选择。这一决策也会受到诸如缺乏耐心的股东或有关的债券评级机构等外部因素的压力所左右。第三，如果公司决定逐渐转向最优负债率，它必须决定是用新的融资来承接新项目，还是改变现有项目的融资组合。

迅速调整的优点是，公司可立刻享受到最优财务杠杆所带来的好处，这包括资本成本降低和公司价值的升高。突然改变财务杠杆率的缺点是它改变了经理人在公司内决策的方式和环境。如果公司的最优负债率被错误地估计，那么突然的变化会增加公司的风险，导致公司不得不重新改变其财务决策。

对于长虹而言，其财务杠杆与同行业公司相比较低。它是迅速还是逐步增加其负债率以达到最优水平取决于一系列因素。

1. 最优资本结构估算的可信度
估算中的干扰越大，公司选择逐步转向最优水平的可能性就越大。

2. 同类公司的可比性
当公司的最优负债率与同类公司大相径庭时，该公司就越不可能选择快速地转向最优水平，因为分析家们和评信机构或许对这种转变不看好。上面的分析中可以看出长虹的资产负

债率与行业平均水平相差在 10～20 个百分点，从 2000 年开始，长虹逐渐开始增加其负债比例，拉近与行业水平的差距。

3．被收购的可能性

对购并中目标公司的特征的实证研究指出，财务杠杆率过低的公司比财务杠杆率过高的公司被购并的可能性要大得多。在许多情况下，购并活动至少部分是用目标公司未用的举债能力来进行融资的。因此，有额外举债能力但推迟增加债务的公司就冒了被收购的风险。这种风险越大，公司越可能选择快速承担另外的债务。

4．对融资缓冲的需求

长虹可能出于保持现有项目的运作正常或承接新项目的考虑，需要保持融资缓冲来应付未来不可预期的资金需求。这也许也成为其与银行、政府交涉谈判的筹码。故而长虹不太可能快速用完他们多余的举债能力，以及快速向最优负债率水平转变，而选择渐变的过程。

基于上面的分析，长虹应逐渐的调整其资本结构，向最优资本结构靠近。下面我们来看四川长虹的实际情况，长期以来四川长虹的资产负债率一直低于行业平均水平，截至 2008 年 6 月 30 日，该企业的银行借款增加明显，其中长期借款增长 447.71%，增加了 8.36 亿元，达到 10.23 亿元，短期借款增长 28.81%，达到 36.87 亿元。实践中，长虹也是在逐步增加负债比例，调整其最优资本结构。2008 年截止到上半年，其资产负债率上升至 55.94%，基于上述分析，长虹的资本结构在逐渐得到优化。但是其资本结构中存在的一些有待改善的问题还需要我们注意，这些问题也是我国上市公司共同存在和亟待解决的。

4.2 资本结构的测算

第一部分 任务学习引导

4.2.1 资本成本的定义

企业在筹资时，首先根据经营的需要或资本预算预测筹资总额，并对筹资渠道进行分析以判断筹资的可能性，然后选择最有利于企业的筹资方式，这也是筹资决策的核心问题。在选择筹资方式时，一方面要考虑筹资成本，另一方面还要考虑筹资的风险，从而确定最佳资本结构。

任何一家企业在其经营过程中都必须运用一定量的资金。而这些资金往往具有不同的来源。有以各种方式借入的，也有企业所有者投资形成的。不论来自何处，它都反映了资金使用权与所有权的分离，因此企业作为使用者需向所有者支付一定的代价——资本成本。对企业筹资来说，资本成本意味着所筹资金成本的高低；对企业投资而言，资本成本则是投资项目的机会成本。资本成本的高低关系到企业的投资和融资决策，也是企业资本结构形成的重要影响因素之一。

1. 资本成本的含义及构成

资本成本是指企业为筹集和使用资金而付出的代价。广义地讲，企业筹集和使用任何资金，不论短期的还是长期的，都要付出代价。例如，筹资公司向银行支付的借款利息和向股东支付的股利等。狭义的资本成本仅指筹集和使用长期资金（包括自有资本和借入长期资金）的成本。由于长期资金也被称为资本，所以长期资金的成本也称为资本成本。

从投资者的角度看，资本成本是投资者要求的必要报酬或最低报酬，由于资本成本代表了投资者期望从具有相同风险程度的投资活动中获得的报酬，所以资本成本也是一种机会成本。

资本成本从数量的构成来看包括以下两部分。

① 筹资费用。筹资费用是指企业在筹集资本时为获得资本而支付的费用。其主要包括为发行股票、债券而支付的注册费和代办费，向银行支付的借款手续费等。筹资费用通常在筹资时一次支付，在获得资本后的用资过程中不再发生，因而属于固定性的资本成本，可视作对筹资额的一项扣除。

② 用资费用。用资费用是指企业在获取资本后因使用资本而支付的费用。其主要包括支付给债权人的利息，支付给股东的股利等，用资费是资本成本的主要内容。与筹资费用不同，长期资本的用资费用是在资金整个占用过程中都发生的，并随使用资本数量的多少和时间的长短而变动，因而属于变动性资本成本。

资本成本可以用绝对数表示，也可以用相对数表示。资本成本用绝对数表示即资本总成本，它是筹资费用和用资费用之和。由于它不能反映用资多少，所以较少使用。资本成本用相对数表示即资本成本率，它是资金占用费与筹资净额的比率，一般资本成本大多是指资本成本率。其计算公式为：

$$资本成本率 = \frac{资金占用费}{筹资总额 - 资金筹集费}$$

由于资金筹集费一般以筹资总额的某一百分比计算，因此，上述计算公式也可表现为：

$$资本成本率 = \frac{资金占用费}{筹资总额 \times (1 - 资金筹集费)}$$

2. 资金成本的作用

资金成本的作用资金成本在现代企业财务管理中的许多方面都可以加以应用，特别是对企业的筹资管理、投资管理，甚至是对整个经营管理都有着极其重要的作用。它的作用主要体现在以下几个方面。

① 资金成本是企业选择资金来源、拟订筹资方案的依据。

不同的资金来源具有不同的成本，为了以较少的支出取得企业所需资金，就必须充分分析和预测各种筹资方式下资金成本的高低，并加以合理配置，使资金成本降到最低。

资本成本在筹资决策中的作用具体体现在：它是影响企业筹资总额的重要因素；它是企业选择资金来源的基本依据；它是企业选择筹资方式的参考标准；它是确定企业最佳资本结构的主要参数。

② 资金成本是评价投资项目、进行投资决策的经济标准。

企业的资金成本代表一种"取舍率"。企业进行投资决策时，"取舍率"是非常有用的。一般来说，如果一个投资项目的投资收益率高于其资金成本率，则该项目在经济上是可行的；

否则，就不可行。所以不论采用何种方法进行投资决策，资金成本都是评价和选择投资方案的重要经济标准。

③ 资金成本可以作为衡量企业经营成果的尺度。

资金成本率是企业投资项目最低的投资收益率，企业的任何一项投资，不论其所需资金是怎样筹集的，都必须实现这一最低的投资收益率，才能补偿企业因使用资金而付出的资金成本。因此，凡是实际投资报酬率高于资本成本的，可以认为对企业的经营有利；反之，凡是实际投资报酬率低于资本成本的，则认为对企业的经营不利。

4.2.2 债务资本成本的测算

长期债务资本成本一般有长期借款资本成本和长期债券资本成本两种。根据《企业所得税法》的规定，企业债务的利息允许从税前利润中扣除，从而可以抵减企业所得税。因此，企业实际负担的债务利息应当考虑所得税因素，即

$$K_d = R_d(1-T) \tag{4-1}$$

式中，K_d—— 债务资本成本率；

R_d—— 债务利息率；

T—— 企业所得税率。

1. 长期借款资本成本

$$K_l = \frac{I_l(1-T)}{L(1-F_l)} = \frac{i_l(1-T)}{1-F_l} \tag{4-2}$$

式中，K_l—— 长期借款资本成本率；

I_l—— 长期借款年利息；

L—— 长期借款筹资额；

F_l—— 长期借款筹资费用率。

一般情况下，银行借款筹资费用即手续费，因数额甚微，可以忽略不计，则公式可以简化为

$$K_l = i_l(1-T) \tag{4-3}$$

式中，i_l——长期借款年利率。

2. 债券成本债券成本

债券利息的处理与银行借款利息的处理相同，应以税后的债务成本为计算依据。但债券与银行借款比较仍存在两点差别：一是债券筹资费用较高，在计算资金成本时不能省略；二是债券的发行有等价、溢价和折价几种形式，其中溢价和折价与面值有差异，筹资额应按发行价计算。债券成本的计算公式为

$$K_b = \frac{I_b(1-T)}{B(1-F_b)} = \frac{B_0 \cdot i_b \cdot (1-T)}{B(1-F_b)} \tag{4-4}$$

式中，K_b—— 债券资本成本率；

I_b—— 债券每年支付的利息；

B—— 债券筹资额，按发行价计算；

B_0—— 债券面值；

F_b—— 债券筹资费率；

i_b—— 债券票面利率。

4.2.3 股权资本成本的测算

1．优先股资本成本

与债券相同，优先股的股利通常是固定的，这使得优先股资本成本的计算与债券资本成本的计算有相同之处。不同的是，优先股无届满期限（在一定意义上可以把优先股看成无期限的债券），优先股的股利属于非免税费用。因此，优先股成本可以按下列公式计算：

$$K_p = \frac{D}{P(1-F_P)} \qquad (4-5)$$

式中，K_p —— 优先股资本成本；

D —— 优先股股利；

P —— 优先股发行价格；

F_p —— 优先股筹资费用率。

2．普通股资本成本

确定普通股资本成本通常比确定债务成本及优先股成本更困难一些。这是因为支付给普通股股东的股利的数额难以确定，即普通股股东的收益是由企业税后收益额及企业所采用的股利分配政策等因素综合决定的。因此，普通股股利一般是一个变量，普通股股东每年所得的股利可能不同。

正因为以上原因，就产生了多种计算普通股成本的方法，比较常见的有以下三种。

① 股利增长模型法（折现现金流量法）。股利增长模型法是依照股票投资的收益率不断提高的思路计算普通股成本。一般假定收益以固定的年增长率递增，则普通股成本的计算公式为：

$$K_s = \frac{D_1}{P_0(1-F)} + G \qquad (4-6)$$

式中，K_s —— 留存收益成本；

D_1 —— 预期年股利额；

P_0 —— 普通股市价；

F —— 普通股筹资费率；

G —— 普通股利年增长率。

该模型的优点是简便。缺点有两个。第一，它只能用于分配股利的公司，而且每期的股利增长率都是固定的。但是，在实际中并不总是这样，一些公司可能很长时间都不分配股利，或者各期股利数额的波动很大。这就限制了该模型的使用。第二，根据这种方法确定的资本成本对股利增长率 G 的敏感度很大。从公式中可以看出，当 G 增加1%时，K_s 同时增加1%。由于在确定第一年股利时已考虑了股利增长率，因此，此时 K_s 的增长率实际上要大于1%。事实上，对 G 的估值的误差在 K_s 中会被放大。

② 资本资产定价模型法。按照"资本资产定价模型法"留存收益成本的计算公式为：

$$K_s = R_F + \beta(K_M - R_F) \qquad (4-7)$$

式中，R_F —— 无风险报酬率；

β—— 股票的贝他系数；

K_M —— 平均风险股票必要报酬率。

使用该方法的优点是，在对公司权益资本成本进行估计时考虑了风险因素，而且不需要获得公司的股利分配资料。该方法广泛应用于不分配股利或股利增长率不稳定的公司。

使用该方法的缺点是，这种方法首先要对 K_M 和 β 进行估计，由于这一工作的难度较大，并且难以精确估计，所以影响到了精确度；其次，这种方法主要依赖于历史资料，由于经济状况是不断发展变化的，以此计算的 K_s 也难以完全反映今后公司权益资本成本的真实情况。

③ 风险溢价法。根据投资"风险越大，要求的报酬率越高"的原理，普通股股东对企业的投资风险大于债券投资者，因而会在债券投资者要求的收益率上再要求一定的风险溢价。依照这一理论，留存收益的成本公式为：

$$K_S = K_{dt} + RP_c \qquad (4-8)$$

式中，K_{dt} —— 税后债务成本；

RP_c —— 股东比债权人承担更大风险所要求的风险溢价。

风险溢价是凭借经验估计的。一般认为，某企业普通股风险溢价对其自己发行的债券来讲，在 3%～5%。当市场利率达到历史性高点时，风险溢价通常较低，在 3%左右；当市场利率处于历史性低点时，风险溢价通常较高，在 5%左右；而通常情况下，常常采用 4%的平均风险溢价。这样，留存收益成本为：

$$K_S = K_{dt} + 4\%$$

例如，对于债券成本为 9%的企业来讲，其留存收益成本为：

$$K_s = 9\% + 4\% = 13\%$$

而对于债券成本为 13%的另一家企业，其留存收益成本则为：

$$K_s = 13\% + 4\% = 17\%$$

在实际中，可以用以上 3 种方法估算普通股成本，如果 3 种方法的计算结果比较接近，就可以计算出一个总的平均值作为公司的权益成本的最后估算结果。值得注意的是，如果用这些估算方法求出的结果相差很大，那么财务管理者就必须对各估算值的实用价值做出判断，从而选择在现有条件下最合理的估算结果。

3．留存收益成本

留存收益是由公司税后净利形成的，一般企业都不会把全部收益以股利形式分给股东，所以，留存收益是企业资金的一种重要来源。留存收益是企业缴纳所得税后形成的，其所有权属于股东，股东将这一部分未分派的税后利润留存企业，实质上是对企业追加了投资。表面上看，这些留存收益不需花费成本，但如果企业将留存收益用于再投资所获取的收益率低于股东自己进行另一项风险相似的投资收益率，企业就不应该保留留存收益，而应将其分给股东。

因此，留存收益也有成本，只不过它所涉及的是一种机会成本。即股东同意将留存收益再投资，就失去了将这部分利润以股利的形式发放并将股利再投资获利的机会。留存收益成本的确定方法与普通股基本相同，差别在于留存收益不发生筹资费用。其计算公式为：

$$K_s = \frac{D_1}{P_0} + G \qquad (4-9)$$

式中，K_s —— 留存收益成本；

D_1 —— 预期年股利额；

P_0 —— 普通股市价；

G —— 普通股利年增长率。

4.2.4 综合资本成本的测算

根据综合资本成本率的决定因素，在已测算个别资本成本率，取得各种长期资本比例后，可按下列公式测算综合资本成本率。

$$K_w = \sum_{j=1}^{n} K_j W_j \qquad (4-10)$$

式中，K_w —— 加权平均资本成本；

K_j —— 第 j 种个别资本成本；

W_j —— 第 j 种个别资本占全部资本的比重（权数）。

综合资本成本率中资本价值基础的选择：

在测算公司综合资本成本率时，资本结构或各种资本在全部资本中所占的比例起着决定作用。公司各种资本的比例则取决于各种资本价值的确定。各种资本价值的确定基础主要有3种选择：账面价值、市场价值和目标价值。

（1）按账面价值确定资本比例

上例计算中的个别资本占全部资本的比重，是按账面价值确定的，账面价值通过会计资料提供，也就是直接从资产负债表中取得，容易计算。其缺陷是资本的账面价值可能不符合市场价值，如果资本的市场价值已经脱离账面价值许多，采用账面价值作基础确定资本比例就有失现实客观性，从而不利于综合资本成本率的测算和筹资管理的决策。

（2）按市场价值确定资本比例

按市场价值确定资本比例是指债券和股票等以现行资本市场价格为基础确定其资本比例，从而测算综合资本成本率。

按市场价值确定资本比例反映了公司现实的资本结构和综合资本成本率水平，有利于筹资管理决策。其不足之处是证券的市场价格处于经常的变动之中而不易选定。为弥补这个不足，在实务中可以采用一定时期证券的平均价格。此外，按账面价值和市场价值确定资本比例，反映的是公司现在和过去的资本结构，未必适用于公司未来的筹资管理决策。

（3）按目标价值确定资本比例

按目标价值确定资本比例是指证券和股票等以公司预计的未来目标市场价值确定资本比例，从而测算综合资本成本率。就公司筹资管理决策的角度而言，对综合资本成本率的一个基本要求是，它应适用于公司未来的目标资本结构。

采用目标价值确定资本比例，通常认为能够体现期望的目标资本结构要求。但资本的目标价值难以客观地确定，因此，通常应选择市场价值确定资本比例。在公司筹资实务中，目标价值和市场价值虽然有其优点，但仍有不少公司宁可采用账面价值确定资本比例，因其易于使用。

4.2.5 边际资本成本的测算

边际资本成本率是指公司追加筹资的资本成本率，即公司新增1元资本所需负担的成本。在现实中，企业不可能以一个固定的成本筹措到无限的资金，当以某种方式筹措资金超过一定限度后，资本成本就会提高，这时即使保持原有资本结构，综合资本成本也会提高。

公司追加筹资有时可能只采取某一种筹资方式。在筹资数额较大，或在目标资本结构既定的情况下，往往需要通过多种筹资方式的组合来实现。这时，边际资本成本率应该按加权平均法测算，而且其资本比例必须以市场价值确定。

第二部分　技能训练

技能训练 2：长期借款资本成本的计算

【例 4-2】　东化公司取得三年期的长期借款 400 万元，年利率 10%，每年年末付息一次。假定筹资费率为 0.5%，企业所得税率为 25%，则该项长期借款的资金成本为：

$$K_l = \frac{400 \times 10\% \times (1-25\%)}{400 \times (1-0.5\%)} = 7.54\%$$

接上例，如果忽略筹资费用：$K_l = i_l(1-T) = 10\% \times (1-25\%) = 7.5\%$

技能训练 3：长期债券资本成本的计算

【例 4-3】　东化公司发行 5 年期面值 1 000 元的债券 1 000 张，发行费率为 3%，票面利息率为 8%，所得税税率为 25%，按面值等价发行，发行总额 10 万元，则：

$$K_b = \frac{1\,000 \times 8\% \times (1-25\%)}{1\,000 \times (1-3\%)} = 6.19\%$$

如果按每张 1 050 元溢价发行，发行总额 105 万元，则：

$$K_b = \frac{1\,000 \times 8\% \times (1-25\%)}{1\,050 \times (1-3\%)} = 5.89\%$$

如果按每张 950 元折价发行，发行总额 950 万元，则：

$$K_b = \frac{1\,000 \times 8\% \times (1-25\%)}{950 \times (1-3\%)} = 6.51\%$$

技能训练 4：股权资本成本的计算

【例 4-4】　东化公司发行优先股，发行价格为 10 元，发行费用率为 6%，规定每年的股利率为 7.62%，则该公司优先股的资本成本为：

$$K_p = \frac{D}{P(1-F_p)} = \frac{10 \times 7.62\%}{10 \times (1-6\%)} = 8.11\%$$

【例 4-5】　东化公司普通股每股发行价为 85 元，筹资费用率为 6%，预计每年下期每股股利 10 元，以后每年的股利增长率为 3%，该公司的普通股成本为：

$$K = \frac{10}{85 \times (1-6\%)} + 3\% = 15.52\%$$

【例 4-6】　东化公司某期间市场无风险报酬率为 5%，平均风险股票必要报酬率为 13%，某公司普通股 β 值为 1.5。留存收益的成本为：

$$K_s = 5\% + 1.5\times(13\%-5\%)=17\%$$

技能训练 5：综合资本成本的计算

【例 4-7】 东化公司账面反映的资本共 1000 万元，其中借款 200 万元，应付长期债券 100 万元，普通股 500 万元，保留盈余 200 万元；其成本分别为 6.7%、9.17%、11.26%、11%。该企业的加权平均资本成本为：

$$1.34\%\times\frac{200}{1000}+0.917\%\times\frac{100}{1000}+5.63\%\times\frac{500}{1000}+2.2\%\times\frac{200}{1000}=10.09\%$$

技能训练 6：边际资本成本的计算

1．边际资本成本率计算

【例 4-8】 东化公司现有长期资本总额 1000 万元，其目标资本结构（比例）为：长期债务 0.20，优先股 0.05，普通股权益（包括普通股和保留盈余）0.75。现拟追加资本 600 万元，仍按此资本结构筹资。经测算，个别资本成本率分别为：长期债务 7.50%，优先股 11.80%，普通股权益 14.80%。该公司追加筹资的边际资本成本率测算如表 4-4 所示。

表 4-4　　　　　　　东化公司追加筹资的边际资本成本率测算表

资本种类	目标资本比例（%）	资本价值（万元）	个别资本成本率（%）	综合资本成本率（%）
长期债务	20	120	7.5	1.50
优先股	5	30	11.80	0.59
普通股权益	75	450	14.80	11.10
合计	100	600	—	13.19

2．边际资本成本率规划

【例 4-9】 东化公司公司现有资金 1000 万元，其中长期借款 20%，长期债券 20%，普通股 60%。公司考虑扩大经营规模，拟筹集新的资金。经分析，认为目前的资本结构是最优的，希望筹集新资金后能保持目前的资本结构。经测算，随筹资额的增加，各种资本成本的变动情况如表 4-5 所示。

表 4-5　　　　　　　　　　东化公司筹资资料

资金种类	目标资本结构	新筹资的数量范围（元）	资本成本
长期借款	20%	0～60 000	6.5%
		大于 60 000	8%
长期债券	20%	0～100 000	9%
		大于～100 000	10%
普通股	60%	0～150 000	13%
		150 000～300 000	14%
		大于 300 000	15%

（1）计算筹资总额的分界点

根据目标资本结构和各种个别资本成本变化的分界点，计算筹资总额的分界点。其计算

138

公式为：

$$BP_j = \frac{TF_j}{W_j}$$

式中，BP_j——筹资总额的分界点；

TF_j——第 j 种个别资本成本的分界点；

W_j——目标资本结构中第 j 种资金的比重。

MM 公司的筹资总额分界点如表 4-6 所示。

表 4-6　　　　　　　　　　　　　　筹资总额分界点计算表

资金种类	资本结构	资金成本	新筹资的数量范围（元）	新筹资总额分界点（元）
长期借款	20%	6.5%	0～60000	0～300000
		8%	大于 60000	大于 300000
长期债券	20%	9%	0～100000	0～500000
		10%	大于 100000	大于 500000
普通股	60%	13%	0～150000	0～250000
		14%	150000～300000	250000～500000
		15%	大于 300000	大于 500000

在表 4-6 中，新筹资总额分界点是指引起某资金种类资本成本变化的分界点。如长期借款，筹资总额不超过 30 万元，资本成本为 6.5%；超过 30 万元，资本成本就要增加到 8%。那么筹资总额在 30 万元左右时，尽量不要超过 30 万元。然而要维持原有资本结构，必然要多种资金按比例同时筹集，单考虑某个别资本成本是不成立的，必须考虑综合的边际资本成本。

（2）计算各筹资总额范围的边际资本成本

根据表 4-6 计算结果，可知有 3 个分界点，应有 4 个筹资范围。计算 4 个筹资范围的边际资本成本，结果如表 4-7 所示。

表 4-7　　　　　　　　　　　　　　边际资本成本计算表

序号	筹资总额范围	资金种类	资本结构	资本成本	边际资本成本	合计边际资本成本
1	0～250 000	长期借款	20%	6.5%	1.3%	10.9%
		长期债券	20%	9%	1.8%	
		普通股	60%	13%	7.8%	
2	250 000～300 000	长期借款	20%	6.5%	1.3%	11.5%
		长期债券	20%	9%	1.8%	
		普通股	60%	14%	8.4%	
3	300 000～500 000	长期借款	20%	8%	1.6%	11.8%
		长期债券	20%	9%	1.8%	
		普通股	60%	14%	8.4%	
4	500 000 以上	长期借款	20%	8%	1.6%	12.6%
		长期债券	20%	10%	2.0%	
		普通股	60%	15%	9%	

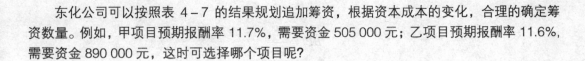

财务管理实践教程

东化公司可以按照表 4-7 的结果规划追加筹资，根据资本成本的变化，合理的确定筹资数量。例如，甲项目预期报酬率 11.7%，需要资金 505 000 元；乙项目预期报酬率 11.6%，需要资金 890 000 元，这时可选择哪个项目呢？

4.3 杠杆利益与风险

第一部分 学习引导

4.3.1 营业杠杆

杠杆利益与风险是公司资本结构决策的一个重要因素。公司的资本结构决策应当在考虑资本成本的同时在杠杆利益与风险之间进行权衡。下面将分析并衡量营业杠杆利益与风险、财务杠杆利益与风险，以及这两种杠杆利益与风险的综合——联合杠杆利益与风险。

1. 营业杠杆利益与风险的衡量

（1）营业杠杆的概念

营业杠杆，也称经营杠杆或营运杠杆，是指公司在经营活动中对营业成本中固定成本的利用。

按成本性态（成本的总额对业务量的依存关系）可以将企业的全部成本分为变动成本和固定成本。变动成本是指在一定期间和一定业务量范围内其总额随着业务量的变动而成正比例变动的成本。如直接材料费、按件计酬的工资薪金等，均属于变动成本；固定成本是指其总额在一定时期或一定产量范围内，不直接受产量变动的影响而能保持固定不变的成本。例如，按直线法计提的厂房、机器设备的折旧费，广告费等，均属固定成本。

变动成本随着业务量的变化成正比例变动关系，因而对营业利润的影响也是同比变化的关系；固定成本由于其总额不受产销量变动的影响，因而其单位成本与产销量成反比例变动，也即随着产销量的增加（减少），单位产品分摊的固定成本份额相对减少（增加），从而大幅度增加（减少）企业营业利润，形成类似杠杆的放大作用，这便是营业杠杆。

营业杠杆是一把"双刃剑"，既有可能使企业获得一定的营业杠杆利益，也可能给企业带来营业风险，导致损失。

（2）营业杠杆利益

营业杠杆利益是指在公司扩大营业总额的条件下，单位营业额的固定成本下降而给企业增加的营业利润。在公司一定的营业规模内，变动成本随着营业总额的增加而增加，固定成本则不因营业总额的增加而增加，而是保持固定不变。随着营业额的增加，单位营业额所负担的固定成本会相对减少，单位利润增加，从而导致营业利润以更大幅度增加。

【例 4-10】 东化公司在营业总额为 3 000~5 000 万元，固定成本总额为 1 000 万元，变动成本率为 50%。现以表 4-8 测算其营业杠杆利益。

表4-8　　　　　　　东化公司公司营业杠杆利益测算表　　　　　　单位：万元

年份	营业额	营业额增长率	变动成本	固定成本	营业利润	利润增长率
2008	3 000		1 500	1 000	500	
2009	4 000	33%	2 000	1 000	1 000	100%
2010	5 000	25%	2 500	1 000	1 500	50%

由表4-8可见，东化公司在营业总额为3 000～5 000万元，固定成本总额每年都是1 000万元即保持不变，随着营业总额的增长，息税前利润以更快的速度增长。在上例中，东化公司2009年与2008年相比，营业总额的增长率为33%，同期息税前利润的增长率为100%；2010年与2009年相比，营业总额的增长率为25%，同期息税前利润的增长率为50%。由此可知，由于东化公司有效地利用了营业杠杆，获得了较高的营业杠杆利益，即息税前利润的增长幅度高于营业总额的增长幅度。

（3）营业风险分析

营业风险，也称经营风险，是指与公司经营有关的风险，尤其是指公司在经营活动中利用营业杠杆而导致营业利润下降的风险。由于营业杠杆的作用，当营业总额下降时，营业利润下降得更快，从而给公司带来营业风险。

【例4-11】　假定东化公司2008～2010年的营业总额分别为5 000万元、4 000万元和3 000万元，每年的固定成本都是1 000万元，变动成本率为50%。下面以表4-9测算其营业风险。

表4-9　　　　　　　东化公司营业风险测算表　　　　　　单位：万元

年份	营业额	营业额降低率	变动成本	固定成本	营业利润	利润降低率
2008	5 000		2 500	1 000	1 500	
2009	4 000	20%	2 000	1 000	1 000	33%
2010	3 000	25%	1 500	1 000	500	50%

由表4-9的测算可见，东化公司在营业总额为5 000～3 000万元，固定成本总额每年都是1 000万元即保持不变，而随着营业总额的下降，息税前利润以更快的速度下降。例如，东化公司2009年与2008年相比，营业总额的降低率为20%，同期息税前利润的降低率为33%；2010年与2009年相比，营业总额的降低率为25%，同期息税前利润的降低率为50%。由此可知，由于东化公司没有有效地利用了营业杠杆，从而导致了营业风险，即息税前利润的降低幅度高于营业总额的降低幅度。

2．营业杠杆系数

（1）概念与计算

营业杠杆系数是指公司营业利润的变动率相当于营业额变动率的倍数。它反映着营业杠杆的作用程度。为了反映营业杠杆的作用程度，估计营业杠杆利益的大小，评价营业风险的高低，需要测算营业杠杆系数（Degree of Operating Leverage，DOL）。其基本含义用公式表示为

$$DOL = \frac{\Delta EBIT / EBIT}{\Delta S / S} \tag{4-11}$$

式中，DOL —— 营业杠杆系数；

$EBIT$ —— 营业利润，即息税前利润；

$\Delta EBIT$ —— 营业利润的变动额；

S —— 营业额；

ΔS —— 营业额的变动额。

为了便于计算，可将上列公式变换为：

$$\because \quad EBIT = Q(P-V) - F$$
$$\Delta EBIT = \Delta Q\,(P-V)$$
$$\therefore \quad DOL_Q = \frac{Q(P-V)}{Q(P-V)-F}$$

或
$$DOL_S = \frac{S-C}{S-C-F} \tag{4-12}$$

式中，DOL_Q —— 按销售数量确定的营业杠杆系数；

Q —— 销售数量；

P —— 销售单价；

V —— 单位销量的变动成本额；

F —— 固定成本总额；

DOL_S —— 按销售金额确定的营业杠杆系数；

C —— 变动成本总额，可按变动成本率乘以销售总额来确定。

（2）营业杠杆的影响因素

营业杠杆是由多种因素决定的，包括公司的成本结构、产品需求特性和行业内部的竞争地位等。其中主要的因素有如下几个。

① 产品需求的变化。在其他条件不变的情况下，对企业的需求越稳定，其经营风险越小。

② 产品售价的变化。产品售价经常变化的企业，其经营风险高于价格稳定的企业。

③ 投入成本的变化。投入成本不稳定的企业经营风险高。

④ 调整价格的能力。当投入成本升高时，相对于其他企业而言，有些企业能提高自己产品的价格。在其他条件不变时，相对于成本变化而调节产品价格的能力越强，则经营风险越小。

⑤ 固定成本的比重。如果企业的成本大部分是固定成本，并且当需求下降时，企业的固定成本并不降低，则经营风险较高。

（3）DOL 的意义

① DOL 的值表示当销售或业务量变动 1 倍时，$EBIT$ 变动的倍数。如果营业杠杆系数为 2 的意义在于：当公司销售增长 1 倍时，息税前利润将增长 2 倍；反之，当公司销售下降 1 倍时，息税前利润将下降 2 倍。前种情形表现为营业杠杆利益，后一种情形则表现为营业风险。

② DOL 用来反映经营杠杆的作用程度，估计经营杠杆利益的大小，评价经营杠杆的风险程度。一般而言，DOL 值越大，对经营杠杆利益的影响越强，经营风险也越大。

③ 在固定成本总额不变的情况下，销售额越大，经营杠杆系数越小，经营风险越小，反之亦然。当销售额达到盈亏临界点（保本点）时，DOL 趋向于无穷大。

由 $DOL_Q = \dfrac{Q(P-V)}{Q(P-V)-F}$，分子分母同时除以 $(P-V)$，可推导出：

$$DOL_Q = \dfrac{Q}{Q-Q_B}$$

式中，$Q_B = \dfrac{F}{P-V}$，为保本点销售量。

从上式我们可以看出，销售规模在盈亏平衡点以下时，经营杠杆系数为负值；超过盈亏平衡点以后，经营杠杆系数均为正；在盈亏平衡点的经营杠杆系数趋于无穷大。一般情况下，我们只关心超过盈亏平衡点以后的销售规模与经营杠杆系数的关系。当销售量超过盈亏平衡点逐渐增长时，经营杠杆系数会越来越小，最后趋近于 1，说明息税前利润对销售规模变动的敏感性越来越低。因此，只要销售量远远超过盈亏平衡点，即使企业有很大的固定成本，经营杠杆系数也会很低，经营风险很小，经营也会很安全。

④ 在销售额相同的情况下，固定成本的比重越大，经营杠杆系数越大，经营风险越大，反之亦然。

由 $DOL_S = \dfrac{S-VC}{S-VC-F}$，$DOL_S = \dfrac{(S-VC-F)+F}{S-VC-F}$，$EBIT = S-VC-F$ 可推导出：

$$DOL_S = \dfrac{EBIT+F}{EBIT} \qquad (4-13)$$

⑤ 企业可通过增加销售额、降低变动成本、降低固定成本比重等措施降低经营风险。

4.3.2 财务杠杆

1. 财务杠杆原理

（1）财务杠杆的概念

财务杠杆，亦称筹资杠杆，是指公司在筹资活动中对资本成本固定的债务资本的利用。公司的全部长期资本是由权益资本和债务资本所构成的。相对于息税前利润，权益资本成本是变动的，其在公司所得税后利润中支付，随着利润的变化而变化；而债务资本成本通常是固定的，其在公司所得税前扣除，不管公司的息税前利润多少，首先要扣除利息等债务资本成本，然后才归属于权益资本。因此，公司利用财务杠杆会对权益资本的收益产生一定的影响，有时可能给权益资本的所有者带来额外的收益即财务杠杆利益，有时可能造成一定的损失即遭受财务风险。

（2）财务杠杆利益

财务杠杆利益，是指公司利用债务筹资这个财务杠杆而给权益资本带来的额外收益。在公司资本规模和资本结构一定的条件下，公司从息税前利润中支付的债务利息是相对固定的，当息税前利润增多时，每一元息税前利润所负担的债务利息会相应地降低，扣除公司所得税后可分配给公司权益资本所有者的利润就会增加，从而给公司所有者带来额外的收益。

【例 4 - 12】 东化公司 2008～2010 年的息税前利润分别为 500 万元、1 000 万元和 1 500 万元，每年的债务利息为 300 万元，公司所得税率为 25%。该公司的财务杠杆利益的测算如表 4 - 10 所示。

表4-10   东化公司财务杠杆利益测算表   单位：万元

年份	息税前利润	息税前利润增长率	债务利息	所得税	税后利润	税后利润增长率
2008	500		300	50	150	
2009	1 000	100%	300	175	525	250%
2010	1 500	50%	300	300	900	71%

由表4-10可见，在资本结构一定、债务利息保持固定不变的条件下，随着息税前利润的增长，税后利润以更快的速度增长，从而使公司所有者获得财务杠杆利益。在例4-10中，东化公司2009年与2008年相比，息税前利润的增长率为100%，同期税后利润的增长率高达250%；2010年与2009年相比，息税前利润的增长率为50%，同期税后利润的增长率为71%。由此可知，由于东化公司有效地利用了筹资杠杆，从而给公司权益资本所有者带来了额外的利益，即税后利润的增长幅度高于息税前利润的增长幅度。

（3）财务风险分析

广义的财务风险是指企业在组织财务活动过程中，由于客观环境的不确定性和主观认识上的偏差，导致企业预期收益产生多种结果的可能性，它存在于企业财务活动的全过程，包括筹资风险、投资风险和收益分配风险。

狭义的财务风险与筹资有关的风险，亦称用资风险，是指公司在经营活动中与筹资有关的风险，尤其是指在筹资活动中利用财务杠杆可能导致公司权益资本所有者收益下降的风险，甚至可能导致公司破产的风险。由于财务杠杆的作用，当息税前利润下降时，税后利润下降得更快，从而给公司权益资本所有者造成财务风险。

我们这里指的是狭义的财务风险。

【例4-13】 假定东化公司2008～2010年的息税前利润分别为1 500万元、1 000万元和500万元，每年的债务利息都是300万元，公司所得税率为25%。该公司的财务风险以表4-11测算如下。

表4-11   东化公司财务风险测算表   单位：万元

年份	息税前利润	息税前利润降低率	债务利息	所得税	税后利润	税后利润降低率
2008	1 500		300	300	900	
2009	1 000	33%	300	175	525	42%
2010	500	50%	300	50	150	71%

由表4-11可见，东化公司2008～2010年每年的债务利息均为300万元保持不变，但随着息税前利润的下降，税后利润以更快的速度下降。例如，东化公司2009年与2008年相比，息税前利润的降低率为33%，同期税后利润的降低率为42%；2010年与2009年相比，息税前利润的降低率为50%，同期税后利润的降低率为70%。由此可知，由于东化公司没有有效地利用财务杠杆，从而导致了财务风险，即税后利润的降低幅度高于息税前利润的降低幅度。

2. 财务杠杆系数的测算

（1）概念和计算

财务杠杆系数（Degree of Financial Leverage, DFL）是指公司普通股每股收益（Earning of Pershare Stock，EPS）的变动率相当于息税前利润变动率的倍数。它反映着财务杠杆的作用程度。对非股份有限公司而言，财务杠杆系数则表现为净利润（Earning After Tax，EAT）相当于息税前利润变动率的倍数。其含义用公式表示为：

$$DFL = \frac{\Delta EPS / EPS}{\Delta EBIT / EBIT}$$

或
$$DFL = \frac{\Delta EAT / EAT}{\Delta EBIT / EBIT} \qquad (4-14)$$

式中，DFL —— 财务杠杆系数；

ΔEAT —— 税后利润变动额；

EAT —— 税后利润额；

$EBIT$ —— 息税前利润变动额；

$\Delta EBIT$ —— 息税前利润额；

ΔEPS —— 普通股每股税后利润变动额；

EPS —— 普通股每股税后利润额。

为了便于计算，可将上列公式变换如下。

$\because$
$$EPS = \frac{(EBIT-I)(1-T)}{N}$$

$$\Delta EPS = \frac{\Delta EBIT(1-T)}{N}$$

$\therefore$
$$DFL = \frac{EBIT}{EBIT-I} \qquad (4-15)$$

式中，I —— 债务年利息；

T —— 公司所得税率；

N —— 流通在外普通股股份数。

（2）DFL 的意义

① 在资本结构不变的前提下，DFL 表示当 $EBIT$ 变动 1 倍时 EPS 变动的倍数，$EBIT$ 值越大，DFL 的值就越小。上例中财务杠杆系数 1.43 表示：当息税前利润增长 1 倍时，普通股每股税后利润将增长 1.43 倍；反之，当息税前利润下降 1 倍时，普通股每股利润将下降 1.43 倍。前一种情形表现为财务杠杆利益，后一种情形则表现为财务风险。

② 用来衡量筹资风险。一般而言，财务杠杆系数越大，公司的财务杠杆利益和财务风险就越高；财务杠杆系数小，公司财务杠杆利益和财务风险就越低。

③ 在资本总额、息税前利润相同的条件下，负债比率越高，财务风险越大，但预期收益也越高。

④ 负债比率是可以控制的，企业可以通过合理安排资本结构，适度负债，使财务杠杆利益抵消风险增大所带来的不利影响。

4.3.3 综合杠杆

1. 联合杠杆原理

联合杠杆，亦称总杠杆，是指营业杠杆和财务杠杆的综合。营业杠杆是利用公司经营成本中固定成本的作用而影响息税前利润，财务杠杆是利用公司资本成本中债务资本固定利息的作用影响而税后利润或普通股每股税后利润。营业杠杆和财务杠杆两者最终都影响到公司税后利润或普通股每股税后利润。因此，联合杠杆综合了营业杠杆和财务杠杆的共同影响作用。一个公司同时利用营业杠杆和财务杠杆，这种影响作用会更大。

2．联合杠杆系数的计算

对于营业杠杆和财务杠杆的综合程度的大小，可以用联合杠杆系数来反映。联合杠杆系数（Degree of Combined Leverage，DCL），亦称总杠杆系数（Degree of Total Leverage，DTL），是指普通股每股利润变动率相当于营业总额（营业总量）变动率的倍数。它是营业杠杆系数与财务杠杆系数的乘积。其含义用公式表示为：

$$DCL(或DTL) = DOL \cdot DFL$$

$$= \frac{\Delta EBIT / EBIT}{\Delta S / S} \times \frac{\Delta EPS / EPS}{\Delta EBIT / EBIT}$$

$$= \frac{\Delta EPS / EPS}{\Delta S / S} \qquad (4-16)$$

为了便于计算，可将上列公式变换如下。

$$DCL(或DTL) = DOL \cdot DFL = \frac{Q(P-V)}{Q(P-V)-F} \cdot \frac{EBIT}{EBIT-I}$$

$$\because EBIT = Q(P-V) - F$$

$$\therefore DCL(或DTL) = \frac{Q(P-V)}{Q(P-V)-F-I} = \frac{S-VC}{S-VC-F-I} \qquad (4-17)$$

3．联合杠杆的意义

① 表示销售变动1倍时EPS变动的倍数。在上例中，联合杠杆系数为3倍表示：当公司营业总额或营业总量增长1倍时，普通股每股利润将增长3倍，具体反映公司的联合杠杆利益；反之，当公司营业总额下降1倍时，普通股每股利润将下降3倍，具体反映公司的联合杠杆风险。

② 反映了经营杠杆与财务杠杆之间的相互关系，便于进行不同组合。在通常情况下，企业应避免高的经营杠杆搭配高的财务杠杆，而应以高的经营杠杆搭配较低的财务杠杆，以较高的财务杠杆搭配较低的经营杠杆。例如，自动化程度较高的企业由于固定成本高，经营杠杆较高，所以财务杠杆就要比自动化程度低的企业低一些；劳动密集型企业的经营杠杆较低，就可以采用比资本密集型企业高的财务杠杆。再如，高科技企业的经营风险一般说来都比较大，为了避免遇到销售失利企业到期不能还债付息的情况，应使用较低的财务杠杆。

第二部分 技能训练

技能训练7：营业杠杆的计算

【例4-14】 东化公司的产品销量20 000件，单位产品售价为200元，销售总额为400万元，固定成本总额为60万元，单位产品变动成本为100元，变动成本率为50%，变动成本总额为200万元。其营业杠杆系数测算如下。

$$DOL_Q = \frac{20\ 000 \times (200 - 100)}{20\ 000 \times (200 - 100) - 600\ 000} \approx 1.43$$

技能训练 8：财务杠杆的计算

【例 4 – 15】　东化公司全部长期资本为 6 000 万元，债务资本比例为 0.4，债务年利率 10%，公司所得税率 25%。在息税前利润为 600 万元时。其财务杠杆系数测算如下。

$$DFL = \frac{600}{600 - 6\,000 \times 0.4 \times 10\%} \approx 1.67$$

技能训练 9：综合杠杆的计算

【例 4 – 16】　东化公司的营业杠杆系数为 2，同时财务杠杆系数为 1.5。该公司的联合杠杆系数测算为：

$$DCL = 2.5 \times 1.67 \approx 4.18（倍）$$

4.4　资本结构决策

第一部分　学习引导

公司资本结构决策就是要确定最佳资本结构。所谓最佳资本结构是指公司在适度财务风险的条件下，使其预期的综合资本成本率最低，同时公司价值最大的资本结构。它应作为公司的目标资本结构。根据前述资本结构原理，确定公司的最佳资本结构，可以采用资本成本比较法、每股利润分析法和公司价值比较法。

4.4.1　资本成本比较法

资本成本比较法是指在适度财务风险的条件下，测算可供选择的不同资本结构或筹资组合方案的综合资本成本率，并以此为标准相互比较确定最佳资本结构的方法。

公司筹资可分为创立初期的初始筹资和发展过程中的追加筹资两种情况。与此相应地，公司的资本结构决策可分为为初始筹资的资本结构决策和追加筹资的资本结构决策。下面分别说明资本成本比较法在这两种情况下的运用。

（1）初始筹资的资本结构决策

在公司筹资实务中，公司对拟定的筹资总额，可以采用多种筹资方式来筹资，每种筹资方式的筹资额亦可有不同安排，由此会形成若干预选资本结构或筹资组合方案。在资本成本比较法下，可以通过综合资本成本率的测算及比较来做出选择。

（2）追加筹资的资本结构决策

公司在持续的生产经营活动过程中，由于经营业务或对外投资的需要，有时会追加筹措新资，即追加筹资。因追加筹资以及筹资环境的变化，公司原定的最佳资本结构未必仍是最优的，需要进行调整。因此，公司应在有关情况的不断变化中寻求最佳资本结构，实现资本结构的最优化。

公司追加筹资可有多个筹资组合方案供选择。按照最佳资本结构的要求，在适度财务风险的前提下，公司选择追加筹资组合方案可用两种方法：一种方法是直接测算各备选追加筹资方案的边际资本成本率，从中比较选择最佳筹资组合方案；另一种方法是分别将各备选追加筹资方案与原有最佳资本结构汇总，测算比较各个追加筹资方案下汇总资本结构的综合资本成本率，从中比较选择最佳筹资方案。下面举例说明。

4.4.2 每股利润分析法

每股利润分析法是利用每股利润无差别点来进行资本结构决策的方法。所谓每股利润无差别点是指两种或两种以上筹资方案下普通股每股利润相等时的息税前利润点，亦称息税前利润平衡点，有时亦称筹资无差别点。运用这种方法，根据每股利润无差别点，可以分析判断在什么情况下可利用债务筹资来安排及调整资本结构，进行资本结构决策。

【例4-17】 东化公司目前拥有长期资本8 000万元，其资本结构为：长期债务2 000万元，普通股权益6 000万元。现准备追加筹资2 000万元，有两种筹资方式可供选择：增发普通股、增加债务。有关资料详见表4-12。

表4-12 东化公司目前和追加筹资的资本结构资料表 单位：万元

资本种类	目标资本结构		追加筹资后的资本结构			
	金额	比例	增发普通股		增加债务	
			金额	比例	金额	比例
长期债务	2 000	0.25	2 000	0.2	4 000	0.40
普通股权益	6 000	0.75	8 000	0.8	6 000	0.60
资本总额	8 000	1.00	10 000	1.00	10 000	1.00
年债务利息	200		100		400	
普通股数量(万股)	1 000		1 200		1 000	

当息税前利算假定公司所得税率为25%，下面以表4-13测算这三种筹资方式追加筹资后的普通股每股利润。

表4-13 追加筹资后每股利润测算表 单位：万元

项 目	增发普通股	增加债务
息税前利润	2 000	2 000
减:债务利息	200	400
所得税税前利润	1 800	1 600
减：企业所得税	450	400
税后利润	1 350	1 200
普通股数量（万股）	1 300	1 000
每股利润（元）	1.125	1.2

由表4-13的测算结果可见，采用不同筹资方式追加筹资后，普通股每股利润是不相等的。在息税前利润为2 000万元的条件下，普通股每股利润当增发普通股时最低，为每股1.125元；当增加长期债务时最高，为每股1.2元。这反映了在息税前利润一定的条件下不同资本

结构对普通股每股利润的影响。

而假设东化公司息税前利润为 800 万元，其他有关资料与表 4 – 12 相同。下面通过表 4 – 14 测算每股利润。

表 4 – 14　　　　　　　息税前利润为 800 万元时每股利润测算表　　　　　单位：万元

项　目	增发股票	增加债务
息税前利润	800	800
减：债务利息	200	400
所得税税前利润	600	400
减：企业所得税	150	100
税后利润	450	300
普通股数量（万股）	1 200	1 000
每股利润（元）	0.375	0.3

表 4 – 13 所测算的结果是在息税前利润预计为 2 000 万元的情况；表 4 – 14 所测算的结果是在息税前利润预计为 800 万元的情况。那么，息税前利润究竟为多少时，采用那种筹资方式更为有利呢？这需要通过测算息税前利润平衡点来判断。其测算公式为：

$$\frac{(\overline{EBIT}-I_1)(1-T)}{N_1}=\frac{(\overline{EBIT}-I_2)(1-T)}{N_2}\qquad(4-18)$$

式中，$\overline{EBIT}$——息税前利润平衡点，即每股利润无差别点；

I_1,I_2——两种增资方式下的长期债务年利息；

N_1,N_2——两种增资方式下的普通股份数。

4.4.3 公司价值比较法

公司价值比较法是在充分反映公司财务风险的前提下，以公司价值的大小为标准，经过测算确定公司最佳资本结构的方法。与资本成本比较法和每股利润分析法相比，公司价值比较法充分考虑了公司的财务风险和资本成本等因素的影响，进行资本结构的决策以公司价值最大为标准，更符合公司价值最大化的财务管理目标；但其测算原理及测算过程较为复杂，通常用于资本规模较大的上市公司。

1．公司价值的测算

一个公司的价值是指该公司目前值多少。关于公司价值的内容和测算基础与方法，目前主要有三种认识。

（1）公司价值等于其未来净收益（或现金流量，下同）

按照一定折现率折现的价值，即公司未来净收益的折现值用公式简要表示为：

$$V=\frac{EAT}{K}$$

式中，V——公司的价值，即公司未来净收益的折现值；

EAT——公司未来的年净收益，即公司未来的年税后收益；

K——公司未来净收益的折现率。

这种测算方法的原理有其合理性，但不易确定的因素很多，主要有二：一是公司未来的净收益不易确定，在上列公式中还有一个假定即公司未来每年的净收益为年金，事实上也未必都是如此；二是公司未来净收益的折现率不易确定。因此，这种测算方法尚难以在实践中加以应用。

（2）公司价值是其股票的现行市场价值

根据这种认识，公司股票的现行市场价值可按其现行市场价格来计算，故有其客观合理性，但还存在两个问题：一是公司股票受各种因素的影响，其市场价格处于经常的波动之中，每个交易日都有不同的价格，在这种现实条件下，公司的股票究竟按哪个交易日的市场价格来计算，这个问题尚未得到解决；二是公司价值的内容是否只包括股票的价值，是否还应包括长期债务的价值，而这两者之间又是相互影响的。如果公司的价值只包括股票的价值，那么就无需进行资本结构的决策，这种测算方法也就不能用于资本结构决策。

（3）公司价值等于其长期债务和股票的折现价值之和

与上述两种测算方法相比，这种测算方法比较合理，也比较现实。它至少有两个优点：一是从公司价值的内容来看，它不仅包括了公司股票的价值，而且还包括公司长期债务的价值；二是从公司净收益的归属来看，它属于公司的所有者即属于股东。因此，在测算公司价值时，这种测算方法用公式表示为：

$$V = B + S \tag{4-19}$$

式中，V —— 公司的总价值，即公司总的折现价值；

B —— 公司长期债务的折现价值；

S —— 公司股票的折现价值。

其中，为简化测算起见，设长期债务（含长期借款和长期债券）的现值等于其面值（或本金），股票的现值按公司未来净收益的折现现值测算，测算公式为：

$$S = \frac{(EBIT - I)(1 - T)}{K_s} \tag{4-20}$$

式中，S —— 公司股票的折现价值；

$EBIT$ —— 公司未来的年息税前利润；

I —— 公司长期债务年利息；

T —— 公司所得税率；

K_s —— 公司股票资本成本率。

2. 公司资本成本率的测算

在公司价值测算的基础上，如果公司的全部长期资本由长期债务和普通股组成，则公司的全部资本成本率，即综合资本成本率可按下列公司测算：

$$K_W = K_B(\frac{B}{V})(1 - T) + K_S(\frac{S}{V}) \tag{4-21}$$

式中，K_W —— 公司资本成本率；

K_B —— 公司长期债务税前资本成本率，可按公司长期债务年利率计算；

K_S —— 公司普通股资本成本率。

在上列测算公式中，为了考虑公司筹资风险的影响，普通股资本成本率可运用资本资产定价模型来测算，即

$$K_S = R_F + \beta(K_M - R_F)$$

式中，K_S—— 公司普通股投资的必要报酬率，即公司普通股的资本成本率；

$\quad\quad R_F$—— 无风险报酬率；

$\quad\quad K_M$—— 所有股票的市场报酬率；

$\quad\quad \beta$—— 公司股票的贝塔系数。

3．公司最佳资本结构的确定

运用上述原理测算公司的总价值和综合资本成本率，并以公司价值最大化为标准比较确定公司的最佳资本结构。

第二部分　技能训练

技能训练 10：初始筹资的资本成本比较法计算

【例 4-18】 东化公司在初创时需资本总额 6 000 万元，有如下 3 个筹资组合方案可供选择，有关资料经测算汇入表 4-15。

表 4-15　　　　　　　　东化公司初始筹资组合方案资料测算表　　　　　　　单位：万元

筹资方式	筹资方案1		筹资方案2		筹资方案3	
	初始筹资额	资本成本率	初始筹资额	资本成本率	初始筹资额	资本成本率
长期借款	600	7%	800	7.5%	1 000	8%
长期债券	400	8%	1 200	8.5%	1 500	9%
优先股	1 000	12%	1 000	12%	1 500	14%
普通股	4 000	16%	3 000	16%	2 000	16%
合计	6 000	—	6 000	—	6 000	—

假定东化公司的这 3 个筹资组合方案的财务风险相当，都是可以承受的。下面分两步分别测算这 3 个筹资组合方案的综合资本成本率并比较其高低，从而确定最佳筹资组合方案即最佳资本结构。

第一步，测算各方案各种筹资方式的筹资额占筹资总额的比例及综合资本成本率。

方案 1：各种筹资方式的筹资额比例。

长期借款：600÷6000 = 0.1

长期债券：400÷6000 = 0.066

优先股：1000÷6000 = 0.167

普通股：4000÷6000 = 0.667

综合资本成本率：7%×0.1 + 8%×0.066 + 12%×0.167 + 16%×0.667 = 13.9%

方案 2：各种筹资方式的筹资额比例。

长期借款：800÷6000 = 0.133

长期债券：1200÷6000 = 0.2

优先股：1000÷6000 = 0.167

普通股：3000÷6000 = 0.5

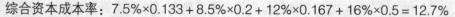
综合资本成本率：7.5%×0.133 + 8.5%×0.2 + 12%×0.167 + 16%×0.5 = 12.7%

方案 3：各种筹资方式的筹资额比例。

长期借款：1000÷6000 = 0.167

长期债券：1500÷6000 = 0.25

优先股：1500÷6000 = 0.25

普通股：2000÷6000 = 0.333

综合资本成本率：8%×0.167 + 9%×0.25 + 14%×0.25 + 16%×0.333 = 12.41%

第二步，比较各个筹资组合方案的综合资本成本率并做出选择：筹资组合方案 1、方案 2、方案 3 的综合资本成本率分别为 13.9%、12.7% 和 12.41%。经比较，方案 3 的综合资本成本率最低，在适度财务风险的条件下，应选择筹资组合方案 3 作为最佳筹资组合方案，由此形成的资本结构可确定为最佳资本结构。

技能训练 11：追加筹资的资本成本比较法计算

【例 4-19】 东化公司拟追加用资 2 000 万元，现有两个追加筹资方案可供选择，有关资料经测算整理后列入表 4-16。

表 4-16　　　　　　　东化公司追加筹资组合方案资料测算表　　　　　　单位：万元

筹资方式	筹资方案1		筹资方案2	
	追加筹资额	资本成本率	追加筹资额	资本成本率
长期借款	1 000	8%	1 200	9%
优先股	400	14%	400	14%
普通股	600	16%	400	16%
合计	2 000	—	2 000	—

下面分别用两种方法测算比较追加筹资方案。

方法一，追加筹资方案的边际资本成本率比较法。

首先，测算追加筹资方案 1 的边际资本成本率。

8%×(1000÷2000) + 14%×(400÷2000) + 16%×(600÷2000) = 11.6%

其次，测算追加筹资方案 2 的边际资本成本率。

9%×(1200÷2000) + 14%×(400÷2000) + 16%×(400÷2000) = 11.4%

最后，比较两个追加筹资方案，方案 2 的边际资本成本率为 11.4%，低于方案 1。因此，在适度财务风险的情况下，方案 2 优于方案 1，应选追加筹资方案 2。从而，追加筹资方案 2 为最佳筹资方案，由此形成东化公司新的资本结构为最佳资本结构。若东化公司原有资本总额为 6 000 万元，资本结构是：长期借款 1 000 万元、长期债券 1 500 万元、优先股 1 500 万元、普通股 2 000 万元。则追加筹资后的资本总额为 8 000 万元，资本结构是：长期借款 2 200 万元，长期债券 1 500 万元，优先股 1 900 万元，普通股 2 400 万元。

方法二，备选追加筹资方案与原有资本结构综合资本成本率比较法。

首先，汇总追加筹资方案和原资本结构，形成备选追加筹资后资本结构，如表 4-17 所示。

表4-17　　　　　　　　　　东化公司追加筹资与原筹资资料测算表　　　　　　　　单位：万元

筹资方式	原资本结构		筹资方案1		筹资方案2	
	资本额	资本成本率	追加筹资额	资本成本率	追加筹资额	资本成本率
长期借款	1 000	8%	1 000	8%	1 200	9%
长期债券	1 500	9%				
优先股	1 500	14%	400	14%	400	14%
普通股	2 000	16%	600	16%	400	16%
合计	6 000	—	1 000	—	1000	—

其次，测算汇总资本结构下的综合资本成本率。

追加筹资方案 1 与原资本结构汇总后的综合资本成本率：

(8%×1000÷8000 + 8%×1000÷8000) + (9%×1500÷8000) + [14%×(1500 + 400)÷8000] + [16%×(2000 + 600)÷8000] = 12.21%

追加筹资方案 2 与原资本结构汇总后的综合资本成本率：

(8%×1000÷8000 + 9%×1200÷8000) + (9%×1500÷8000) + [14%×(1500 + 400)÷8000 + [16%×(2000 + 400)÷8000] = 12.16%

在上述计算中，根据股票的同股同利原则，原有股票应按新发行股票的资本成本率计算，即全部股票按新发行股票的资本成本率计算其总的资本成本率。

最后，比较两个追加筹资方案与原资本结构汇总后的综合资本成本率，方案 2 与原资本结构汇总后的综合资本成本率为 12.16%，低于方案 1 与原资本结构汇总后的综合资本成本率 12.21%。因此，在适度财务风险的前提下，追加筹资方案 2 优于方案 1，由此形成东化公司新的资本结构为最佳资本结构。

由此可见，东化公司追加筹资后，虽然改变了资本结构，但经过分析测算，做出正确的筹资决策，公司仍可保持资本结构的最优化。

资本成本比较法的测算原理容易理解，测算过程简单，但仅以资本成本率最低为决策标准，没有具体测算财务风险因素，其决策目标实质上是利润最大化而不是公司价值最大化，一般适用于资本规模较小、资本结构较为简单的非股份制公司。

技能训练 12：每股利润的无差别点分析法计算

【例 4-20】 东化公司目前拥有长期资本 8 000 万元，其资本结构为：长期债务 2 000 万元，普通股权益 6 000 万元。现准备追加筹资 2 000 万元，有两种筹资方式可供选择：增发普通股、增加债务。有关资料详见表 4-18。

表4-18　　　　　　　　东化公司目前和追加筹资的资本结构资料表　　　　　　　单位：万元

资本种类	目标资本结构		追加筹资后的资本结构			
	金额	比例	增发普通股		增加债务	
			金额	比例	金额	比例
长期债务	2 000	0.25	2 000	0.2	4 000	0.40
普通股权益	6 000	0.75	8 000	0.8	6 000	0.60
资本总额	8 000	1.00	10 000	1.00	10 000	1.00
年债务利息	200		100		400	
普通股数量（万股）	1 000		1 200		1 000	

当息税前利算假定公司所得税率为 25% 时，下面测算这两种筹资方式

$$\frac{(\overline{EBIT}-200)(1-25\%)}{1\,200}=\frac{(\overline{EBIT}-400)(1-25\%)}{1\,000}$$

$$\overline{EBIT}=1400\ (万元)$$

当息税前利润为 1 400 万元时，增发普通股和增加长期债务的每股利润相等。

每股利润无差别点的息税前利润为 1 400 万元的意义在于：当息税前利润大于 1 400 万元时，增加长期债务要比增发普通股有利；而当息税前利润小于 1 400 万元时，增加长期债务则不利。

技能训练 13：公司价值测算

【例 4-21】 东化公司现有全部长期资本均为普通股资本，无长期债务和优先股，账面价值 20 000 万元。公司认为这种资本结构不合理，没有发挥财务杠杆的作用，准备举借长期债务购回部分普通股予以调整。公司预计息税前利润为 5 000 万元，公司所得税率 25%。长期债务年利率和普通股资本成本率列入表 4-19。

表 4-19　　　　东化公司在不同债务规模下债务的年利率和普通股资本成本率测算表

B（万元）	K_B（%）	β	R_F（%）	K_M（%）	K_S（%）
0	—	1.20	10	14	14.8
2 000	10	1.25	10	14	15.0
4 000	10	1.30	10	14	15.2
6 000	12	1.40	10	14	15.6
8 000	14	1.55	10	14	16.2
10 000	16	2.10	10	14	18.4

在表 4-19 中，当 B = 2 000 万元，β = 1.25，R_F = 10%，K_M = 14% 时，K_S = 10% + 1.25 × （14% - 10%）= 15.0%，其余同理计算。

根据表 4-19 的资料，运用前述公司价值和公司资本成本率的测算方法，可以测算在不同长期债务规模下的公司价值和公司资本成本率，列入表 4-20，据以可比较确定公司最佳资本结构。

表 4-20　　　　东化公司在不同长期债务规模下的公司价值和公司资本成本率测算表

B（万元）	S（万元）	V（万元）	K_B（%）	K_S（%）	K_W（%）
0	25 337.84	25 337.84	0	14.8	14.80
2 000	24 000	26 000	10	15.0	14.42
4 000	22 697.37	26 697.37	10	15.2	14.05
6 000	20 576.92	26 576.92	12	15.6	14.11
8 000	17 962.96	25 962.96	14	16.2	14.44
10 000	13 858.7	23 858.7	16	18.4	15.72

在表 4-20 中，当 B = 2 000 万元，K_B = 10%，K_S = 15.0% 以及 $EBIT$ = 5 000 万元时，

$$S=\frac{(5\,000-2\,000\times10\%)(1-25\%)}{15.0\%}=24\,000\ (万元)$$

$$V=2\,000+2\,4000=2\,6000\ (万元)$$

$$K_S=10\%\times\frac{2\,000}{26\,000}\times(1-25\%)+15.0\%\times\frac{24\,000}{26\,000}=14.42\%$$

其余同理计算。

从表 4－20 可以看到，在没有长期债务资本的情况下，东化公司的价值就是其原有普通股资本的价值，此时 $V=S=25\,337.84$ 万元。当东化公司开始利用长期债务资本部分地替换普通股资本时，公司的价值开始上升，同时公司资本成本率开始下降；直到长期债务资本达到 4\,000 万元时，公司的价值最大（ 26\,697.37 万元 ），同时公司的资本成本率最低（ 14.05\% ）；而当公司的长期债务资本超过 6\,000 万元后，公司的价值又开始下降，公司的资本成本率同时上升。

因此，可以确定，东化公司的长期债务资本为 4\,000 万元时的资本结构为最佳资本结构。此时，东化公司的长期资本价值总额为 26\,697.37 万元，其中普通股资本价值 22\,697.37 万元，占公司总资本价值的比例为 93.1\%（ ＝22\,697.37/24380 ）；长期债务资本价值 4\,000 万元，占公司总资本价值的比例为 16.4\%（ ＝4\,000/24380 ）。

课题五　长期投资决策评价指标

> **知识目标**

理解掌握长期投资的基本概念和方法

> **技能目标**

学会现金流量的计算
学会折现现金流量指标和非折现现金流量指标的计算

> **建议学时**

4 学时

5.1　投资现金流量分析

第一部分　学习引导

5.1.1　长期投资概述

1．投资的概念及分类

（1）投资的概念

投资是指企业以获得未来货币增值为目的、预先垫付一定量的货币与实物，以经营某项事业的经济行为。例如，开办工厂、开发矿山、开垦农场、购买股票、债券等都可称为投资。

投资有两大突出的特性。第一，投资是现在支出了一笔一定数量的钱，其目的是想在将来获得比现在支出的更多的钱。因而，从静态角度来说，投资是现在垫支的一定量的资金；从动态的角度来说投资是为了获得未来报酬而采取的经济行为。第二，从现在支出到将来报酬的获得，或长或短要经过一定的时间间隔。这表明，投资具有一个行为过程。这个过程越长，未来报酬的获得就越不肯定，即风险越大。

投资管理是现代财务管理的重要职能之一。股份公司在生产经营过程中，不仅面临筹集资金的问题，而且面临如何投放资金的问题。资金投放将对公司未来多年的经营状况产生深远的影响。一个好的投资决策可以使公司的利润激增，并使股份大幅度上涨；但是一个坏的投资决策则有时可导致公司从此一蹶不振，乃至破产。投资管理在股份公司财务管理中占据了重要的地位。

（2）投资的分类

为了加强投资管理，提高投资效益，必须分清投资的性质，对投资进行科学的分类。企业投资一般可按照如下标准进行分类。

① 直接投资和间接投资。按投资与企业生产经营的关系，投资可分为直接投资和间接投资两类。直接投资是指把资金投放于生产经营性资产，以便获取利润的投资。在非金融性企业中，直接投资所占比重很大。间接投资又称证券投资，是指把资金投放于证券等金融资产，以便取得股利或利息收入的投资。随着我国金融市场的完善和多渠道筹资的形成，企业间接投资将越来越广泛。

② 长期投资与短期投资。按投资回收时间的长短，投资可分为短期投资和长期投资两类。短期投资又称流动性投资，是指投资期不超过1年或一个营业周期的投资，如短期票据、存货等的投资，能随时变现的长期有价证券，亦可用于短期投资。长期投资则是指超过1年或一个营业周期的投资，主要是对厂房、机器设备等固定资产的投资，也包括对无形资产和长期有价证券的投资。其中，固定资产投资是长期投资的最基本类别，因此长期投资有时专指固定资产投资。

③ 对内投资和对外投资。根据投资的方向，投资可分为对内投资和对外投资两类。对内投资是指把资金投放在企业内部，购置各种生产经营用资产的投资。对外投资是指以现金、实物、无形资产等方式或者以购买股票、债券等有价证券方式向其他单位的投资。对内投资都是直接投资，对外投资主要是间接投资，也可以是直接投资。随着企业横向经济联合的开展，对外投资越来越重要。

④ 初始投资和后续投资。根据投资在再生产过程中的作用，可将投资分为初始投资和后续投资。对企业的整个生命周期而言，初始投资是在建立新企业时所进行的各种投资。其特点是投入的资金通过建设形成企业的原始投资，为企业的生产、经营创造必要的条件。后续投资则是指为巩固和发展企业再生产所进行的各种投资，主要包括为维持企业简单再生产所进行的更新性投资，为实现扩大再生产所进行的追加性投资，为调整生产经营方向所进行的转移性投资等。

对企业的一个具体投资项目而言，初始投资是在新项目开始时所投入的第一笔资金；后续投资则是在新项目取得阶段性成果后所进行的追加性投资。

2. 长期投资内容及其意义

（1）长期投资的内容

长期投资主要包括企业对固定资产、无形资产和长期有价证券等的投资。

固定资产投资是指建造或购置固定资产的经济活动。从实物形态上看，它是投入资金以建立和完善各种生产经营条件，从价值形态看，它是为保证固定资产再生产投入的资金。固定资产投资是企业生存和发展的基本保证。

无形资产投资是指企业为创建或购买无形资产以期在未来获得超额利润的资本预付行为。在科学技术高度发达和市场竞争异常激烈的今天，投资无形资产已经关系到现代企业的生存和发展。无形资产的收益具有很大的不确定性，特别是自创的无形资产，其投资额几乎不可预计，所以无形资产的投资很难用一般的财务理论进行分析，而主要取决于决策者的战略眼光和经营素质。

长期有价证券投资是指企业为了取得投资收益，降低投资风险，实现其战略目标而对其他经营主体进行的投资。相对于企业对内投资而言，长期有价证券投资具有相对的独立性，所以对其投资效益的分析也相对独立，与企业的内部投资关系较小。也就是说，企业对外长期有价证券投资的经济效益与企业对内投资的经济效益没有直接的关系。

（2）长期投资的意义

企业把财力投放于一定对象，以期望在未来获取收益。在市场经济条件下，企业能否把筹集到的资金投放到收益高、回收快、风险小的项目上去，对企业的生存和发展十分重要。

① 长期投资是企业实现财务目标的主要途径。企业财务管理的目标是不断提高企业价值，为此，就要采取各种措施增加利润，降低风险。企业要想获取利润，发展生产，扩大经营，就必须拥有一定数量的资金，并把资金投放到各种资产上。

② 长期投资是企业发展生产的必要手段。在科学技术、社会经济迅速发展的今天，企业无论是维持简单再生产还是实现扩大再生产，都必须进行一定的投资。要维持简单再生产的顺利进行，就必须及时对所使用的机器设备进行更新，对产品和生产工艺进行改革，不断提高职工的科学技术水平等；要实现扩大再生产，就必须新建、扩建厂房，增添机器设备，增加职工人数，提高人员素质，等等。只有通过一系列的投资活动，才能为企业增强实力、广开财源创造条件。

③ 长期投资是企业降低经营风险的重要方法。企业把资金投向生产经营的关键环节或薄弱环节，可以使企业各种生产经营能力配套、平衡，形成更大的综合生产能力。企业如把资金投向多个行业，实行多角化经营，则更能增强企业销售和盈余的稳定性。

④ 长期投资是企业筹集长期资金的基本目的。虽然不进行筹资，企业就没有足够的资金用于投资活动，但是如果不需要长期投资也就没有必要筹集长期资金。并且，筹资的数量取决于企业投资所需要的资金的数量；筹资的时间也取决于企业投资资金的所需时间。

3. 长期投资管理的要求

长期投资是企业以赢利为目的所进行的资本性投资，由于投资支出金额大，影响的持续期长，所以必须十分重视决策的科学化，即在科学理论的指导下，采用科学方法进行分析、论证，使所选择的投资方案达到技术、经济的统一与最大化，为此，企业在进行长期投资决策时，应遵循以下管理要求。

① 认真进行市场调查，及时捕捉投资机会。捕捉投资机会是企业投资活动的起点，也是企业投资决策的关键。在商品经济条件下，投资机会是不断变化的，它要受到诸多因素的影响，最主要的是受市场需求变化的影响。企业在投资之前，必须认真进行市场调查和市场分析，寻找最有利的投资机会。市场是不断变化、发展的，对于市场和投资机会的关系，也应从动态的角度加以把握。正是由于市场不断变化和发展，才有可能产生一个又一个新的投资机会。随着经济不断发展，人民收入水平不断增加，人们对消费的需求也就发生很大变化，无数的投资机会正是在这种变化中产生的。

② 建立科学的投资决策程序，认真进行投资项目的可行性分析。在市场经济条件下，企业的投资决策都会面临一定的风险。为了保证投资决策的正确有效，必须按科学的投资决策程序，认真进行投资项目的可行性分析。投资项目可行性分析的主要任务，是对投资项目技术上的可行性和经济上的有效性进行论证，运用各种方法计算出有关指标，以便合理确定不同项目的优劣。财务部门是对企业的资金进行规划和控制的部门，财务人员必须参与投资项目的可行性分析。

③ 及时足额地筹集资金，保证投资项目的资金供应。企业的投资项目，特别是大型投资项目，建设工期长，所需资金多，一旦开工，就必须有足够的资金供应，否则就可能使工程项目中途"下马"，出现"半截子工程"，造成很大的损失。因此，在投资项目上马之前，必须科学预测投资所需资金的数量和时间，采用适当的方法，筹集资金，保证投资项目顺利完成，尽快产生投资效益。

④ 认真分析风险和收益的关系，适当控制企业的投资风险。收益与风险是共存的。一般而言，收益越大，风险也越大，收益的增加是以风险的增大为代价的，而风险的增加将会引起企业价值的下降，不利于财务目标的实现。企业在进行投资时，必须在考虑收益的同时认真考虑风险情况，只有在收益和风险达到比较好的均衡时，才有可能不断增加企业价值，实现财务管理的目标。

4. 长期投资评价的基本原理

长期投资项目评价的基本原理是：投资项目的收益率超过资本成本时，企业的价值将增加；投资项目的收益率小于资本成本时，企业的价值将减少。

这一原理涉及资本成本、项目收益与股价（股东财富）的关系。

例如，一个企业的资本由债务和权益组成，假设甲企业目前有 200 万元债务和 300 万元所有者权益，因此企业的总资产是 500 万元。

债权人为什么把钱借给企业？他们要赚取利息。假设债权人希望他们的债权能赚取 8% 的收益，他们的要求一般反映在借款契约中。因此，债权人要求的收益率比较容易确定。

股东为什么把钱投入企业？他们希望赚取收益。不过，股东要求的收益率是不明确的，他们的要求权是一种剩余要求权。好在有一个资本市场，股东要求的收益率可以通过股价来计算。股东要求的收益率，计算方法比较麻烦。这里先假设它是已知的，假设他们要求能赚取 17% 的收益。

甲企业要符合债权人的期望，应有 16 万元（200 万元×8%）的收益，以便给债权人支付利息。由于企业可以在税前支付利息，有效的税后成本为 12 万元（假设所得税率 25%）。A 企业要符合股权投资人的期望，应有 51 万元的收益（300 万元×17%），以便给股东支付股利（或者继续留在企业里再投资，但它也是属于股东的）。两者加起来，企业要赚取 67 万元息前税后收益。

为了同时满足债权人和股东的期望，企业的资产收益率为 13.4%（67 万元/500 万元）。

按照这个推理过程，我们可以得出以下公式。

$$投资人要求的收益率=\frac{债务×利率×(1-所得税率)+所有者权益×权益者成本}{债务+所有者权益}$$

$$=\frac{债务×利率×(1-所得税率)}{债务+所有者权益}+\frac{所有者权益×权益成本}{债务+所有者权益}$$

$$=债务比重×利率×(1-所得税率)+所有者权益比重×权益成本$$

将上述数据代入，可得

$$投资人要求的收益率=\frac{200×8\%×(1-25\%)+300×17\%}{200+300}=12.6\%$$

投资人要求的收益率，也叫"资本成本"。这里的"成本"是一种机会成本，是投资人的机会成本，是投资人将资金投资于其他同等风险资产可以赚取的收益。企业投资项目的收益率，必须达到这一要求。如果企业的资产获得的收益超过资本成本，债权人仍按 8% 的合同条款取得利息，超额收益应全部属于股东。企业的收益大于股东的要求，必然会吸引新的投资者购买该公司股票，其结果是股价上升。如果相反，有些股东会对公司不满，出售该公司股票，使股价下跌。因此，资本成本也可以说是企业在现有资产上必须赚取的、能使股价维持不变的收益。股价代表了股东的财富，反映了资本市场对公司价值的估计。企业投资取得高于资本成本的收益，就为股东创造了价值；企业投资取得低于资本成本的收益，则摧毁了股东财富。

因此，投资者要求的收益率即资本成本，是评价项目能否为股东创造价值的标准。

5.1.2 投资现金流量的分析

在进行长期投资决策时，首要环节就是估计投资项目的预计现金流量。投资决策中的现金流量（Cash Flows，CF）是与投资项目决策相关的现金流入与现金流出的数量，即投资项目引起的现金流入量和现金流出量，也称为增量现金流量。这里现金的概念是广义的，不仅包括货币资金，也包括与投资项目有关的其他经济资源和耗费的变现价值或者成本价值。

1．现金流量相关概念及计算

现金流量包括现金流入量、现金流出量和现金净流量。

（1）现金流入量

现金流入量是指投资项目实施后在项目计算期内所引起的企业现金收入的增加额，简称现金流入，包括以下几种。

① 营业收入。营业收入是指项目投产后每年实现的全部营业收入。为简化核算，假定正常经营年度内，每期发生的赊销额与回收的应收账款大致相等。营业收入是经营期主要的现金流入量项目。

② 固定资产的残值收入。固定资产的余值是指投资项目的固定资产在终结报废清理时的残值收入，或中途转让时的变价收入。

③ 回收流动资金。回收流动资金是指投资项目在项目计算期结束时，收回原来投放在各种流动资产上的营运资金。

④ 其他现金流入量。其他现金流入量是指以上 3 项指标以外的现金流入量项目。

（2）现金流出量

现金流出量是指投资项目实施后在项目计算期内所引起的企业现金流出的增加额，简称现金流出，包括以下几种。

① 固定资产投资，包括固定资产的购置成本或建造成本，运输成本安装成本等。

② 无形资产投资。

③ 垫支的流动资金。垫支的流动资金是指投资项目建成投产后为开展正常经营活动而投放在流动资产（存货、应收账款等）上的营运资金。建设投资与垫支的流动资金合称为项目的原始总投资。

④ 付现成本（或经营成本）。付现成本是指在经营期内为满足正常生产经营而需用现金支付的成本。它是生产经营期内最主要的现金流出量。

付现成本 = 变动成本 + 付现的固定成本 = 总成本 - 折旧额（及摊销额）

⑤ 所得税额。所得税额是指投资项目建成投产后，因应纳税所得额增加而增加的所税。

⑥ 其他现金流出量。其他现金流出量是指不包括在以上内容中的现金流出项目。

（3）项目计算期

项目计算期是指投资项目从投资建设开始到最终清理结束的全部时间，用 n 表示。

项目计算期通常以年为单位，第 0 年称为建设起点，若建设期不足半年，可假定建设期为零；项目计算期最后一年第 n 年称为终结点，可假定项目最终报废或清理均发生在终结点，但更新改造除外。

项目计算期包括建设期和生产经营期，从项目投产日到终结点的时间间隔称为生产经营期，也叫寿命期，由此可得：

$$项目计算期（n）= 建设期 + 经营期$$

（4）现金净流量

现金净流量（Net Cash Flows，NCF）是指投资项目在项目计算期内现金流入量和现金流出量的净额，由于投资项目的计算期超过一年，且资金在不同的时间具有不同的价值，所以本章所述的现金净流量是以年为单位的。

现金净流量的计算公式为：

$$现金净流量（NCF）= 年现金流入量 - 年现金流出量$$

当流入量大于流出量时，净流量为正值；反之，净流量为负值。现金净流量可分为建设期的现金净流量和经营期的现金净流量。

① 建设期现金净流量的计算

构成初始投资现金流量主要有以下几项内容。a. 固定资产的购建费用，包括机器设备等购买所支付的费用、运输费用和安装调试费用等。它是初始投资现金流量的最主要的构成部分。b. 相应流动资金的投入。当固定资产投入使用后，企业需要相应地增加流动资金，用于原材料等存货的储备和应收账款周转等。c. 更新固定资产时原固定资产的变现收入。只有固定资产更新项目才有该项现金流量。当企业准备用固定资产更新现有设备时，需要对现有设备进行清理，所得变现净收入以及固定资产的清理损益产生的所得税应该作为一项现金流量，列入初始投资现金流量中。

由于在建设期没有现金流入量，所以建设期的现金净流量总为负值。其次，建设期现金净流量还取决于投资额的投入方式是一次投入还是分次投入，若投资额是在建设期一次全部投入的，上述公式中的该年投资额即为原始总投资。

② 经营期营业现金净流量的计算

经营期营业现金净流量是指投资项目投产后，在经营期内由于生产经营活动而产生的现金净流量。

营业现金流量的计算有以下 3 种方法。

a. 根据直接法计算。根据现金流量的定义，所得税是一种现金流出，应当作为每年营业现金流量的一个减项。

$$营业现金流量 = 营业收入 - 付现成本 - 所得税$$

b. 根据间接法计算。企业每年现金的增加来自两个方面：一是当年增加的净利润；二是计提的折旧，这里的折旧是指广义的折旧，包括各种长期资产的摊销和减值准备的计提。

$$营业现金流量 = 税后净利润 + 折旧$$

这个公式可根据直接法的公式推导：

$$营业现金流量 = 营业收入 - 付现成本 - 所得税$$
$$= 营业收入 - （营业成本 - 折旧） - 所得税$$
$$= 营业利润 + 折旧 - 所得税$$
$$= 税后净利润 + 折旧$$

c. 根据所得税对收入和折旧的影响计算。

$$营业现金流量 = 营业收入 \times （1 - 所得税率） - 付现成本 \times （1 - 所得税率） + 折旧 \times 所得税$$

这个公式也可根据间接法的公式公式推导：

$$营业现金流量 = 税后净利润 + 折旧$$
$$= （收入 - 成本） \times （1 - 税率） + 折旧$$
$$= （收入 - 付现成本 - 折旧） \times （1 - 税率） + 折旧$$
$$= 收入 \times （1 - 税率） - 付现成本 \times （1 - 税率） - 折旧 \times （1 - 税率） + 折旧$$
$$= 收入 \times （1 - 税率） - 付现成本 \times （1 - 税率） - 折旧 + 折旧 \times 税率 + 折旧$$
$$= 收入 \times （1 - 税率） - 付现成本 \times （1 - 税率） + 折旧 \times 税率$$

上述 3 个公式，最常用的是第三个公式，因为企业的所得税是根据企业的总利润计算的。在决定某个项目是否投资时，并不知道整个企业的利润以及与此有关的所得税，这就限制了第一个公式和第二个公式的使用。尤其是固定资产更新决策，没有办法计量某项资产给企业带来的收入和利润，以至于无法使用前两个公式。

③ 经营期终结现金净流量的计算

经营期终结现金净流量是指投资项目在项目计算期结束时所发生的现金净流量。终结现金流量主要包括清理净收入及导致企业所得税。此外由于这一时期，企业不再需要相应的流动资金，因此将其收回。这部分收回的流动资金应列为现金流入量。

2. 确定现金流量时应考虑的问题

（1）现金流量的假设

由于项目投资的现金流量的确定是一项很复杂的工作，为了便于确定现金流量的具体内容，简化现金流量的计算过程，本课题特做以下假设。

① 全投资假设。假设在确定项目的现金流量时，只考虑全部投资的运动情况，不论是自有资金还是借入资金等具体形式的现金流量，都将其视为自有资金。

② 建设期投入全部资金假设。项目的原始总投资不论是一次投入还是分次投入，均假设它们是在建设期内投入的。

③ 项目投资的经营期与折旧年限一致假设。假设项目主要固定资产的折旧年限或使用年限与其经营期相同。

④ 时点指标假设。现金流量的具体内容所涉及的价值指标，不论是时点指标还是时期指标，均假设按照年初或年末的时点处理。其中，建设投资在建设期内有关年度的年初发生；垫支的流动资金在建设期的最后一年末即经营期的第一年初发生；经营期内各年的营业收入、付现成本、折旧（摊销等）、利润、所得税等项目的确认均在年末发生；项目最终报废或清理（中途出售项目除外），回收流动资金均发生在经营期最后一年末。

⑤ 确定性假设。即假设与项目现金流量估算有关的价格、产销量、成本水平、所得税率等因素均为已知常数。

（2）现金流量的估算

在确定项目投资的现金流量时，应遵循的基本原则是：只有增量现金流量才是与投资项目相关的现金流量。所谓增量现金流量，是指由于接受或放弃某个投资项目所引起的现金变动部分。由于采纳某个投资方案引起的现金流入增加额，才是该方案的现金流入；同理，某个投资方案引起的现金流出增加额，才是该方案的现金流出。为了正确计算投资项目的增量现金流量，要注意以下几个问题。

① 区分相关成本和非相关成本。相关成本是指与特定决策有关的、在分析评价时必须加以考虑的成本。例如，差额成本、未来成本、重置成本、机会成本等都属于相关成本。与此相反，与特定决策无关的、在分析评价时不必加以考虑的成本是非相关成本。例如，沉没成本、过去成本、账面成本等往往是非相关成本。

例如，某公司在 2008 年曾经打算新建一个车间，并请一家会计公司作过可行性分析，支付咨询费 10 万元。后来由于本公司有了更好的投资机会该项目被搁置下来，该笔咨询费作为费用已经入账了。2010 年旧事重提，在进行投资分析时，这笔咨询费是否仍是相关成本呢？答案应当是否定的。该笔支出已经发生不管本公司是否采纳新建一个车间的方案，它都已无法收回，与公司未来的总现金流量无关。

如果将非相关成本纳入投资方案的总成本，则一个有利的方案可能因此变得不利，一个较好的方案可能变为较差的方案从而造成决策错误。

② 不要忽视机会成本。在投资方案的选择中，如果选择了一个投资方案，则必须放弃投资于其他途径的机会。其他投资机会可能取得的收益是实行本方案的一种代价，被称为这项投资方案的机会成本。

例如，上述公司新建车间的投资方案，需要使用公司拥有的一块土地。在进行投资分析时，因为公司不必动用资金去购置土地，可否不将此土地的成本考虑在内呢？答案是否定的。因为该公司若不利用这块土地来兴建车间，则它可将这块土地移作他用，并取得一定的收入。只是由于在这块土地上兴建车间才放弃了这笔收入，而这笔收入代表兴建车间使用土地的机会成本。假设这块土地出售可净得 30 万元，它就是兴建车间的一项机会成本。值得注意的是，不管该公司当初是以 10 万元还是 40 万元购进这块土地，都应以现行市价作为这块土地的机会成本。

机会成本不是我们通常意义上的"成本"，它不是一种支出或费用，而是失去的收益。这种收益不是实际发生的，而是潜在的。机会成本总是针对具体方案的，离开被放弃的方案就无从计量确定。

机会成本在决策中的意义在于它有助于全面考虑可能采取的各种方案，以便为既定资源寻求最为有利的使用途径。

③ 要考虑投资方案对公司其他项目的影响。当我们采纳一个新的项目后，该项目可能对公司的其他项目造成有利或不利的影响。

例如，若新建车间生产的产品上市后，原有其他产品的销路可能减少，而且整个公司的销售额也许不增加甚至减少。因此，公司在进行投资分析时，不应将新车间的销售收入作为增量收入来处理，而应扣除其他项目因此减少的销售收入。当然，也可能发生相反的情况，新产品上市后将促进其他项目的销售增长。这要看新项目和原有项目是竞争关系还是互补关系。

当然，诸如此类的交互影响，事实上很难准确计量。但决策者在进行投资分析时仍要将其考虑在内。

④ 对净营运资金的影响。在一般情况下，当公司开办一个新业务并使销售额扩大后，对于存货和应收账款等经营性流动资产的需求也会增加，公司必须筹措新的资金以满足这种额外需求；此外，公司扩充的结果，应付账款与一些应付费用等经营性流动负债也会同时增加，从而降低公司流动资金的实际需要。所谓净营运资金的需要，指增加的经营性流动资产与增加的经营性流动负债之间的差额。

当投资方案的寿命周期快要结束时，公司将与项目有关的存货出售，应收账款变为现金，应付账款和应付费用也随之偿付，净营运资金恢复到原有水平。通常，在进行投资分析时，假定开始投资时筹措的净营运资金在项目结束时收回。

⑤ 支付借款利息和股利均不作为现金流出量。在分析投资项目的现金流量时，借款利息与股利支付的影响体现在资本预算的贴现过程中，同时，也无须区分投资所用的资金是自有资金还是借入资金。

⑥ 要注意税收的影响。我们考虑的现金流量是税后现金流量，而不是税前现金流量。一个不考虑所得税的项目可能是个很好的项目，但是考虑所得税后可能就变得不可取了。在各种现金流中，项目的营业现金流量是受所得税影响最大的。

⑦ 折旧的抵税效应。折旧不需要支付现金，所以折旧本身不引起现金流量的变化；但折旧是企业的费用，影响利润，从而影响企业所得税，而所得税是企业的一种现金流出，所以折旧会减少税收，对企业来说增加了现金流量。折旧对现金流量产生影响，实际是由所得税的存在引起的。

5.1.3 长期投资决策采用现金流量分析的原因

传统的财务会计按权责发生制计算企业的收入和成本，并以收入减去成本后的利润作为收益，用来评价企业的经济效益。在长期投资决策中则不能以按这种方法计算的收入和支出作为评价项目经济效益高低的基础，而应以现金流入作为项目的收入，以现金流出作为项目的支出，以净现金流量作为项目的净收益，并在此基础上评价投资项目的经济效益。投资决策之所以要以按收付实现制计算的现金流量作为评价项目经济效益的基础，主要有以下两方面原因。

（1）采用现金流量有利于科学地考虑时间价值因素。科学的投资决策必须认真考虑资金的时间价值，这就要求在决策时一定要弄清每笔预期收入款项和支出款项的具体时间，因为不同时间的资金具有不同的价值。因此，在衡量方案优劣时，应根据各投资项目寿命周期内各年的现金流量，按照资金成本，结合资金的时间价值来确定。而利润的计算，并不考虑资金收付的时间，它是以权责发生制为基础的。利润与现金流量的差异主要表现在以下几个方面：①购置固定资产付出大量现金时不计入成本；②将资产的价值以折旧或折耗的形式逐期计入成本时，不需要付出现金；③计算利润时不考虑垫支的流动资产的数量和回收的时间；④只要销售行为已经确定，就计算为当期的销售收入，尽管其中有一部分并未于当期收到现金；⑤项目寿命终了时，以现金的形式回收的固定资产残值和垫支的流动资产在计算利润时也得不到反映。可见，要在投资决策中考虑时间价值的因素，就不能利用利润来衡量项目的优劣，而必须采用现金流量。

（2）只有采用现金流量才能使投资决策更符合客观实际情况。在长期投资决策中，应用现金流量能更科学、更客观地评价投资方案的优劣，而利润则明显地存在不科学、不客观的成分，这是由于两种原因。

- 利润的计算没有一个统一的标准,在一定程度上要受存货估价、费用摊配和折旧计提的不同方法的影响。因而,净利的计算比现金流量的计算有更大的主观随意性,作为决策的主要依据不太可靠。

- 利润反映的是某一会计期间,"应计"的现金流量,而不是实际的现金流量。若以未实际收到现金的收入作为收益,具有较大风险,容易高估投资项目的经济效益,存在不科学、不合理的成分。

第二部分 技能训练

技能训练1:现金流量计算

【例5-1】 东化公司准备购入一设备以扩充生产能力。现有A、B两个方案可供选择,A方案须投资20 000元,使用寿命为5年,采用直线法计提折旧,5年后设备无残值。5年中每年销售收入为10 000元,每年的付现成本为3 000元。乙方案需投资24 000元,采用直线法计提折旧,使用寿命为5年,5年后有残值收入4 000元。5年中每年销售收入为15 000元,付现成本第一年为3 000元,以后随着设备折旧,逐年将增加修理费500元,另须垫支营运资金6 000元。假定所得税率25%。计算各方案净现金流量。

(1)计算初始现金流量

A方案 = 10 000   B方案 = 12 000 + 3 000 = 15 000元

(2)计算营业现金流量

① 计算两个方案每年的折旧额

A方案每年折旧额 = 20 000/5 = 4 000元

B方案每年折旧额 = (24 000 - 4 000)/5 = 4000元

② 计算各年现金流量

营业现金流量 = 营业收入×(1 - 所得税率) - 付现成本×(1 - 所得税率) + 折旧×所得税

A方案 = 10 000×(1 - 25%) - 3 000×(1 - 25%) + 4 000×25% = 10750(每年相同)

(3)计算终结现金流量

A方案 = 0   B方案 = 4 000 + 6 000 = 10 000元

B方案营业现金流量计算表如表5-1所示。

表5-1   B方案营业现金流量计算表

年	1	2	3	4	5
营业收入	15 000	15 000	15 000	15 000	15 000
付现成本	3 000	3 500	4 000	4 500	5 000
折旧	4 000	4 000	4 000	4 000	4 000
税前利润	8 000	7 500	7 000	6 500	6 000
所得税	2 000	1 875	1 750	1 625	1 500
净利润	6 000	5 625	5 250	4 875	4 500
营业现金净流量	10 000	9 625	9 250	8 875	8 500

5.2 投资决策指标

第一部分 学习引导

5.2.1 折现现金流量方法

投资决策的主要内容是通过投资预算的分析与编制对投资项目进行评价，因此也称为"资本预算"，或者"资本投资项目分析与评价"。

对投资项目进行评价时使用的指标分为两类：贴现指标和非贴现指标。非贴现指标是不按货币时间价值进行统一换算，而直接按投资项目形成的现金流量进行计算的指标，包括投资利润率、投资回收期（静态）等。而贴现指标是在对投资项目形成的现金流量按货币时间价值进行统一换算的基础上进行计算的各项指标，包括投资回收期（动态）、净现值、获利指数、内部报酬率、外部报酬率等。可见，两类指标的划分是以是否按"货币时间价值"进行统一换算为区分标志的。根据分析评价指标的类别，投资项目分析评价的方法，也被分为贴现的分析评价方法和非贴现的分析评价方法两种。

贴现现金流量评价方法是指考虑了货币时间价值的评价方法，也叫动态评价方法，主要包括：净现值、内含报酬率和获利指数。

1．净现值

（1）净现值的计算

净现值（Net Present Value，NPV）是投资项目投入使用后的净现金流量，按资本成本率或企业要求达到的报酬率折算为现值，减去初始投资以后的余额。其计算公式为：

$$NPV = \left[\frac{NCF_1}{(1+k)^1} + \frac{NCF_2}{(1+k)^2} + \cdots \frac{NCF_n}{(1+k)^n} \right] - C = \sum_{t-1}^{n} \frac{NCF_t}{(1+k)^t} - C \qquad (5-1)$$

式中，NPV——净现值；

NCF_t——第 t 年的现金净流量；

k——贴现率（企业的资本成本或要求的报酬率）；

n——项目的预计使用年限；

C——原始投资额。

（2）净现值的含义及决策规则

从净现值的定义容易看出，净现值决策的基本思想是投入与产出相比，只有当后者大于前者时，投资对于企业才是有益的。为了科学地决策，将不同时间点上发生的现金流量统一折算为统一时点（项目实施的开始时点），未来各年净现金流量的现值之和就是进行投资的"产出"，而初始投资就是"投入"。

净现值的结果不同对企业的价值的影响也是不同的。当某投资项目净现值 NPV 为正值时，表明进行该项投资将会使企业增值，其增值幅度大小的现值即为 *NPV*；当某投资项目净现值 *NPV* 为负值时，表明进行该项投资不但不会使企业增值，反而会降低企业价值，其幅度大小恰好为 *NPV* 的绝对值；当某投资项目净现值 *NPV* 为零时，表明进行该项投资对企业价值不产生任何影响，企业既不会因从事该项投资而增值，也不会因此降低企业价值。

所以利用净现值法进行项目决策的原则是：如果项目的净现值大于零，表明该项目投资获得的收益大于资本成本或投资者要求的收益率，则项目是可行的；反之项目应舍弃。若存在若干个净现值大于零的互斥方案，则应选择净现值最大的方案，或对净现值的大小进行排队，对净现值大的方案应优先考虑。

（3）净现值的优缺点

① 净现值的优点。净现值的优点在于：一是考虑了资金的时间价值，能较合理地反映了投资项目的真正经济价值，符合企业价值最大的财务目标的要求；二是考虑了投资风险性，因为贴现率的大小与风险大小有关，风险越大，贴现率就越高。

② 净现值的缺点。净现值在应用时也存在一些问题，但这些问题大都可以通过其他的方法加以补充或克服。

第一，净现值应用存在如何确定折现率的问题。在实务中一种办法是根据资金成本来确定，另一种办法是根据企业要求的最低资金利润率来确定。前一种办法，由于计算资本成本比较困难，故限制了其应用范围；后一种办法根据资金的机会成本，即一般情况下可以获得的报酬来确定，比较容易解决。

第二，如果不同方案的投资额不同，单纯看净现值的绝对量并不能做出正确的评价。因为在这种情况下，不同方案的净现值实际上是不可比的。这时"获利指数法"可弥补这一缺点。

第三，净现值能够反映了方案给企业带来的价值，但不能反映方案本身的报酬大小。这时就需要计算内含报酬率来加以补充。

第四，如果备选方案的经济寿命不同，利用净现值就失去可比基础，这时，就要进一步的计算年均净现值。

虽然净现值有一定的不足，但其仍具有广泛的适用性，在理论上也比其他方法更完善。因而是一种较好的投资决策方法。

2．获利指数

获利指数（Profitability Index，PI）是指项目经营期内，未来净现金流量的现值与原始投资额的现值之比，表明项目单位投资的获利能力。用公式表示为：

$$PI = \left[\frac{NCF_1}{(1+k)^1} + \frac{NCF_2}{(1+k)^2} + \ldots + \frac{NCF_n}{(1+k)^n} \right] \div C = [\sum_{t=1}^{n} \frac{NCF_t}{(1+k)^t}] \div C \qquad (5-2)$$

获利指数实质上是净现值的一种变形。根据两者计算公式的区别和净现值对项目的取舍原则，不难得出获利指数法进行项目决策的原则：接受获利指数大于 1 的项目，放弃获利指数小于 1 的项目。若有多个投资方案备选，则应选择获利指数最大者。

获利指数是一相对数指标，反映投资的效率，即获利能力。当备选方案的投资额不等且彼此之间相互独立，可用获利指数法确定方案的优劣次序；若为互斥方案，当采用净现值法和获利指数法出现结果不一致时，应以净现值法的结果为准。因为净现值是一个绝对指标，反映投资的效益，更符合财务管理的基本目标。

3. 内含报酬率

内含报酬率（Internal Rate of Return，IRR）又称内部收益率，是指能够使未来现金流入量现值等于未来现金流出量现值的折现率，或者说能使投资项目的净现值等于零时的贴现率。显然，内含报酬率 IRR 满足下列等式。

$$NPV = \left[\frac{NCF_1}{(1+k)^1} + \frac{NCF_2}{(1+k)^2} + \ldots + \frac{NCF_n}{(1+k)^n}\right] - C = \sum_{t=1}^{n}\frac{NCF_t}{(1+k)^t} - C = 0 \qquad (5-3)$$

从上式中可知，净现值的计算是根据给定的贴现率求净现值。而内含报酬率的计算是先令净现值等于零，然后求能使净现值等于零的贴现率。所以，净现值不能揭示各个方案本身可以达到的实际报酬率是多少，而内含报酬率实际上反映了项目本身的真实报酬率。

利用内含报酬率标准选择投资项目的基本原则是：若 *IRR* 大于项目的资本成本或投资最低收益率，接受该项目；反之则放弃。在有多个互斥项目的选择中，选用 *IRR* 最大的投资项目。

内含报酬率是个动态相对量指标，它既考虑了资金时间价值，又能从动态的角度直接反映投资项目的实际报酬率，且不受贴现率高低的影响，比较客观，但该指标的计算过程比较复杂。

4. 贴现评价指标之间的关系

净现值 *NPV*，获利指数 *PI* 和内含报酬率 *IRR* 指标之间存在以下数量关系，即：

当 *NPV* > 0 时，*PI* >1，*IRR* >*k*。

当 *NPV* = 0 时，*PI* = 1，*IRR* = *k*。

当 *NPV* < 0 时，*PI* <1，*IRR* <*k*。

这些指标的计算结果都受到建设期和经营期的长短、投资金额及方式，以及各年现金净流量的影响。所不同的是净现值为绝对数指标，其余为相对数指标，计算净现值、获利指数所依据的贴现率都是事先已知的，而内含报酬率的计算本身与贴现率的高低无关，只是采用这一指标的决策标准是将所测算的内含报酬率与其贴现率进行对比。

5.2.2 非折现现金流量方法

非贴现指标不考虑货币时间价值，把不同时点上的收支看成是等效的。这些指标在选择方案时只起辅助作用。

1. 静态投资回收期（Payback Period，PP）

静态投资回收期是以投资额完全收回所需时间的长短来评价投资方案经济效益好坏的一种方法。一般来讲，投资的回收期越短，则投资方案的经济效益越好，风险也越小，投资方案的可选性越大。投资回收期的计算要分各年等额现金流入量和非等额现金流入量两种情况。

（1）经营期年现金净流量相等

其计算公式为：

$$投资回收期 = \frac{投资总额}{年现金净流量} \qquad (5-4)$$

（2）经营期年现金净流量不相等

当各年经营净现金流量不相等时，则回收期应在已回收期限的基础上，加上年末尚未回收的原始投资额÷下一年的净现金流量。

在利用投资回收期进行投资决策时，首先投资者主观上要确定的一个期望回收期，然后将投资方案回收期与之相对比，当投资方案的回收期小于和等于期望回收期时，方案可接受，然后在多个可接受的备选方案中选择回收期最短的方案，回收期越短，说明回收速度就越快，投资方案的风险程度越小。

回收期优点是回收期法计算简便，决策者容易理解。回收期法的主要缺点有两个：一是没有考虑资金时间价值，夸大了回收期；二是只考虑回收年限及回收期内的现金流入量，没考虑回收期后的现金流入量和整个投资项目在经济寿命期的赢利程度，可能导致优先考虑短期见效的项目，从而放弃长期成功的方案。

2．平均报酬率

平均报酬率（Average Rate of Return，ARR）是投资项目寿命期内平均的年投资报酬率，也称为平均投资报酬率。它有多种计算方法，其中最常见的计算公式为：

$$ARR = \frac{平均现金流量}{原始投资额} \times 100\% \qquad (5-5)$$

在采用平均报酬率指标时，应事先确定一个企业要求达到的平均报酬率，或称必要报酬率。在进行决策时，只有高于必要的平均报酬率的方案才能入选。而在有多个方案的互斥选择中，则应选择平均报酬率最高的方案。

平均报酬率的优点是简明、易算、易懂，考虑了投资方案在其寿命周期内的全部收益状况和现金流量，克服了投资回收期的缺点。其缺点是没有考虑货币的时间价值，第一年的现金流量与最后一年的现金流量被看作具有相同的价值，夸大了报酬率。单纯地运用平均报酬率进行投资项目的决策，有时会做出错误的决策，在实际决策中可以配合其他方法加以运用。

5.2.3 投资决策指标的比较

关于投资项目的评价，人们在理论和实务中采用了许多标准，运用这些标准评估独立项目，一般能够做出一致的取舍决策。但对于互斥项目，按不同的标准，有时会得出不同的结论。因此有必要了解这些评价标准的联系和区别，以便选择合适的评价标准。

1．净现值曲线

净现值曲线描绘的是项目净现值与贴现率之间的关系。如果投资项目的现金流量是传统型，即在投资有效期内只改变一次符号，那么 NPV 是贴现率（资本成本或投资者要求的必要报酬率）K 的单调减函数，即随着贴现率 K 的增大，NPV 单调减少，如图5－1所示。NPV 曲线与横轴的交点是内含报酬率 IRR，当项目的贴现率在 K_1 点时，说明内含报酬率等于贴现率（资本成本），同时 NPV 等于零，按两种标准判断，均应接受该投资项目。

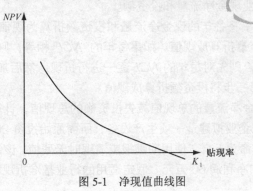

图 5-1　净现值曲线图

显然贴现率在 *IRR* 点左边的 *NPV* 均为正数，而在 *IRR* 点右边的 *NPV* 均为负数。这表明，如果 *NPV* 大于零，*IRR* 必然大于资本成本 *K*；反之，如果 *NPV* 小于零，*IRR* 必然小于资本成本 *K*。由此可知：如果净现值标准得到满足，内含报酬率标准也必然得到满足，反之亦同。不论采取哪种判断标准，其结论是一致的。

2．净现值法和内含报酬率法的比较

在多数情况下，运用净现值和内含报酬率这两种方法进行决策时得出的结论是相同的。但在以下两种情况，有时会产生差异：①项目的投资规模不同，即一个项目的初始投资大于另一个项目的初始投资；②项目现金流量模式不同，即一个项目在最初几年现金流入较多，另一个项目在最后几年现金流入较多。尽管是在这两种情况下使两者产生了差异，但引起差异的原因是共同的，即两种方法假定中期产生的现金流量进行再投资时，会产生不同的报酬率。净现值法假定产生的现金流入量重新投资会产生相当于企业资本成本的利润率。而内含报酬率法却假定现金流入量重新投资产生的利润率与此项目的特定内含报酬率相同。

3．净现值法和获利指数法的比较

由于净现值和获利指数使用的是相同的信息，在评价投资项目的优劣时，它们常常是一致的，但有时也会产生分歧。只有当初始投资规模不同时，净现值和获利指数才会产生差异。由于净现值是用各期现金净流量现值减去投资额的现值，而获利指数是用各期现金净流量现值除以投资额的现值，因而，评价的结果可能会产生不一致。最高的净现值符合企业的最大利益，也就是说，净现值越高，企业的收益越大。获利指数只反映投资回收的程度，不反映投资回收的多少，在没有资本限量情况下的互斥选择决策中，应选用净现值较大的投资项目。也就是说，当净现值和获利指数得出不同结论时，应以净现值为准。

总之，在无资本限量的情况下，利用净现值法在所有的投资评价中都能做出正确的决策。而利用内含报酬率法和获利指数法在采纳与否决策中也能做出正确的决策，但在互斥选择决策中有时会做出错误的决策。因而，在这3种评价方法中，净现值是最好的评价方法。

第二部分　技能训练

技能训练2：计算净现值

净现值的计算可按下列步骤进行。

① 计算每年的营业现金净流量和投资额。

② 用既定的贴现率将各年的现金净流量和投资额折算为现值。可以分为三步：第一步将每年的营业现金净流量折算成现值。如果每年的 *NCF* 相等，则按年金法折算成现值。如果每年的 *NCF* 不相等，则先对每年的 *NCF* 逐一进行折现，然后加以合计；第二步将终结现金流量折算成现值；第三步将投资额折算成现值。

③ 将未来各年现金净流量的总现值减去投资额的总现值，计算出净现值。

【例5－2】　东化企业拟建造一项生产设备，所需原始投资300万元于建设起点一次投入。该设备预计使用寿命为5年，使用期满报废清理时无残值。该设备折旧方法采用直线法。该设备投产后每年增加净利润60万元。假定适用的行业基准折现率为10%。

（1）计算每年产生的现金流量：

初始现金流量=200

折旧=200÷5=40

每年经营活动的现金净流量=60+40=100

（2）$NPV=100 \times 3.791 \times -300=79.1$

技能训练3：计算内涵报酬率

内含报酬率具体计算的程序如下。

① 计算年金现值系数。

$$年金现值系数 = \frac{投资总额}{经营期每年的现金净流量}$$

$$PVIF_{k,n} = \frac{C}{NCF}$$

② 查年金现值系数表，在相同的期数内，找出与上述年金现值系数相邻近的两个贴现率。

③ 用插值法求出内含报酬率。

【例5-3】 根据例5-2的资料，计算方案内含报酬率。

$$PVIF_{k,5} = \frac{300}{100} = 3$$

（1）查年金现值系数表可知

19%	IRR	20%
3.057 6	3	2.990 6

用插值法计算如下：

$$IRR = 19\% + \frac{3-3.0576}{2.9906-3.0576} \times (20\% - 19\%) = 19.8597\%$$

（2）经营期内各年现金净流量不相等

若投资项目在经营期内各年现金净流量不相等，无法应用上述的简便方法，必须按定义采用逐次测试的方法，计算能使净现值等于零的贴现率，即内含报酬率。计算步骤如下。

① 估计一个贴现率，用它来计算净现值。如果净现值为正数，说明方案的实际内含报酬率大于预计的贴现率，应提高贴现率再进一步测试；如果净现值为负数，说明方案本身的报酬率小于估计的贴现率，应降低贴现率再进行测算。如此反复测试，寻找出使净现值由正到负或由负到正且接近零的两个贴现率。

② 根据上述相邻的两个贴现率用插入法求出该方案的内含报酬。由于逐步测试法是一种近似方法，因此相邻的两个贴现率不能相差太大，否则误差会很大。

【例5-4】 东化公司投资12 000元购买一台设备，残值2 000元，需要营运资金3 000元，每年营业收入7 000元，付现成本2 000元，每年增加400元。

先按15%估计的贴现率进行测试，其结果净现值2.45元，是正数；于是把贴现率提高到16%进行测试，净现值为-381元，是负数，说明该项目的内含报酬率在15%～16%。有关测试计算如表5-2所示。

171

表5-2   贴现率进行测试表   单位：元

年份	现金净流量 (NCF)	贴现率＝15%		贴现率＝16%	
		现值系数	现值	现值系数	现值
0	(15 000)	1	(15 000)	1	(15 000)
1	4 250	0.870	3 697.5	0.862	3 663.5
2	3 950	0.756	2 986.2	0.743	2 934.85
3	3 650	0.658	2 401.7	0.641	2 339.65
4	3 350	0.572	1 916.2	0.552	1 849.2
5	8 050	0.497	4 000.85	0.476	3 831.8
净现值			2.45		－ 381

③ 用插值法近似计算内含报酬率：

$$IRR = 15\% + \frac{2.45 - 0}{2.45 - (-381)} \times (16\% - 15\%) \approx 15.0064\%$$

技能训练4：计算获利指数

【例5-5】 已知东化公司拟于2010年购置设备一台，需一次性投资300万元。经测算，该设备使用寿命为5年，税法亦允许按5年计提折旧；设备投入运营后每年可新增利润30万元。假定该设备接直线法折旧，预计的净残值率为0；不考虑建设安装期和公司所得税。

折旧 = 300 ÷ 5 = 60

经营现金净流量计算表如表5-3所示。

表5-3   经营现金净流量计算表

期数	0	1	2	3	4	5
净利润	−300	30	30	30	30	30
折旧		60	60	60	60	60
经营现金净流量	−300	90	90	90	90	90

$$NPV = \frac{90 \times 3.791}{300} = 1.14$$

技能训练5：计算投资回收期

【例5-6】 有甲、乙两个项目的现金流量有关资料如表5-4所示。

表5-4   甲、乙两个项目的现金流量表   单位：元

项目计算期	0	1	2	3	4	5	6
甲净现金流量	−100 000	20 000	20 000	20 000	20 000	20 000	20 000
乙净现金流量	−150 000	35 000	42 500	42 500	42 500	38 000	37 500

（1）甲项目的投资回收期

$$PI_{甲} = \frac{100\,000}{20\,000} = 5$$

（2）乙项目的投资回收期

$$PI_{乙} = 3 + \frac{30\,000}{42\,500} = 3.71$$

乙项目投资回收期计算表如表5-5所示。

表5-5 乙项目投资回收期计算表

项目计算期	0	1	2	3	4	5	6
乙净现金流量	−150 000	35 000	42 500	42 500	42 500	38 000	37 500
未回收的现金流量		115 000	·72 500	30 000			

技能训练6：计算投资报酬率

【例5-7】 根据例5-6的资料，计算两个方案的平均报酬率。

$$ARR_{甲} = \frac{平均现金流量}{原始投资额} \times 100\% = \frac{20\,000}{100\,000} = 20\%$$

$$ARR_{乙} = \frac{(35\,000 + 42\,500 + 42\,500 + 42\,500 + 38\,000 + 37\,500) \div 6}{150\,000} = 26.44\%$$

课题六 内部投资决策

▶ 知识目标

理解掌握项目投资的基本类型和特点

▶ 技能目标

学会运用投资决策指标进行项目投资决策
学会考虑风险下的投资决策

▶ 建议学时

6 学时

6.1 项目投资决策

第一部分 学习引导

6.1.1 项目投资决策应用

企业把资金投放到企业内部生产经营所需的长期资产上，称为内部长期投资。内部长期投资主要包括固定资产投资和无形资产投资。

1. 内部长期投资的分类

为了加强内部长期投资的管理，提高投资效益，必须分清投资的性质，对投资进行科学的分类。对企业内部长期投资可进行以下分类。

（1）根据投资在生产过程中的作用分类

根据投资在生产过程中的作用，内部长期投资分为新建企业投资、简单再生产投资和扩大再生产投资。新建企业投资是指为一个新企业建立生产、经营、生活条件所进行的投资，其特点是投入的资金通过建设形成企业的原始资产。简单再生产投资是指为了更新生产经营中已经老化的物质资源和人力资源所进行的投资，其特点是把原来生产经营过程中收回的资金再重新投入生产过程。扩大再生产投资是为扩大企业现有的生产经营规模所进行的投资，其特点是追加资金投入，扩大企业资产的数量。

（2）根据对企业前途的影响分类

根据对企业前途的影响，内部长期投资分为战术性投资和战略性投资。战术性投资是指不牵涉整个企业前途的投资。例如，为提高劳动生产率而进行的投资、为改善工作环境而进行的投资等。战略性投资是指对企业全局有重大影响的投资。例如，企业转产投资、增加新产品投资等，战略性投资一般所需资金多、回收时间长、风险大。

（3）根据投资项目之间的关系分类

根据投资项目之间的关系，内部长期投资分为相关性投资和非相关性投资。如果采纳或放弃某一项目并不显著地影响另一项目，则可以说这两个投资项目在经济上是不相关的。例如，一个制造公司在专用机床上的投资和其在某些办公设施上的投资，就是两个不相关的投资项目。如果采纳或放弃某个投资项目，可以显著地影响另一个投资项目，则可以说这两个投资项目在经济上是相关的。例如，对油田和输油管道的投资便属于相关性投资。

（4）根据决策的分析思路分类

根据决策的分析思路，内部长期投资分为采纳与否投资和互斥选择投资。采纳与否投资决策是指决定是否投资于某一项目的决策。例如，是否要购入一台设备、是否要购入一块土地、是否要建一栋厂房都属于采纳与否投资决策。在两个或两个以上的投资项目中，只能选择其中之一的决策，叫互斥选择投资决策。例如，是投资于股票还是投资于债券、是购买厂房还是租用厂房等都是属于互斥选择投资决策。

2．内部长期投资的特点

内部长期投资一般具有以下特点。

（1）内部长期投资的回收时间较长

内部长期投资决策一经做出，便会在较长时间内影响企业。一般的内部长期投资中的固定资产投资都需要几年甚至几十年才能回收。因此，固定资产投资对企业今后长期的经济效益，甚至对企业的命运都有着决定性的影响。这就要求企业在进行内部长期投资时，必须小心谨慎，进行认真的可行性研究。

（2）内部长期投资的变现能力较差

内部长期投资的实物形态主要是厂房和机器设备等固定资产，这些资产不宜改变用途，出售困难，变现能力较差。因此，内部长期投资一经完成，再想改变用途，不是无法实现，就是代价太大。所以，有人称内部长期投资具有不可逆转性。

（3）内部长期投资的实物形态与价值形态可以分离

内部长期投资完成，投入使用以后，随着机器设备的磨损和厂房的老化，固定资产价值便有一部分脱离其实物形态，转化为货币资金，而其余部分仍存在于实物形态中。在使用年限内，保留在固定资产实物形态上的价值逐年减少，而脱离实物形态转化为货币准备金的价值却逐年增加，直到固定资产报废，其价值才得到全部补偿，实物也得到更新。这样，固定资产的价值与其实物形态又重新统一起来。这一特点说明，由于企业各种固定资产的新旧程度不同，实物更新时间不同，企业可以在某些固定资产需要更新之前，利用脱离实物形态的货币准备金去投资兴建固定资产，再利用新固定资产所形成的货币准备金去更新旧的固定资产，可以充分发挥资金的使用效率。

（4）内部长期投资的次数相对较少

企业内部长期资产投资一般较少发生，特别是大规模的固定资产投资，一般要几年甚至几十年才发生一次。虽然发生次数少，但每次资金的投放量却比较多，对企业未来的财务状况有较大的影响。根据这一特点，在进行内部长期投资时，可以用较多的时间进行专门的研究和评价，并要为内部长期投资做专门的筹资工作。

3．内部长期投资的程序

企业内部长期投资是财务管理中最重要的决策，一旦决策失误，就会严重影响企业的财务状况和现金流量，甚至会导致企业面临破产的危险。因此，企业内部长期投资决策不能在缺乏调查研究的情况下轻易做出决定，必须按规定的程序，运用科学的方法进行可行性研究，以确保决策的正确、有效。企业内部长期投资决策的程序一般包括以下几个步骤。

（1）寻找并确定投资项目

企业各级领导者都可以提出新的投资项目。一般情况下，企业的高层领导提出的投资项目，大多数是大规模的战略性投资，其方案一般由生产、市场、财务等各方面专家组成的专门小组做出。基层或中层人员提出的主要是战术性投资项目，其方案由主管部门组织人员拟订。

（2）进行投资项目的评价

对投资项目进行评价，是可行性研究的核心内容。企业在确定可行性投资项目后，接下来就是分析、估测各个投资项目的成本、收益，并考虑与此相关的风险，为投资决策提供财务数据。然后采用一定的财务评价指标，对各个投资项目的风险和报酬做出评估，从而为选择最好的投资项目做准备。

（3）对投资项目做出决策

投资项目经过评价后，企业领导要做最后的决策。投资额较小的项目，有时中层人员就有决策权；投资额较大的项目，一般由总经理做出决策；投资额特别大的项目，要由董事会甚至股东大会投票表决。估算投资方案的收益与风险和选择投资方案是投资决策过程中最主要的两个步骤。

（4）投资项目的实施

决定对某投资项目进行投资后，要积极筹措资金，实施投资。企业应当根据投资计划中指定的筹资方案，及时足额的筹集资金，以顺利实施投资方案。在投资项目实施过程中，要对工程进度、工程质量、施工成本进行控制，以便使投资按预算规定保质、如期完成。

（5）进行投资项目的监测

对投资项目进行监测，可以评价企业在选择投资方案过程中，对投资项目的收益、成本与风险的估算是否正确，是否要根据实际情况对投资计划加以修订和调整。例如，在筹资过程中，如果资本市场发生剧烈变化，使得资金筹措困难或资本成本大幅度上升，从而使原先有利可图的投资方案变得无利可图，乃至亏损，那么企业就有必要调整其投资计划；在项目建设过程中，如果产品市场发生重大变化，原有的投资决策已经变得不合理，那么就要对投资决策是否中途停止做出决策，以避免重大的损失。

第二部分　技能训练

技能训练1：新旧设备的更新决策

当企业原有设备使用到一定程度后，虽然依旧可以使用，但往往会耗费大、效率低。这时，如果使用效率更高的新设备取代过时的旧设备，将会提高劳动生产率。那么，废弃旧设备，投资购置新设备是否有利？如果对旧设备进行技术改造、革新，同样可以达到提高劳动生产率的目的，是改造旧设备，还是添置新设备，是更新改造决策所要解决的问题。在固定资产的更新改造决策中，可分为以下几种情况进行分析说明。

在新旧设备未来使用年限相同的情况下，分析时普遍使用的方法是差额分析法，用以计算两个方案（出售旧设备购置新设备和继续使用旧设备）的现金流量之差，以及净现值差额。如果净现值差额大于零，则购置新设备，否则继续使用旧设备。

投资寿命期相等的更新决策—差额分析法。

【例6-1】 东化公司5年前以100 000元的价格购买了一台机器，预计使用寿命为10年，10年后的残值为10 000元，直线法计提折旧。现在市场上有一种新机器，其性能及技术指标均优于原有设备。新机器价格150 000元（包括安装费），使用寿命5年。5年内可以每年降低经营费用50 000元，5年后无残值，直线法计提折旧。新机器投入后需增加净营运资本12 000元。旧机器现在可以按65 000元出售，若公司所得税率为25%，折现率为10%。

（1）计算初始投资的差量

Δ初始投资 = 150 000 + 12 000 - 65 000 + （65 000 - 55 000）×25% = 99 500（万元）

（2）计算各年营业现金流量的差量

如表6-1所示。

表6-1 各年营业现金流量的差量 单位：万元

年数	1	2	3	4	5
Δ节约付现成本	50 000	50 000	50 000	50 000	50 000
Δ折旧	21 000	21 000	21 000	21 000	21 000
Δ税前利润	29 000	29 000	29 000	29 000	29 000
Δ所得税	7 250	7 250	7 250	7 250	7 250
Δ税后净利润	21 750	21 750	21 750	21 750	21 750
Δ营业净现金流量	42 750	42 750	42 750	42 750	42 750

计算所得

$$\Delta 折旧 = 150 000 \div 5 - （100 000 - 10 000）\div 10 = 21 000（万元）$$

（3）计算终结现金流量

$$\Delta 终结现金流量 = 12 000 - 10 000 = 2 000（万元）$$

（4）计算净现值

$$\Delta NPV = 42 750 \times PVIFA_{10\%,5} + 2 000 \times PVIF_{10\%,5} - 104 500$$

$$= 42 750 \times 3.791 + 2 000 \times 0.621 - 104 500 = 58 807.25（万元）$$

因为更新设备后，净现值增加58 807.25万元，所以要进行更新。

技能训练2：新旧设备寿命不同的更新决策

1. 直接计算新旧项目净现值

【例6-2】 东化企业计划某项投资活动，拟有甲、乙两个方案。有关资料为：甲方案原始投资为150万元，其中，固定资产投资100万元，流动资产投资50万元，全部资金于建设起点一次投入，该项目经营期4年，到期残值收入10万元，预计投产后年营业收入150

万元，年总成本60万元。

乙方案原始投资为235万元，其中，固定资产投资120万元，无形资产投资25万元，流动资产投资90万元，全部资金于建设起点一次投入，经营期8年，到期残值收入8万元，无形资产自投产年份起分5年摊销完毕。该项目投产后，预计年营业收入170万元，年经营成本80万元。

该企业按直线法计提折旧，全部流动资金于终结点一次收回，适用所得税率为25%，资金成本率为10%。

甲项目净现值：

（1）初始现金流量＝150（万元）

（2）营业现金流量

各年营业现金流量如表6-2所示。

表6-2　　　　　　　　　甲项目各年营业现金流量　　　　　　　　单位：万元

项目 \ 年数	1	2	3	4
营业收入	150	150	150	150
总成本	60	60	60	60
税前利润	90	90	90	90
税后利润	67.5	67.5	67.5	67.5
折旧	22.5	22.5	22.5	22.5
营业现金流量净值	90	90	90	90

$$折旧 = （100 - 10）÷ 4 = 22.5（万元）$$

（3）终结现金流量＝50＋10＝60（万元）

$$NPV = 90 \times PVIFA_{10\%,4} + 60 \times PVIF_{10\%,4} - 150$$
$$= 90 \times 3.170 + 60 \times 0.683 - 150$$
$$= 285.3 + 40.98 - 150 = 176.28（万元）$$

乙项目净现值：

（1）初始现金流量＝210（万元）

（2）营业现金流量

表6-3　　　　　　　　　乙项目各年营业现金流量　　　　　　　　单位：万元

年数	1	2	3	4	5	6	7	8
营业收入	170	170	170	170	170	170	170	170
总成本	80	80	80	80	80	80	80	80
税前利润	90	90	90	90	90	90	90	90
税后利润	67.5	67.5	67.5	67.5	67.5	67.5	67.5	67.5
折旧＋摊销	19	19	19	19	19	14	14	14
营业现金流量净值	86.5	86.5	86.5	86.5	86.5	81.5	81.5	81.5

$$折旧 = （120 - 8）÷ 8 = 14（万元）$$

（3）终结现金流量 $= 90 + 8 = 98$

（4）$NPV = 86.5 \times PVIFA_{10\%,5} + 81.5 \times PVIFA_{10\%,3} \times PVIF_{10\%,5} + 73 \times PVIF_{10\%,8} - 235$

$\qquad = 86.5 \times 3.791 + 81.5 \times 2.487 \times 0.621 + 98 \times 0.467 - 235$

$\qquad = 264.56（万元）$

从上面的计算结果看甲项目的净现值 176.28 万元小于乙项目 229.55 万元，应该选乙项目，但是乙项目实现 229.55 万元的净现值用了 8 年，而甲项目用了 4 年，所以甲项目不一定比乙项目差。

2．最小公倍寿命法

使投资项目的寿命周期相等的方法是最小公倍寿命法。也就是说，求出两个项目使用年限的最小公倍数。

假设甲项目以现在的投资规模在第四年末再次投资，即甲项目投资一次，乙项目投资两次如下表。

年	0	1	2	3	4	5	6	7	8
甲	176.28				176.28				
乙	229.55								

$$NPV_{甲} = 176.28 + 176.28 \times 0.683 = 296.68（万元）$$

甲项目在 8 年内做两次投资可获得 296.68 万元的净现值，显然甲项目优于乙项目。

3．年均净现值

年均净现值法是将互斥项目的净现值按资本成本等额分摊到每年，求出项目每年的平均净现值，又叫等值年金法。由于化成了年金，项目在时间上是可比的，而且从净现值转化为年金只是做了货币时间价值的一种等值交换，两种方法是等价的。

$$ANPV = \frac{NPV}{PVIFA_{k,n}}$$

式中，$ANPV$——年均净现值；

$\qquad PVIFA_{k,n}$——建立在公司资本成本和项目寿命周期基础上的年金现值系数。

根据【例 6 - 2】数据计算如下。

$$ANPV_{甲} = \frac{NPV_{甲}}{PVIFA_{10\%,4}} = \frac{176.28}{3.170} = 55.61（万元）$$

$$ANPV_{乙} = \frac{NPV_{乙}}{PVIFA_{10\%,8}} = \frac{229.55}{5.335} = 43.03（万元）$$

甲方案的年均净现值 55.61 万元；乙方案的年均净现值 43.03 万元，通过计算，甲项目的年均净现值比乙项目大，所以公司应选用 A 项目。这一计算结果与最小公倍寿命法计算的结果是一致的。从以上分析可以看出，对寿命期不等的互斥方案进行决策时，无论是采用最小公倍寿命法还是等值年金法，都是建立在项目现金流年限相等的基础上进行的，这体现了评价方法在时间上的可比性。等值年金法计算简单，故在寿命期不等的互斥方案比较中较为常用。

技能训练3：资本限量决策

资本限量是指企业资金有一定限度，不能投资于所有可接受的项目。也就是说，有很多获利项目可供投资，但无法筹集到足够的资金，这种情况是在许多公司都存在的，特别是那些以内部融资为经营策略或外部融资受到限制的企业。在资金有限量的情况下，什么样的项目将被采用呢？为了使企业获得最大的利益，应投资于一组使净现值最大的项目。可供采用的方法有现值指数法和净现值法。

1．使用现值指数法的步骤

第一步：计算所有项目的现值指数，不能略掉任何项目，并列出每一个项目的初始投资。

第二步：接受 $PI \geq 1$ 的项目，如果所有可接受的项目都有足够的资金，则说明资本没有限量，这一过程即可完成。

第三步：如果资金不能满足所有 $PI \geq 1$ 的项目，那么就要对第二步进行修正。这一修正的过程是：对所有项目在资本限量内进行各种可能的组合，然后计算出各种组合的加权平均现值指数。

第四步：接受加权平均现值指数最大的一组项目。

2．使用净现值法的步骤

第一步：计算所有项目的净现值，并列出项目的初始投资。

第二步：接受 $NPV \geq 0$ 的项目，如果所有可接受的项目都有足够的资金，则说明资本没有限量，这一过程即可完成。

第三步：如果资金不能满足所有的 $NPV \geq 0$ 的投资项目，那么就要对第二步进行修正。这一修正的过程是：对所有的项目都在资本限量内进行各种可能的组合，然后，计算出各种组合的净现值总额。

第四步：接受净现值的合计数最大的组合。

【例6-3】 假设东化公司有5个可供选择的项目A、B、C、D、E，东化公司资本的最大限量是4 000 000元。详细情况见表6-4。

表6-4　　　　　　　各项目投资获利情况

投资项目	初始投资	获利指数PI	净现值NPV
A	1 200 000	1.56	67 000
B	1 500 000	1.53	79 500
C	3 000 000	1.37	111 000
D	1 250 000	1.17	21 000
E	1 000 000	1.18	18 000

为了选出最优的项目组合，必须列出在资本限量内的所有可能的项目组合，如表6-5所示。

表6-5　　　　　　　各项目组合投资获利情况

项目组合	初始投资	加权平均获利指数	净现值合计
DE	2 250 000	1.098 125	39 000
AE	2 200 000	1.463	85 000
AD	2 450 000	1.221 125	88 000
BE	2 500 000	1.243 75	97 500

续表

项目组合	初始投资	加权平均获利指数	净现值合计
BD	2 750 000	1.251 875	100 500
ADE	3 250 000	1.266 125	106 000
BDE	3 750 000	1.296 875	118 500
CE	4 000 000	1.3 225	129 000
AB	2 700 000	1.36 675	146 500
ABE	3 750 000	1.41 175	164 500
ABD	3 950 000	1.419 875	167 500

为此，我们通过表来计算所有可能的项目组合的加权平均获利指数和净现值合计数。

在上表中 ABD 的组合有 5 000 元资金没有用完，假设这 5 000 元可投资于有价证券，获利指数为 1（以下其他组合也如此），则 ABD 组合的加权平均获利指数可按以下方法计算。

$$\frac{120\,000}{400\,000} \times 1.56 \times \frac{150\,000}{400\,000} \times 1.53 \times \frac{125\,000}{400\,000} \times 1.17 \times \frac{5\,000}{400\,000} \times 1.00 = 1.420$$

经计算说明东化公司应选用 ABD 3 个项目组成的投资组合，其净现值为 167 500 元。

技能训练 4：投资时机选择决策

某些自然资源的储量不多，由于不断开采，价格将随储量的下降而上升。在这种情况下，由于价格不断上升，早开发的收入少，而晚开发的收入多；但是，钱越早赚到手越好，因此，就必须研究开发时机问题。

在进行此类决策时，决策的基本规则也是寻求使净现值最大的方案，但由于两个方案的开发时间不一样，不能把净现值简单对比，而必须把晚开发所获得的净现值换算为早开发的第 1 年初（$t=0$）时的现值，然后再进行对比。

【例 6 - 4】 东化公司有一铁矿现在开采需要投资 500 万元，垫支流动资金 50 万元，每年可以获得收入 300 万元，付现成本 100 万元，能开采 5 年；如果 4 年后开采，需要投资 800 万元，垫支流动资金 60 万元，每年能获得收入 450 万元，付现成本 120 万元，能开采 5 年，所得税税率 25%，投资回报率 10%。

现在开采铁矿

（1）初始投资 = 500 + 50 = 550（万元）

（2）营业现金流量如表 6 - 6 所示。

表 6 - 6   前几年开采的营业现金流量   单位：万元

年数	1	2	3	4	5
营业收入	300	300	300	300	300
付现成本	100	100	100	100	100
折旧	100	100	100	100	100
税前利润	100	100	100	100	100
所得税	25	25	25	25	25
净利润	75	75	75	75	75
营业现金净流量	175	175	175	175	175

$$折旧 = 500 \div 5 = 100（万元）$$

（3）终结现金流量 = 50（万元）

（4）净现值

$$NPV = 175 \times PVIFA_{10\%,5} + 50 \times PVIF_{10\%,5} - 550$$
$$= 175 \times 3.791 + 50 \times 0.621 - 550$$
$$= 144.48（万元）$$

如果 4 年后开采：

（1）初始投资 = 800 + 60 = 860（万元）

（2）营业现金流量如表 6-7 所示。

表 6-7　　　　　　　　　4 年后开采的营业现金流量　　　　　　　　　单位：万元

年数	5	6	7	8	9
营业收入	450	450	450	450	450
付现成本	120	120	120	120	120
折旧	160	160	160	160	160
税前利润	170	170	170	170	170
所得税	42.5	42.5	42.5	42.5	42.5
净利润	127.5	127.5	127.5	127.5	127.5
营业现金净流量	287.5	287.5	287.5	287.5	287.5

$$折旧 = 800 \div 5 = 160（万元）$$

（3）终结现金流量 = 100（万元）

（4）净现值

$$NPV = 287.5 \times PVIFA_{10\%,5} \times PVIF_{10\%,4} - 860$$
$$= 287.5 \times 3.791 \times 0.683 - 860$$
$$= -115.59（万元）$$

4 年后开采获得 -115.59 万元的净现值，而现在开采能获得 113.43 万元，所以现在开采更具有经济效益。

6.2　风险投资决策

第一部分　学习引导

6.2.1　风险投资决策方法

固定资产投资决策涉及的时间较长，对未来收益和成本很难准确预测，即有不同程度的不确定性或风险性。有风险情况下的投资决策的分析方法很多，主要有调整现金流量和调整贴现率两种方法。

1．按风险调整贴现率法

将与特定投资项目有关的风险报酬，加入到资本成本或企业要求达到的报酬率中，构成按风险调整的贴现率，并据以进行投资决策分析的方法，叫按风险调整贴现率法。按风险调整贴现率有如下几种方法。

（1）用资本资产定价模型来调整贴现率

特定投资项目按风险调整的贴现率可按下式来计算。

$$K_c = R_F + \beta \times (R_M - R_F)$$

式中，K_C —— 项目按风险调整的贴现率或项目的必要报酬率；

$\qquad$ R_F —— 无风险报酬率；

$\qquad$ β —— 项目的不可分散风险的 β 系数；

$\qquad$ R_M —— 所有项目平均的贴现率或必要报酬率。

（2）按投资项目的风险等级来调整贴现率

这种是对影响投资项目风险的各因素评分，根据评分来确定风险等级，并根据风险等级来调整贴现率。

（3）用风险报酬率模型来调整贴现率

特定项目按风险调整的贴现率可按下式计算。

$$R_P = R_F + b \cdot V$$

式中，R_P —— 项目按风险调整的贴现率；

$\qquad$ R_F —— 无风险贴现率；

$\qquad$ b —— 项目的风险报酬系数；

$\qquad$ V —— 项目 i 的预期标准离差率。

风险调整贴现率法的优点有如下几个。

① 在竞争的市场环境中，投资风险由整体经济情况决定，投资多项目的方法不一定能够降低市场风险。因此，较传统方法而言，通过风险调整贴现率法，可以让不同种类的项目具有不同的贴现率，从而投资于更具赢利能力或能更快收回投资成本的项目。

② 在传统资源规划中，风险调整贴现率所确定的特定项目的资本成本或综合资源规划的资本成本比用公共事业资本成本所确定的成本更加精确。

风险调整贴现率法的缺点有如下几个。

① 把时间价值和风险价值混在一起，并据此对现金流量进行折现，意味着风险随时间的推移而加大，夸大了远期风险。

② 项目投资往往是期初投入，寿命期内收回，难以计算各年的必要回报率。传统的风险调整贴现率法在运用时假定各年的必要回报率均一致，这样的处理并不合理。

2．按风险调整现金流量法

先按风险调整现金流量，然后进行长期投资决策的评价方法，叫按风险调整现金流量法。最常用的是确定当量法、概率法。

（1）确定当量法

所谓确定当量法就是把不确定的各年现金流量，按照一定的系数（通常称为约当系数）折算为大约相当于确定的现金流量的数量，然后，利用无风险贴现率来评价风险投资项目的决策分析方法。约当系数是肯定的现金流量对与之相当的、不肯定的现金流量的比值，通常用 d 来表示，最大为 1，表示现金流量确定。在进行评价时可根据各年现金流量风险的大小，选取不同的约当系数。约当系数的选用可能会因人而异，敢于冒险的分析者会选用较高的约当系数，而不愿冒险的投资者可能选用较低的约当系数。为了防止因决策者的偏好不同而造成决策失误，可标准离差率来确定约当系数。采用确定当量法来对现金流量调整，进而做出投资决策，克服了调整贴现率法夸大远期风险的缺点，但如何准确、合理地确定约当系数十分困难，其模型为：

$$NPV = \sum_{i=1}^{n}\left[(a_t \cdot At)/(1+i)^t\right] - C$$

式中，NPV—— 投资项目净现值；

α_t—— 肯定当量系数；

At—— 第 t 年的税后现金流入量；

I—— 预定的无风险贴现率；

C—— 投资现值。

在某一特定的投资项目中，如净现值为正数，说明该项目的预期报酬率大于预定的贴现率，属于可选项目，如净现值为负数则为不可选项目；如某投资项目同时可确认若干个投资方案，则净现值大的为可选方案，其余为淘汰方案。

对于肯定当量系数，确定的方法一般有如下几种。

① 理论系数法

该法能够说明肯定当量系数的理论意义，表明未来可以肯定的现金流量相当于现在计算的不肯定现金流量期望值的比率。用公式表示为：

$$\alpha_t = 肯定的现金流量 \div 不肯定的现金流量$$

期望值因该公式的分子无法直接计算得出，在实际工作中难有应用价值，故称为理论系数。

② 经验系数法

该法以反映现金流量期望值风险程度的标准率（亦称变异系数）表示现金流量的不确定程度，则标准差率与肯定当量系数的经验数据见表 6-8。

表 6-8　　　　　　　　　　标准差率与肯定当量系数的经验数据表

标准差率(Q)	当量系数(a_t)
0.00～0.07	1
0.08～0.15	0.9
0.16～0.23	0.8
0.23～0.32	0.7
0.33～0.42	0.6
0.43～0.54	0.5
0.55～0.70	0.4

标准差率反映了投资项目的风险程度，风险越小，则标准差率越小，对应的肯定当量系数就大，可以肯定的现金流量也就越大；反之，风险越大，标准差率就越大，对应的肯定当量系数也就小，可以肯定的现金流量也小。实际应用中，需已知某投资项目的风险程度，并计算出反映投资项目风险程度的标准差率，方可找到对应的肯定当量系数。

（2）概率法

概率法是通过发生概率来调整各期的现金流量，并计算投资项目的年期望现金流量和期望净现值，进而对风险投资做出评价的一种方法，适用于各期的现金流量相互独立的投资项目。其模型为：

$$NCF_t = \sum_{i=1}^{n} NCF_i \cdot P_i$$

式中，NCF_t——第 t 年的期望净现金流量；

NCF_i——第 t 年的第 i 种结果的净现金流量；

P_i——第 t 年的第 i 种结果的发生概率；

n——第 t 年可能结果的数量。

$$NPV = \sum_{t=1}^{n} \frac{NCF_t}{(1+K)^t} - C$$

式中，NPV——投资项目的期望净现值；

K——贴现率；

t——年数；

C——初始投资额；

n——未来现金流量的期数。

投资项目的期望净现值大于零就可以投资。

第二部分 技能训练

技能训练 5：按风险调整贴现率

风险调整折现率法是更为实际、更为常用的风险处置方法。这种方法的基本思路是对高风险的项目，应当采用较高的折现率计算净现值。

$$调整后净现值 = \sum_{t=0}^{n} \frac{预期现金流量}{(1+风险调整折现率)^t}$$

【例 6-5】 当前的无风险报酬率为 4%，市场平均报酬率为 12%，甲项目的预期股权现金流量风险大，其 β 值为 1.5；乙项目的预期股权现金流量风险小，其 β 值为 0.75。

甲项目的风险调整折现率 = 4% + 1.5×（12% - 4%）= 16%

乙项目的风险调整折现率 = 4% + 0.75×（12% - 4%）= 10%

其他有关数据如表 6-9、表 6-10 所示。

表 6-9　　　　　　　　　　　甲项目的现金流量

年数	现金流量	现值系数（4%）	未调整现值	现值系数（16%）	调整后现值
0	-48 000	1.000 0	-48 000	1.000 0	-48 000
1	13 000	0.961 5	12 500	0.862 1	11 207
2	13 000	0.924 6	12 020	0.743 2	9 662
3	13 000	0.889 0	11 557	0.640 7	8 329
4	13 000	0.854 8	11 112	0.552 3	7 180
5	13 000	0.821 9	10 685	0.476 2	6 191
净现值			9 874		-5 431

表6-10　　　　　　　　　　乙项目的现金流量

年数	现金流量	现值系数（4%）	未调整现值	现值系数（16%）	调整后现值
0	-50 900	1	-50 900	1.000 0	-50 900
1	13 500	0.961 5	12 980.25	0.909 1	12 272.85
2	13 500	0.924 6	12 482.1	0.826 4	11 156.4
3	13 500	0.889	12 001.5	0.751 3	10 142.55
4	13 500	0.854 8	11 539.8	0.683	9 220.5
5	13 500	0.821 9	11 095.65	0.620 9	8 382.15
净现值			8 999.3		74.45

如果不进行折现率调整，两个项目差不多，甲项目比较好；调整以后，甲项目净现值均由正转为负，乙项目较好。

调整现金流量法在理论上受到好评。该方法对时间价值和风险价值分别进行调整，先调整风险，然后把肯定现金流量用无风险报酬率进行折现。对不同年份的现金流量，可以根据风险的差别使用不同的肯定当量系数进行调整。

风险调整折现率法在理论上受到批评，因其用单一的折现率同时完成风险调整和时间调整。这种做法意味着风险随时间推移而加大，可能与事实不符，夸大远期现金流量的风险。

从实务上看，经常应用的是风险调整折现率法，主要原因是风险调整折现率比肯定当量系数容易估计。此外，大部分财务决策都使用报酬率来决策，调整折现率更符合人们的习惯。

解决了风险调整方法之后，我们剩下的任务只是确定项目的风险调整折现率，不过这是一个相当复杂的问题。

技能训练6：肯定当量法计算净现值

调整现金流量法，是把不确定的现金流量调整为确定的现金流量，然后用无风险的报酬率作为折现率计算净现值。

$$风险调整后净现值=\sum_{t=0}^{n}\frac{\alpha_t \times 现金流量期望值}{(1+无风险报酬率)^t}$$

其中，α_t是t年现金流量的肯定当量系数，值为0～1。

肯定当量系数，是指不肯定的1元现金流量期望值相当于使投资者满意的肯定的金额的系数。它可以把各年不肯定的现金流量换算为肯定的现金流量。

我们知道，肯定的1元比不肯定的1元更受欢迎。不肯定的1元，只相当于不足1元的金额。两者的差额，与现金流的不确定性程度的高低有关。肯定当量系数是指预计现金流入量中使投资者满意的无风险的份额。利用肯定当量系数，可以把不肯定的现金流量折算成肯定的现金流量，或者说去掉了现金流量中有风险的部分，使之成为"安全"的现金流量。去掉的部分包含了全部风险，既有特殊风险也有系统风险，既有经营风险也有财务风险，剩下的是无风险的现金流量。由于现金流量中已经消除了全部风险，相应的折现率应当是无风险的报酬率。无风险的报酬率可以根据国库券的利率确定。

【例6-6】　当前的无风险报酬率为4%。公司有两个投资机会，有关资料如表6-11、表6-12所示。

表6-11   甲项目投资收益情况   单位：万元

年数	现金流入量	肯定当量系数	肯定现金流量	现值系数（4%）	未调整现值	调整后现值
0	-48 000	1	-48 000	1	-48 000	-48 000
1	13 000	0.9	11 700	0.961 5	12 499.5	11 249.55
2	13 000	0.8	10 400	0.924 6	12 019.8	9 615.84
3	13 000	0.7	9 100	0.889	11 557	8 089.9
4	13 000	0.6	7 800	0.854 8	11 112.4	6 667.44
5	13 000	0.5	6 500	0.821 9	10 684.7	5 342.35
净现值					9 873.4	-7 034.92

表6-12   乙项目投资收益情况   单位：万元

年数	现金流入量	肯定当量系数	肯定现金流量	现值系数（4%）	未调整现值	调整后现值
0	-50 900	1	-50 900	1	-50 900	-51 000
1	13 500	0.95	12 825	0.961 5	12 980.25	12 331.237 5
2	13 500	0.95	12 825	0.924 6	12 482.1	11 857.995
3	13 500	0.85	11 475	0.889	12 001.5	10 201.275
4	13 500	0.85	11 475	0.854 8	11 539.8	9 808.83
5	13 500	0.85	11 475	0.821 9	11 095.65	9 431.302 5
净现值					8 999.3	2 530.64

调整前甲项目的净现值较大，调整后乙项目的净现值较大。不进行调整，就可能导致错误的判断。

技能训练7：概率法计算净现值

【例6-7】 某企业准备投资一个单纯固定资产投资项目，采用直线法计提折旧，固定资产投资均在建设期内投入。所在的行业基准折现率（资本成本率）为10%，企业适用的所得税率为25%。有关资料如表6-13所示。

表6-13   投资项目各年现金流量   单位：万元

年	概率	NCF
0	1	-600
1	0.3	250
	0.5	200
	0.2	140
2	0.3	300
	0.4	260
	0.3	180
3	0.4	200
	0.4	160
	0.2	120
4	0.2	320
	0.6	280
	0.2	180

计算平均现金流量如表6-14所示。

表6-14 投资项目各年平均现金流量

年	概率	NCF	平均现金流量	现值系数（10%）	现值	净现值
0	1	-600	-600	1	-600	
1	0.3 0.5 0.2	250 200 140	203	0.909	184.527	
2	0.3 0.4 0.3	300 260 180	248	0.826	204.848	98.59
3	0.4 0.4 0.2	200 160 120	168	0.751	126.168	
4	0.2 0.6 0.2	320 280 180	268	0.683	183.044	

现值大于零，该项目可行。

课题七 流动资产管理

> **知识目标**

理解掌握流动资产管理的基本概念和方法

> **技能目标**

学会现金最佳余额计算
学会应收账款成本计算
学会存货最佳采购批量

> **建议学时**

6 学时

7.1 流动资产

第一部分 学习引导

7.1.1 流动资产管理的含义

流动资产是指可以在一年内或超过一年的一个营业周期内变现或者耗用的资产。企业拥有较多的流动资产，可在一定程度上降低财务风险。

1. 流动资产的分类

（1）按其实物形态分类

流动资产可分为现金、短期有价证券、应收及预付款项和存货。

① 现金，是指企业在生产经营过程中由于种种原因而持有的、停留在货币形态的资金，主要包括库存现金和存入银行的各种存款。

② 短期有价证券，是指企业购买的、准备随时变现的各种有价证券。

③ 应收及预付款项是指企业在商业信用条件下延期收回和预先支付的款项，包括应收票据、应收账款、其他应收款、预付货款等。

④ 存货是指企业在生产经营过程中为销售或者耗用而储备的各种资产，包括产成品、半成品、在产品、原材料、辅助材料、低值易耗品、包装物等。

（2）按其在再生产过程中的作用分类

流动资产可分为生产领域的流动资产和流通领域的流动资产。

① 生产领域的流动资产是指在产品生产过程中发挥作用的流动资产，包括在产品、原材料、半成品、辅助材料、低值易耗品等。

② 流通领域的流动资产是指在商品流通过程中发挥作用的流动资产，包括产成品、现金、外购半成品等。

（3）按其赢利能力分类

流动资产可分为收益性流动资产和非收益性流动资产。

① 收益性流动资产是指可以直接给企业带来收益的各种流动资产，包括短期投资、商品产品、应收账款、应收票据等。企业将资金投资于这类流动资产，其目的主要是为了取得收益，提高企业的整体经济效益。

② 非收益性流动资产是指不能直接给企业带来收益的流动资产，包括现金、银行存款、预付货款、其他应收款、非商品产品资产、待摊费用等。这类流动资产虽然不能给企业带来明显的收益，但它是维持企业正常生产经营活动，加速资金的循环和周转的基础与前提。

2．流动资产的特点

流动资产投资又称经营性投资，与固定资产相比有以下特点。

（1）投资回收期短

投资于流动资产的资金一般在一年或一个营业周期内收回，对企业影响的时间比较短。因此流动资产投资所需要的资金一般可通过商业信用、短期银行借款等加以解决。

（2）流动性

流动资产在循环周转过程中，经过供、产、销 3 个阶段，其占用形态不断变化，即按现金→材料→在产品→产成品→应收账款→现金的顺序转化。这种转化循环往复。流动性使流动资产的变现能力较强，如遇意外情况，可迅速变卖流动资产，以获取现金。这对于财务上满足临时性资金需求具有重要意义。

（3）并存性

在流动资产的周转过程中，每天不断有资金流入，也有资金流出。资金的流入和流出要占用一定的时间，从供、产、销的某一瞬间看，各种不同形态的流动资产同时存在。因此合理地配置流动资产各项目的比例，是保证流动资产得以顺利周转的必要条件。

（4）波动性

占用在流动资产的投资并非一个常数，随着供、产、销的变化，其资金占用时高时低，起伏不定，季节性企业如此，非季节性企业也如此。随着流动资产占用量的变动，流动负债的数量也会相应变化。

3．资产组合策略

如前所述，广义的营运资金是指企业流动资产总额，流动资产随企业业务量的变化而变化，业务量越大，其所需的流动资产越多。但它们之间并非呈线性关系，由于规模经济、使用效率等方面的原因，流动资产以递减的比率随业务量增长。这就产生了如何把握流动资产投资量的问题。

营运资金的持有量，影响着企业的收益和风险。较高的营运资金持有量，意味着在固定资产、流动负债和业务量一定的情况下流动资产额较高，即企业拥有较多的现金、有价证券和较高保险储备量的存货。这会使企业有较大把握按时支付到期债务，及时供应生产用材料和准时向客户提供产品，从而保证经营活动平稳地进行，风险性较小。但是由于流动资产的收益性一般低于固定资产，所以较高的流动资产比重会降低企业的收益性。而较低的营运资金持有量带来的后果正好相反。因为较低的流动资产比重会使企业的收益率较高，但较少的现金、有价证券量和较低的存货保险储备量会降低企业的偿债能力和采购支付能力，造成信用损失、材料供应中断或生产阻塞、不能准时向购买方供货而失去客户。这些都会加大企业的风险。从以上分析可以看出，营运资金持有量的确定，就是在收益与风险之间进行权衡的结果。因此，根据营运资金持有量的高低，将资产组合策略分为以下 3 类。

（1）保守的筹资组合

这种政策不仅要求企业流动资产要足够充裕，占总资产的比重大，而且要求流动资产中现金和有价证券的数量尽可能多。其主要目的是使企业保持较高的流动能力，以便应付可能出现的各种意外情况。

这种政策的优点是可以增加企业的流动性，降低企业的风险，但由于现金和有价证券的收益率低，以及现金周转期长，所以企业的收益率较低。故其特点是低风险、低收益，一般只适应外部环境极不确定的情况。

（2）冒险的筹资组合

这种政策不仅要求最大限度地减少流动资产，使其占总资产的比例尽可能低，而且要求流动资产中现金和有价证券所占比例尽可能少。其目的是试图通过减少流动资产占用量来提高企业的赢利能力。

企业采用这种政策虽然可以增加企业的收益，但也会相应加大企业的风险。因为现金和有价证券的减少必然削弱企业应付意外情况的能力，如失去销售机会和不能如期偿债等。另外，应收账款的减少会影响企业的促销活动，存货的减少会加大停工待料或生产中断的风险以及减少销售收入的风险。所以，这是一种高风险、高收益的政策。一般来说，只适应企业外部环境相当确定的情况。

（3）正常的筹资组合

介于两者之间的，是适中的营运资金政策。在正常的筹资组合政策下，营运资金的持有量不过高也不过低，现金恰好足以应付支付之需，存货足够满足生产和销售所用，除非利息高于资本成本（这种情况不大可能发生），一般企业不保留有价证券。

上面我们讨论了企业在既定固定资产规模前提下，如何合理选择流动资产的资金投入规模。其实，企业在做出这方面的决策之后，在流动资产内部各项目之间的资金投入规模也需做出合理选择。这种选择同样需要依据对各类资产的收益与风险所进行的权衡。

4. 影响资产组合的因素

对于一个特定的企业而言，究竟应该选择哪种类型的营运资金持有政策及流动资产内各项目的组合策略，需要从以下几方面考虑。

① 企业营业周期的长短。营业周期越长，企业在产品、产成品及应收账款等项目上占用的资金越多，因而不适宜采用紧缩的营运资金政策。

② 企业销售收入和现金流量的波动性。销售收入和现金流量的波动较大，则企业流动资产规模相对较大。

③ 偿债能力比率的行业标准。不同行业的偿债能力比率（如流动比率等）往往有较大

差异，若企业所在行业的偿债能力比率标准较低，则通常应选择趋于紧缩的营运资金政策。

④ 信用政策。采用较为宽松的信用政策必然导致较高的应收账款余额，因而要求企业选择宽松的营运资金持有政策。

⑤ 企业流动资产管理效率。若企业流动资产管理效率较低，则不适合选择紧缩的营运资金持有政策。

⑥ 管理者对风险的态度。究竟选择哪种政策，最终需要由管理者做出选择。激进的管理者一般会选择紧缩的营运资金政策，而保守的管理者则通常可能选择宽松的营运资金政策。

⑦ 企业在业务经营、财务和其他方面的风险。对于在业务经营、财务和其他方面要承受较高风险，并希望限制任何营运资金方面风险的公司而言，宽松的营运资金持有政策是适宜之计。

7.2 现金管理

第一部分 学习引导

7.2.1 现金管理的含义

现金是可以立即作为支付手段，投入流通的交换媒介。它的首要特点是普遍的可接受性，即可以有效地立即用来购买商品、货物、劳务或偿还债务。因此，现金是企业中流动性最强的资产。属于现金内容的项目，包括企业的库存现金、各种形式的银行存款和银行本票、银行支票。

1．现金持有的动机

尽管现金通常被认为是盈利性最差的资产，然而任何企业都必须持有一定数量的现金，企业持有现金的动机可以归纳如下。

（1）交易动机

现金是能够立即投入流通的交换媒介。企业为了组织日常生产经营活动必须保持一定数额的现金余额，用于购买原材料、支付工资、缴纳税款、偿付到期债务、派发现金股利等。由于企业每天的现金流入量与流出量在时间上与数额上通常存在一定程度的差异，因此，企业持有一定数量的现金余额以应付频繁支出是十分必要的。一般来说，企业为满足交易动机而持有的现金余额主要取决于企业销售水平。企业销售扩大，销售额增加，所需现金余额也随之增加。

（2）预防动机

预防动机是指企业置存现金以防发生意外的支付。企业在经营过程中不可避免地会遇到生产事故、客户拖欠货款以及自然灾害等各种不测因素的存在。一旦这些因素出现，将会对现金产生额外的需求。因此，在正常业务活动现金需要量的基础上，追加一定数量的现金余额以应付未来现金流入和流出的随机波动，是企业在确定现金持有量时应当考虑的因素。企业预防动机持有的现金余额主要取决于以下3个方面：一是企业愿意承受风险的程度；二是企业临时举债能力；三是企业对现金流量预测的可靠程度。

（3）投机动机

投机动机是指企业置存现金用于不寻常的购买机会，如遇到价格便宜的材料或适当的证券投资机会等。然而，公司极少为投机的目的而专门积存现金。上述三项动机可称为企业持有现金的内在原因，除此之外，企业持有现金的原因还在于为了满足银行"补偿性余额"的要求等。

2．持有现金的成本

持有现金能够给企业带来好处与方便，但是同样不可忽视的是，持有现金是有代价的。持有现金的成本有如下几种。

（1）机会成本

现金作为企业的一项资金占用是有代价的，这种代价就是它的机会成本。假定某企业的资本成本为 10%，年均持有 100 万元的现金，则该企业每年现金的成本为 10 万元（100×10%）。现金持有额越大，机会成本越高。企业为了经营业务需要持有一定的现金，付出相应的机会成本代价是必要的，但现金拥有量过多，机会成本代价大幅度上升，就不合算了。

（2）管理成本

企业持有现金会发生管理费用，如管理人员工资、安全措施费等。这些费用是现金的管理成本。它是一种固定成本，与现金持有量之间无明显的比例关系。

（3）短缺成本

现金的短缺成本是因缺乏必要的现金，不能应付业务开支所需，而使企业蒙受损失或为此付出的代价。它主要包括 3 个方面的成本。一是丧失购买能力的成本。企业由于现金短缺而不能及时取得必要的生产要素，影响生产经营活动的正常进行而造成的损失。二是信用损失和失去折扣优惠的成本。由于企业缺乏现金，不能按时付款而失信于供应商，进一步造成供应商在未来拒绝供货或不再提供商业信用而给企业带来的损失；企业现金短期，无力提前付款，不得不放弃供应商提供的现金折扣，相对给企业造成的损失。三是丧失偿债能力的成本。现金短缺使企业财务缺乏灵活性，不能按合同及时偿债，使公司面临破产的可能。现金的短缺成本随现金持有量的增加而下降，随现金持有量的减少而上升。

（4）转换成本

现金的转换成本指现金与有价证券之间转换的成本，如经纪人费用等，这种成本一般只与交易的次数有关，而与持有现金的数量无关。

3．现金管理的目标

现金管理的目标是指在保证企业生产经营所需现金的同时，节约使用资金，从暂时闲置的现金中获得最多的利息收入。企业的库存现金没有收益，银行存款的利息率也远远低于企业的资金利润率。现金结余过多会降低企业的收益；现金太少，又可能会出现现金短缺，影响生产经营活动。现金管理应力求做到既保证企业交易所需资金，降低风险，又不使企业有过多的闲置现金，以增加收益。

7.2.2 现金持有量决策

1．成本分析模式

成本分析模式是通过分析持有现金的成本，寻找持有成本最低的现金持有量。企业持有的现金，将会有 3 种成本。

① 机会成本。现金作为企业的一项资金占用，是有代价的，这种代价就是它的机会成本。现金资产的流动性极佳，但赢利性极差。持有现金则不能将其投入生产经营活动，失去因此而获得的收益。企业为了经营业务，有必要持有一定的现金，以应付意外的现金需要。但现金拥有量过多，机会成本代价大幅度上升，就不合算了。

② 管理成本。企业拥有现金，会发生管理费用，如管理人员工资、安全措施费等。这些费用是现金的管理成本。管理成本是一种固定成本，与现金持有量之间无明显的比例关系。

③ 短缺成本。现金的短缺成本，是因缺乏必要的现金，不能应付业务开支所需，而使企业蒙受损失或为此付出的代价。现金的短缺成本随现金持有量的增加而下降，随现金持有量的减少而上升。

上述三项成本之和最小的现金持有量，就是最佳现金持有量。如果把以上三种成本线放在一个图上（见图 7-1），就能表现出持有现金的总成本（总代价），找出最佳现金持有量的点：机会成本线向右上方倾斜，短缺成本线向右下方倾斜，管理成本线为平行于横轴的平行线，总成本线便是一条抛物线，该抛物线的最低点即为持有现金的最低总成本。超过这一点，机会成本上升的代价又会大于短缺成本的下降；这一点之前，短缺成本上升的代价又会大于机会成本的下降。这一点横轴上的量，即是最佳现金持有量。

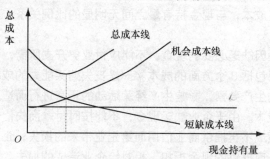

图 7-1　持有现金的总成本

最佳现金持有量的具体计算，可以先分别计算出各种方案的机会成本、管理成本、短缺成本之和，再从中选出总成本之和最低的现金持有量即为最佳现金持有量。

2. 存货模式

确定现金最佳余额的存货模式来源于存货的经济批量模型。这一模型最早由美国学者（W.J.Baumol）于 1952 年提出，故又称 Baumol 模型。在存货模式中，假设收入是每隔一段时间发生的，而支出则是在一定时期内均匀发生的，在此时期内，企业可通过销售有价证券获得现金，现用图 7-2 加以说明。

在图 7-2 中，假定公司的现金支出需要在某一期间（如 1 个月）内是稳定的。公司原有 N 元资金，当此笔现金在 t_1 时用掉之后，出售 N 元有价证券补充现金；随后当这笔现金到 t_2 时又使用完了，再出售 N 元有价证券补充现金，如此不断重复。

存货模式的目的是要求出使总成本最小的 N 值。在这里现金余额总成本包括两个方面：一是现金持有成本，也即机会成本，它通常为有价证券的利息率，与现金余额成正比例变化；二是现金转换成本，即现金与有价证券转换的固定成本，它与交易的次数有关，而与持有现金的金额无关。如果现金余额大，则持有现金的机会成本高，但转换成本可减少。如果现金余额小，则持有现金的机会成本低，但转换成本要上升。两种成本合计最低条件下的现金余额即为最佳现金余额。用公式可表示为：

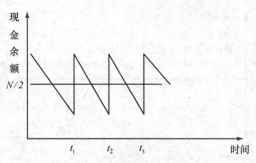

图 7-2 确定现金余额的存货模型

$$TC = \frac{N}{2} \cdot I + \frac{T}{N} \cdot b \qquad (7-1)$$

式中，TC ——总成本；

　　b —— 现金与有价证券的转换成本；

　　T —— 特定时间内现金的需求总额；

　　N —— 理想的现金转换数量（最佳现金余额）；

　　I —— 短期有价证券利息率。

总成本、持有成本和转换成本的关系如图 7-3 所示。

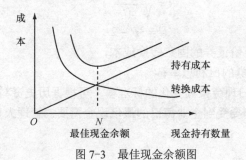

图 7-3 最佳现金余额图

对 TC 求导，可得最佳现金余额的计算公式为：

$$\hat{N} = \sqrt{\frac{2Tb}{I}} \qquad (7-2)$$

存货模式可以精确地测算出最佳现金余额和变现的次数。表述了现金管理中基本的成本结构，它对加强企业的现金管理有一定的作用。但是这种模式以货币支出均匀发生、现金持有成本和转换成本易于预测为前提条件。因此，只有在上述条件满足的情况下才适合使用该种方法。

3．随机模式

随机模式是在现金需求量难以预知的情况下进行现金持有量控制的方法。对企业来讲，现金需求量往往波动大且难以预知，但企业可以根据历史经验和现实需要，测算出一个现金持有量的控制范围，即制定出现金持有量的上限和下限，将现金量控制在上下限之内。当现金量达到控制上限时，用现金购入有价证券，使现金持有量下降；当现金量降到控制下限时，则抛售有价证券换回现金，使现金持有量回升。若现金量在控制的上下限之内，便不必进行现金与有价证券的转换，保持它们各自的现有存量。这种对现金持有量的控制方式见图 7-4。

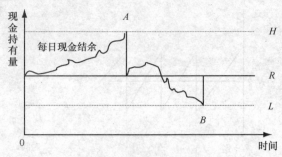

图 7-4　现金持有量的随机模式

在图 7-4 中，虚线 H 为现金存量的上限，虚线 L 为现金存量的下限，实线 R 为最优现金返回线。从图中可以看到，企业的现金存量（表现为现金每日余额）是随机波动的，当其达到 A 点时，即达到了现金控制的上限，企业应用现金购买有价证券，使现金持有量回落到现金返回线（R 线）的水平；当现金存量降至 B 点时，即达到了现金控制的下限，企业则应转让有价证券换回现金，使其存量回升至现金返回线的水平。现金存量在上下限之间的波动属控制范围内的变化，是合理的，不予理会。以上关系中的上限 H、现金返回线 R 可按下列公式计算：

$$R = \sqrt[3]{\frac{3b\delta^2}{4i}} + L \qquad\qquad (7-3)$$

$$H = 3R - 2L \qquad\qquad (7-4)$$

式中，b ——每次有价证券的固定转换成本；

　　　　i ——有价证券的日利息率；

　　　　δ ——预期每日现金余额变化的标准差（可根据历史资料测算）。

而下限 L 的确定，则要受到企业每日的最低现金需要、管理人员的风险承受倾向等因素的影响。

7.2.3　现金日常管理

现金日常管理的目的在于提高现金使用效率，为达到这一目的，应当注意做好以下几方面工作。

（1）力争现金流量同步

如果企业能尽量使它的现金流入与流出发生的时间与额度趋于一致，就可以使其持有的交易性现金余额降到最低水平，这就是所谓现金流量同步。

（2）使用现金浮游量

从企业开出支票，收票人收到支票并存入银行，至银行将款项划出企业账户，中间需要一段时间。现金在这段时间的占用称为现金浮游量。在这段时间里，尽管企业已开出了支配，却仍可动用在活期存款账户上的这笔资金。不过，在使用现金浮游量时，一定要控制好使用时间，否则会发生银行存款的透支。

（3）推迟应付款的支付

推迟应付款的支付是指企业在不影响自己信誉的前提下，尽可能地推迟应付款的支付期，充分运用供货方提供的信用优惠。如遇企业急需现金，甚至可以放弃供货方的折扣优惠，在信用期的最后一天支付款项。当然，这要权衡折扣优惠与急需现金之间的利弊得失而定。

（4）加速收款

加速收款一方面是指缩短应收账款的时间。发生应收账款会增加企业资金的占用；但它又是必要的，因为它可以扩大销售规模，增加销售收入。问题在于如何既利用应收账款吸引顾客，又缩短收款时间。这要在两者之间找到适当的平衡点，并需实施妥善的收账政策。另一方面是指加速收款与票据交换，尽量避免由于票据传递而延误收取货款的时间。第一个方面是属于应收账款管理决策的范畴，只有第二个方面才是现金日常管理负责的内容。对于加速收款具体可以采用以下方法。

① 集中银行法

集中银行法是指企业同时在业务较为集中的各个地区设立若干个收款中心，并只选定一个收款中心的开户银行（通常就是总部所在地）为集中银行。由各地的收款中心开出账单并负责交付客户，而客户的货款则就近交给附近的收款中心，收款中心每天将收到的款项存入指定的当地银行；各银行在扣除补偿性余额后将多余现金每日及时交至集中银行。该方法主要的特点是"分散开单，分散收款"，并及时集中到总部，因此明显地减少了付款凭证和账单邮寄时间，同时款项及时集中到总部减少了付款单据的兑现时间。其缺点是由于各收款银行均要求补偿性存款余额，这笔资金的机会成本无疑将冲减集中银行产生的效益。所以，有效运用这种方法的关键在于合理确定收款中心的数量和设置地点。

② 锁箱法

锁箱法是指企业在业务较集中的地区承租加锁信箱，要求客户把付款凭证直接寄到指定的当地信箱，同时委托当地指定银行每日数次开启信箱，并存入特别的活期账户。由银行将这些支票在当地交换后以电汇的方式存入该企业的银行账户。该方法因付款凭证是寄往当地信箱，不仅缩短了邮寄时间和凭证在企业停留的时间，而且免除了兑现程序，大大提高了收款的在途时间。缺点是被授权收取支票的银行除了有补偿性存款余额要求外，还要收取额外的劳务费，成本较高。

第二部分 技能训练

技能训练1：运用成本分析模式进行现金持有量决策

【例7-1】 东化公司有4种现金持有方案，它们各自的机会成本、管理成本、短缺成本见表7-1。

表7-1　　　　　　　　　　　　　　　　现金持有方案　　　　　　　　　　　　　　单位：万元

项 目 ＼ 方 案	A	B	C	D
现金持有量	200	300	400	500
机会成本	22	33	44	55
管理成本	20	20	20	20
短缺成本	30	17	4	0
总成本	72	70	68	75

注：机会成本率即该企业的资本收益率为11%。

将以上各方案的总成本加以比较可知，C 方案的总成本最低，也就是说当企业持有 400 万元现金时，各方面的总代价最低，对企业最合算，故 400 万元是该企业的最佳现金持有量。

技能训练 2：运用存货模式进行现金持有量决策

【例 7－2】 东化公司预计全年需要现金 6 000 万元，现金与有价证券的转换成本为每次 4 万元，有价证券的利息率为 30%，求该企业最佳的现金余额。

最佳现金余额为：

$$\hat{N} = \sqrt{\frac{2 \times 6\,000 \times 4}{30\%}} = 400$$

最佳现金余额为 400 万元，这就意味着公司从有价证券转换为现金的次数为 3 次（6 000 / 400 = 15）。

随机模式建立在企业的现金未来需求总量和收支不可预测的前提下，因此计算出来的现金持有量比较保守。

技能训练 3：运用米勒－欧尔现金管理模式进行现金持有量决策

【例 7－3】 假定东化公司有价证券的年利率为 9%，每次固定转换成本为 50 元，公司认为任何时候其银行活期存款及现金余额均不能低于 1 000 元，又根据以往经验测算出现金余额波动的标准差为 800 元。计算最优现金返回线 R、现金控制上限 H。

有价证券日利率 = 9% ÷ 360 = 0.025%

$$R = \sqrt[3]{\frac{3b\delta^2}{4i}} + L = \sqrt[3]{\frac{3 \times 50 \times 800^2}{4 \times 0.025\%}} + 1\,000$$
$$= 5\,579（元）$$

$$H = 3R - 2L = 3 \times 5\,579 - 2 \times 1\,000 = 14\,737（元）$$

这样，当公司的现金余额达到 14 737 元时，即应以 9 158 元（14 737 – 5 579）的现金去投资于有价证券，使现金持有量回落为 5 579 元；当公司的现金余额降至 1 000 元时，则应转让 4 579 元（5 579 – 1 000）的有价证券，使现金持有量回升为 5 579 元，这可以用图 7–5 表示。

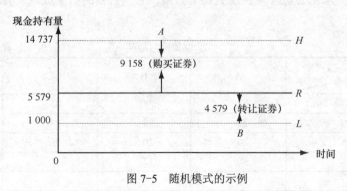

图 7–5　随机模式的示例

7.3 应收账款管理

第一部分 学习引导

7.3.1 应收账款管理的概述

应收账款是企业流动资产的一个重要项目。在计划经济条件下，应收账款在流动资产中所占的比重不大，不是管理的重点。随着市场经济的发展，商业信用的推行，应收账款数额明显增多，已成为流动资产管理中的一个日益重要的问题。这里所说的应收账款是指因对外销售商品、材料、供应劳务和其他原因，应向购货单位或接受劳务的单位及其他单位收取的款项，包括应收销售款、其他应收款、应收票据等。

（1）应收账款的功能

应收账款的功能是指它在生产经营中的作用。主要有以下几个方面。

① 增加销售的功能。在市场竞争比较激烈的情况下，赊销是促进销售的一种重要方式。进行赊销的企业，实际上是向顾客提供了两项交易：一是向顾客销售产品；二是在一个有限的时期内向顾客提供资金。虽然赊销仅仅是影响销售量的因素之一，但在银根紧缩、市场疲软、资金匮乏的情况下，赊销的促销作用是十分明显的。特别是在企业销售新产品、开拓新市场时，赊销更具重要意义。

② 减少存货的功能。企业持有产成品存货，要追加管理费、仓储费和保险费等支出；相反，企业持有应收账款，则无须上述支出。因此，无论是季节性生产企业还是非季节性生产企业，当产成品存货较多时，一般都可采用较为优惠的信用条件进行赊销，把存货转化为应收账款，减少产成品存货，节约各种支出。

（2）应收账款的成本

持有应收账款，也需要付出一定的代价。应收账款的成本有以下 3 种。

① 应收账款的机会成本。应收账款的机会成本是指企业的资金被应收账款占用所丧失的潜在收益，它与应收账款的数额有关，与应收账款占用时间有关，也与参照利率有关。参照利率可用两种思维方法确定：假定资金没被应收账款占用，即应收账款款项已经收讫，那么：a. 这些资金可用于投资，取得投资收益，参照利率就是投资收益率；b. 这些资金可扣减筹资数额，供企业经营中使用而减少筹资用资的资金成本，参照利率就是企业的平均资金成本率。其计算公式为：

$$应收账款机会成本 = 维持赊销业务所需要的资金 \times 参照利率$$
$$= 应收账款平均余额 \times 变动成本率 \times 参照利率$$

其中：$$应收账款平均余额 = \frac{赊销收入净额}{应收账款周转率}$$

$$= \frac{赊销收入净额}{\dfrac{360}{应收账款周转期}}$$

$$= \frac{赊销收入净额 \times 应收账款周转期}{360}$$

上式中应收账款周转期，相当于应收账款平均收账期，在平均收账期不清楚的情况下，可用信用期限近似替代。

② 应收账款的管理成本。应收账款的管理成本主要包括调查顾客信用情况的费用、收集各种信息的费用、账簿的记录费用、收账费用和其他费用。

③ 应收账款的坏账成本。应收账款因故不能收回而发生的损失，即为坏账成本。此项成本一般与企业应收账款发生的数量成正比。

（3）应收账款管理的目标

企业提供商业信用，采取赊销、分期付款等销售方式，可以扩大销售，增加利润。但应收账款的增加也会造成资金成本、坏账损失等费用的增加。因此应收账款管理的目标，就是在充分发挥应收账款功能的基础上，降低应收账款投资的成本，使提供商业信用、扩大销售而增加的收益大于有关的各项费用。

7.3.2　应收账款政策制定

应收账款赊销效果的好坏依赖于企业的信用政策。而企业的信用政策由信用标准决策、信用条件决策、收账政策 3 个部分构成。其中，信用标准决策直接影响应收账款的质量，属于事前标准的制定，这将决定哪些人可以获得企业的信任；信用条件决策直接影响应收账款成本与收款速度等，制定获得信任的客户在信用过程中应当遵守的条件；而收账政策专注于那些不遵守条件的客户的处理与补救措施，是一种事后管理。

1．信用标准

信用标准是指顾客获得企业的商业信用应具备的条件。如果顾客达不到信用标准，便不能享受企业的信用或只能享受较低的信用优惠。过高的信用标准将导致存在暂时资金困难的客户被拒之门外，从而影响销售，过低的信用标准也可能会增加收账与坏账成本。采用何种信用标准要视该信用标准带来的增量利润与增量信用成本的关系来定。

2．信用条件

信用条件是指有关赊销的，特别是有关顾客支付赊销款项的相关条件，包括信用期、折扣期和现金折扣。信用期是企业为顾客规定的最长付款时间。折扣期是为顾客规定的可以享受现金折扣的付款时间，现金折扣是在顾客提前付款时给予的优惠。如"2 / 10，N / 30"就是一项信用条件，它表示如果在发票开出后 10 天内付款，可享受 2% 的现金折扣；如果不想取得折扣，这笔货款必须在 30 天内付清。这里，30 天为信用期，10 天为折扣期，2% 为现金折扣。

（1）信用期间

信用期间是企业允许顾客从购货到付款之间的时间，或者说是企业给予顾客的付款期间。企业的信用期过短，不足以吸引顾客，在竞争中会使销售额下降；信用期过长，对销售额增加固然有利，但只顾及销售增长而盲目放宽信用期，所得的收益有时会被增长的费用抵消，甚至造成利润减少。因此企业必须慎重研究，确定出恰当的信用期。信用期的确定主要是分析改变现行信用期对收入和成本的影响。延长信用期会使销售额增加，产生有利影响；与此同时，应收账款、收账费用和坏账损失增加，会产生不利影响。当前者大于后者时，可以延长信用期，否则不宜延长。

（2）现金折扣

其他条件不变时，信用期越长越能够发挥它促销的功能。但是信用期长必然会带来一系列问题，例如，资金占用增加使企业运转困难等。现金折扣是企业对顾客提前付款给予的优惠，向顾客提供这种优惠主要目的在于吸引顾客为享受优惠而提前付款，缩短企业的平均收款期，减少资金占用量。另外现金折扣也能招揽一些为减价出售的人前来购货，借此扩大销售量。企业采用什么程度的现金折扣要与信用期结合起来考虑。例如，要求顾客最迟不超过30天付款，若希望顾客20天、10天付款，能给予多大折扣或者给予5%、3%的折扣能吸引顾客在多少天内付款。不论是信用期还是现金折扣，都可能给企业带来收益，但也会增加成本。当企业给予顾客某种现金折扣时，应当考虑折扣所能带来的收益与成本孰高孰低，权衡利弊。因为现金折扣是与信用期结合使用的，所以确定折扣程度的方法与程序实际上与前述确定信用期的一致，只不过要把提供的延期付款时间和折扣综合起来，看各方案的延期与折扣能取得多大的收益增量，再计算各方案带来的成本变化，最终确定最佳方案。

3. 收账政策

应收账款发生后，企业应采取各种措施尽量争取按期收回款项，否则会因拖欠时间过长而发生坏账，蒙受损失。这些措施包括对应收账款回收情况的监督，对坏账损失的事先准备和制定适当的收账政策。

企业对各种不同过期账款的催收方式，包括准备为此付出的代价，就是它的收账政策。比如，对逾期时间较短的顾客，不过多地打扰，以免将来失去这一客户；对逾期时间稍长的顾客，可措辞婉转地写信催款；对逾期时间较长的顾客，频繁的信件催款并电话催询；对逾期时间很长的顾客，可在催款时措辞严厉，必要时提请有关部门仲裁或提起诉讼等。

企业如果采用较积极的收账政策，可能会减少应收账款投资，减少坏账损失，但要增加收账成本。如果采用较消极的收账政策，则可能会增加应收账款投资、增加坏账损失，但会减少收账费用。一般而言，收账费用支出越多，坏账损失越少，但这两种并不一定存在线性关系，通常的情况是：开始花费一些收账费用，应收账款和坏账损失有小部分降低；收账费用继续增加，应收账款和坏账损失明显减少；收账费用达到某一限度以后，应收账款和坏账损失的减少就不再明显了，这个限度称为饱和点。在制定信用政策时，应权衡增加收账费用与减少应收账款机会成本和坏账损失之间的得失。

7.3.3　应收账款的日常管理

1. 客户信用评估与调查

（1）信用评估方法———5C评估法

信用评估比较常用的方法之一是5C评估法或称5C系统。所谓5C系统是评估顾客信用品质的5个方面，即品质（Character）、能力（Capacity）、资本（Capital）、抵押（Collateral）和条件（Conditions）。

- 品质。品质指顾客的信誉，即履行偿债义务的意愿。企业必须设法了解顾客过去的付

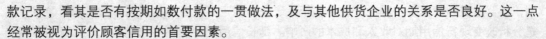

款记录，看其是否有按期如数付款的一贯做法，及与其他供货企业的关系是否良好。这一点经常被视为评价顾客信用的首要因素。

- 能力。能力指顾客的偿债能力，即其流动资产的数量和质量以及与流动负债的比例。顾客的流动资产越多，其转换为现金支付款项的能力越强。同时，还应注意顾客流动资产的质量，看是否有存货过多、过时或质量下降，影响其变现能力和支付能力的情况。
- 资本。资本指顾客的财务实力和财务状况，表明顾客可能偿还债务的背景。
- 抵押。抵押指顾客拒付款项或无力支付款项时能被用作抵押的资产。这对于不知底细或信用状况有争议的顾客尤为重要。一旦收不到这些顾客的款项便以抵押品抵补。如果这些顾客提供足够的抵押，就可以考虑向他们提供相应的信用。
- 条件。条件指可能影响顾客付款能力的经济环境。比如，万一出现经济不景气会对顾客的付款产生什么影响，顾客会如何做等，这需要了解顾客在过去困难时期的付款历史。

（2）信用评估方法——信用评分法

信用评估方法是先选取一系列财务比率和信用情况指标进行评分，然后对上述各项评分进行加权评级，得出顾客综合信用得分的一种评估方法。其具体的计算公式为：

$$y = a_1 x_1 + a_2 x_2 + \cdots\cdots + a_n x_n = \sum_{i=1}^{n} a_i x_i \qquad (7-5)$$

式中，y 指的是企业的综合信用得分；a_i 指的是第 i 种财务比例或信用情况指标的权数（权数之和等于1）；x_i 指的是第 i 种财务比例或信用情况指标。具体的操作请参照财务分析中的综合评分法。

（3）信用调查

信用分析最关键的不是采用何种方法，而是分析资料的收集是否全面、准确。而这又很大程度上取决于客户的配合与否，以及公司自己付出的努力与代价是否足够。总体来说，对顾客信用调查的资料来源有内部信息和外部信息之分。

内部信息主要包括：
- 顾客的信用申请书以及所附的参考资料；
- 客户以往的付款记录；
- 销售人员以及其他员工提供的客户信息。

外部信息来源主要包括：
- 客户公开的财务报告；
- 信用评估机构发布的客户的信用评估报告；
- 银行提供的客户资料；
- 财税部门、行业协会、工商管理部门、证券监管部门等机构发布的涉及客户的信息，以及报刊、杂志等媒体披露的有关客户的信息等。

利用收集到的客户信息结合前面的信用分析方法，就可以做出信用决策了。

2. 应收账款监控

企业已发生的应收账款时间有长有短，有的尚未超过收款期，有的则超过了收款期。一般来讲，拖欠时间越长，款项收回的可能性越小，形成坏账的可能性越大。对此，企业应实施严密的监督，随时掌握回收情况。实施对应收账款的监督，可以通过编制账龄分析表进行。账龄分析表是一张能显示应收账款在外天数长短的报告，其格式如表7-2所示。

表 7-2 账龄分析表

应收账款账龄	账户数量金额（万元）	百分比（%）
信用期内	200	40
超过信用期 1~10 天	100	20
超过信用期 11~30 天	50	10
超过信用期 31~60 天	35	7
超过信用期 61 天以上	125	23
合　计	500	100

利用账龄分析表，企业可以了解到以下情况。

① 有多少欠款尚在信用期内。

② 有多少欠款超过了信用期，超过时间长短的款项各占多少，有多少欠款会因拖欠时间太长而可能成为坏账。

对不同拖欠时间的欠款，企业应采取不同的收账方法，制定出经济、可行的收账政策；对可能发生的坏账损失则应提前做出准备，充分估计这一因素对企业损益的影响。

第二部分　技能训练

技能训练 4：应收账款机会成本计算

【例 7-4】 东化公司现在采用 30 天按发票金额付款的信用政策，拟将信用期放宽至 60 天，仍按发票金额付款即不给折扣。假设等风险投资的最低报酬率为 15%，其他有关的数据见表 7-3。

表 7-3 不同信用期的销量与成本

项　目	信用期 30 天	60 天
销售量（件）	100 000	120 000
销售额（元）（单价为 5 元）	500 000	600 000
销售成本（元）		
变动成本（每件为 4 元）	400 000	480 000
固定成本（元）	50 000	50 000
毛利（元）	50 000	70 000
可能发生的收账费用（元）	3 000	4 000
可能发生的坏账损失（元）	5 000	9 000

在分析时，先计算放宽信用期得到的收益，然后计算增加的成本，最后根据两者比较的结果做出判断。

① 收益的增加。

收益的增加＝销售量的增加×单位边际贡献

＝(120 000－100 000)×(5－4)＝20 000（元）

② 应收账款占用资金的机会成本增加。

$$\text{30天信用期}\atop\text{应计利息} = \frac{500\ 000}{360} \times 30 \times \frac{400\ 000}{500\ 000} \times 15\% = 5\ 000\ (\text{元})$$

$$\text{60天信用期}\atop\text{应计利息} = \frac{600\ 000}{360} \times 60 \times \frac{480\ 000}{500\ 000} \times 15\% = 12\ 000\ (\text{元})$$

$$\text{应计利息增加} = 12\ 000 - 5\ 000 = 7\ 000\ (\text{元})$$

③ 收账费用和坏账损失增加。

$$\text{收账费用增加} = 4\ 000 - 3\ 000 = 1\ 000\ (\text{元})$$
$$\text{坏账损失增加} = 9\ 000 - 5\ 000 = 4\ 000\ (\text{元})$$

④ 改变信用期的税前损益。

$$\text{收益增加} - \text{成本费用增加} = 20\ 000 - (7\ 000 + 1\ 000 + 4\ 000) = 8\ 000\ (\text{元})$$

由于收益的增加大于成本增加，故应采用 60 天的信用期。

上述信用期分析的方法是比较简略的，可以满足一般制定信用政策的需要。如有必要，也可以进行更细致的分析，如进一步考虑销货增加引起存货增加而多占用的资金，等等。

技能训练 5：现金折扣计算

【例 7－5】 东化公司赊销期为 30 天，年赊销量为 20 万件，每件售价 1 元，单位变动成本 0.6 元。现有两种现金折扣方案，第一种为 2.5/10，n/30；第二种为 1.5/20，n/30。假定两种方案都有一半的客户享受现金折扣，企业的坏账损失为未享受现金折扣赊销额的 2%，资金成本率为 20%。

（1）第一种折扣政策下的平均收账天数 $= 10 \times 50\% + 30 \times 50\% = 20$（天）

$$\begin{aligned}\text{应收账款的机会成本} &= \text{平均每日赊销额} \times \text{平均收账天数} \times \text{变动成本率}\\ &= 200\ 000 \div 360 \times 20 \times 0.6 \times 20\%\\ &= 1\ 333.33\ (\text{元})\end{aligned}$$

$$\text{现金折扣} = 200\ 000 \times 50\% \times 2.5\% = 2\ 500\ (\text{元})$$
$$\text{坏账损失} = 200\ 000 \times 50\% \times 2\% = 2\ 000\ (\text{元})$$

该折扣政策下的总成本 $= 1\ 333.33 + 2\ 500 + 2\ 000 = 5\ 833.33$（元）

（2）第二种折扣政策下的平均收账天数 $= 20 \times 50\% + 30 \times 50\% = 25$（天）

$$\begin{aligned}\text{应收账款的机会成本} &= 200\ 000 \div 360 \times 25 \times 0.6 \times 20\%\\ &= 1\ 666.67\ (\text{元})\end{aligned}$$

$$\text{现金折扣} = 200\ 000 \times 50\% \times 1.5\% = 1500\ (\text{元})$$
$$\text{坏账损失} = 200\ 000 \times 50\% \times 2\% = 2000\ (\text{元})$$

该折扣政策下总成本 $= 1\ 666.67 + 1500 + 2\ 000 = 5\ 166.67$（元）

第一种方案最终的成本是 5 833.33 元，高于第二种方案的成本 5 166.67 元，所以应选择第二种折扣政策。

技能训练 6：应收账款成本计算

【例 7－6】 沿用例 7－4，假定该公司在放宽信用期的同时，为了吸引顾客尽早付款，提出了 0.8 / 30，*n* / 60 的现金折扣条件，估计会有一半的顾客（按 60 天信用期所能实现的销售量计）将享受现金折扣优惠。

① 收益的增加。

$$收益的增加 = 销售量的增加×单位边际贡献$$
$$= (120\ 000 - 100\ 000)×(5 - 4) = 20\ 000（元）$$

② 应收账款占用资金的机会成本增加。

$$\frac{30天信用期}{应计利息} = \frac{500\ 000}{360}×30×\frac{400\ 000}{500\ 000}×15\% = 5\ 000（元）$$

$$\frac{提供现金折扣}{的应计利息} = \frac{600\ 000×50\%}{360}×60×\frac{480\ 000×50\%}{500\ 000×50\%}×15\%$$

$$+ \frac{600\ 000×50\%}{360}×30×\frac{480\ 000×50\%}{500\ 000×50\%}×15\%$$

$$= 6\ 000 + 3\ 000 = 9\ 000（元）$$

$$机会成本增加 = 9\ 000 - 5\ 000 = 4\ 000（元）$$

③ 收账费用和坏账损失增加。

$$收账费用增加 = 4\ 000 - 3\ 000 = 1\ 000（元）$$
$$坏账损失增加 = 9\ 000 - 5\ 000 = 4\ 000（元）$$

④ 估计现金折扣成本的变化。

现金折扣成本增加 = 新的销售水平×新的现金折扣率×享受现金折扣的顾客比例 – 旧的销售水平
×旧的现金折扣率×享受现金折扣的顾客比例

$$= 600\ 000 × 0.8\% × 50\% - 500\ 000 × 0 × 0$$
$$= 2\ 400（元）$$

⑤ 提供现金折扣后的税前损益。

$$收益增加 – 成本费用增加 = 20\ 000 - (4\ 000 + 1\ 000 + 4\ 000 + 2\ 400)$$
$$= 8\ 600（元）$$

由于可获得税前收益，故应当放宽信用期，提供现金折扣。

7.4 存货管理

第一部分 学习引导

7.4.1 存货管理概述

存货是指企业在生产经营过程中为销售或者耗用而储备的物资，包括材料、燃料、低值易耗品、在产品、半成品、产成品、协作件、商品等。企业存货占流动资产的比重较大，一般为 40% ~ 60%，存货利用程度的好坏对企业财务状况的影响极大，因此，加强存货的规划

与控制，使存货保持在最优水平上，便成为财务管理的一项重要内容。

（1）存货的功能

储存必要的存货，可以保证生产或销售的经营需要。实际上，企业很少能做到随时购入生产或销售所需的各种物资，即使是市场供应量充足的物资也是如此。这不仅因为不时会出现某种材料的市场断档，还因为企业距供货点较远而需要预留出运输及可能出现运输故障的时间。一旦生产或销售所需物资短缺，生产经营将被迫停顿，造成损失。为了避免或减少出现停工待料、停业待货等事故，企业需要储存存货。更多时候，企业会出自价格的考虑储存存货。因为，零购物资的价格往往较高，而整批购买在价格上常有优惠。

（2）存货的成本

① 取得成本

取得成本指为取得某种存货而支出的成本，又可分为订货成本和购置成本。

● 订货成本。订货成本指取得订单的成本，如办公费、差旅费、邮资、电报电话费等支出。订货成本中有一部分与订货次数无关，如常设采购机构的基本开支等，称为订货的固定成本；另一部分与订货次数有关，如差旅费、邮资等，称为订货的变动成本。

● 购置成本。购置成本指存货本身的价值，经常用数量与单价的乘积来确定。

② 储存成本

储存成本指为保持存货而发生的成本，包括存货占用资金应计的利息（若企业用现有现金购买存货，便失去了现金存放银行或投资于证券应取得的利息）、仓储费用、保险费用、存货破损和变质损失等。储存成本也分为固定成本和变动成本。固定成本与存货数量的多少无关，如仓库折旧、仓库职工的固定月工资等。变动成本与存货的数量有关，如存货占用资金的机会成本、存货的破损和变质损失、存货的保险费用等。

③ 缺货成本

缺货成本指由于存货供应中断而造成的损失，包括材料供应中断造成停工损失、产成品库存缺货造成的拖欠发货损失和丧失销售计划的损失；如果生产企业以紧急采购代用材料解决库存材料中断之急，那么缺货成本表现为紧急额外购入成本（紧急额外购入的开支会大于正常采购的开支）。

（3）存货管理的目标

过少的存货会导致过于频繁的存货采购活动，从而增加存货采购费用，还可能因此导致缺货损失，但是企业的存货过多又会占用较多的资金，并且存货过多还会增加包括仓储费、保险费、维护费、管理费在内的各项开支，直接导致企业成本上升。因此，进行存货管理的目标就是要尽量在各种存货成本与存货效益之间作出权衡，达到两者的最佳结合。从成本的角度来说，企业存货的最优化就是使存货持有的总成本值最小。

7.4.2 存货规划

存货的决策涉及 4 项内容：订货项目、供货单位、订货批量、订货时间以及是否需要保险储备。决定订货项目和选择供货单位是销售部门、采购部门和生产部门的职责。财务部门要做的是决定订货时间和决定订货批量（分别用 T 和 Q 表示）。按照存货管理的目的，需要通过合理的订货批量和订货时间使存货的总成本最低，这个批量叫做经济订货批量或经济批量。有了经济订货量，可以很容易地找出最适宜的订货时间。

（1）订货量的确定

与存货总成本有关的变量（即影响总成本的因素）很多，为了解决比较复杂的问题，有必要简化或舍弃一些变量，先研究解决简单的问题。随着我们掌握了简单模型之后，可以逐步放宽假设条件来解决更为复杂的问题。

经济订货量基本模型需要设立的假设条件有：

① 存货市场供应充足，不会因买不到需要的存货使经营受到影响；

② 不管采购批量是多少，存货单价不变，不考虑现金折扣，即 U 为已知常量；

③ 存货能集中到货，而不是陆续入库；

④ 企业能够及时补充存货，即需要订货时便可立即取得存货；

⑤ 需求量稳定，并且能预测，即 D 为已知常量；

⑥ 不允许缺货，即无缺货成本，这是因为良好的存货管理本来就不应该出现缺货成本；

⑦ 企业现金充足，不会出现现金短缺而影响进货。

结合假设条件，我们可以将上述的存货持有总成本来确定订货批量：

$$TC = \frac{Q}{2} \cdot C + \frac{A}{Q} \cdot F \qquad\qquad (7-6)$$

式中，TC——总成本；

$\quad\quad A$——全年需要量；

$\quad\quad Q$——每批订货量；

$\quad\quad F$——每批订货成本；

$\quad\quad C$——每件年储存成本。

当 A、F、C 为常数时，TC 的大小取决于 Q。为了求出 TC 的极小值，对其进行求导演算，可得出下列公式。

$$TC' = \left(\frac{Q}{2} \times C + \frac{A}{Q} \times F\right)' = \frac{C}{2} - \frac{AF}{Q^2}$$

令

$$TC' = 0$$

$$\frac{C}{2} - \frac{AF}{Q^2} = 0$$

$$Q^2 = \frac{2AF}{C}$$

经济批量

$$Q = \sqrt{\frac{2AF}{C}} \qquad\qquad (7-7)$$

这一公式称为经济订货量基本模型，求出的每次订货批量，可使 TC 达到最小值。这个基本模型还可以演变为其他形式。

每年最佳订货次数：

$$N = \frac{A}{Q} = \sqrt{\frac{AC}{2F}} \qquad\qquad (7-8)$$

与批量有关的存货总成本：

$$TC = \frac{Q}{2} \times C + \frac{A}{Q} \times F = \frac{1}{2}C\sqrt{\frac{2AF}{C}} + \frac{AF}{\sqrt{\frac{2AF}{C}}}$$

$$= \frac{1}{2}C\sqrt{\frac{2AF}{C}} + \frac{1}{2}C\sqrt{\frac{2AF}{C}}$$

$$= C\sqrt{\frac{2AF}{C}} = \sqrt{2AFC} \qquad (7-9)$$

在此基础上，我们还可以进一步放宽假设条件，比如考虑因订货批量不同而经常存在单位存货价格差异，考虑陆续供应、陆续耗用这些情况（放宽假设条件①和条件②）等，以便使订货批量更加接近现实。由于篇幅原因，本书不打算就这些问题做进一步的论述。

（2）有数量折扣的经济批量模型

这个模型否定了存货单价不变的假设。在基本模型中，我们假设存货价格不变，但实际中许多公司在销售时都有数量折扣，对大批量采购在价格上给予一定的优惠。在这种情况下，除了考虑订货成本和存储成本外，还应考虑购置成本。某企业存货全年需要量为 1 200 件，每件价格为 10 元，一次订货成本为 400 元，单位储存成本为 6 元，在这种情况下，经济批量为 400 件，但如果一次订购量超过 600 件，可给予 2% 的数量折扣，问应以多大批量订货？此时如果确定最优订货批量，就要按以下两种情况分别计算 3 种成本的合计数。

① 按经济批量采购，不取得数量折扣。若不取得数量折扣，按经济批量采购时的总成本合计应为：

总成本 = 订货成本 + 储存成本 + 购置成本

② 不按经济批量采购，取得数量折扣。如果想取得数量折扣，必须按 600 件来采购，此时 3 种成本的合计为：

总成本 = 订货成本 + 储存成本 + 购置成本 × （1 – 数量折扣）

将以上两种情况进行对比可知，订货量为 600 件时总成本最低，因此企业应当取得这项数量折扣。

（3）订货时间的确定

假设条件④"企业能够及时补充存货"往往也不现实。一般情况下，企业的存货是不能做到随用随时补充的，因此不能等存货用光再去订货，而需要在没有用完时提前订货。在提前订货的情况下，企业再次发出订货单时，尚有存货的库存量，称为（再）订货点，用 R 来表示，它的数量等于平均交货期 L 和每日平均需用量 d 的乘积。

订货点 = 平均交货期 × 平均日耗用量

$$R = L \cdot d \qquad (7-10)$$

（4）保险储备的确定

基本模型中，假设条件⑤和假设条件⑥假定存货的供需稳定且确知，即每日需求量不变，交货时间也固定不变。实际上，每日需求量可能变化，交货时间也可能变化。按照某一订货批量（如经济订货批量）和再订货点发出订单后，如果需求量增大或送货延迟就会发生缺货或供货中断。为防止由此造成的损失，就需要多储备一些存货以备应急之需，称为保险储备（安全存量）。这些存货在正常情况下不动用，只有当存货过量使用或送货延迟时才动用保险储备。保留有保险存货时，经济订货量不会变化，但是再订货点将发生相应的改变，用 B 表示保险存货数量。

订货点 = （平均交货期 × 平均日耗用量）+ 保险存货

$$R = L \cdot d + B \qquad (7-11)$$

当然，建立保险储备固然可以使企业避免缺货或供应中断造成的损失，但存货平均储备量加大却会使储备成本升高。所以，保险储备量的确定非常重要。总地来说，影响保险储备量的因素有很多，如需求的不确定程度、交货期的不确定程度、缺货成本高低、存储成本高低等，综合考虑这些因素并经过严密的测算可以得到一个比较合理的保险存货储备量。

7.4.3　存货的日常管理

1. 归口分级管理

所谓存货的归口分级管理制度是指在经理和总会计师（财务总监）的领导下，以财务部门为核心，按照用、管、算相结合的原则，将存货的定额和计划指标，按各职能部门涉及的业务归口，再按其对口分解落实到车间、班组乃至个人负责的管理制度。其基本内容有如下几项。

① 厂长经理领导下，财务部门对存货资金实行统一管理。财务部门的统一管理主要有：

- 根据国家财务制度和企业具体情况制定企业资金管理的各种制度；
- 认真核定各种资金占用数额，汇总编制存货资金计划；
- 把有关计划指标进行分解，落实到有关单位与个人；
- 对各单位的资金运用情况进行检查与分析，统一考核资金的使用情况。

② 实行资金的归口管理。各项资金归口管理的分工一般包括：

- 原材料、燃料、包装物等资金归供应部门管理；
- 在产品和自制半成品归生产部门管理；
- 产成品资金归销售部门管理；
- 工具用具占用的资金归工具部门管理；
- 修理用备件占用的资金归设备动力部门管理。

③ 实行资金的分级管理。具体分解过程是：a. 原材料资金计划指标可分配给供应计划、材料采购、仓库保管、整理准备各业务组管理；b. 在产品资金计划指标可分配给各车间、半成品库管理；c. 成品资金计划指标可分配给销售、仓库保管、成品发运各业务组管理。

2. ABC 控制法

ABC 控制法是意大利经济学家巴雷特于 19 世纪首创的，之后经不断发展和完善，现已广泛用于存货管理、成本管理和生产管理。对于一个企业来说，存货项目常常是种类繁多，这些项目中，有些价格昂贵，有些根本就不值钱，有的数量庞大，有的寥寥无几。如果不分主次，面面俱到，对每一种存货都进行周密的规划、严格的控制就抓不住重点，不能有效地控制主要存货资金。ABC 控制法正是针对这一问题而提出来的重点管理方法，其分类图见图 7-6。它一般有以下具体步骤。

① 列示企业全部存货的明细资料，包括存货名称、耗用量、单价等，并计算出每种存货的价值总额。

② 计算每一种存货的价值占全部存货价值的百分比。

③ 按照价值大小由大到小进行排序，并累加金额百分比。

④ 当价值百分比累加到 70% 左右时，以上存货视为 A 类，百分比介于 70%～90% 的存货视作 B 类存货，其余则为 C 类存货。

⑤ 对 A 类存货进行重点规划和控制，对 B 类存货进行次重点管理，对 C 类存货只进行一般管理。

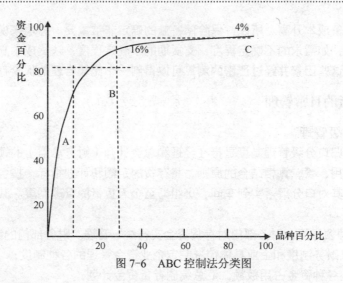

图7-6 ABC控制法分类图

3. 适时制管理

适时制管理是指一种存货在需要时才取得并进入生产过程的存货管理控制方法，由丰田公司首次提出。1950年，丰田公司的机械厂厂长大野耐一在美国超市中受到启发：顾客在超市中一次购买多种商品（多品种），而每次购买量较少（小批量），超市的配送系统可以迅速补充顾客买走的商品。大野耐一认为，可以把供需关系引入企业内部，在汽车生产过程中可以把后道工序视为购物的顾客，前道工序视为超市的配送系统，前道工序应按后道工序的要求"在必要的时间提供必要量的必要零件"。

从1950年开始构思和实验，到1962年丰田公司才全面推广这种生产方式，其后，丰田公司又在承包其外购零部件的厂家全面推广，直到20世纪70年代，这种方法才为世人所知。适时制生产系统是一种由后向前的拉动式生产系统，它以市场有关产品的数量、质量和交货时间等待定要求作为组织生产的基本出发点，从后向前进行逐步推移，即后道工序向前道工序要求"适销"零部件，从而形成一个以市场为源头一直延续到原材料的适销产程序，以使各工序能在顾客需要的时间给顾客提供他们所需要的产品。而在外部，丰田公司10个国内工厂中的8个以及大部分供应商都分布在丰田市周围，丰田公司接到订单后，根据其生产进度向供应商订货，要求其在使用前的几个小时前送到。如果衔接得好，可以使公司的存货降为0。它要求有一个十分准确的生产和存货信息系统、高效的采购、十分可靠的供应商和有效的存货处理系统。适时制的目标不仅仅是减少存货，还包括不断提高生产率、产品质量和生产弹性。20世纪70年代，丰田公司一度把库存压得很低，结果在80年代初的一次地震后当市场需求突然大增时，丰田由于不能及时供货而蒙受损失，此后丰田适度增加了库存。

4. 物料需求计划

物料需求计划（MRP）是为解决小批量多品种生产难题利用计算机介入管理的尝试。MRP也是从市场需求开始的，根据市场需求制订产品生产计划即主生产计划，再利用计算机对主生产计划进行分解，从而制订出物料需求计划。和适时制相比，MRP使各工序进入生产状况之前已经明确了生产任务，并由计算机下达生产指令，依次使实际生产控制像大规模生产那样由前向后推进。

以上两个系统都是从市场需求出发，都需要有明确的成品计划并由此推出合理的物料供给与库存，都是为小批量多品种生产而设计的，以最大限度地减少浪费、降低成本。其区别在于：MRP 是一个更有发展性的系统，更适合全系统更大范围的协调配合；而适时制的现场灵活性更强，更适合于生产线的内部协调，较适合更小批量的生产。

5.制造资源计划系统

制造资源计划系统（MRP Ⅱ）把物料流和资金流结合起来，使生产部门与销售经营部门取得沟通，又把日常的作业管理与控制同企业的长远规划结合起来，从而形成了一个完整的经营生产管理计划系统。

6.企业资源计划系统

企业资源计划系统（ERP）极大扩展了管理信息集成的范围，除原有的 MRP Ⅱ 系统的功能（制造、供销、财务）外，还集成了企业的其他管理功能，如质量管理、实验室管理、设备维修管理、仓库管理、运输管理、项目管理、市场信息管理、国际互联网和企业内部网、电子通信（电子邮件）、金融投资管理、法规与标准管理以及过程控制接口、数据采集接口等，成为一种覆盖整个企业生产经营活动的管理信息系统。除此以外，还汇集了离散型生产和流程型生产的特点，以满足多种生产类型企业的需要。

第二部分 技能训练

技能训练 7：经济批量计算

【例 7-7】　东化公司年度需耗用乙材料 36 000 千克，年度储存成本为 16 元／千克，平均每次进货费用为 20 元。

（1）经济采购批量

$$Q=\sqrt{\frac{2AF}{C}}=\sqrt{\frac{2\times36\,000\times20}{16}}=300（件）$$

（2）相关总成本

$$全年总成本(T)=\frac{Q}{2}\cdot C+\frac{A}{Q}\cdot F=\frac{300}{2}\times16+\frac{36\,000}{300}\times20=4\,800（元）$$

（3）订货成本

$$订货批数=\frac{A}{Q}=\frac{36\,000}{300}=120$$

（4）储存成本

$$储存成本=\frac{Q}{2}\cdot C=\frac{300}{2}\times16=2\,400（元）$$

技能训练 8：有数量折扣条件下的计算存货采购批量

【例 7-8】　东化公司全年需要某零件 1 200 个，每次订货成本为 400 元，每件年储存成本为 6 元，最佳经济订货批量是多少？如果每件价格 10 元，一次订购超过 600 件可得到 2%的折扣，则企业应选择多大批量订货？

（1）不考虑数量折扣条件下的经济采购批量计算

$$Q = \sqrt{\frac{2AF}{C}} = \sqrt{\frac{2 \times 1\,200 \times 400}{6}} = 400$$

（2）考虑数量折扣条件下的经济采购批量计算

经济批量采购下总成本 = 年订货成本 + 年储存成本 + 年采购成本

$$= \frac{1\,200}{400} \times 400 + \frac{400}{2} \times 6 + 1\,200 \times 10$$

$$= 14\,400 （元）$$

数量折扣采购下总成本 = 年订货成本 + 年储存成本 + 年采购成本

$$= \frac{1\,200}{400} \times 400 + \frac{600}{2} \times 6 + 1\,200 \times 10 \times 98\%$$

$$= 14\,360 （元）$$

由于选择数量折扣下的总成本 14 360 元小于不考虑数量折扣下的总成本 14 400 元，所以应该选择数量折扣。

技能训练 9：再订货点计算

【例 7-9】 东化公司订货日至到货的时间为 5 天，每日存货需要量为 9 千克，那么，订货点是多少？如果需要 10 公斤的保险储备，那么订货点是多少？

（1）不考虑保险储备下的订货点

$$R = L \cdot d = 5 \times 9 = 45 （千克）$$

（2）考虑保险储备下的订货点

$$R = L \cdot d + B = 5 \times 9 + 10 = 55 （千克）$$

即企业在尚存 55 千克存货时，就应当再次订货，等到下批订货到达时，原有库存刚好用到剩下保险储备。此时，有关存货的每次订货批量、订货次数、订货间隔时间等并无变化，与瞬时补充时相同。

课题八　短期筹资管理

▶ **知识目标**

理解掌握短期筹资的基本概念和方法

▶ **技能目标**

学会短期债务融资基本程序
学会自然债务融资的基本方式

▶ **建议学时**

2 学时

8.1　流动负债

第一部分　学习引导

8.1.1　流动负债的特点

流动负债是指将在一年或超过一年的一个营业周期内用流动资产或举借新的流动负债来偿还的债务。流动负债又称短期融资，具有成本低、偿还期短等特点。

1. 流动负债的分类

（1）按其应付金额是否确定分类

流动负债可分为应付金额确定的流动负债和应付金额不确定的流动负债。

① 应付金额确定的流动负债是指那些根据合同或法律规定，在到期日必须偿付，并有确定金额的流动负债，包括短期借款、应付票据、应付账款、应付短期融资券等。

② 应付金额不确定的流动负债是指由过去或目前业已完成的经济活动所引起的金额无法确定，但必须于未来某一日期偿付的流动负债。例如，应交税金、应交利润、应付产品质量担保债务、票据兑换债务等。对于这类负债，企业必须根据已掌握的资料和以往的经验，予以合理地估计。

（2）按其形成情况分类

流动负债可分为自然性流动负债和人为性流动负债。

① 自然性流动负债是指那些由于法定结算程序的原因自然形成的支付时间晚于形成时间的流动负债。

② 人为性流动负债是指那些由财务人员根据企业对短期资金的需求情况，通过人为安排而形成的流动负债，如银行短期借款、应付短期融资券等。

2．流动负债的特点

与长期负债融资相比，流动负债融资具有以下特点。

（1）速度快

申请短期借款往往比申请长期借款更容易、更便捷，通常在较短时间内便可获得。长期借款的借贷时间长，贷方风险大，贷款人需要对企业的财务状况评估后方能做出决定。因此，当企业急需资金时，往往首先寻求短期借款。

（2）弹性高

与长期债务相比，短期贷款给债务人更大的灵活性。长期债务的债权人为了保护自己的利益，往往要在债务契约中对债务人的行为加以种种限制，使债务人丧失某些经营决策权。而短期借款契约中的限制条款比较少，使企业有更大的经营自由。对于季节性企业，短期借款比长期借款具有更大的灵活性。

（3）成本低

在正常情况下，短期负债筹资所发生的利息支出低于长期负债筹资的利息支出。而某些"自然融资"（如应付税金、应计费用等）则没有利息负担。

（4）风险大

尽管短期债务的成本低于长期债务，但其风险却大于长期债务。这主要表现在两个方面。一方面，长期债务的利息相对比较稳定，即在相当长一段时间内保持不变。而短期债务的借款利率则随市场利率的变化而变化，时高时低，使企业难以适应。另一方面，如果企业过多筹措短期债务，则当债务到期时，企业不得不在短期内筹措大量资金还债，这极易导致企业财务状况恶化，甚至会因无法及时还债而破产。

8.1.2 营运资本管理

1．营运资金的概念

营运资金是指流动资产减去流动负债后的余额，是企业用以维持正常经营所需要的资金，即企业在生产经营中可用流动资产的净额。流动资产是指可以在一年或超过一年的一个营业周期内变现或者耗用的资产，包括货币资金、短期投资、应收预付款项、存货等。流动负债是指必须在一年或超过一年的一个营业周期内偿还的债务，包括短期借款、应付预收款项、应交税金等。营运资金的存在表明企业的流动资产占用的资金除了以流动负债筹集外，还以长期负债或所有者权益筹集。

2．营运资金的特点

由于负债在课题四资本结构决策中已做介绍，故本章重点论述流动资产的管理。流动资产有以下4项主要特点。

（1）流动性

流动资产在生产经营过程中虽需经历供产销循环周转过程，但这一过程时间很短，使流动资产的变现能力较强。

（2）继起性

流动资产的价值表现就是流动资金。流动资金的占用形态在时间上表现为依次继起、相继转化。流动资金以货币资金开始依次转化为储备资金、生产资金、成品资金、结算资金，最后又回到货币资金，它的每一次转化都是一种形态的结束和另一种形态的开始，这就是继起性。

（3）并存性

流动资金的占用形态从空间上看是并存的，各种占用形态同时分布在供、产、销各个过程中，这是由生产经营的连续不断所决定的，这就是并存性。

（4）补偿性

流动资产的投资回收期短，它的耗费能较快地从产品销售收入中得到补偿。即流动资产的实物耗费与价值补偿在一个生产经营周期内同时完成的。

3．营运资金管理的原则

（1）兼顾收益、成本与风险

营运资金作为流动资产的有机组成部分，是企业短期偿债能力的重要标志。一般情况下，营运资金数额越大，短期偿债能力就越强，反之则越弱。因此增加营运资金的投资，是降低企业偿债风险的重要保障。然而，营运资金投资的增加，要求企业必须以更多的长期资金来源在流动资产之上，这样做的结果是，企业虽然降低了偿债风险，但同时却增加了资金成本，从而影响了企业的获利能力。相反，营运资金减少后的高偿债风险则会因资金成本的降低和获利能力的提高而削弱。因此，合理的营运资金规模，应该是风险、收益与成本三者相适宜的结果。

（2）满足生产经营要求，节约使用资金

在营运资金管理中，必须正确处理保证生产经营需要和节约使用资金两者之间的关系。这是因为，如果营运资金数量太多，就会造成企业资产闲置，资金成本增加；反之，如果营运资金数量太少，又会造成生产短缺。因此，企业财务人员要在保证生产经营需要的前提下，合理、节约地使用资金。

（3）加速资金周转，提高资金利用效果

每个企业所需营运资金的多少，在一定的生产经营条件下，主要取决于营运资金的周转速度，即营运资金周转所用的时间长短。一般来说，加速营运资金周转，意味着在收入不变的情况下，减少了资金的占用，或者用同样数量的资金可以实现更多的收入。因此，企业要想方设法加速应收账款、存货等流动资产的周转，使有限的资金获取最佳的效益。营运资金是流动资产与流动负债的差额。

8.1.3 营运资本筹集政策

1．营运资金筹资政策的概念

营运资金筹集政策是营运资金政策的研究重点。研究营运资金的筹资政策，首先需要对构成营运资金的两要素——流动资产和流动负债进行分析，然后再考虑两者之间的匹配。

一般来说，我们经常按照周转时间的长短对企业的资金进行分类，即周转时间在一年以下的为流动资产，包括货币资金、短期投资、应收账款、应收票据、存货，等等；周转时间在一年以上的为长期资产，包括长期投资、固定资产、无形资产，等等。对于流动资产，如果按照用途再做区分，则可以分为临时性流动资产和永久性流动资产。临时性流动资产指那些受季节性、周期性影响的流动资产，如季节性存货、销售和经营旺季（如零售业的销售旺季在春节期间等）的应收账款；永久性流动资产则指那些即使企业处于经营低谷也仍然需要保留的、用于满足企业长期稳定需要的流动资产。

企业的负债则按照债务时间的长短，以1年为界限，分为短期负债和长期负债。短期负债包括短期借款、应付账款、应付票据等；长期负债包括长期借款、长期债券等。短期负债的特点在本章前面部分已做过论述，主要是成本低、风险大。与流动资产按照用途划分的方法相对应，流动负债也可以分为临时性负债和自发性负债。临时性负债指为了满足临时性流动资金需要所发生的负债，如商业零售企业春节前为满足节日销售需要，超量购入货物而举借的债务；食品制造企业为赶制季节性食品，大量购入某种原料而发生的借款，等等。自发性负债指直接产生于企业持续经营中的负债，如商业信用筹资和日常运营中产生的其他应付款，以及应付职工薪酬、应付利息、应付税费，等等。

2．流动资产和流动负债的配合

营运资本筹集政策，主要是就如何安排临时性流动资产和永久性流动资产的资金来源而言的，一般可以区分为三种，即配合型筹资政策、激进型筹资政策和稳健型筹资政策。

（1）配合型筹资政策

配合型筹资政策的特点是：对于临时性流动资产，运用临时性负债筹集资金满足其资金需要；对于永久性流动资产和固定资产（统称为永久性资产，下同），运用长期负债、自发性负债和权益资本筹集资金满足其资金需要。配合型筹资政策见图8-1。

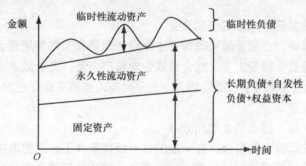

图8-1　配合型筹资政策

配合型筹资政策要求企业临时负债筹资计划严密，实现现金流动与预期安排相一致。在季节性低谷时，企业应当除了自发性负债外没有其他流动负债；只有在临时性流动资产的需求高峰期，企业才举借各种临时性债务。

这种筹资政策的基本思想是将资产与负债的期间相配合，以降低企业不能偿还到期债务的风险和尽可能降低债务的资本成本。但是，事实上由于资产使用寿命的不确定性，往往达不到资产与负债的完全配合。一旦企业生产经营高峰期内的销售不理想，未能取得销售现金收入，便会发生偿还临时性负债的困难。因此，配合型筹资政策是一种理想的、对企业有着较高资金使用要求的营运资本筹集政策。

（2）激进型筹资政策

激进型筹资政策的特点是：临时性负债不但融通临时性流动资产的资金需要，还解决部分永久性资产的资金需要。该筹资政策见图8-2。

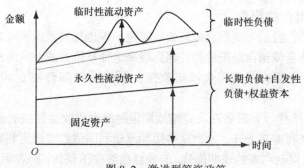

图 8-2　激进型筹资政策

从图 8-2 可以看到，激进型筹资政策下临时性负债在企业全部资金来源中所占比重大于配合型筹资政策。这种情况，表明企业实行的是激进型筹资政策。由于临时性负债（如短期银行借款）的资本成本一般低于长期负债和权益资本的资本成本（关于资本成本的计算，将在课题九中详细讲述），而激进型筹资政策下临时性负债所占比重较大，所以该政策下企业的资本成本较低。但是另一方面，为了满足永久性资产的长期资金需要，企业必然要在临时性负债到期后重新举债或申请债务展期，这样企业便会更为经常地举债和还债，从而加大筹资困难和风险；还可能面临由于短期负债利率的变动而增加企业资本成本的风险，所以激进型筹资政策是一种收益性和风险性均较高的营运资本筹资政策。

（3）稳健型筹资政策（见图 8-3）

稳健型筹资政策的特点是：临时性负债只融通部分临时性流动资产的资金需要，另一部分临时性流动资产和永久性资产，则由长期负债、自发性负债和权益资本作为资金来源。

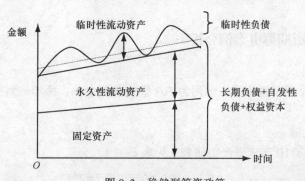

图 8-3　稳健型筹资政策

从图 8-3 可以看到，与配合型筹资政策相比，稳健型筹资政策下临时性负债占企业全部资金来源的比例较小。其余部分的季节性存货和全部永久性资金需要则由长期负债、自发性负债和权益资本提供。而在生产经营的淡季，企业则可将闲置的资金投资于短期有价证券。这种做法由于临时性负债所占比重较小，所以企业无法偿还到期债务的风险较低，同时蒙受短期利率变动损失的风险也较低。然而，却会因长期负债资本成本高于临时性负债的资本成本，以及经营淡季时仍需负担长期负债利息，从而降低企业的收益。所以，稳健型筹资政策是一种风险性和收益性均较低的营运资本筹集政策。一般地说，如果企业能够驾驭资金的使用，则采用收益和风险配合得较为适中的配合型筹资政策是有利的。

3．影响筹资组合的因素

根据前面的分析，我们知道配合型筹资政策是一种理想的营运资金筹集政策。在现实经济生活中，企业往往会依据自身条件和外部环境来选择筹资方式，从而形成或趋于激进或趋于稳健的各种不同类型的营运资金筹集政策。影响企业筹资组合的因素主要包括如下几个。

① 利率的期限结构。管理者在决定借款期限时应考虑收益曲线的形状，若收益曲线向上倾斜，则表明未来利率将上升，此时获得短期浮动利率借款或固定利率的长期借款可能较为适宜，应避免借入浮动利率的长期借款。若收益曲线向下倾斜，则表明未来利率将下降（这种情况较少，但并非绝对没有），此时应避免借入固定利率的长期借款。

② 企业的资本结构。报表分析者在考虑企业借入资金与自有资金的比例时，常常关注企业的长期借入资金。因此，若企业欲保持较低的资产负债率（当负债部分按长期负债计算时），则可能采用激进型的营运资金筹集政策。当然，若分析人员注意到企业有部分短期负债持续用于支持长期性资产项目时，应考虑资产负债率的计算方法是否合适。

③ 企业取得长期资金的难易程度。一般来说，信用级别高的大企业更易获得权益资本、长期债券等长期资金，而小企业则较难获得这些来源的资金，银行短期贷款可能是较为现实的途径。

④ 企业管理层对待风险的态度。保守的管理者自然倾向选择稳健型的营运资金筹集政策；相反，具有冒险精神的管理者则倾向于选择激进的营运资金筹集政策。

第二部分　技能训练

技能训练 1：短期筹资案例分析

一、背景资料

东化公司是一个季节性很强、信用为 AA 级的中型企业，每年一到经营旺季，就缺乏流动资金。

1．企业财务数据

（1）东化公司 2010 年末资产负债表（见表 8-1）

表 8-1　　　　　　　　　　　　　东化公司 2010 年末资产负债表

财务指标	账面价值（千元）
总资产	5 600
其中：应收款项	125
货币资金	800
一年内到期的长期负债	188
商业票据和其他应付票据	812
短期负债合计	1 000
长期负债	2 600
所有者权益	2 000
负债及所有者权益	5 600

（2）东化公司的产品销售利润率为12%。

2. 备选融资方案

（1）银行短期借贷

工商银行提供期限为3个月的短期借款20万元,年利率为12%。要求有补偿性余额20%。

（2）商业信用贷款

A公司愿意为其提供商业信用贷款,即按"2/10,n/30"的条件,每天为其提供5 000元的材料；商业信用期限一个月。

（3）安排专人将应收款项催回,40万元以内费用率占回收款项的10%,40万～80万元费用率占回收款项的20%,80万～125万元费用率占回收款项的40%。

其中,银行短期借款成本率

$$K_b = \frac{20 \times 12\% \times (1-25\%)}{20 \times (1-20\%)} = 11.25\%$$

商业信用贷款放弃现金折扣成本率

$$K_b = \frac{2\%}{(1-2\%)} \times \frac{360}{30-10} = 36.73\%$$

根据三个方案的成本率看,东化公司首先安排专人将应收款项催回 40 万元的应收款,其次向工商银行借短期借款 20 万元,如果资金不足再安排专人将应收款项催回 40 万元,最后就是放弃现金折扣。

8.2 自然性融资

第一部分 学习引导

8.2.1 商业信用

商业信用是指商品交易中由于延期付款或延期交货而形成的借贷关系,是企业间直接的信用行为。商业信用产生于商品交换,其具体形式主要是应付账款、应付票据和预收账款等。据统计,这种短期筹资在许多企业中占流动负债的40%左右,是企业重要的短期资金来源。

1. 应付账款

应付账款是指企业购买货物暂未付款而欠对方的款项。对卖方来讲,可用这种方式进行促销,而对买方来说,延期付款相当于向卖方借入资金购买商品,可以满足短期资金需要。应付账款按是否付出代价分为免费信用、有代价信用和展期信用。免费信用是指买方在规定的折扣期内享受折扣(有折扣条件)或信用期内付款(无折扣条件)而获得的信用；有代价信用是指买方放弃折扣付出代价而获得的信用；展期信用是指买方超过规定的信用期推迟付款而强行获得的信用。

应付账款的成本。

$$\text{放弃现金折扣的实际利率} = \frac{\text{折扣率}}{1-\text{折扣率}} \times \frac{360}{\text{信用期限}-\text{折扣期限}}$$

该公式表明，放弃现金折扣的成本与折扣率的大小、折扣期的长短同方向变化，与信用期的长短反方向变化。如果买方放弃现金折扣而获得商业信用，其代价一般非常高。然而，企业在放弃折扣的情况下，推迟付款的时间越长，其成本越小。

一般来说，如果能以低于放弃折扣的成本取得短期资金，企业应该通过其他渠道筹集成本较低的资金支付货款，享受现金折扣；如果在信用期限内将应付账款用于短期投资，所得的投资收益率高于放弃折扣的隐含利息成本，则应放弃折扣而去追求更高的收益。如果企业因资金缺乏而欲延期付款，则需要在降低了的放弃折扣成本与延期付款带来的损失之间作出选择。延期付款的损失是指因企业信誉恶化而丧失供应商乃至其他贷款人的信用，或日后招致苛刻的信用条件。

2．应付票据

应付票据是指购销双方按购销合同进行商品交易，延期付款而签发的反映债权债务关系的票据，根据承兑人的不同分为商业承兑汇票和银行承兑汇票。承兑期限由交易双方商定，一般为 1~6 个月，最长不超过 9 个月。应付票据可以带息，也可以不带息，利率一般比银行贷款利率低，且不用保持相应的补偿性余额和支付协议费，所以其筹资成本低于银行借款成本。在票据到期前，收款人如果需要资金，可以将未到期的票据向银行申请贴现。

3．预收账款

预收账款是指卖方在交货前向买方预先收取部分或全部货款的信用形式。对卖方来说，相当于向买方借入资金后用货物抵偿。预收账款一般用于以下几项。

① 紧俏商品的销售，买方为能得到这些商品常常向生产企业预付货款订货。

② 生产周期长、产品价值高的产品的销售，如飞机和大型轮船，生产企业会要求买方预付部分货款，以解决资金占用过多的问题。

③ 买方信誉较差的情况。最后一种情况不属于短期筹资的范畴。如果买方对卖方预收账款不提出任何要求，累计付款额与商品售价相等，等于卖方得到无偿的商业信用，不发生任何成本。但买方可能提出自己的要求，如折扣，此时卖方为获得商业信用就要付出代价。

商业信用筹资的优点包括：

① 易于取得，不用正式办理筹资手续；

② 成本低，如果没有现金折扣或使用不带息票据，则采用商业信用筹资不负担成本；

③ 企业有很大自主权，可以在折扣期内付款，可以在信用期内付款，也可以与供应商协商付款。商业信用筹资的缺点是期限短，在放弃折扣时成本较高。

第二部分　技能训练

技能训练2：放弃现金折扣成本计算

【例8-1】　东化公司按"2／10，n／30"的条件购买一批商品，价值 100 000 元。

如果企业在 10 天内付款，可获得 10 天的免费信用，免费信用额为 98 000 元。如果企业在第 30 天付款，付款额为 100 000 元，它分为两部分：供应商提供的 10 天免费信用而应支付的 98 000 元，供应商提供的 20 天有代价信用而应支付的利息 2 000 元。

附现金折扣的信用条件公司推迟付款 20 天，相当于举债筹资 98 000 元，借款利息 2 000 元，其实际利率为 2.04%（2 000÷98 000），换算成年利率为 36.72%（2.04%×360÷20×100%）。

放弃现金折扣的实际利率也可用以下公式计算：

$$\genfrac{}{}{0pt}{}{\text{放弃现金折扣}}{\text{的实际利率}} = \frac{\text{折扣率}}{1-\text{折扣率}} \times \frac{360}{\text{信用期限}-\text{折扣期限}} = \frac{2\%}{1-2\%} \times \frac{360}{30-10} = 36.72\%$$

8.3 短期借款

第一部分 学习引导

8.3.1 短期借款种类

1．短期银行借款的种类

在我国，短期银行借款是大多数企业短期资金来源的最重要的组成部分。短期银行借款一般分为信用借款和担保借款两大类：

（1）信用借款

信用借款是指不需要抵押品或其他财产作为偿付保证的一种借款。企业要取得信用借款必须有较好的经营成果、良好的财务状况以及可靠的经营前景。规定借款限额或周转额度的银行借款均属于信用借款。

① 信贷限额。信贷限额是指银行对借款人规定的无担保贷款的最高限额。信贷限额的有效期一般为 1 年，但根据情况也可延期 1 年。一般地，在信贷限额内，企业可随时根据需要向银行申请借款，但是，银行并不承担必须提供全部信贷限额的义务。如果企业信誉恶化，即使银行曾同意按信贷限额提供贷款，企业也可能得不到借款，银行不会因此而承担法律责任。

② 周转信贷协议。周转信贷协议是指银行具有法律义务地承诺提供不超过某一最高限额的贷款协议。在协议有效期内，只要企业的借款总额未超过最高限额，银行必须满足企业任何时候提出的借款要求。企业享用周转信贷协议通常要就贷款限额的未使用部分给银行一笔承诺费。

③ 补偿性余额。补偿性余额是指银行要求借款企业在银行中保持按贷款限额的一定百分比（一般为 10%～20%）计算的最低存款余额。从银行的角度看，补偿性余额可以降低贷款风险；对于借款企业来说，补偿性余额则提高了借款的实际利率。

（2）担保借款

银行向财务风险较大的企业或对其信用不太了解的企业发放贷款时有时需要企业提供抵押品担保，以减小自己蒙受损失的风险，抵押品可以是企业的应收账款、存货、有价证券等。贷款额一般是抵押品面值的 30%～90%。抵押借款的成本高于非抵押借款，因为银行将抵押借款看做一种风险投资，故收取较高的利息。银行管理抵押借款较为困难，为此还须另外收取手续费。对想要从银行贷款的公司而言，除了要考虑贷款成本外，还必须考虑贷款银行的以下方面：①承担风险的意愿；②咨询与服务；③对客户的忠诚度；④贷款专业化的程度；⑤银行的规模；⑥其他服务。

2．短期银行借款的成本

短期借款的成本随着借款人的类型、贷款的金额和时间而变化。一般而言，借款人风险越大，贷款的金额越少，经济越繁荣，银行借款的成本越高；反之亦然。银行贷款的利率可按以下几种利息计算方式进行计算。

（1）单利

多数企业按单利计算收取利息，通常也按单利比较不同银行的借款成本。如果企业取得1年期借款，但年末连本带利一起偿还，借款的实际利率和名义利率一致；如果借款的计息期小于1年，企业实际负担的借款利率就会大于银行的名义利率。

（2）贴现利率

在这种方法下，银行在发放贷款时先从贷款中扣除利息，借款企业实际得到的金额是借款面值扣除利息后的余额，而还款时必须按借款的面值偿还。企业由此承担的实际利率大于名义利率。

（3）附加利率

贷款人通常采用附加利率的方式计算分期偿还贷款的利息费用。贷款人首先根据名义利率计算贷款的利息，再将利息加回到借款人实际贷得的资金上，以决定贷款的面值。

补偿性余额与借款利率补偿性余额的规定将提高企业短期借款的实际利率。

3．短期银行借款的优缺点

（1）短期银行借款的优点

① 短期借款是满足企业临时性和突发性资金需求的最简洁、最方便的途径。

② 弹性好，借款、还款时间灵活，便于企业根据资金需求的变化安排何时借款、何时还款。

③ 实力雄厚、信誉突出的企业可以同银行建立较为密切和长远的借贷关系，不但方便筹资，还可以在利率上得到优惠。

（2）短期银行借款的缺点

① 借款成本高。与商业信用比，在折扣期内商业信用没有成本；与短期融资券比，由于短期融资券是直接筹资，故成本低于借款。

② 向银行借款要受到一定限制，如对企业经营状况和信用状况进行调查，要求企业的财务指标达到一定标准等。

8.3.2　短期融资券

1．短期融资券的含义

短期融资券又称商业票据、短期债券，是由大型工商企业或金融企业所发行的短期无担保本票，是一种新型的短期融资方式。

短期融资券源于商业票据。商业票据是一种古老的商业信用工具，产生于18世纪，它最初是随商品和劳务交易而签发的一种债务凭证。有些大公司凭借自己的信誉，开始脱离商品交易过程签发商业票据，以筹措短期资金。20世纪20年代，美国汽车制造业及生产其他高档耐用商品的行业开始兴盛，为增加销售量，一般都采用赊销、分期付款等方式向外销售，从而在应收账款上占用了大量资金，在银行借款受到多种限制的情况下，开始大量发行商业票据筹集短期资金。这样，商业票据与商品、劳务的交易相分离，演变成为一种在货币市场上融资的票据，发行人与投资者成为一种单纯的债务债权关系。商业票据上不再列明收款人，只需列明付款人，成为单名票据。为了同传统的商业票据相区别，人们通常把这种专门用于融资的票据叫做短期融资券或短期商业债券。20 世纪 80 年代中后期，我国有些企业为解决流动资金的不足，开始采用短期融资券筹集资金，这是我国流动资金管理方面的一项重大改革，对改变流动资金来源，加速资金周转，调整产业结构，优化资金投向，健全金融工具，完善债券市场都具有十分重要的意义。

2. 短期融资券的种类

① 按发行方式可分为直接销售的短期融资券和间接销售的短期融资券。直接销售的短期融资券是指发行人直接销售给最终投资者的融资券。直接发行融资券的公司通常是经营金融业务的公司或自己有附属经营金融机构的公司，它们有自己的分支网点，有专门的金融人才，因此，有力量自己组织推销工作，从而节省了间接发行时应付给证券公司的手续费。间接销售的短期融资券，又称经纪人代销的融资券，是指由发行公司卖给经纪人，然后由经纪人再卖给投资者的融资券。

② 按发行人的不同可分为金融企业的短期融资券和非金融企业的短期融资券。金融企业的短期融资券是指由大公司所属的财务公司、投资信托公司、银行控股公司等发行的融资券。这类融资券一般采用直接发行方式。非金融企业的短期融资券是指没有设立财务公司的工商企业所发行的融资券。这类融资券一般采用间接发行方式。

③ 按发行和流通范围可分为国内短期融资券和国际短期融资券。国内短期融资券是指一国发行者在其国内金融市场上发行的融资券。发行这种融资券一般只要遵循本国法规和金融市场惯例即可。国际短期融资券是指一国发行者在其本国以外的金融市场上发行的融资券。发行这种融资券必须遵循有关国家的法律和国际金融市场惯例。

3. 短期融资券的发行程序

① 公司做出决策，采用短期融资券方式筹集资金。

② 办理短期融资券的信用评级。

③ 向有关审批机关提出发行融资券的申请。

④ 审批机关对企业的申请进行审查和批准。

⑤ 正式发行融资券，取得资金。

4. 短期融资券的优缺点

① 短期融资券筹资的优点。

● 筹资成本较低。短期融资券的利率加上发行成本通常要低于同期贷款利率，这是因为利用短期融资券筹集资金时，筹资者与投资者直接往来，绕开了银行中介，节省了一笔原应付给银行的利息。

● 筹资额较大。出于风险考虑，银行一般不会向企业发放巨额短期贷款，发行短期融资券却可筹集更多的资金。

● 提高企业信誉。由于发行短期融资券的公司都是著名的大公司，所以，如果企业能发行自己的短期融资券，说明该公司的信誉较好。

財務管理实践教程

② 短期融资券筹资的缺点。

● 风险较大。短期融资券到期必须偿还，一般不会有延期的可能。到期不归还，会产生严重后果。

● 弹性较小。只有当企业的资金需求达到一定数量时才能使用短期融资券，如果数量较小，则会加大单位资金的筹资成本。另外，短期融资券一般不能提前偿还。

● 发行条件较严格。只有信誉好、实力强、效益高的企业才能发行短期融资券。

● 稳定性差。当企业处于财务困境时，银行会向借款人提供帮助，而短期融资券的投资者一般不会。

第二部分　技能训练

技能训练 3：短期银行借款成本计算

【例 8-2】　东化公司向银行借款 10 000 元，年利率 12%，每季计息一次，则其实际利率为

$$(1+\frac{12\%}{4})^4-1=12.55\%$$

【例 8-3】　东化公司向银行借款 10 000 元，年利率 12%，采用贴现法付息，则企业承担的实际利率为

$$\frac{10\,000\times12\%}{10\,000-1\,200}=13.64\%$$

课题九 财务预测与预算

▶ 知识目标

理解掌握财务预测与预算的基本概念和方法

▶ 技能目标

学会销售预测的方法
学会现金预算的编制

▶ 建议学时

6 学时

9.1 财务预测

第一部分 学习引导

9.1.1 财务预测的含义

1. 财务预测的概念

财务管理是一项连续不断的工作，过去的财务活动对现在有影响，现在的财务活动又会作用于将来。要想卓有成效地做好财务工作，必须在把握现在的基础上了解过去，并认真规划未来。企业在生产经营过程中，为了取得理想的经济效益，需要在科学理论的指导下，对企业财务活动、财务状况及财务成果进行估计、判断和推测，这个过程被称为财务预测。

2. 财务预测的意义

企业的生存和发展，在很大程度上取决于其过去和现在的财务决策，而财务决策是建立在准确的财务预测基础上的。准确的预测是企业成功的关键，也是财务预算工作的基础。

（1）财务预测是融资计划的前提

企业要对外提供产品和服务，必须要有一定的资产。销售增加时，要相应增加流动资产，甚至还需增加固定资产。为取得扩大销售所需增加的资产，企业要筹措资金。这些资金，一部分来自保留盈余，另一部分通过外部融资取得。通常，销售增长率较高时保留盈余不能满足资金需要，即使获利良好的企业也需外部融资。对外融资，需要寻找提供资金的人，向他们做出还本付息的承诺或提供赢利前景，并使之相信其投资是安全的并且是可以获利的，这个过程往往需要较长时间。因此，企业需要预先知道自己的财务需求，提前安排融资计划，否则就可能发生现金周转问题。

（2）财务预测是决策的基础

企业财务管理中的各种决策方案的选择，都必须以科学的预测为依据。如进行投资决策时，必须对可供选择的各种方案的成本、利润、现金流量和投资回收的情况做出科学的预测，才能够选择投资效果最好的项目。

（3）财务预测有助于加强企业的应变能力

财务预测与其他预测一样都不可能很准确。从表面上看，不准确的预测只能导致不准确的计划，从而使预测和计划失去意义。其实并非如此，预测给人们展现了未来的各种可能的前景，促使人们制定出相应的应急计划。预测和计划是超前思考的过程，其结果并非仅仅是一个资金需要量数字，还包括对未来各种可能前景的认识和思考。预测可以提高企业对不确定事件的反应能力，从而减小不利事件出现带来的损失，增加利用有利机会带来的收益。

9.1.2 财务预测的程序

财务预测的程序是指进行财务预测普遍适用的基本步骤，一般来说，财务预测的基本程序可以概括为以下几个步骤。

（1）确定预测的目的

一项预测首先要解决为什么要进行预测这一问题。预测的目的关系到预测对象的确定、预测资料的收集和预测方法的选择等一系列问题。只有明确了目的，才能使预测工作有的放矢，按照要求顺利实施。

（2）收集存储信息

收集存储信息是指收集与企业经营活动有关的内部条件、外部环境的历史、现状、前景等动态变化数据、情报、资料并加以保存的过程。从实际出发，掌握真实、系统、完善的信息数据，是搞好财务预测的前提。收集信息的工作并不是单纯的收集，还要加工整理，使之成为财务预测必要的数据。值得一提的是，预测的质量和效果很大程度上取决于各项信息的正确性、真实性和及时性，利用不合实际的资料会导致错误的判断。据此在预测信息收集过程中一定要认真检查，详细核实，以确保预测的真实性、客观性。

（3）建立预测模型

预测模型是用数学语言描述和研究某一经济事件与各个影响因素之间或相关联的各经济事件之间的数量关系的公式。建立财务预测模型，目的在于以简明的数字形式和精确的数学语言再现企业财务活动及其变化的全过程，以供我们分析、判断和预见。

（4）实施财务预测

按照预测目的的要求，凭借占有的信息资料，借助预测数学模型，运用一定的预测方法，便可以进行财务预测。由于预测的方法很多，必须根据预测的目的和占有资料的具体情况来正确地选用。选用预测方法，有时选择一种，有时还可以将几种方法结合起来，相互验证预测的结果，以提高预测的质量。财务预测过程中还要注意定量预测和定性分析的结合，从质和量两个方面来掌握企业的财务活动及其规律。

（5）分析预测误差

预测毕竟是对未来的预计和推断，所以往往与实际有出入而产生预测误差。一般来说，预测误差是在所难免的，可用其数值的大小来反映预测的准确程度，如果预测误差过大，就需要分析产生误差的原因，以及针对实际情况，改进预测方法，使预测结果尽量接近实际。

9.1.3　财务预测的方法

财务预测的内容取决于财务预测的对象、资金运动的范围和内容，通常主要包括销售预测、资金需求量预测和利润预测。

1. 销售预测

销售预测是根据过去销售情况和市场未来需求对预测期产品销售量所进行的预计和预测算。销售预测是财务预测的起点和基础，因为：①销售收入是企业财务收入的主要来源。②销售收入是创造和实现利润的基本要素。③其他财务项目多是随销售收入的变动而成比例变动的，因此在销售预测的基础上，可以按其他项目与销售收入的比率关系，估计这些项目的数额。

销售预测的一般要求是：第一，掌握市场动态，估计产品的销售形势。市场状况通常不会出现较长时间的持续增长，或较长时间的衰退，而是在波动中前进的。这种波动大体上经历萧条、复苏、上升、高涨等几个阶段的循环。企业既要判断市场形势，又要判断产品在市场上的地位、产品质量等。第二，广泛收集资料，制定产品销售策略。企业既要收集本企业资料，又要收集同行业其他企业的资料，以便经过分析研究，提出价格策略、广告商标策略、包装和售后服务策略等。第三，做好定量分析。定量分析就是根据掌握的资料，以本企业历史数据为基础，运用数学方法，将过去的变化向后推移，预测未来销售情况。

销售预测方法包括以下几种。

（1）趋势预测法

趋势预测分析法是指根据企业历史的、按发生时间的先后顺序排列的一系列销售数据，应用一定的数学方法进行加工处理，按时间序列找出销售随时间而发展变化的趋势，由此推断其未来发展趋势的分析方法。这种方法假设事物的发展遵循"延续性原则"，事物的发展是可预测的。常用的趋势分析法有算术平均法、加权平均法、指数平滑法、回归分析法等。

算术平均法，也称做简单趋势平均法，是将若干历史时期的销售量或销售额作为观测值，将各个观测值相加除以观察的年数计算出来的平均数作为下期销售的预测值的方法。

其计算公式为

$$\overline{X} = \frac{\sum X_i}{n}$$

式中，$\overline{X}$——计划期间销售预测值；

X_i——各期销售量或销售额；

n——时期数。

（2）移动加权算术平均法

利用移动加权算术平均法预测销售，即根据最近数期的实际值，按其距离预测期的远近分别进行加权（近期的权数大些，远期的权数小些），计算其加权平均数，将其作为计划期的销售预测值。

其计算公式为

$$\overline{X} = \sum_{i=1}^{n} W_i X_i$$

式中，W_i——各期权数，其大小根据距离预测期的远近而定；

　　　　X_i——各期销售量或销售额；

　　　　n——时期数。

（3）指数平滑法

利用指数平滑法预测销售，即在综合考虑有关前期预测销售量和实际销售量信息的基础上，利用事先确定的平滑指数预测计划期销售量。其计算公式为

$$\overline{X}=\alpha A+(1-\alpha)F$$

式中，A——上期实际销售额；

　　　　F——上期预测销售数；

　　　　α——平滑系数。

（4）回归直线法

利用回归直线法预测销售，即根据若干期内的销售实际资料与时间序列之间存在的线性关系，建立起线性方程来预测销售量（额）。它是利用最小平方法（最小二乘法）的原理将回归直线求出，并据此预测企业未来时期的销售水平。如果以纵轴代表变量（销售量），横轴代表时间，构成一个直角坐标图，将过去一定时期的历史资料描绘在这个图上，这些点能够大致形成一条直线，那么，说明该变量是时间的函数，它们之间基本上存在着线性关系，就可以据此求出一条用直线表示的趋势线，这条直线在数学上称为回归直线或回归方程。即

$$y=a+bx$$

式中，y——因变量；

　　　　x——自变量；

　　　　a、b——待定参数。

将回归直线方程 $y=a+bx$ 应用到销售预测时，y 代表各期销售量（额）；a 代表直线的截距，即固定销售量（额）；b 代表随着自变量 x 变化而引起的变动销售量（额）。

根据最小平方法可得 a、b 的计算公式：

$$\begin{cases} a=\dfrac{\sum y-b\sum x}{n} \\ b=\dfrac{n\sum xy-\sum x\cdot\sum y}{n\sum x^2-(\sum x)^2} \end{cases}$$

在销售预测过程中，如果各观察或记录期之间的间隔期相等（如都是1年、1季或1月），则可以采用较为简便的方法，即令 $\sum x=0$。则计算公式简化为

$$\begin{cases} a=\dfrac{\sum y}{n} \\ b=\dfrac{\sum xy}{\sum x^2} \end{cases}$$

因此，若实际数据资料的个数（n）为奇数，则 x 取的间隔期为1，中间一期 x 为0，即 x 取值为…–3，–2，–1，0，1，2，3，…若实际数据资料的个数（n）为偶数，则取 x 的间隔期为2，将 $x=-1$ 与 $x=+1$ 置于当中上下二期，即 x 取值为…–5，–3，–1，1，3，5，…。

2. 资金需求量预测

资金预测是企业财务预测的主要内容之一，也是企业合理筹集资金所必需的一个基础环节，对资金需求量的预测可以使筹集来的资金既能保证满足生产经营的需要，又不至于有太多的闲置资金，从而提高资金利用率。

（1）销售百分比法

① 销售百分比法的基本依据和条件。

销售百分比法是根据销售与资产负债表和利润表项目之间的比例关系，预测企业融资需求数量的一种方法。利用销售百分比法进行财务预测时，首先要假设收入、费用、资产与销售收入之间有固定的比例关系，然后根据预计销售额和相应的比例，预计资产、负债和所有者权益，根据资产＝负债+所有者权益，进而确定出所需要的融资数量。

采用销售百分比法预测资金需求量时应具备的前提条件是：①资产负债表上的大部分项目与营业收入有直接的正比关系；②各资产现时的规模与其营业水平相当；③预测期的营业结构和价格水平与基期保持相同。

具体方法有两种：一种是先根据销售总额预计资产、负债和所有者权益的总额，然后确定融资需求；另一种是根据销售的增加额预计资产、负债的所有者权益的增加额，然后确定筹资需求。

② 根据销售总额确定筹资需求。

根据销售总额确定筹资需求，一般要借助预计利润表和预计资产负债表。通过预计利润表预测企业留用利润这种内部资本来源的增加额；通过预计资产负债表预测资本需求总额和外部筹资额。

（2）融资需求预测的其他方法

为了改进财务预测的质量，有时需要使用更精确的方法。

① 使用回归分析技术。

财务预测的回归分析，是利用一系列的历史资料求得各资产负债表项目和销售额的函数关系，据此预测计划销售额与资产、负债数量，然后预测融资需求。

通常假设销售额与资产、负债等存在线性关系。例如，假设存货与销售额之间存在直线关系，其直线方程为"存货=$a+b×$销售额"，根据历史资料和回归分析的最小二乘法可以求出直线方程的系数 a 和 b，然后根据预计销售额和直线方程预计存货的金额。

完成资产、负债项目的预计后，其他的计算步骤与销售百分比法相同。

② 通过编制现金预算预测财务需求。

现金预算时对未来现金流量进行详尽的描述，它不仅是计划的工具，也是预测的工具。这个内容将在现金预算中加以介绍。

③ 使用计算机进行财务预测。

对于大型企业来说，无论是销售百分比法还是回归法都显得过于简化。实际上影响融资需求的变量很多，如产品的组合、信用政策、价格政策等。把这些变量纳入预测模型后，计算量大增，手工处理已很难胜任，使用计算机是不可避免的。

最简单的计算机财务预测，是使用"电子表软件"，如 Excel。使用电子表软件时，计算过程和手工预测几乎没有差别。相比之下，其主要好处是：预测期间是几年或者要分月预测时，计算机要比手工快得多；如果要改变一个输入参数，软件能自动重新计算所有预测数据。

比较复杂的预测是使用交互式财务规划模型，它比电子表软件功能更强，其主要好处是能通过"人机对话"进行"反向操作"。例如，这种方法不但可以根据既定销售额预测融资需求，还可以根据既定资金限制预测可达到的销售额。

最复杂的预测是使用综合数据库财务计划系统。该系统建有公司的历史资料库和模型库，用以选择适用的模型并预测各项财务数据；它通常是一个联机实时系统，随时更新数据；可以使用概率技术，分析预测的可靠性；它还是一个综合的规划系统，不仅用于资金的预测和规划，而且包括需求、价格、成本及各项资源的预测和规划；该系统通常也是规划和预测结合的系统，能快速生成预计的财务报表，从而支持财务决策。

3. 利润预测

利润是企业生产经营中的一个最重要的经济指标，它直接反映企业的经济效益和财务成果，利润预测的准确与否直接影响目标利润的确定。利润预测通常采用本量利分析法、相关比率法和经营杠杆预测法等。

（1）本量利分析法

本量利分析是指在成本性态分析的基础上，运用数学模型与图形来分析成本、业务量、利润三者之间的依存关系，研究其变动规律，最终揭示变动成本、固定成本、销售量、销售单价、利润之间的内在规律。本量利分析法是财务管理的基本方法之一，是企业经营管理活动中一种实用的工具。

① 本、量、利之间的关系。

为了正确进行利润预测，必须研究成本、销售量与利润之间的关系。要反映成本与生产量、销售量等业务量之间的内在联系，就要将成本要按成本性态（成本总额与特定的业务量之间在数量方面的依存关系，又称成本习性）进行划分，可分为两大类：变动成本和固定成本。

所谓变动成本是指一定业务量范围内成本总额与业务量总数成正比例增减变动的成本。直接材料、直接人工都属于变动成本。所谓固定成本是指成本总额在一定时期和一定业务量范围内，不受业务影响而固定不变的成本。折旧费、房屋租金、管理人员工资等都属于固定成本。

成本、销售量和利润之间的关系可用下列公式表示。

利润 = 销售收入 − 变动成本总额 − 固定成本总额

= 销售量 × 单价 − 销售量 × 单位变动成本 − 固定成本总额

= 销售量 × （单价 − 单位变动成本）− 固定成本总额

② 保本分析。

保本是指企业在一定时期内收支相等，利润为零。它主要分析不亏不盈时，成本与业务量之间的特殊关系。保本分析也可称做盈亏平衡分析。

保本点有保本量和保本额两种形式，保本量以实物量表示保本点，保本额以价值量表示保本点。

$$保本点销售量 = \frac{固定成本}{单价 - 单位变动成本}$$

$$保本点销售额 = \frac{固定成本}{1 - 变动成本率}$$

③ 保利分析。

保本分析以企业利润为零、不亏不盈为前提，保本是企业生产最基本的条件，是企业安全经营的前提，但企业的经营目标不在于保本，而是尽可能地获取利润，达到一定的赢利目标，所以保利才是企业生产的真正目的，也只有在赢利存在的条件下，才能充分揭示成本、业务量和利润之间的正常关系。通过保利分析，可以确定为了实现目标利润而应该达到的目标销售量和目标销售额，从而以销定产，使企业明确短期经营方向。

保利点是指在单价和成本水平确定的情况下，为了达到一定的目标利润，而应达到的业务量。保利点也有保利量和保利额两种，保利量是实现目标利润应达到的销售量，保利额是实现目标利润应达到的销售额。

$$保本点销售量=\frac{固定成本+目标利润}{单价-单位变动成本}$$

$$保本点销售额=\frac{固定成本+目标利润}{1-变动成本率}$$

（2）相关比率法

相关比率法是利用利润指标与其他经济指标之间的内在比例关系，来预测目标利润指标数额的一种方法。由于营业利润与营业收入、营业成本和企业资金总量有着密切的关系，所以，利用相关比率法进行目标利润的预测，可以应用多种比例关系，主要有以下几种。

① 营业额比例增加法。

营业额比例增加法是以上年度（基期）实际营业收入总额和利润总额，以及下年度（计划期）预计营业收入总额为依据，按照利润额与营业额同步增长的比例来确定下年度目标利润总额的一种方法。其计算公式为：

目标利润=下年度预计营业收入总额×上年度营业收入利润率

营业收入利润率一般以基期数为依据，并考虑到计划期有关变动因素加以确定，也可以根据同行业的平均先进水平来确定。

② 资金利润率法。

资金利润率是指企业在一定期间内实现的利润总额对其全部资金的比率。资金利润率法是根据企业上年度的实际资金占用状况，结合下年度的预计投资总额和资金利用率，确定下年度目标利润总额的一种方法。其计算公式为：

目标利润=（上年度实际占用资金总额+下年度预计投资总额）×预计资金利润率

资金利润率的预测一般以基期数为依据，也可以根据同行业的平均先进水平来确定。

③ 利润增长率法。

利润增长率法是根据上年度已经达到的利润水平及近期若干年（通常为近3年）利润增长率的变动趋势、幅度与影响利润的有关情况在下年度可能发生的变动等情况，首先确定一个相应的预计利润增长率，然后确定下年度利润总额的一种方法。其计算公式为

目标利润=上年度实际利润总额×（1+预计利润增长率）

④ 成本利润率预测法。

成本利润率预测法是利用营业利润与营业成本的比例关系进行利润预测的方法。其计算公式为

目标利润=预计营业成本×核定的成本利润率

式中，预计营业成本是按成本预测资料加以确定的，而核定的成本利润率则应按同行业平均先进水平确定。

（3）经营杠杆预测法

经营杠杆系数表示一定条件下利润的变动率相当于销售量（额）变动率的倍数，该数值的大小反映了经营杠杆效用的高低以及经营风险程度。其计算公式为

$$经营杠杆系数 = \frac{利润变动率}{销售量（额）变动率}$$

或

$$经营杠杆系数 = \frac{销售量 \times (单价 - 单位变动成本)}{销售量 \times (单价 - 单位变动成本) - 固定成本}$$

利用经营杠杆系数可以预测利润。如果企业的经营杠杆系数已经确定，而销售量（额）变动率也已测定，那么，在目前的利润水平基础上，可以按照下面的公式预测未来的利润。

$$利润预测数 = 基期利润 \times [1 + 销售量（额）变动率 \times 经营杠杆系数]$$

第二部分　技能训练

技能训练 1：销售预测

1．算术平均法

【例 9-1】　东化公司以前年度产品销售量的历史资料如表 9-1 所示。试预测 2011 年产品的销售量。

表 9-1 　　　　　　　　2006～2010 年销售统计表　　　　　　　　单位：万件

年　份	2006	2007	2008	2009	2010
销售量	620	630	590	640	620

$$\overline{X} = \frac{\sum X_i}{n} = \frac{620 + 630 + 590 + 640 + 620}{5} = 620（吨）$$

该方法具有计算简单的优点，但由于该方法简单地将各月份的销售差异平均化，没有考虑到近期的变动趋势，因而可能导致预测数与实际数发生较大的误差。为了克服这个缺点，可以计算标准差来预计未来的实际销售量将会在多大程度上偏离这个平均数。这种方法一般适用于销售量基本稳定的产品，如没有季节性变化的食品、文具、日常用品等。

2．移动加权算术平均法

【例 9-2】　承例 9-1，假设根据资料，用加权平均法预测 2011 年的销售量时，选定 $n = 5$，2006～2010 年的权数分别为 0.1、0.2、0.2、0.2、0.3，则 2011 年销售量的测值为

$$\overline{X} = 0.1 \times 620 + 0.2 \times 630 + 0.2 \times 590 + 0.2 \times 640 + 0.3 \times 620 = 620（万件）$$

3．指数平滑法

【例 9-3】　承例 9-1，假设 α 为 0.3，2005 年销售量的预测值为 600 万件，则 2006～2011 年的预测值计算如表 9-2 所示。

可见，指数平滑法是以上期预测销售量和实际销售量为基础，分别以平滑指数及其补数（1 - 平滑指数）为权数的一种特殊的加权平均法。这种方法比较灵活，使用范围较广；但在选择平滑指数时，存在一定的随意性，所以需要在不断的预测实践中将定量分析与定性分

析结合起来，逐渐建立这些参数，使预测结果更接近实际值。

表9-2　　　　　　　　　　　　销售预测值表　　　　　　　　　　　　单位：万件

年份	αA①	$(1-\alpha)F$②	$\bar{x}$③=①+②
2005			600
2006	0.3×620	(1−0.3)×600	606
2007	0.3×630	(1−0.3)×606	613.2
2008	0.3×590	(1−0.3)×613.2	606.2
2009	0.3×640	(1−0.3)×606.2	616.34
2010	0.3×620	(1−0.3)×616.34	617.44

4. 回归直线法

【例9-4】　承例9-1，根据表9-1的资料，编制各年度销售额回归分析表如表9-3所示。

表9-3　　　　　　　　　　　各年度销售额回归分析表

年份	x	y	$x \cdot y$	x^2
2006	−3	620	−1 860	9
2008	0	590	0	0
2009	1	640	640	1
2010	3	620	1 860	9
合计	0	3 100	10	20

根据上表，回归系数为

$$a = \frac{\sum y}{n} = \frac{3\,100}{5} = 620$$

$$b = \frac{\sum xy}{\sum x^2} = \frac{10}{20} = 0.5$$

根据回归系数的值，可得回归直线方程：

$$y = a + bx = 620 + 0.5x$$

由上表知，预测年度的 x 为5，则计划年度的预计销售额为

$$y = 620 + 0.5 \times 5 = 622.5（万元）$$

技能训练2：资金需求预测

1. 编制预计利润表，预计留用利润

预计利润表是运用销售百分比法的原理预测留用利润的一种报表。预计利润表与实际利润表的内容、格式相同。通过提供预计利润表，可预测留用利润这种内部筹资方式的数额，也可为预计资产负债表预测外部筹资数额提供依据。

【例9-5】　东化公司2010年实际利润表及有关项目占营业收入的百分比如表9-4所示，所得税税率为25%。已知该企业2011年预计营业收入为18 000万元，税后利润的留用比例为50%，试编制2011年预计利润表并预测留用利润。

表9-4　　　　　　　　　　2010年实际利润表　　　　　　　　单位：万元

项目	金额	占营业收入的百分比（%）
营业收入	15 000	100
减：营业成本	11 400	76
销售费用	60	0.4
管理费用	3 060	20.4
财务费用	30	0.2
营业利润	450	3
减：所得税费用	180	—
净利润	270	—

东化公司2011年预计利润表经测算如表9-5所示。

表9-5　　　　　　　　　　2006年预计利润表　　　　　　　　单位：万元

项　　目	金　　额	占营业收入的百分比（%）	2006年预计数
营业收入	15 000	100	18 000
减：营业成本	11 400	76	13 680
销售费用	60	0.4	72
管理费用	3 060	20.4	3 672
财务费用	30	0.2	36
营业利润	450	3	540
减：所得税费用	180	—	216
净利润	270	—	324

该企业税后利润的留用比例为50%，所以预计2011年的留用利润额为162万元。

2．编制预计资产负债表，预测资本需求总额和外部筹资额

预计资产负债表是运用销售百分比法的原理预测外部筹资额的一种报表。预计资产负债表与实际资产负债表的内容、格式相同。通过提供预计资产负债表，可预计资产负债表及留用利润有关项目的数额，进而预测企业需要外部筹资的数额。

运用销售百分比法要选定与营业额有基本不变比率关系的项目，这种项目称为敏感项目。敏感资产项目一般包括货币资金、应收账款、存货等项目；敏感负债项目一般包括应付账款、应付费用等项目。应收票据、固定资产、长期股权投资、长期待摊费用、短期借款、应付票据、长期借款和投入资本通常不属于短期敏感项目。留用利润也不宜列为敏感项目，因为它受企业所得税税率和分配政策的影响。

【例9-6】　承例9-5，东化公司2010年的资产负债表及其敏感项目占营业收入的百分比如表9-6所示。试编制2011年预计资产负债表并预测外部筹资额。

表9-6　　　　　　　　　　2010年实际资产负债表　　　　　　　　单位：万元

项　　目	金　　额	占营业收入的百分比（%）
资产：		
货币资金	75	0.5
应收票据	10	
应收账款	2 400	16
存货	2 610	17.4
固定资产	285	—

续表

项 目	金 额	占营业收入的百分比（%）
资产总计	5 380	33.9
负债和所有者权益：		
应付票据	500	
应付账款	2 640	—
应付费用	105	17.6
非流动负债	55	0.7
负债合计	3 300	
投入资本	1 250	18.3
留用利润	830	—
所有者权益合计	2 080	—
负债和所有者权益总计	5 380	

根据上列资料，编制该企业 2011 年预计资产负债表，计算结果如表 9-7 所示。

表 9-7   2011 年预计资产负债表   单位：万元

项 目	2010 年实际数（1）	2010 年营业百分比（%）（2）	2006 年预计数（3）
资产：			
货币资金	75	0.5	90
应收票据	10	—	10
应收账款	2 400	16	2 880
存货	2 610	17.4	3 132
固定资产	285	—	285
资产总计	5 380	33.9	6 397
负债和所有者权益：			
应付票据	500	—	500
应付账款	2 640	17.6	3 168
应付费用	105	0.7	126
非流动负债	55		55
负债合计	3 300	18.3	3 849
投入资本	1250		1 250
留用利润	830		992
所有者权益合计	2 080		2 242
追加外部筹资额			306
负债和所有者权益总计	5 380		6 397

该企业 2011 年预计资产负债表的编制过程如下。

第一步，取得基年资产负债表资料，并计算其敏感项目与营业收入的百分比（如表 9-6 所示），列于表 9-7 中第（1）、第（2）栏中。

第（2）栏的百分比表明，该企业营业额每增长 100 元，敏感资产将增加 33.9 元，敏感负债自动解决 18.3 元（如应付账款会因存货增加而自动增加）。每 100 元营业额所需的资本量与敏感负债的差额为 15.6（33.9 - 18.3）元，表示营业额每增长 100 元而需追加的资本净额，它需额外安排，从企业内部和外部来筹措。在本例中，营业额增长 3 000（18 000 - 15 000）万元，需净增资本来源 468（3 000×0.156）万元。

第二步，用 2006 年预计营业收入 18 000 万元乘以第（2）栏所列的百分比，求得表 9-7

第（3）栏所列示的敏感项目金额。第（3）栏的非敏感项目按第（1）栏数额填列。由此，确定第（3）栏中除留用利润外的各个项目的数额。

第三步，确定2006年留用利润增加额及资产负债表中的留用利润累计额。由例9-5知，留用利润增加额为162万元，则2006年累计留用利润为：830＋162＝992（万元）。

第四步，加总预计资产负债表的两方。2006年预计资产总额为6 397万元，负债及所有者权益总额为6 091万元，其差额为306万元。它既是使资产负债表两方相等的平衡数，也是需要追加的外部筹资额。

3．根据销售增加量确定筹资需求

以上介绍了如何运用预计资产负债表预测外部筹资额的过程。为简便起见，也可改用根据销售增加量按预测公式预测需要追加的外部筹资额。预测公式如下所示。

外部融资需求 = 资产增加 － 负债自然增加 － 留存收益增加

= (资产销售百分 × 新增销售额) － (负债销售百分比 × 新增销售额)

－ 计划销售净利率 × 计划销售额 × 留用比率

【例9-7】　根据例9-6中的数据和例9-5的计算结果，根据销售增加量预测东化公司2011年需要追加外部筹资额。

2011年需要追加的外部筹资额＝3 000×0.339 － 3 000×0.183 － 162＝306（万元）

这种方法是根据预计资产负债表的原理，预测企业追加外部筹资额的简便方法。

销售百分比法的主要优点是能为财务管理提供短期预计的财务报表，以适应外部筹资的需要，且易于使用。但这种方法也有缺点，倘若有关销售百分比与实际不符，据以进行预测就会形成错误的结果。因此，在有关因素发生变动的情况下，必须相应地调整原有的销售百分比。

技能训练3：利润预测

1．保本分析法

【例9-8】　东化公司准备投产新产品，预计单位变动成本为50元/件，固定成本总额为30万元，变动成本率为50%，销售量为1万件，单价100元。

$$保本点销售量 = \frac{300\,000}{100-50} = 6\,000（件）$$

$$保本点销售额 = \frac{300\,000}{1-50\%} = 60（万元）$$

该企业要保本，至少要销售6 000件产品，或销售额达到60万元。

2．保利分析法

【例9-9】　按例9-8的资料,若计划年度的目标利润为10万元，要求计算保利销售量和保利销售额。

$$保利点销售量 = \frac{300\,000+100\,000}{100-50} = 8\,000（件）$$

$$保利点销售额 = \frac{300\,000+100\,000}{1-50\%} = 80（万元）$$

该企业为了实现3万元的目标利润，保利销售量应达到1万件，保利销售额应达到50万元。

3. 相关比率法

【例9-10】 东化公司上年度实际营业收入1 000 000元，实现利润200 000元，预计下年度营业收入总额为2 000 000元。试预测该企业下年度的目标利润。

$$目标利润 = 2\,000\,000 \times \frac{200\,000}{1\,000\,000} = 400\,000（元）$$

4. 经营杠杆分析法

【例9-11】 东化公司2010年的有关资料显示：销售量60 000件，单价100元，单位变动成本60元，固定成本总额500 000元，利润1 900 000元，预计2011年销售量增加20%。试预测2011年的利润。

解：（1）经营杠杆系数 $= \dfrac{60\,000 \times (100-60)}{60\,000 \times (100-60) - 500\,000} = 1.26$

（2）预测2011年的利润 $= 60\,000 \times (1+20\%) \times (100-60) - 500\,000 = 2\,380\,000（元）$

9.2 财务预算

第一部分 学习引导

9.2.1 全面预测与财务预算

预算既是计划工作的成果，又是控制生产经营活动的依据。财务预算是企业全面预算的一部分，它和其他预算是联系在一起的，整个全面预算是一个数字相互衔接的整体。

1. 全面预算体系

全面预算是所有以货币及其他数量形式反映的有关企业未来一段期间内全部经营活动各项目标的行动计划与相应措施的数量说明，是全方位的规划企业计划期的经济活动及其成果，为企业和职能部门明确目标和任务的预算体系。

一个完整的企业全面预算包括特种决策预算、日常业务预算与财务预算三大类内容。

（1）特种决策预算

特种决策预算最能直接体现决策的结果，它实际是中选方案的进一步规划，如资本支出预算主要涉及长期投资的预算，是指企业不经常发生的、一次性业务的预算，如固定资产的购置、改建、更新，其编制依据可追溯到决策之前收集到的有关资料，只不过预算比决策估算更细致、更精确一些。

（2）日常业务预算

日常业务预算是指与企业日常经营活动直接相关的经营业务的各种预算。具体包括销售预算、生产预算、直接材料消耗及采购预算、直接人工及其他直接支出预算、制造费用预算、产品生产成本及期末产成品存货预算、销售及管理费用预算等，这些预算前后衔接，相互勾稽，既有实物量指标，又有价值量和时间量指标。

（3）财务预算

财务预算是与企业现金收支、经营成果和财务状况有关的各种预算。它作为全面预算体系中的最后环节，可以从价值方面总括地反映经营期决策预算与业务预算的结果，亦称为总预算。其余预算则相应称为辅助预算或分预算。显然，财务预算在全面预算体系中占有举足轻重的地位。

全面预算中各项预算之间相互联系，关系比较复杂，很难用一个简单的办法准确描述。图 9-1 所示是一个简化了的例子，反映了各预算之间的主要联系。

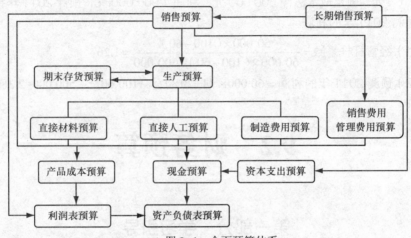

图 9-1　全面预算体系

2．财务预算

财务预算是一系列专门反映企业未来一定预算期内预计财务状况和经营成果，以及现金收支等价值指标的各种预算的总称，具体包括反映现金收支活动的现金预算、反映企业财务状况的预计资产负债表、反映企业财务成果的预计损益表和预计现金流量表等内容。

财务预算的作用有以下几个方面。

（1）明确目标

财务预算，是财务管理目标的具体化、数量化。财务管理目标具有层次性和多元性，必须通过预算将其分解成各级、各部门的具体目标。编制财务预算，将财务管理目标和制定目标所依据的主要设想和意图，以及达到目标所采取的措施都详细地列举出来，从而有助于各部门、各层次了解各自在实现财务管理目标中的地位、作用和责任，在不同工作环节中朝同一目标方向努力。

（2）合理配置财务资源

财务预算的编制过程，也就是财务资源的配置过程。编制财务预算是在合理决策的基础上，围绕财务管理目标的实现，将有限的财务资源在各部门、各层次、各环节进行合理配置，使有限的资金发挥最大的使用效应。

（3）平衡财务收支

编制财务预算，可以在总额上使收入和支出达到一种平衡状态。如果收入大于支出，则表明企业拥有的资金未得到有效使用，这将会影响企业的经济效益；如果支出大于收入，则表明企业拥有的资金不敷使用，存在资金缺口，如不及时筹资补充，必将使企业陷入某种窘境。

（4）控制财务活动

预算一经确定，就要付诸执行，财务管理工作的重心就转入财务控制。在预算执行过程中，要将实际执行情况和预算进行对比分析，找出它们之间的差异及其原因，并采取必要的措施，保证预算的完成。因此，从某种意义上说，财务预算是控制财务活动的主要依据。

（5）绩效评估

通过预算建立绩效评估体系，可帮助各部门管理者做好绩效评估工作。所以，编制财务预算是企业财务管理的一项重要工作。

9.2.2 财务预算的编制方法

1．固定预算与弹性预算

（1）固定预算

固定预算又称静态预算，是把企业预算期的业务量固定在某一预计水平上，以此为基础来确定其他项目预计数的预算方法。也就是说，预算期内编制财务预算所依据的成本费用和利润信息都只是在一个预定的业务量水平的基础上确定的。显然，以未来固定不变的业务水平所编制的预算赖以存在的前提条件，必须是预计业务量与实际业务量相一致（或相差很小）才比较适合。但是，在实际工作中，预计业务量与实际水平相差比较远时，预计业务量与实际业务量相差甚远，必然导致有关成本费用及利润的实际水平与预算水平因基础不同而失去可比性，不利于开展控制与考核，而且有时会引起人们的误解。例如，编制财务预算时，预计业务量为生产能力的90%，其成本预算总额为40 000元，而实际能力的110%，其成本预算总额为55 000元，实际成本与预算相业务量为生产比，则超支很大，但是，实际成本脱离预算成本的差异包括了因业务量增长而增加的成本差异，而业务量差异对成本分析来说是无意义的。

（2）弹性预算

弹性预算是固定预算的对称，它的关键在于把所有的成本按其性态划分为变动成本与固定成本两大部分。在编制预算时，变动成本随业务量的变动而予以增减，固定成本则在相关的业务量范围内稳定不变。分别按一系列可能达到的预计业务量水平编制的能适应企业在预算期内任何生产经营水平的预算。由于这种预算是随着业务量的变动做机动调整，适用面广，具有弹性，故称为弹性预算或变动预算。

由于未来业务量的变动会影响到成本费用和利润各个方面，因此，弹性预算从理论上讲适用于全面预算中与业务量有关的各种预算。但从实用角度看，主要用于编制制造费用、销售及管理费用等半变动成本（费用）的预算和利润预算。

制造费用与销售及管理费用的弹性预算，均可按下列弹性预算公式进行计算：

成本的弹性预算=固定成本预算数+Σ（单位变动成本预算数×预计业务量）

但两者略有区别，制造费用的弹性预算是按照生产业务量（生产量、机器工作小时等）来编制；销售及管理费用的弹性预算是按照销售业务量（销售量、销售收入）来编制。

成本的弹性预算编制出来以后，就可以编制利润的弹性预算。它是以预算的各种销售收入为出发点，按照成本的性态，扣减相应的成本，从而反映企业预算期内各种业务量水平上应该获得的利润指标。

弹性预算的优点在于：一方面能够适应不同经营活动情况的变化，扩大了预算的适用范围，更好地发挥预算的控制作用；另一方面能够对预算的实际执行情况进行评价与考核，使预算能真正起到为企业经营活动服务。

2．增量预算与零基预算

（1）增量预算

增量预算是指在基期成本费用水平的基础上，结合预算期业务量水平及有关低成本的措施，通过调整有关原有成本费用项目而编制预算的方法。这种预算方法比较简单，但它是以过去的水平为基础，实际上就是承认过去是合理的，无需改进。因此往往不加分析地保留或接受原有成本项目，或按主观臆断平均削减，或只增不减，这样容易造成预算的不足，或者是安于现状，造成预算不合理的开支。

（2）零基预算

零基预算，或称零底预算，是指在编制预算时，对于所有的预算支出均以零为基础，不考虑其以往情况如何，从实际需要与可能出发，研究分析各项预算费用开支是否必要、合理，进行综合平衡，从而确定预算费用。这种预算不以历史为基础，修修补补，而是以零为出发点，一切推倒重来，零基预算即因此而得名。

零基预算编制的程序是：首先，根据企业在预算期内的总体目标，对每一项业务说明其性质、目的，以零为基础，详细提出各项业务所需要的开支或费用；其次，按"成本—效益分析"方法比较分析每一项预算费用是否必要，能否避免，以及它所产生的效益，以便区别对待；再次，对不可避免费用项目优先分配资金，对可延缓成本则根据可动用资金情况，按轻重缓急，以及每项项目所需经费的多少分成等级，逐项下达费用预算。

零基预算的优点是不受现有条条框框的限制，对一切费用都以零为出发点，这样不仅能压缩资金开支，而且能切实做到把有限的资金，用在最需要的地方，从而调动各部门人员的积极性和创造性，量力而行，合理使用资金，提高效益。其缺点是由于一切支出均以零为起点进行分析、研究，势必带来繁重的工作量，有时甚至得不偿失，难以突出重点。为了弥补零基预算这一缺点，企业不是每年都按零基预算来编制预算，而是每隔若干年进行一次零基预算，以后几年内略做适当调整，这样既减轻了预算编制的工作量，又适当地控制了费用。

3．定期预算与滚动预算

（1）定期预算

定期预算就是以会计年度为单位编制的各类预算。这种定期预算有三大缺点。第一，盲目性。因为定期预算多在其执行年度开始前两三个月进行，难以预测预算期后期情况，特别是在多变的市场下，许多数据资料只能估计，具有盲目性。第二，不变性。预算执行中，许多不测因素会妨碍预算的指导功能，甚至使之失去作用，而预算在实施过程中又往往不能进行调整。第三，间断性。预算的连续性差，定期预算只考虑一个会计年度的经营活动，即使年中修订的预算也只是针对剩余的预算期，对下一个会计年度很少考虑，形成人为的预算间断。

（2）滚动预算

滚动预算又称永续预算，其主要特点：在于不将预算期与会计年度挂钩，而始终保持12个月，每过去一个月，就根据新的情况进行调整和修订后几个月的预算，并在原预算基础上增补下一个月预算，从而逐期向后滚动，连续不断地以预算形式规划未来经营活动。这种预算要求一年中，头几个月的预算要详细完整，后几个月可以略粗一些。随着时间的推移，原来较粗的预算逐渐由粗变细，后面随之又补充新的较粗的预算，以此不断滚动。

滚动预算可以保持预算的连续性和完整性。企业的生产经营活动是连续不断的，因此，企业的预算也应该全面地反映这一延续不断的过程，使预算方法与生产经营过程相适应，同时，企业的生产经营活动是复杂的，而滚动预算便于随时修订预算，确保企业经营管理工作秩序的稳定性，充分发挥预算的指导与控制作用。滚动预算能克服传统定期预算的盲目性、不变性和间断性，从这个意义上说，编制预算已不再仅仅是每年末才开展的工作了，而是与日常管理密切结合的一项措施。当然，滚动预算采用按月滚动的方法，预算编制工作比较繁重，所以，也可以采用按季度滚动来编制预算。

9.2.3 现金预算

现金预算的内容，包括现金收入、现金支出、现金多余或不足的计算，以及不足部分的筹措方案和多余部分的利用方案等。它可以分开编成短期现金收支预算和短期信贷预算两个预算，也可以合在一起编成一个预算。

现金预算实际上是其他预算有关现金收支部分的汇总，以及收支差额平衡措施的具体计划。现金预算是对企业一定期间的现金流量所做的预计和规划，是财务预算的核心内容。它的编制，要以其他各项预算为基础，或者说其他预算在编制时要为现金预算做好数据准备。

9.2.4 利润表和资产负债表预算

利润表和资产负债表预算是财务管理的重要工具，包括利润表预算和资产负债表预算。

财务报表预算的作用与历史实际的财务报表不同。所有企业都要在年终编制历史实际的财务报表，这是有关法规的强制性规定，其主要目的是向外部报表使用人提供财务信息。当然，这并不表明常规财务报表对企业经理人员没有价值。财务报表预算主要为企业财务管理服务，是控制企业资金、成本和利润总量的重要手段。因其可以从总体上反映一定期间企业经营的全局情况，通常称为企业的"总预算"。

1．资产负债表预算的编制

资产负债表预算与实际的资产负债表内容、格式相同，只不过数据是反映预算期末的财务状况。该表是利用本期期初资产负债表，根据销售、生产、资本等预算的有关数据加以调整编制的。

期末未分配利润 ＝ 期初未分配利润 ＋ 本期利润 － 本期股利

期末应收账款 ＝ 本期销售额 × （1 － 本期有收现率）

期末应付账款 ＝ 本期采购金额 × （1 － 本期付现率）

编制资产负债表预算的目的，在于判断预算反映的财务状况的稳定性和流动性。如果通过资产负债表预算的分析，发现某些财务比率不佳，需要时可修改有关预算，以改善财务状况。

2．利润表预算的编制

其中，"销售收入"项目的数据，来自销售收入预算；"销售成本"项目的数据，来自产品成本预算；"毛利"项目的数据是前两项的差额；"销售及管理费用"项目的数据，来自销售费用及管理费用预算；"利息"项目的数据，来自现金预算。

另外，"所得税费用"项目是在利润规划时估计的，并已列入现金预算。它通常不是根据"利润"和所得税税率计算出来的，因为有诸多纳税调整的事项存在。此外，从预算编制程序上看，如果根据"本年利润"和税率重新计算所得税，就需要修改"现金预算"，引起信贷计划修订，进而改变"利息"，最终又要修改"本年利润"，从而陷入数据的循环修改。利润表预算举例见下表。

利润表预算	单位：元
销售收入	
销货成本	
毛利	
销售及管理费用	
利息	
利润总额	
所得税费用	
税后净收益	

利润表预算与实际利润表的内容、格式相同，只不过数据是面向预算期的。它是在汇总销售、成本、销售及管理费用、营业外收支、资本支出等预算的基础上加以编制的。通过编制利润表预算，可以了解企业预期的赢利水平。如果预算利润与最初编制方针中的目标利润有较大的不一致，就需要调整部门预算，设法达到目标，或者经企业领导同意后修改目标利润。

第二部分　技能训练

技能训练 4：弹性预算编制

【例 9-12】　东化公司第一车间，生产能力为 20 000 机器工作小时，按生产能力 80%、90%、100%、110%编制 2010 年 6 月该车间制造费用弹性预算，见表 9-8。

表 9-8　　　　　　　　　　　弹性预算　　　　　　　　　　部门：第一车间

费用项目	变动费用率（元/小时）	生产能力（机器工作小时）			
预算期：2010 年 6 月		80%	90%	100%	110%
		16 000	18 000	20 000	22 000
变动费用					
间接材料	0.5	8 000	9 000	10 000	11 000
间接人工	1.5	24 000	27 000	30 000	33 000
维修费用	2	32 000	36 000	40 000	44 000
电　力	0.45	7 200	8 100	9 000	9 900
水　费	0.3	4 800	5 400	6 000	6 600
电 话 费	0.25	4 000	4 500	5 000	5 500
小　计	5	80 000	90 000	100 000	110 000
固定费用					
间接人工		4 000	4 000	4 000	4 500
维修费用		5 000	5 000	5 000	5 500
电话费		1 000	1 000	1 000	1 000

续表

费用项目	变动费用率（元/小时）	生产能力（机器工作小时）			
		80%	90%	100%	110%
		16 000	18 000	20 000	22 000
折 旧		10 000	10 000	10 000	14 000
小 计		20 000	20 000	20 000	25 000
合 计		100 000	110 000	120 000	135 000
小时费用率		6.25	6.11	6	6.14

预算期：2010 年 6 月　　　　　　　　　　　20 000 机器工作小时

从表 9-8 可知，当生产能力超过 100%达到 110%时，固定费用中的有些费用项目将发生变化，间接人工、维修费用各增加 500 元，折旧增加 4 000 元。这就说明固定成本超过一定的业务量范围，成本总额也会发生变化，并不是一成不变的。

从弹性预算中也可以看到，当生产能力达到 100%时，小时费用率为最低 6 元，它说明企业充分利用生产能力，且产品销路没有问题时，应向这个目标努力，从而使成本降低，利润增加。

技能训练 5：现金预算编制

1. 销售预算

销售预算是整个预算的编制起点，其他预算的编制都以销售预算作为基础。表 9-9 所示是东化公司的销售预算，表 9-10 所示是该公司的预计现金收入表。

表 9-9　　　　　　　　　　　　　　销售预算　　　　　　　　　　　　单位：元

季 度	一	二	三	四	全年
预计销售量（件）	1 000	1 500	2 000	1 800	6 300
预计单位售价	200	200	200	200	200
销售收入	200 000	300 000	400 000	360 000	1 260 000

表 9-10　　　　　　　　　　　　　　预计现金收入

上年应收账款	62 000				62 000
第一季度（销货 20 000）	120 000	80 000			200 000
第二季度（销货 30 000）		180 000	120 000		300 000
第三季度（销货 40 000）			240 000	160 000	400 000
第四季度（销货 36 000）				216 000	216 000
现金收入合计	182 000	260 000	360 000	376 000	1 178 000

销售预算的主要内容是销量、单价和销售收入。销量是根据市场预测或销货合同并结合企业生产能力确定的。单价是通过价格决策确定的。销售收入是两者的乘积，在销售预算中计算得出。

销售预算通常要分品种、分月份、分销售区域、分推销员来编制。为了简化，本例只划分了季度销售数据。

销售预算中通常还包括预计现金收入的计算，其目的是为编制现金预算提供必要的资料。第一季度的现金收入包括两部分，即上年应收账款在本年第一季度收到的货款，以及本季度销售中可能收到的货款部分。本例中，假设每季度销售收入中，本季度收到现金 60%，另外的 40% 现金要到下季度才能收到。

2. 生产预算

生产预算是在销售预算的基础上编制的，其主要内容有销售量、期初和期末存货、生产量。表 9-11 所示是东化公司的生产预算。

表 9-11　　　　　　　　　　　　　　　生产预算　　　　　　　　　　　　　　　单位：件

季　　度	一	二	三	四	全年
预计销售量	1 000	1 500	2 000	1 800	6 300
加：预计期末存货	150	200	180	200	200
合计	1 150	1 700	2 180	2 000	6 500
减：预计期初存货	100	150	200	180	100
预计生产量	1 050	1 550	1 980	1 820	6 400

通常，企业的生产和销售不能做到"同步同量"，需要设置一定的存货，以保证能在发生意外需求时按时供货，并可均衡生产，节省赶工的额外支出。存货数量通常按下期销售量的一定百分比确定，本例按 10% 安排期末存货。年初存货是编制预算时预计的，年末存货根据长期销售趋势来确定，本例假设年初有存货 100 件，年末留存 200 件。存货预算也可单独编制。

生产预算的"预计销售量"来自销售预算，其他数据在表 9-8 中计算得出：

预计期末存货 = 下季度销售量 × 10%

预计期初存货 = 上季度期末存货

预计生产量 =（预计销售量 + 预计期末存货）- 预计期初存货

生产预算在实际编制时是比较复杂的，产量受到生产能力的限制，存货数量受到仓库容量的限制，只能在此范围内来安排存货数量和各期生产量。此外，有的季度可能销量很大，可以用赶工方法增产，为此要多付加班费。如果提前在淡季生产，会因增加存货而多付资金利息。因此，要权衡两者得失，选择成本最低的方案。

3. 直接材料预算

直接材料预算，是以生产预算为基础编制的，同时要考虑原材料存货水平。

表 9-12 所示是东化公司的直接材料预算。其主要内容有直接材料的单位产品用量、生产需用量、期初和期末存量等。"预计生产量"的数据来自生产预算，"单位产品材料用量"的数据来自标准成本资料或消耗定额资料，"生产需用量"是上述两项的乘积。年初和年末的材料存货量，是根据当前情况和长期销售预测估计的。各季度"期末材料存量"根据下季度生产量的一定百分比确定，本例按 20% 计算。各季度"期初材料存量"是上季度的期末存货。预计各季度"采购量"根据下式计算确定：

预计采购量 =（生产需用量 + 期末存量）- 期初存量

为了便于以后编制现金预算，通常要预计材料采购各季度的现金支出。每个季度的现金支出包括偿还上期应付账款和本期应支付的采购货款。本例假设材料采购的货款有 50% 在本季度内付清，另外 50% 在下季度付清。这个百分比是根据经验确定的。见表 9-13。如果材料品种很多，需要单独编制材料存货预算。

表9-12 直接材料预算

季　　度	一	二	三	四	全年
预计生产量（件）	1 050	1 550	1 980	1 820	6 400
单位产品材料用量（千克/件）	10	10	10	10	10
生产需用量（千克）	10 500	15 500	19 800	18 200	64 000
加：预计期末存量（千克）	3 100	3 960	3 640	4 000	4 000
合计	13 600	19 460	23 440	22 200	68 000
减：预计期初存量（千克）	3 000	3 100	3 960	3 640	3 000
预计材料采购量（千克）	10 600	16 360	19 480	18 560	65 000
单价（元/千克）	5	5	5	5	5
预计采购金额（元）	53 000	81 800	97 400	92 800	325 000

表9-13 预计现金支出

上年应付账款	23 500				23 500
第一季度（采购53 000元）	26 500	26 500			53 000
第二季度（采购81 800元）		40 900	40 900		81 800
第三季度（采购97 400元）			48 700	48 700	97 400
第四季度（采购92 800元）				46 400	46 400
合计	50 000	67 400	89 600	95 100	302 100

4. 直接人工预算

直接人工预算也是以生产预算为基础编制的。其主要内容有预计产量、单位产品工时、人工总工时、每小时人工成本和人工总成本。"预计产量"数据来自生产预算。单位产品人工工时和每小时人工成本数据来自标准成本资料。人工总工时和人工总成本是在直接人工预算中计算出来的。东化公司的直接人工预算见表9-14。由于人工工资都需要使用现金支付，所以，不需另外预计现金支出，可直接参加现金预算的汇总。

表9-14 直接人工预算

季　　度	一	二	三	四	全年
预计产量（件）	1 050	1 550	1 980	1 820	6 400
单位产品工时（小时/件）	10	10	10	10	10
人工总工时（小时）	10 500	15 500	19 800	18 200	64 000
每小时人工成本（元/小时）	2	2	2	2	2
人工总成本（元）	21 000	31 000	39 600	36 400	128 000

5. 制造费用预算

制造费用预算通常分为变动制造费用和固定制造费用两部分。变动制造费用以生产预算为基础来编制。如果有完善的标准成本资料，用单位产品的标准成本与产量相乘，即可得到相应的预算金额。如果没有标准成本资料，就需要逐项预计计划产量需要的各项制造费用。固定制造费用，需要逐项进行预计，通常与本期产量无关，按每季度实际需要的支付额预计，然后求出全年数。表9-15所示是东化公司的制造费用预算。

表9-15   制造费用预算   单位：元

季　度	一	二	三	四	全年
变动制造费用：					
间接人工	1 050	1 550	1 980	1 820	6 400
间接材料	1 050	1 550	1 980	1 820	6 400
修 理 费	2 100	3 100	3 960	3 640	12 800
水 电 费	1 050	1 550	1 980	1 820	6 400
小　计	5 250	7 750	9 900	9 100	32 000
固定制造费用：					
修 理 费	10 000	11 400	9 000	9 000	39 400
折　旧	10 000	10 000	10 000	10 000	40 000
管理人员工资	2 000	2 000	2 000	2 000	8 000
保险费	750	850	1 100	1 900	4 600
财产税	1 000	1 000	1 000	1 000	4 000
小　计	23 750	25 250	23 100	23 900	96 000
合　计	29 000	3 300	33 000	33 000	128 000
减：折 旧	10 000	10 000	10 000	10 000	40 000
现金支出的费用	19 000	23 000	23 000	23 000	88 000

为了便于以后编制产品成本预算，需要计算小时费用率。

$$变动制造费用分配率=\frac{32\,000}{64\,000}=0.5（元/小时）$$

$$固定制造费用分配率=\frac{96\,000}{64\,000}=1.5（元/小时）$$

为了便于以后编制现金预算，需要预计现金支出。制造费用中，除折旧费外都须支付现金，所以，根据每个季度制造费用数额扣除折旧费后，即可得出"现金支出的费用"。

6. 产品成本预算

产品成本预算，是生产预算、直接材料预算、直接人工预算、制造费用预算的汇总。其主要内容是产品的单位成本和总成本。单位产品成本的有关数据，来自前述三个预算。生产量、期末存货量来自生产预算，销售量来自销售预算。生产成本、存货成本和销货成本等数据，根据单位成本和有关数据计算得出。表9-16所示是东化公司的成本预算。

表9-16   产品成本预算

	单 位 成 本			生产成本（6 400 件）	期末存货（200 件）	销货成本（6 300 件）
	每千克或每小时	投入量	成本（元）			
直接材料	5	10 千克	50	320 000	10 000	315 000
直接人工	2	10 小时	20	128 000	4 000	126 000
变动制造费用	0.5	10 小时	5	32 000	1 000	31 500
固定制造费用	1.5	10 小时	15	96 000	3 000	94 500
合计			90	576 000	18 000	567 000

7. 销售及管理费用预算

销售费用预算，是指为了实现销售预算所需支付的费用预算。它以销售预算为基础，分析销售收入、销售利润和销售费用的关系，力求实现销售费用的最有效使用。在安排销售费用时，要利用本量利分析方法，费用的支出应能获取更多的收益。在草拟销售费用预算时，要对过去的销售费用进行分析。考察过去销售费用支出的必要性和效果。销售费用预算应和销售预算相配合，应有按品种、按地区、按用途的具体预算数额。表 9-17 所示为销售及管理费用预算表。

表 9-17　　　　　　　　　　　销售及管理费用预算　　　　　　　　　　单位：元

销售费用：	
销售人员工资	20 000
广告费	55 000
包装、运输费	30 000
保管费	27 000
管理费用：	
管理人员薪金	40 000
福利费	8 000
保险费	6 000
办公费	14 000
合　计	200 000
每季度支付现金（20 000÷4）	5 000

　　管理费用是搞好一般管理业务所必要的费用。随着企业规模的扩大，一般管理职能日益重要，其费用也相应增加。在编制管理费用预算时，要分析企业的业务成绩和一般经济状况，务必做到费用合理化。管理费用多属于固定成本，所以，一般是以过去的实际开支为基础，按预算期的可预见变化来调整。重要的是，必须充分考察每种费用是否必要，以便提高费用效率。

8. 现金预算

　　现金预算由四部分组成：现金收入、现金支出、现金多余或不足、现金的筹措和运用，见表 9-18。

表 9-18　　　　　　　　　　　　　现金预算　　　　　　　　　　　　单位：元

季　　度	一	二	三	四	全年
期初现金余额	80 000	82 000	60 600	62 900	80 000
加：销货现金收入（见表 9-10）	182 000	260 000	360 000	376 000	1 178 000
可供使用现金	262 000	342 000	420 600	438 900	1 258 000
减各项支出：					
直接材料（见表 9-12）	50 000	67 400	89 600	95 100	302 100
直接人工（见表 9-14）	21 000	31 000	39 600	36 400	128 000
制造费用（见表 9-15）	19 000	23 000	23 000	23 000	88 000
销售及管理费用（见表 9-17）	50 000	50 000	50 000	50 000	200 000
所得税费用	40 000	40 000	40 000	40 000	160 000
购买设备		100 000			100 000
股　利		80 000		80 000	160 000
支出合计	180 000	391 400	242 200	324 500	1 138 100
现金多余或不足	82 000	−49 400	178 400	114 400	119 900

续表

季　度	一	二	三	四	全年
向银行借款		110 000			110 000
还银行借款			110 000		110 000
短期借款利息（年利 10%）			5 500		5 500
长期借款利息（年利 12%）				10 800	10 800
期末现金余额	82 000	60 600	62 900	103 600	103 600

"现金收入"部分包括期初现金余额和预算期现金收入，销货取得的现金收入是其主要来源。期初的"现金余额"是在编制预算时预计的，"销货现金收入"的数据来自销售预算，"可供使用现金"是期初余额与本期现金收入之和。

"现金支出"部分包括预算期的各项现金支出。"直接材料"、"直接人工"、"制造费用"、"销售及管理费用"的数据分别来自前述有关预算。此外，还包括所得税费用、购置设备、股利分配等现金支出，有关的数据分别来自另行编制的专门预算。

"现金多余或不足"部分列示现金收入合计与现金支出合计的差额。差额为正，说明收大于支，现金有多余，可用于偿还过去向银行取得的借款，或者用于短期投资。差额为负，说明支大于收，现金不足，要向银行取得新的借款。本例中，假设该企业需要保留的现金余额为 60 000 元，不足此数时需要向银行借款。假设银行借款的金额要求是 10 000 元的倍数，那么，第二季度借款额为：

借款额=最低现金余额+现金不足额

=60 000 + 49 400

=109 400

≈110 000（元）

第三季度现金多余，可用于偿还借款。一般按"每期期初借入，每期期末归还"来预计利息，故本例借款期为 6 个月。假设利率为 10%，则应计利息为：

$$利息=110\,000×10\%×\frac{6}{12}$$

=5 500（元）

此外，还应将长期借款利息纳入预算。本例中，长期借款余额为 90 000 元，利率为 12%，预计在第四季度支付利息 10 800 元。

还款后，仍须保持最低现金余额，否则，只能部分归还借款。

现金预算的编制，以各项营业预算和资本预算为基础，它反映各预算期的收入款项和支出款项，并作对比说明。其目的在于资金不足时筹措资金，资金多余时及时处理现金余额，并且提供现金收支的控制限额，发挥现金管理的作用。

技能训练 6：利润表预算编制

表 9–19 所示是东化公司的利润表预算，它是根据上述各有关预算编制的。

其中，"销售收入"项目的数据，来自销售收入预算；"销售成本"项目的数据，来自产品成本预算；"毛利"项目的数据是前两项的差额；"销售及管理费用"项目的数据，来自销售费用及管理费用预算；"利息"项目的数据，来自现金预算。

表 9-19	利润表预算	单位：元
销售收入（见表 9-10）		1 260 000
销货成本（见表 9-16）		567 000
毛利		693 000
销售及管理费用（见表 9-17）		200 000
利息（见表 9-18）		16 300
利润总额		476 700
所得税费用（估计）		160 000
税后净收益		316 700

另外，"所得税费用"项目是在利润规划时估计的，并已列入现金预算。它通常不是根据"利润"和所得税税率计算出来的，因为有诸多纳税调整的事项存在。此外，从预算编制程序上看，如果根据"本年利润"和税率重新计算所得税，就需要修改"现金预算"，引起信贷计划修订，进而改变"利息"，最终又要修改"本年利润"，从而陷入数据的循环修改。

利润表预算与实际利润表的内容、格式相同，只不过数据是面向预算期的。它是在汇总销售、成本、销售及管理费用、营业外收支、资本支出等预算的基础上加以编制的。通过编制利润表预算，可以了解企业预期的赢利水平。如果预算利润与最初编制方针中的目标利润有较大的不一致，就需要调整部门预算，设法达到目标，或者经企业领导同意后修改目标利润。

技能训练 7：资产负债表预算编制

表 9-20 所示是东化公司的资产负债表预算。大部分项目的数据来源已注明在表中。普通股、长期借款两项指标本年度没有变化。

表 9-20			资产负债表预算		单位：元
资 产			**负债及所有者权益**		
项 目	年初	年末	项 目	年初	年末
现金（表 9-18）	80 000	103 600	应付账款（表 9-13）	23 500	46 400
应收账款（表 9-10）	62 000	144 000	长期借款	90 000	90 000
直接材料（表 9-13）	15 000	20 000	普通股	200 000	200 000
产成品（表 9-16）	9 000	18 000	未分配利润	162 500	319 200
固定资产	350 000	450 000			
累计折旧（表 9-15）	40 000	80 000			
资产总额	476 000	655 600	权益总额	476 000	655 600

年末"未分配利润"是这样计算的：

期末未分配利润 = 期初未分配利润 + 本期利润 - 本期股利

= 162 500 + 316 700 - 160 000

= 319 200（元）

"应收账款"是根据表 9-10 中的第四季度销售额和本期收现率计算的。

$$期末应收账款 = 本期销售额×（1-本期收现率）$$
$$= 360\,000×（1-60\%）$$
$$= 144\,000（元）$$

"应付账款"是根据表 9-12 中的第四季度采购金额和付现率计算的。

$$期末应付账款 = 本期采购金额×（1-本期付现率）$$
$$= 92\,800×（1-50\%）$$
$$= 46\,400（元）$$

编制资产负债表预算的目的，在于判断预算反映的财务状况的稳定性和流动性。如果通过资产负债表预算的分析，发现某些财务比率不佳，必要时可修改有关预算，以改善财务状况。

课题十 股利分配

> **知识目标**

理解掌握股利分配的基本理论和概念，了解股票股利、股票分割与回购

> **技能目标**

学会剩余股利政策的计算
学会股票股利、股票分割与回购等对的股票价格和每股收益的影响和计算

> **建议学时**

4 学时

10.1 股利分配

第一部分 学习引导

10.1.1 利润分配程序

1. 企业利润的构成

利润一般由收益和费用两个要素所构成，其三者之间的关系，可用公式表示为：

$$利润 = 收益 - 费用$$

企业的收益按其性质不同，一般又包括收入和利得两个方面的内容；作为广义的费用，一般也包括成本、狭义的费用和损失三个方面的内容。我国《企业会计准则——基本准则》规定，利润主要包括收入减去费用后的净额和直接计入当期利润的利得和损失。因此，将上述公式加以具体化，可表示为以下公式：

$$利润 = 收入 + 利得 - 成本 - 费用 - 损失$$

其中，收入和利得都属于企业的收益，是企业在特定会计期间内经济利益的增加。收入是企业收益的主要来源。收入是指企业在日常活动中形成的、会导致所有者权益增加的、与所有者投入资本无关的经济利益的总流入。企业收入来源于不同的渠道，具体包括三个方面：一是与企业的生产经营有关的收入，如销售产品或商品；二是与企业生产经营没有直接关系的收入，如罚款收入；三是投资收入，如股利收入、投资分得利润等。广义的企业收入概念包含上述各种类型的收入，而狭义的收入概念仅指与生产经营有关的收入，即营业收入。所

以，收入是指企业在销售商品、提供劳务及他人使用本企业资产等日常活动中形成的经济利益的净流入。包括商品销售收入、劳务收入、利息收入、使用费收入、股利收入等。费用是指企业在日常活动中发生的、会导致所有者权益减少的、与向所有者分配利润无关的经济利益的总流出。利得和损失是指直接计入当期利润的利得和损失，即应当计入当期损益、会导致所有者权益发生增减变动的、与所有者投入资本或者向所有者分配利润无关的利得或者损失。成本则是按照成本计算对象，对费用进行分配和归集的结果。

2．利润分配的一般程序

利润分配程序是指公司制企业根据适用法律、法规或规定，对企业一定期间实现的净利润进行分派必须经过的先后步骤。根据我国《公司法》等有关规定，企业当年实现的利润总额应按国家有关税法的规定作相应的调整，然后依法交纳所得税。交纳所得税后的净利润按下列顺序进行分配。

（1）弥补以前年度的亏损

按我国财务和税务制度的规定，企业的年度亏损，可以由下一年度的税前利润弥补，下一年度税前利润尚不足于弥补的，可以由以后年度的利润继续弥补，但用税前利润弥补以前年度亏损的连续期限不超过 5 年。5 年内弥补不足的，用本年税后利润弥补。本年净利润+年初未分配利润为企业可供分配的利润，只有可供分配的利润大于零时，企业才能进行后续分配。

（2）提取法定盈余公积金

可供分配的利润大于零是计提法定盈余公积金的必要条件。法定盈余公积金以净利润扣除以前年度亏损为基数，按 10%提取。即企业年初未分配利润为借方余额时，法定盈余公积金计提基数为：本年净利润–年初未分配利润（借方）余额，若企业年初未分配利润为贷方余额时，法定盈余公积金计提基数为本年净利润，未分配利润贷方余额在计算可供投资者分配的净利润时计入。当企业法定盈余公积金达到注册资本的 50%时，可不再提取。法定盈余公积金主要用于弥补企业亏损和按规定转增资本金，但转增资本金后的法定盈余公积金一般不低于注册资本的 25%。

（3）支付优先股股息

一般地，优先股按事先约定的股息率取得股息，不受企业赢利与否或多少的影响。

（4）提取任意盈余公积金

任意盈余公积金是根据企业发展的需要自行提取的公积金，其提取基数与计提盈余公积金的基数相同，计提比例由股东会根据需要决定。

（5）支付普通股股利

从上述利润分配程序看，股利来源于企业的税后利润，但净利润不能全部用于发放股利，股份制企业必须按照有关法规和公司章程规定的顺序、比例，在提取了法定盈余公积金、公益金后，才能向优先股股东支付股息，在提取了任意盈余公积金之后，才能向普通股股东发放股利。如股份公司当年无利润或出现亏损，原则上不得分配股利。但为维护公司股票的信誉，经股东大会特别决议，可按股票面值较低比率用盈余公积金支付股利，支付股利后的留存的法定盈余公积金不得低于注册资本的 25%。

分配给投资者的利润，是投资者从企业获得的投资回报。向投资者分配利润应遵循纳税在先、企业积累在先、无盈余不分利的原则，其分配顺序在利润分配的最后阶段，这体现了投资者对企业的权利、义务以及投资者所承担的风险。

3．影响利润分配的因素

理论上，股利是否影响企业价值存在相当大的分歧，现实经济生活中，企业仍然是要进行股利分配的。当然，企业分配股利并不是无所限制，总是要受到一些因素的影响，一般认为，企业股利政策的影响因素主要有法律因素、企业因素、股东意愿及其他因素等几个方面。

（1）法律因素

为了保护债权人、投资者和国家的利益，有关法规对企业的股利分配有如下限制。

第一，资本保全限制。资本保全限制规定，企业不能用资本发放股利。如我国法律规定：各种资本公积准备不能转增股本，已实现的资本公积只能转增股本，不能分派现金股利；盈余公积主要用于弥补亏损和转增股本，一般情况下不得用于向投资者分配利润或现金股利。

第二，资本积累限制。企业积累限制规定，企业必须按税后利润的一定比例和基数，提取法定公积金和法定公益金。企业当年出现亏损时，一般不得给投资者分配利润。

第三，偿债能力限制。偿债能力限制是指企业按时足额偿付各种到期债务的能力。如果企业已经无力偿付到期债务或因支付股利将使其失去偿还能力，则企业不能支付现金股利。

（2）企业因素

企业资金的灵活周转，是企业生产经营得以正常进行的必要条件。因此企业长期发展和短期经营活动对现金的需求，便成为对股利的最重要的限制因素。其相关因素主要有如下几个。

第一，资产的流动性。企业现金股利的分配，应以一定资产流动性为前提。如果企业的资产流动性越好，说明其变现能力越强，股利支付能力也就越强。高速成长的营利性企业，其资产可能缺乏流动性，因为，他们的大部分资金投资在固定资产和永久性流动资产上了，这类企业当期利润虽然多但资产变现能力差，企业的股利支付能力就会削弱。

第二，投资机会。有着良好投资机会的企业需要有强大的资金支持，因而往往少发现金股利，将大部分盈余留存下来进行再投资；缺乏良好投资机会的企业，保留大量盈余的结果必然是大量资金闲置，于是倾向于支付较高的现金股利。所以，处于成长中的企业，因一般具有较多的良好投资机会而多采取低股利政策，许多处于经营收缩期的企业，则因缺少良好的投资机会而多采取高股利政策。

第三，筹资能力。如果企业规模大、经营好、利润丰厚，其筹资能力一般很强，那么在决定股利支付数额时，有较大选择余地。但对那些规模小、新创办、风险大的企业，其筹资能力有限，这类企业应尽量减少现金股利支付，而将利润更多地留存在企业，作为内部筹资。

第四，赢利的稳定性。企业的现金股利来源于税后利润。赢利相对稳定的企业，有可能支付较高股利，而赢利不稳定的企业，一般采用低股利政策。这是因为，对于赢利不稳定的企业，低股利政策可以减少因赢利下降而造成的股利无法支付、企业形象受损、股价急剧下降的风险，还可以将更多的赢利用于再投资，以提高企业的权益资本比重，减少财务风险。

第五，资本成本。留用利润是企业内部筹资的一种重要方式，同发行新股或举借债务相比，不但筹资成本较低，而且具有很强的隐蔽性。企业如果一方面大量发放股利，而另一方面又以支付高额资本成本为代价筹集其他资本，那么，这种舍近求远的做法无论如何是不恰当的，甚至有损于股东利益。因而从资本成本考虑，如果企业扩大规模，需要增加权益资本时，不妨采取低股利政策。

（3）股东意愿

股东在避税、规避风险、稳定收入和股权稀释等方面的意愿，也会对企业的股利政策产生影响。毫无疑问，企业的股利政策不可能使每个股东财富最大化，企业制定股利政策的目的在于，对绝大多数股东的财富产生有利影响。

第一，避税考虑。企业的股利政策不得不受到股东的所得税负影响。在我国，由于现金股利收入的税率是 20%（目前减半征收），而股票交易尚未征收资本利得税，因此，低股利支付政策，可以给股东带来更多的资本利得收入，达到避税目的。

第二，规避风险。在一部分投资者看来，股利的风险小于资本利得的风险，当期股利的支付解除了投资者心中的不确定性。因此，他们往往会要求企业支付较多的股利，从而减少股东投资风险。

第三，稳定收入。如果一个企业拥有很大比例的富有股东，这些股东多半不会依赖企业发放的现金股利维持生活，它们对定期支付现金股利的要求不会显得十分迫切。相反，如果一个企业绝大部分股东，属于低收入阶层以及养老基金等机构投资者，他们需要企业发放的现金股利来维持生活或用于发放养老金等，因此，这部分股东特别关注现金股利，尤其是稳定的现金股利发放。

第四，股权稀释。企业必须认识到高股利支付率会导致现有股东股权和赢利的稀释，如果企业支付大量现金股利，然后再发行新的普通股以融通所需资金，现有股东的控制权就有可能被稀释。另外，随着新普通股的发行，流通在外的普通股股数增加，最终将导致普通股的每股赢利和每股市价的下降，对现有股东产生不利影响。

（4）其他因素

影响股利政策的其他因素主要包括，不属于法规规范的债务合同约束、政府对机构投资者的投资限制以及因通货膨胀带来的企业对重置实物资产的特殊考虑等。

第一，债务合同约束。企业的债务合同特别是长期债务合同，往往有限制企业现金股利支付的条款，这使得企业只能采用低股利政策。

第二，机构投资者的投资限制。机构投资者包括养老基金、储蓄银行、信托基金、保险企业和其他一些机构。机构投资者对投资股票种类的选择，往往与股利特别是稳定股利的支付有关。如果某种股票的连续几年不支付股利或所支付的股利金额起伏较大，则该股票一般不能成为机构投资者的投资对象。因此，如果某一企业想更多地吸引机构投资者，则应采用较高而且稳定的股利政策。

第三，通货膨胀的影响。在通货膨胀的情况下，企业固定资产折旧的购买水平会下降，会导致没有足够的资金来源重置固定资产。这时较多的留存利润就会当做弥补固定资产折旧购买力水平下降的资金来源，因此，在通货膨胀时期，企业股利政策往往偏紧。

4．利润分配基本原则

（1）依法分配原则

为规范企业的利润分配行为，国家制定和颁布了若干法规，这些法规规定了企业利润分配的基本要求、一般程序和重大比例。企业的利润分配必须依法进行，这是正确处理企业各项财务关系的关键。

（2）分配与积累并重原则

企业的利润分配，要正确处理长期利益和近期利益这两者的关系，坚持分配与积累并重。

企业除按规定提取法定盈余公积金以外，可适当留存一部分利润作为积累，这部分未分配利润仍归企业所有者所有。这部分积累的净利润不仅可以为企业扩大生产筹措资金，增强企业发展能力和抵抗风险的能力，同时，还可以供未来年度进行分配，起到以丰补歉、平抑利润分配数额波动、稳定投资报酬率的作用。

（3）兼顾职工利益原则

企业的净利润归投资者所有，是企业的基本制度。但企业职工不一定是企业的投资者，净利润就不一定归他们所有，而企业的利润是由全体职工的劳动创造的，他们除了获得工资和奖金等劳动报酬以外，还应该以适当的方式参与净利润的分配，如在净利润中提取公益金，用于企业职工的集体福利设施支出。公益金是所有者权益的一部分，职工对这些福利设施具有使用权并负有保管之责，但没有所有权。

（4）投资与收益对等原则

企业利润分配应当体现"谁投资谁收益"、收益大小与投资比例相适应，即投资与收益对等原则，这是正确处理企业与投资者利益关系的立足点。投资者因投资行为，以出资额依法享有利润分配权，就要求企业在向投资者分配利润时，要遵守公开、公平、公正的"三公"原则，不搞幕后交易，不帮助大股东侵蚀小股东利益，一视同仁地对待所有投资者，任何人不得以在企业中的其他特殊地位谋取私利，这样才能从根本上保护投资者的利益。

10.1.2 股利种类

企业通常以多种形式发放股利，股利支付形式一般有现金股利、股票股利、财产股利和负债股利，其中最为常见的是现金股利和股票股利。在现实生活中，我国上市公司的股利分配广泛采用一部分股票股利和一部分现金股利的做法。其效果是股票股利和现金股利的综合。

1．现金股利

现金股利是指企业现金的方式向股东支付股利，也称为红利。现金股利是企业最常见的、也是最易被投资者接受的股利支付方式。企业支付现金股利，除了要有累计的未分配利润外，还要有足够的现金。因此，企业在支付现金前，必须做好财务上安排，以便有充足的现金支付股利。因为，企业一旦向股东宣告发放股利，就对股东承担了支付的责任，必须如期履约，否则，不仅会丧失企业信誉，而且会带来不必要的麻烦。

2．股票股利

股票股利是指应分给股东的股利以额外增发股票形式来发放。以股票作为股利，一般都是按在册股东持有股份的一定比例来发放，对于不满一股的股利仍采用现金发放。股票股利最大的优点就是节约现金支出，因而常被现金短缺的企业所采用。发放股票股利时，在企业账面上，只需减少未分配利润项目金额的同时，增加股本和资本公积等项目金额，并通过中央清算登记系统增加股东持股数量。显然，发放股票股利是一种增资行为，需经股东大会同意，并按法定程序办理增资手续。但发放股票股利与其他的增资行为不同的是，它不增加股东财富，企业的财产价值和股东的股权结构也不会改变，改变的只是股东权益内部各项目的金额。

3．财产股利

财产股利，是指以现金以外的资产作为股利发放给股东的股利支付形式。具体有如下几种。

实物股利。发给股东实物资产或实物产品。这种形式不增加货币资金支出，多用于现金支付能力不足的情况。财产股利将减少公司的资产净值，这种形式不易经常采用。

证券股利。最常见的财产股利是以其他公司的证券代替货币资金发放给股东。由于证券的流动性即安全性比较好，仅次于货币资金，投资者一般都愿意接受。对企业来说，把证券作为股利发给股东，即发放了股利，又保留了对其他公司的控制权，可谓一举两得。

4．债权股利

债权股利，是指公司以自己的债权作为股利发放给股东的股利支付形式。以这种形式发放股利，对股东来说，他们又成为了公司的债权人。对公司来说，资产总额不变，负债增加，资产净值减少。具体有发放本公司债券和本公司开出应付票据两种办法，都是带息的票据，并有固定的到期日，对股东来说，到期还本收到现金股利的时间要很长，但可以获得额外的利息收入。对公司来说，增加了支付利息的财务压力。所以一般在公司已宣布并必须立即发放股利，而货币资金又不足的情况下，才采取这种股利支付方式。

10.1.3　股利发放程序

企业通常在年度末，计算出当期赢利之后，才决定向股东发放股利。但是，在资本市场中，股票可以自由交换，公司的股东也经常变换。那么，哪些人应该领取股利，对此，公司必须事先确定与股利支付相关的时间界限。这个时间界限包括如下几个。

（1）股利宣告日

股利一般是按每年度或每半年进行分配。一般来说，分配股利首先要由公司董事会向公众发布分红预案，在发布分红预案的同时或之后，公司董事会将公告召开公司股东大会的日期。股利宣告日是指董事会将股东大会决议通过的分红方案（或发放股利情况）予以公告的日期。在公告中将宣布每股股利、股权登记日、除息日和股利支付日等事项。

（2）股权登记日

股权登记日是指有权领取股利的股东资格登记截止日期。只有在股权登记日前在公司股东名册上有名的股东，才有权分享当期股利，在股权登记日以后列入名单的股东无权领取股利。

（3）除息日

除息日是指领取股利的权利与股票相互分离的日期。在除息日前，股利权从属与股票，持有股票者即享有领取股利的权利；从除息日开始，股利权与股票相分离，新购入股票的人不能享有股利。除息日的确定是证券市场交割方式决定的。因为股票的买卖的交接、过户需要一定的时间。在美国，当股票交割方式采用例行日交割时，股票在成交后的第五个营业日才办理交割，也即在股票登记日的四个营业日以前购入股票的新股东，才有资格领取股利。在我国，由于采用次日交割方式，则除息日与登记日差一个工作日。

（4）股利发放日

股利发放日即向股东发放股利的日期。以上海证券交易所为例，东化股份公司董事会在股东大会召开后公布最后分红方案的公告中称："在2011年3月20日在某地召开的股东大会上，通过了董事会关于每股普通股分派股息0.35元的2010年度股息分配方案。股权登记日是2011年4月10日，除息日是2011年4月18日，股利支付日为2011年4月25日，特此公告。"

第二部分　技能训练

技能训练 1：利润分配计算

【例 10-1】　东化公司 2002 年年初未分配利润账户的贷方余额为 37 万元，2003 年发生亏损 100 万元，2004～2008 年间的每年税前利润为 10 万元，2009 年税前利润为 16 万元，2010 年税前利润为 40 万元。所得税税率为 25%，盈余公积金计提比例为 10%。

要求：（1）2009 年是否交纳的所得税？是否计提盈余公积金？

（2）2010 年可供给投资者分配的利润为多少？

解：（1）2009 年年初未分配利润 = 37 − 100 + 10 × 5 = −13（万元）（为以后年度税后利润应弥补的亏损）

$$2009 年应交纳所得税 = 16 × 25\% = 4（万元）$$

$$本年税后利润 = 16 − 4 = 12（万元）$$

$$企业可供分配的利润 = 12 − 13 = −1(万元)，不能计提盈余公积金$$

（2）2010 年税后利润 = 40 × （1 − 25%） = 30(万元)

$$可供给分配的利润 = 30 − 1 = 29（万元）$$

$$计提盈余公积金 = 29 × 10\% = 2.9（万元）$$

$$可供给投资者分配的利润 = 29 − 2.9 = 26.1（万元）$$

10.2　股利理论与政策

第一部分　学习引导

10.2.1　股利理论

股利理论是公司制定股利政策的理论基础。对于公司制企业而言，为实现利润分配及管理的目标，除遵循国家相关法规外，进行企业利润分配管理，通常要按照一定股利理论，制定恰当的股利分配政策。在当今学术界和实务界，股利理论主要是围绕股利政策对公司价值的影响问题展开研究，并形成了一些不同的理论观点。下面简要介绍其主要内容。

1. 股利无关论

股利无关论认为，股利政策不会对公司的市场价值（或股票价格）产生任何影响。该理论的代表人物是美国财务学家米勒和莫迪格莱尼，因此又称MM理论。米勒和莫迪格莱尼在其著名论文《股利政策增长和股票价值》中指出，在满足一定假设的情况下，公司的股利分配对股价或公司价值无任何影响。

（1）假设前提

股利无关论的假设前提是：

① 不存在个人或公司所得税；

② 不存在股票的发行和交易费用（即不存在股票筹资费用）；

③ 公司的投资决策和股利政策彼此独立，即投资决策不受股利政策的影响；

④ 公司的投资者和管理者可相同地获得关于未来投资机会的信息。

（2）股利无关论的基本观点

上述前提条件构筑了一个完美无缺的市场环境，因此 MM 理论又称完全市场理论。MM理论认为：

① 投资者并不关心公司股利的分配。

如果公司有较好的投资机会，可以减少股利分配，留存较多利润，公司将留存利润用于再投资，会导致股票价格的上升，这样尽管股利较低，但投资者手中所持有股票的市价提高，需用现金的投资者可以通过出售股票来换取现金。如果公司没有很好的投资机会，增加股利分配，留存较少利润，投资者又可利用所得现金股利寻求新的投资机会，再买入一些股票以扩大投资。也就是说，投资者对股利收入和资本利得收入并无偏好。

② 股利的支付比率不影响公司的价值。

既然投资者不关心股利的分配，公司的价值就完全取决于投资的获利能力。公司的净利润在股利和留存利润之间的分配并不影响投资的获利能力，也就不能影响公司的价值。即使公司在有理想投资机会的同时，又支付了高额股利，使资金出现短缺，也可以募集新股，新投资者会认可公司的投资机会，故资金短缺问题能够得以解决，因此股利的支付不影响公司的价值。

2．股利相关论

股利相关论认为，股利政策会影响公司股票的价值。具有代表性的观点主要有如下几个。

（1）"一鸟在手"论

这种理论认为投资者对股利收益和资本利得收益是有偏好的。大部分投资者更偏好股利收益，特别是正常的股利收益，因为正常的股利收益是投资者能够按时、按量、有把握取得的现实收益。好比在手之鸟，抓在手中是飞不掉的；而资本利得收益要靠出售股票才能得到。出售股票的价格起伏不定，具有很大的不确定性，一旦股价大跌，则资本利得会大幅减少，好比在林之鸟，看上去多，却不一定能抓住。因此，资本利得风险要比股利风险大得多。在两者之间，投资者更偏向于选择股利支付比率较高公司的股票，用句谚语来形容就是"一鸟在手，强于二鸟在林"，该理论因此而得名。

（2）投资者类别效应论

这种理论认为，投资者不仅仅是对资本利得和股利收入有偏好，即使是投资者本身，因其类别不同，对公司股利政策的偏好也是不同的。低收入阶层比较偏好经常性的高额现金股利。因为较多的现金股利可以弥补其收入的不足，并可减少不必要的交易费用，较高收入阶层则比较偏好少分现金股利，增加留存利润用于再投资，这样既可以避免因获得股利收入而进一步增加其按较高税率计算并支付的个人所得税，又可以为将来积累财富。因此，较高的现金股利满足不了高收入阶层的需要，而较少的现金股利又会引起低收入阶层的不满。所以，投资者会因自己的类别不同、偏好不同选择股利政策不同的公司，低收入阶层会选择股利支付比率较高的公司，高收入阶层则会选择股利支付比率较低的公司。

（3）信息效应论

这种理论认为，MM理论中关于经营者和管理当局可相同地获得关于未来投资机会的信息这一假设是不存在的。这是因为投资者一般只能通过财务报告了解公司的财务状况和经营成果，并据此来判断公司股票的价格是否合理，但财务报告在一定时期内可调整、可润色甚至还有虚假的成分，因此投资者对公司未来发展和收益的了解远不如公司管理人员清晰，即存在着某种信息不对称。在这种信息不对称的情形下，现金股利的分配就成为一种难得的信息传输渠道。股利政策因此具有了信息效应，即股利的分配给投资者传递了关于公司赢利能力的信息（对赢利能力差的公司而言，无法定期按量支付现金股利），而这一信息自然会引起股票价格的变动。通常，增加现金股利的支付，向投资者传递的是公司经营状况良好、赢利能力充足的信息，会导致股票价格的上升；反之，减少现金股利的支付，可能给投资者传递的是公司经营状况恶化、前途不甚乐观的信息，会导致股票价格的下跌。这就是说，股利政策所产生的信息效应会影响股票的价格。

（4）税收效应论

这种理论认为 MM 理论中关于不存在个人及公司所得税这一假设也是不存在的。在现实生活中，不仅存在着个人和公司所得税，而且在西方国家，资本利得所得税和股利收入所得税的课税比率也是不同的。一般而言，资本利得所得税率较低，而股利收入所得税率较高。此外，投资者不出售股票就不会获得资本利得，也就不需要纳税，如果投资者一直将资金保留在公司中继续增值，直到出售股票获得资本利得时才纳税，那就具有推迟纳税的效果。也就是说，公司实行多留少分的股利政策，有利于投资者减少所得税支出，从而获得更多的投资收益，这就是股利政策的所得税效应。从该效应来看，对那些能够利用留存收益进行有效投资并增加股东财富的公司而言，不发或少发股利对投资者更为有利。

总之，股利相关论认为 MM 理论中的假设在现实生活中是不存在的，完全市场也是不存在的，因而公司的股利分配与公司的价值或股票价格是相关的。

10.2.2 股利政策

股利政策是公司对股利分配有关事项所制定的方针和政策。股利政策涉及的方面很多，主要有股利支付程序的确定、股利支付方式的确定、股利支付比率的确定等。其中尤为重要的是确定股利支付比率，即确定在净利润数额相对有限的情况下，应将多少用于发放股利，多少留存公司。选择正确的股利分配政策，并保持一定程序上的连续性，有利于提升公司的财务形象，从而提高公司发行在外股票的价格和公司的市场价值，增强公司的筹资能力。公司在确定股利政策时，应综合考虑各种影响因素，结合自身实际情况，权衡利弊，从优选择。

1. 剩余股利政策

剩余股利政策是指在公司有较好的投资机会时，根据目标资金结构的要求，将净利润首先用于满足投资所需的权益资金，然后再将剩余的净利润用于股利分配。在这种股利分配政策下，股利成为公司新的投资机会的函数，随投资资金需求的变化而变化。只要存在有利的投资机会，就应当首先考虑其资金需求，然后再考虑剩余利润的分配需要。这种政策的优点是能充分利用筹资成本最低的资金来源满足投资机会的需要，并能保持理想的资金结构，使加权平均资金成本最低化。但是其缺点在于容易导致股利支付不稳定，不能满足希望获得稳定收入股东的要求，也不利于公司树立良好的财务形象。

剩余股利政策的基本步骤如下：

① 确定公司目标资金结构，使得在此结构下的加权平均资金成本最低；

② 确定为达到目标资金结构需要增加的权益资金数额；

③ 最大限度地使用净利润来满足投资方案所需的权益资金数额；

④ 将剩余利润作为股利支付。

2．固定股利政策

固定股利政策是指公司在较长时期内都将支付固定的股利额。股利不随经营状况的变化而变动，除非公司预期未来赢利将会有显著的、不可逆转的增长而提高股利发放额。在这种股利政策下，当公司赢利发生一般变化时，并不影响股利的支付，股利始终保持在稳定的水平上，向投资者传递的是公司经营业绩稳定、风险较小的信息。因此，赢利比较稳定或正处于成长期、信誉一般的公司多采用这种股利政策。

固定股利政策的优点是：

（1）固定的股利有利于公司树立良好的形象，有利于稳定公司股票价格，从而增强投资者对公司的信心；

（2）固定的股利有利于投资者有规律地安排收入和支出，特别对那些较强依赖股利收入的股东更是如此。

固定股利政策的缺点：在于股利支付与公司赢利状况相脱节，当赢利能力较低或现金紧张时，仍要保证股利的正常发放；容易引起公司资金短缺，导致财务状况恶化，使公司承担较大的财务压力。

3．固定股利比例政策

固定股利比例政策是指公司每年按固定的股利支付比例从净利润中支付股利。在这种股利政策下，由于公司的赢利能力在年度间是经常变动的，因此每年的股利也随公司赢利的变动而变动，保持股利与赢利间的一定比例关系。固定股利比例政策的优点是体现了风险投资与风险收益对等的原则，不会加大公司的财务压力。但这种政策的不足之处在于，由于股利波动传递的是经营业绩不稳定的信息，容易使外界产生公司经营不稳定的印象，不利于股票价格的稳定与上涨，也不利于树立公司良好的财务形象。

4．正常股利加额外股利政策

正常股利加额外股利政策是指公司每年按固定的较低数额向股东支付正常股利，当公司赢利有较大幅度增加时，再根据实际需要，向股东临时发放一些额外股利。这是一种介于固定股利政策和变动股利政策之间的折中股利政策，是对上述股利政策的综合。正常股利加额外股利政策的优点是具有较大的灵活性，可给公司较大的弹性。由于正常股利发放水平较低，当公司赢利较少或需要将更多净利润留存下来以用于再投资时，仍然可以维持既定的股利发放水平，既不会加大公司的财务压力，又能保证股东稳定的股利收入，还可避免股价下跌的风险；而当公司赢利增加或拥有充足的现金时，可以通过发放额外股利的方式，将其转移到股东手中，同时也有利于股价的提高。因此，在公司的净利润和现金流量不够稳定时，采用这种股利政策对公司和股东都是有利的。

上述是几种常见的股利分配政策，其中，固定股利政策和正常股利加额外股利政策为公司所普遍采用，也为广大投资者所认可。公司在进行股利分配时，应充分考虑各种政策的优缺点，同时结合自身实际情况，选择适宜的股利分配政策。

第二部分　技能训练

技能训练 2：剩余股利政策计算

【例 10-2】　东化公司 2010 年提取法定盈余公积金的净利润为 600 万元，2011 年投资计划所需资金 800 万元，公司的目标资本结构为权益资本占 70%，负债资本占 30%。要求按照剩余股利政策确定 2010 年可向投资者发放的股利数额。

目标资本结构：　70%权益　　　　　30%负债

投资需要增加的权益资本数额 = 800 × 70% = 560（万元）

净利润满足投资需要的最大限额 = 600（万元）

可向投资者发放股利数额 = 600 − 560 = 40（万元）

10.3　股票股利、股票分割与股票回购

第一部分　学习引导

10.3.1　股票股利与股票分割

1. 股票股利

股票股利的性质如下。

企业除了以现金形式支付红利外，还常常采用以增发股票的方式给股东发放股利，作为投资的报酬。股票股利通常按现有普通股的持股比例增发普通股股票，简称送股。例如，20%的股票红利是指持有 100 股某企业股票的股东，在该企业红利支付期可无偿分到 20 股新股票，简称 10 送 2。许多企业常使用这种股利形式，其地位仅次于现金股利。对企业而言，股票股利的支付只是资金在企业股东权益账户各项目之间的转移，股东权益总数并无变化，只是代表权益的股票数量增加了，但在企业股东权益中所占的比例却仍保持不变，其实际拥有的企业价值也没有发生变化。

因此，严格地说，股票股利没有改变企业所有者权益的总量，而且由于股东没有收到现金，企业也没有增加其现金流出量。这是企业比较喜欢的股利发放形式。

2. 股票股利对每股收益和股票市场价格的影响

（1）对每股收益的影响

企业支付股票红利后，先前报告的每股收益需经调整。调整的公式为：

$$EPS_1 = EPS_0 \div (1+D)$$

式中，EPS_1——股票红利派发后的每股收益；

EPS_0——股票红利派发前的每股收益；

D——股票红利派发率。

（2）对股票市场价格的影响

企业支付股票股利后，在除权日那天该企业的股票价格会自动进行调整，调整后的股票价格可通过以下公式求得：

$$P_0 = P_1 \cdot (1+D)$$

式中，P_1——股票经调整后的价格；

P_0——该股票除权日前一天的收盘价；

D——股票股利派发率。

（3）主张发放股票股利的理由

① 股票股利起到与现金股利同样的作用。股票股利对股东产生某种有利的心理效应，许多股东都会认为他们最初投资的资本，由于发放了股票股利而变得增加了，是一种能够接受的股票发放形式。

② 有利于企业市场总价值的提高。企业经过多年的经营，其销售与收益得到较大的发展，其中一部分收益作为现金股利分给了股东，但每年还有一部分保留下来，因此，每股收益和每股市场价格不断地提高。当市盈率达到一定程度后，不利于股票价格的进一步提高，如果企业通过派送股票股利的形式给股东分红，股东持有的股数增加，可能会引起市场价格的暂时下降，从而为每股股价提供了进一步上升的空间，使企业的总价值上升。事实上，股票股利的少量增加有时并不立即反映在股票价格上，这对于企业的总价值和股东持有股票价格的提高均有好处。对于一个高速成长的企业而言，发放股票股利比现金股利更为可行。

③ 有利于企业进一步发展。股票股利是将企业保留盈余的一部分转为企业普通股股本，它既可使股东分享利润，又使企业不必为发放股利支出现金，从而可以将现金留下来用于企业的进一步发展，是一种企业内部融资的方法。

④ 股东可以少缴个人所得税。与现金股利收入不同，股东收到股票红利时不必缴纳所得税，只需在股票出售时向政府缴纳资本利得税，它比现金红利所缴的税要低得多，有些国家甚至允许可以不缴资本利得税。

⑤ 发放股票红利的注意事项。尽管发放股票红利是实践中较流行的做法，但持反对意见的人不在少数，他们认为：

第一，发放股票红利后，虽然股东的股票数量增加了，但并不代表公司的收益或盈余增加，这样每股的市场价格可能会因市场上的股票数量的增多而下跌，因而股东所持有的股票总价值并没有增加。

第二，不少企业为减少现金支出，在经营状况良好、现金充足的情况下，长期不派发现金股利，代之以发放股票股利，有时甚至在收益为负的情况下，通过增派新股来欺骗股民，极大地损害了股民的利益，为一些不法的上市公司投机取巧提供了机会。因此，在执行发放股票股利的政策时，应严格遵守有关规定，须经股东大会作出决议，并经证监会批准，才能发放股票股利。

第三，发放股票股利的费用比发放现金股利的费用大，会增加公司的负担。

3．股票分割

（1）股票分割性质

股票分割也称做拆股，是指在企业股票总价值不变的条件下，将股票面值减低，从而使股票的数量按相同比例增加的行为。例如，某一股票原来的价格为每股 90 元，若该股票进行一分二的股票分割，则分割后的股票新价格为 45 元，股东持有股票的数量将增加 1 倍；如果该股票进行一分三的股票分割，则分割后的股票价格为每股 30 元，股东持有股票的数量将增加 2 倍。

（2）股票分割的原因

股票分割最主要的原因是降低每股股票的市场价格，从而提高股票在市场上的流通性。由于面值大的股票每股价格相应也高，使得一般投资者难以购买，若股票面值减小，则可以满足大多数投资者的需要，增加股票在市场上的流通性。

此外，在西方金融界中，普遍认为股票存在着一个最优价格区域，"最优"意味着如果价格在这个区域中，那么市盈率将达到极大化，从而使企业的价值也达到极大化。如果企业股票价格超过这个区域的上限，企业就有可能将股票按一个比例进行分割，使分割后的股票价格仍然回到这个区域之中。

从实践效果看，股票分割与股票股利相类似，只不过作用的程度大小不同，当股票红利派发率较大时，它们的作用更相似。两种处理办法都会引起股票的总股数增加，进而都会导致每股收益、每股红利和每股价格的下降。两者的主要区别在于股票进行分割后，股票的面值按股票分割的倍数下降，而派发股票红利时，股票的面值保持不变。如果一家企业想降低其股票的价格，究竟采用哪一种方法更好呢？一般情况下，当股票价格猛涨以后，为了大幅度降低股票的价格，宜采用股票分割；若要使股票价格受到一定的约束，则企业应每年按常规发放股票股利。

10.3.2　股票回购

1．股票回购的性质

股票回购是指企业在二级市场上重新购买自己的股票的行为。回购有两种基本形式：一是企业使用现金购回股东所持股票，以这种形式将现金分配给股东；二是企业认为其资本结构中权益股本比例太高，因此就出售债券，用所得的款项购回它的部分股票。被企业回收的股票称为库藏股票。股票回购使发行在外的流通股票数量减少，假如股票回购不影响公司的收益，剩下的流通股票每股收益上升，将促使每股市场价格上升。结果，资本收益代替了股利，因此股票回购是现金股利的一种替代形式。

2．企业实施股票回购的原因

（1）提高股票的价格

企业认为其股票的价格偏低，不利于企业的形象，也不利于企业进一步融通资金，为此采用回购的方式，以提高企业股票的价格。

（2）防止被控制

当企业发现其股票有被收购的迹象时，企业可以大量举债以回购其股票，这样既保持了一定的股票数量，又增加了大量的负债，降低了企业被收购的吸引力，从而有助于消除潜在的被控制的威胁。

（3）调整资本结构

当企业资本结构中权益资本比例过高时，不利于降低资本成本，也没有充分发挥财务杠杆的作用，企业采用回购政策降低股本的数量，有利于向最佳资本结构靠拢。

（4）作为库藏股票

这样做便于将来用于认股权证或可转换债券的销售。

（5）带来税收利益

股票回购所产生的利润通常按照资本利得税税率来纳税，而现金股利分配按个人所得税税率来纳税，因此股票回购可给股东带来税收的利益。尤其当董事们自己掌握大量股票时，出于节税方面的考虑，他们更喜欢股票回购的形式。

3．股票回购的影响

近年来，西方国家许多公司一直在回购它们的股票。20 世纪 80 年代以前，大部分公司回购股票的数量仅为几百万美元，但 80 年代以后，美国掀起了一股股票回购热潮，首先是菲利浦石油公司在 1985 年回购 8 100 万股、市值达 41 亿美元的股票，后来一些著名的大公司如 IBM、可口可乐、固特异轮胎等曾大规模地回购股票。有资料表明，1985 年以来，回购股票的数量一度超过了发行数量。

（1）对每股收益与股票市场价格的影响

股票回购对剩下的股票的每股收益和每股市场价格都会上升。

（2）对其他方面的影响

回购计划可能在一些投资者心目中会产生一些副作用，认为回购计划是企业找不到一个好的投资项目的标志，从而对股票价格产生不利影响，但从历史经验来看，有利的影响要比不利的影响多。另外，回购股票有时会被认为有操纵股市的嫌疑，处理不当会受到证券交易管理机构的调查。

第二部分 技能训练

技能训练 3：股票股利股价计算

【例 10-3】 东化公司分红前的每股收益为 3.6 元，股票除权日前的收盘价为 12 元，股票红利的派发率为 20%。

解：（1）股票红利派发后经调整的每股收益

$$EPS_1=EPS_0\div(1+0.2)=3.6\div1.2=3$$

（2）调整后的股票价格

$$P_1 = \frac{12}{1+0.2}=10$$

调整后企业股票的总价值不变，若某股东原持有 100 股股票，调整前的股票价格为 12 元，该股东持有的股票价值为 1 200 元。现持有的股票数增加为 120 股，由于股票的价格降为 10 元，所以股东持有的股票价值仍是 1 200 元，这与调整前的价值相同。

技能训练 4：股票回购股价计算

【例 10-4】 东化公司 2010 年的税后收益为 400 万元，经公司董事会讨论将收益的一半即 200 万元分配给股东。公司发行在外的股票有 100 万股，平均价格为 18 元，A 公司觉得它可以用 200 万元来回购 10 万股股票，收购价格为每股 20 元，或者支付每股 2 元的现金红利。

解：（1）回购计划实施前：

$$原每股收益 = 400÷100 = 4（元/股）$$

$$原市盈率 = 18÷4 = 4.5$$

（2）回购计划实施后：

$$新每股收益 = 400÷90 = 4.44（元／股）$$

$$股票收购价格 = 原市盈率×新每股收益 = 4.5×4.44 = 20（元）$$

注意在这个例子中，在任何情况下，投资者都可以得到每股 2 元的收益，要么是 2 元的现金股利，要么是 2 元的股票价格增值，之所以能得到这一结论是因为我们假设：①正好用每股 20 元的价格回购股票；②市盈率保持不变。如果回购价格低于每股 20 元，那么对于剩下的股东来说情况就更好；如果 A 公司支付的价格大于每股 20 元，则情况相反。同样，市盈率也会因为回购而发生变化，当投资者喜欢这一行动时，它就上升，反之则下降。

附　录　货币时间价值系数表

一、1元复利终值系数表

期数	1%	2%	3%	4%	5%	6%	7%	8%	9%	10%
1	1.0100	1.0200	1.0300	1.0400	1.0500	1.0600	1.0700	1.0800	1.0900	1.1000
2	1.0201	1.0404	1.0609	1.0816	1.1025	1.1236	1.1449	1.1664	1.1881	1.2100
3	1.0303	1.0612	1.0927	1.1249	1.1576	1.1910	1.2250	1.2597	1.2950	1.3310
4	1.0406	1.0824	1.1255	1.1699	1.2155	1.2625	1.3108	1.3605	1.4116	1.4641
5	1.0510	1.1041	1.1593	1.2167	1.2763	1.3382	1.4026	1.4693	1.5386	1.6105
6	1.0615	1.1262	1.1941	1.2653	1.3401	1.4185	1.5007	1.5809	1.6771	1.7716
7	1.0721	1.1487	1.2299	1.3159	1.4071	1.5036	1.6058	1.7138	1.8280	1.9487
8	1.0829	1.1717	1.2668	1.3686	1.4775	1.5938	1.7182	1.8509	1.9926	2.1436
9	1.0937	1.1951	1.3048	1.4233	1.5513	1.6895	1.8385	1.9990	2.1719	2.3579
10	1.1046	1.2190	1.3439	1.4802	1.6289	1.7908	1.9672	2.1589	2.3674	2.5937
11	1.1157	1.2434	1.3842	1.5395	1.7103	1.8983	2.1049	2.3316	2.5804	2.8531
12	1.1268	1.2682	1.4258	1.6010	1.7959	2.0122	2.2522	2.5182	2.8127	3.1384
13	1.1381	1.2936	1.4685	1.6651	1.8856	2.1329	2.4098	2.7196	3.0658	3.4523
14	1.1495	1.3195	1.5126	1.7317	1.9799	2.2609	2.5785	2.9372	3.3417	3.7975
15	1.1610	1.3459	1.5580	1.8009	2.0789	2.3966	2.7590	3.1722	3.6425	4.1772
16	1.1726	1.3728	1.6047	1.8730	2.1829	2.5404	2.9522	3.4259	3.9703	4.5950
17	1.1843	1.4002	1.6528	1.9479	2.2920	2.6928	3.1588	3.7000	4.3276	5.0545
18	1.1961	1.4282	1.7024	2.0258	2.4066	2.8543	3.3799	3.9960	4.7171	5.5599
19	1.2081	1.4568	1.7535	2.1068	2.5270	3.0256	3.6165	4.3157	5.1417	6.1159
20	1.2202	1.4859	1.8061	2.1911	2.6533	3.2071	3.8697	4.6610	5.6044	6.7275
21	1.2324	1.5157	1.8603	2.2788	2.7860	3.3996	4.1406	5.0338	6.1088	7.4002
22	1.2447	1.5460	1.9161	2.3699	2.9253	3.6035	4.4304	5.4365	6.6586	8.1403
23	1.2572	1.5769	1.9736	2.4647	3.0715	3.8197	4.7405	5.8715	7.2579	8.2543
24	1.2697	1.6084	2.0328	2.5633	3.2251	4.0489	5.0724	6.3412	7.9111	9.8497
25	1.2824	1.6406	2.0938	2.6658	3.3864	4.2919	5.4274	6.8485	8.6231	10.835
26	1.2953	1.6734	2.1566	2.7725	3.5557	4.5494	5.8074	7.3964	9.3992	11.918
27	1.3082	1.7069	2.2213	2.8834	3.7335	4.8823	6.2139	7.9881	10.245	13.110
28	1.3213	1.7410	2.2879	2.9987	3.9201	5.1117	6.6488	8.6271	11.167	14.421
29	1.3345	1.7758	2.3566	3.1187	4.1161	5.4184	7.1143	9.3173	12.172	15.863
30	1.3478	1.8114	2.4273	3.2434	4.3219	5.7435	7.6123	10.063	13.268	17.449
40	1.4889	2.2080	3.2620	4.8010	7.0400	10.286	14.794	21.725	31.408	45.259
50	1.6446	2.6916	4.3839	7.1067	11.467	18.420	29.457	46.902	74.358	117.39

续表

期数	12%	14%	15%	16%	18%	20%	24%	28%	32%	36%
1	1.1200	1.1400	1.1500	1.1600	1.1800	1.2000	1.2400	1.2800	1.3200	1.3600
2	1.2544	1.2996	1.3225	1.3456	1.3924	1.4400	1.5376	1.6384	1.7424	1.8496
3	1.4049	1.4815	1.5209	1.5609	1.6430	1.7280	1.9066	2.0872	2.3000	2.5155
4	1.5735	1.6890	1.7490	1.8106	1.9388	2.0736	2.3642	2.6844	3.0360	3.4210
5	1.7623	1.9254	2.0114	2.1003	2.2878	2.4883	2.9316	3.4360	4.0075	4.6526
6	1.9738	2.1950	2.3131	2.4364	2.6996	2.9860	3.6352	4.3980	5.2899	6.3275
7	2.2107	2.5023	2.6600	2.8262	3.1855	3.5832	4.5077	5.6295	6.9826	8.6054
8	2.4760	2.8526	3.0590	3.2784	3.7589	4.2998	5.5895	7.2058	9.2170	11.703
9	2.7731	3.2519	3.5179	3.8030	4.4355	5.1598	6.9310	9.2234	12.166	15.917
10	3.1058	3.7072	4.0456	4.4114	5.2338	6.1917	8.5944	11.806	16.060	21.647
11	3.4785	4.2262	4.6524	5.1173	6.1759	7.4301	10.657	15.112	21.199	29.439
12	3.8960	4.8179	5.3503	5.9360	7.2876	8.9161	13.215	19.343	27.983	40.037
13	4.3635	5.4924	6.1528	6.8858	8.5994	10.699	16.386	24.759	36.937	54.451
14	4.8871	6.2613	7.0757	7.9875	10.147	12.839	20.319	31.691	48.757	74.053
15	5.4736	7.1379	8.1371	9.2655	11.974	15.407	25.196	40.565	64.359	100.71
16	6.1304	8.1372	9.3576	10.748	14.129	18.488	31.243	51.923	84.954	136.97
17	6.8660	9.2765	10.761	12.468	16.672	22.186	38.741	66.461	112.14	186.28
18	7.6900	10.575	12.375	14.463	19.673	26.623	48.039	86.071	148.02	253.34
19	8.6128	12.056	14.232	16.777	23.214	31.948	59.568	108.89	195.39	344.54
20	9.6463	13.743	16.367	19.461	27.393	38.338	73.864	139.38	257.92	468.57
21	10.804	15.668	18.822	22.574	32.324	46.005	91.592	178.41	340.45	637.26
22	12.100	17.861	21.645	26.186	38.142	55.206	113.57	228.36	449.39	866.67
23	13.552	20.362	24.891	30.376	45.008	66.247	140.83	292.30	593.20	1178.7
24	15.179	23.212	28.625	35.236	53.109	79.497	174.63	374.14	783.02	1603.0
25	17.000	26.462	32.919	40.874	62.669	95.396	216.54	478.90	1033.6	2180.1
26	19.040	30.167	37.857	47.414	73.949	114.48	268.51	613.00	1364.3	2964.9
27	21.325	34.390	43.535	55.000	87.260	137.37	332.95	784.64	1800.9	4032.3
28	23.884	39.204	50.066	63.800	102.97	164.84	412.86	1004.3	2377.2	5483.9
29	26.750	44.693	57.575	74.009	121.50	197.81	511.95	1285.6	3137.9	7458.1
30	29.960	50.950	66.212	85.850	143.37	237.38	634.82	1645.5	4142.1	1014.3
40	93.051	188.83	267.86	378.72	750.38	1469.8	5455.9	1942.7	6652.1	*
50	289.00	700.23	1083.7	1670.7	3927.4	9100.4	4689.0	*	*	*

二、1元复利现值系数表

期数	1%	2%	3%	4%	5%	6%	7%	8%	9%	10%
1	.9901	.9804	.9709	.9615	.9524	.9434	.9346	.9259	.9174	.9091
2	.9803	.9712	.9426	.9246	.9070	.8900	.8734	.8573	.8417	.8264
3	.9706	.9423	.9151	.8890	.8638	.8396	.8163	.7938	.7722	.7513
4	.9610	.9238	.8885	.8548	.8227	.7921	.7629	.7350	.7084	.6830
5	.9515	.9057	.8626	.8219	.7835	.7473	.7130	.6806	.6499	.6209
6	.9420	.8880	.8375	.7903	.7462	.7050	.6663	.6302	.5963	.5645
7	.9327	.8606	.8131	.7599	.7107	.6651	.6227	.5835	.5470	.5132
8	.9235	.8535	.7874	.7307	.6768	.6274	.5820	.5403	.5019	.4665
9	.9143	.8368	.7664	.7026	.6446	.5919	.5439	.5002	.4604	.4241
10	.9053	.8203	.7441	.6756	.6139	.5584	.5083	.4632	.4224	.3855
11	.8963	.8043	.7224	.6496	.5847	.5268	.4751	.4289	.3875	.3505
12	.8874	.7885	.7014	.6246	.5568	.4970	.4440	.3971	.3555	.3186
13	.8787	.7730	.6810	.6006	.5303	.4688	.4150	.3677	.3262	.2897
14	.8700	.7579	.6611	.5775	.5051	.4423	.3878	.3405	.2992	.2633
15	.8613	.7430	.6419	.5553	.4810	.4173	.3624	.3152	.2745	.2394
16	.8528	.7284	.6232	.5339	.4581	.3936	.3387	.2919	.2519	.2176
17	.8444	.7142	.6050	.5134	.4363	.3714	.3166	.2703	.2311	.1978
18	.8360	.7002	.5874	.4936	.4155	.3503	.2959	.2502	.2120	.1799
19	.8277	.6864	.5703	.4746	.3957	.3305	.2765	.2317	.1945	.1635
20	.8195	.6730	.5537	.4564	.3769	.3118	.2584	.2145	.1784	.1486
21	.8114	.6598	.5375	.4388	.3589	.2942	.2415	.1987	.1637	.1351
22	.8034	.6468	.5219	.4220	.3418	.2775	.2257	.1839	.1502	.1228
23	.7954	.6342	.5067	.4057	.3256	.2618	.2109	.1703	.1378	.1117
24	.7876	.6217	.4919	.3901	.3101	.2470	.1971	.1577	.1264	.1015
25	.7798	.6095	.4776	.3751	.2953	.2330	.1842	.1460	.1160	.0923
26	.7720	.5976	.4637	.3604	.2812	.2198	.1722	.1352	.1064	.0839
27	.7644	.5859	.4502	.3468	.2678	.2074	.1609	.1252	.0976	.0763
28	.7568	.5744	.4371	.3335	.2551	.1956	.1504	.1159	.0895	.0693
29	.7493	.5631	.4243	.3207	.2429	.1846	.1406	.1073	.0822	.0630
30	.7419	.5521	.4120	.3083	.2314	.1741	.1314	.0994	.0754	.0573
40	.6717	.4529	.3066	.2083	.1420	.0972	.0668	.0460	.0318	.0221
50	.6080	.3715	.2281	.1407	.0872	.0543	.0339	.0213	.0134	.0085

续表

期数	12%	14%	15%	16%	18%	20%	24%	28%	32%	36%
1	.8929	.8772	.8696	.8621	.8475	.8333	.8065	.7813	.7576	.7353
2	.7972	.7695	.7561	.7432	.7182	.6944	.6504	.6104	.5739	.5407
3	.7118	.6750	.6575	.6407	.6086	.5787	.5245	.4768	.4348	.3975
4	.6355	.5921	.5718	.5523	.5158	.4823	.4230	.3725	.3294	.2923
5	.5674	.5194	.4972	.4762	.4371	.4019	.3411	.2910	.2495	.2149
6	.5066	.4556	.4323	.4104	.3704	.3349	.2751	.2274	.1890	.1580
7	.4523	.3996	.3759	.3538	.3139	.2791	.2218	.1776	.1432	.1162
8	.4039	.3506	.3269	.3050	.2660	.2326	.1789	.1388	.1085	.0854
9	.3606	.3075	.2843	.2630	.2255	.1938	.1443	.1084	.0822	.0628
10	.3220	.2697	.2472	.2267	.1911	.1615	.1164	.0847	.0623	.0462
11	.2875	.2366	.2149	.1954	.1619	.1346	.0938	.0662	.0472	.0340
12	.2567	.2076	.1869	.1685	.1373	.1122	.0557	.0517	.0357	.0250
13	.2292	.1821	.1625	.1452	.1163	.0935	.0610	.0404	.0271	.0184
14	.2046	.1597	.1413	.1252	.0985	.0779	.0492	.0316	.0205	.0135
15	.1827	.1401	.1229	.1079	.0835	.0649	.0397	.0247	.0155	.0099
16	.1631	.1229	.1069	.0980	.0709	.0541	.0320	.0193	.0118	.0073
17	.1456	.1078	.0929	.0802	.0600	.0451	.0259	.0150	.0089	.0054
18	.1300	.0946	.0808	.0691	.0508	.0376	.0208	.0118	.0068	.0039
19	.1161	.0829	.0703	.0596	.0431	.0313	.0168	.0092	.0051	.0029
20	.1037	.0728	.0611	.0514	.0365	.0261	.0135	.0072	.0039	.0021
21	.0926	.0638	.0531	.0443	.0309	.0217	.0109	.0056	.0029	.0016
22	.0826	.0560	.0462	.0382	.0262	.0181	.0088	.0044	.0022	.0012
23	.0738	.0491	.0402	.0329	.0222	.0151	.0071	.0034	.0017	.0008
24	.0659	.0431	.0349	.0284	.0188	.0126	.0057	.0027	.0013	.0006
25	.0588	.0378	.0304	.0245	.0160	.0105	.0046	.0021	.0010	.0005
26	.0525	.0331	.0264	.0211	.0135	.0087	.0037	.0016	.0007	.0003
27	.0469	.0291	.0230	.0182	.0115	.0073	.0030	.0013	.0006	.0002
28	.0419	.0255	.0200	.0157	.0097	.0061	.0024	.0010	.0004	.0002
29	.0374	.0224	.0174	.0135	.0082	.0051	.0020	.0008	.0003	.0001
30	.0334	.0196	.0151	.0116	.0070	.0042	.0016	.0006	.0002	.0001
40	.0107	.0053	.0037	.0026	.0013	.0007	.0002	.0001	*	*
50	.0035	.0014	.0009	.0006	.0003	.0001	*	*	*	*

三、1元年金终值系数表

期数	1%	2%	3%	4%	5%	6%	7%	8%	9%	10%
1	1.0000	1.0000	1.0000	1.0000	1.0000	1.0000	1.0000	1.0000	1.0000	1.0000
2	2.0100	2.0200	2.0300	2.0400	2.0500	2.0600	2.0700	2.0800	2.0900	2.1000
3	3.0301	3.0604	3.0909	3.1216	3.1525	3.1836	3.2149	3.2464	3.2781	3.3100
4	4.0604	4.1216	4.1836	4.2465	4.3101	4.3746	4.4399	4.5061	4.5731	4.6410
5	5.1010	5.2040	5.3091	5.4163	5.5256	5.6371	5.7507	5.8666	5.9847	6.1051
6	6.1520	6.3081	6.4684	6.6330	6.8019	6.9753	7.1533	7.3359	7.5233	7.7156
7	7.2135	7.4343	7.6625	7.8983	8.1420	8.3938	8.6540	8.9228	9.2004	9.4872
8	8.2857	8.5830	8.8923	9.2142	9.5491	9.8975	10.260	10.637	11.028	11.436
9	9.3685	9.7546	10.159	10.583	11.027	11.491	11.978	12.488	13.021	13.579
10	10.462	10.950	11.464	12.006	12.578	13.181	13.816	14.487	15.193	15.937
11	11.567	12.169	12.808	13.486	14.207	14.972	15.784	16.645	17.560	18.531
12	12.683	13.412	14.192	15.026	15.917	16.870	17.888	18.977	20.141	21.384
13	13.809	14.680	15.618	16.627	17.713	18.882	20.141	21.495	22.953	24.523
14	14.947	15.974	17.086	18.292	19.599	21.015	22.550	24.214	26.019	27.975
15	16.097	17.293	18.599	20.024	21.579	23.276	25.129	27.152	29.361	31.772
16	17.258	18.639	20.157	21.825	23.657	25.673	27.888	30.324	33.003	35.950
17	18.430	20.012	21.762	23.698	25.840	28.213	30.840	33.750	36.974	40.545
18	19.615	21.412	23.414	25.645	28.132	30.906	33.999	37.450	41.301	45.599
19	20.811	22.841	25.117	27.671	30.539	33.760	37.379	41.446	46.018	51.159
20	22.019	24.297	26.870	29.778	33.066	36.786	40.995	45.752	51.160	57.275
21	23.239	25.783	28.676	31.969	35.719	39.993	44.865	50.423	56.765	64.002
22	24.472	27.299	30.537	34.248	38.505	43.392	49.006	55.457	62.873	71.403
23	25.716	28.845	32.453	36.618	41.430	46.996	53.436	60.883	69.532	79.543
24	26.973	30.422	34.426	39.083	44.502	50.816	58.177	66.765	76.790	88.497
25	28.243	32.030	36.459	41.646	47.727	54.863	63.249	73.106	84.701	98.347
26	29.526	33.671	38.553	44.312	51.113	59.156	68.676	79.954	93.324	109.18
27	30.821	35.344	40.710	47.084	54.669	63.706	74.484	87.351	102.72	121.10
28	32.129	37.051	42.931	49.968	58.403	68.528	80.698	95.339	112.97	134.21
29	33.450	38.792	45.219	52.966	62.323	73.640	87.347	103.97	124.14	148.63
30	34.785	40.568	47.575	56.085	66.439	79.058	94.461	113.28	136.31	164.49
40	48.886	60.402	75.401	95.026	120.80	154.76	199.64	259.06	337.88	442.59
50	64.463	84.579	112.80	152.67	209.35	290.34	406.53	573.77	815.08	1163.9

续表

期数	12%	14%	15%	16%	18%	20%	24%	28%	32%	36%
1	1.0000	1.0000	1.0000	1.0000	1.0000	1.0000	1.0000	1.0000	1.0000	1.0000
2	2.1200	2.1400	2.1500	2.1600	2.1800	2.2000	2.2400	2.2800	2.3200	2.3600
3	3.3744	3.4396	3.4725	3.5056	3.5724	3.6400	3.7776	3.9184	3.0624	3.2096
4	4.7793	4.9211	4.9934	5.0665	5.2154	5.3680	5.6842	6.0156	6.3624	6.7251
5	6.3528	6.6101	6.7424	6.8771	7.1542	7.4416	8.0484	8.6999	9.3983	10.146
6	8.1152	8.5355	8.7537	8.9775	9.4420	9.9299	10.980	12.136	13.406	14.799
7	10.089	10.730	11.067	11.414	12.142	12.916	14.615	16.534	18.696	21.126
8	12.300	13.233	13.727	14.240	15.327	16.499	19.123	22.163	25.678	29.732
9	14.776	16.085	16.786	17.519	19.086	20.799	24.712	29.369	34.895	41.435
10	17.549	19.337	20.304	21.321	23.521	25.959.	31.643	38.593	47.062	57.352
11	20.655	23.045	24.349	25.733	28.755	32.150	40.238	50.398	63.122	78.998
12	24.133	27.271	29.002	30.850	34.931	39.581	50.895	65.510	84.320	108.44
13	28.029	32.089	34.352	36.786	42.219	48.497	64.110	84.853	112.30	148.47
14	32.393	37.581	40.505	43.672	50.818	59.196	80.496	109.61	149.24	202.93
15	37.280	43.842	47.580	51.660	60.965	72.035	100.82	141.30	198.00	276.98
16	42.753	50.980	55.717	60.925	72.939	87.442	126.01	181.87	262.36	377.69
17	48.884	59.118	65.075	71.673	87.068	105.93	157.25	233.79	347.31	514.66
18	55.750	68.394	75.836	84.141	103.74	128.12	195.99	300.25	459.45	770.94
19	63.440	78.969	88.212	98.603	123.41	154.74	244.03	385.32	607.47	954.28
20	72.052	91.025	102.44	115.38	146.63	186.69	303.60	494.21	802.86	1298.8
21	81.699	104.77	118.81	134.84	174.02	225.03	377.46	633.59	1060.8	1767.4
22	92.503	120.44	137.63	157.41	206.34	271.03	469.06	812.00	1401.2	2404.7
23	104.60	138.30	159.28	183.60	244.49	326.24	582.63	1040.4	1850.6	3271.3
24	118.16	158.66	184.17	213.98	289.49	392.48	723.46	1332.7	2443.8	4450.0
25	133.33	181.87	212.79	249.21	342.60	471.98	898.09	1706.8	3226.8	6053.0
26	150.33	208.33	245.71	290.09	405.27	567.38	1114.6	2185.7	4260.4	8233.1
27	169.37	238.50	283.57	337.50	479.22	681.85	1383.1	2798.7	5624.8	11198.0
28	190.70	272.89	327.10	392.50	566.48	819.22	1716.1	3583.3	7425.7	15230.3
29	214.58	312.09	377.17	456.30	669.45	984.07	2129.0	4587.7	9802.9	20714.2
30	241.33	356.79	434.75	530.31	790.95	1181.9	2640.9	5873.2	12941.	28172.3
40	767.09	1342.0	1779.1	2360.8	4163.2	7343.2	2729.	69377.	*	*
50	2400.0	4994.5	7217.7	10436.	21813.	45497.	*	*	*	*

四、1元年金现值系数表

期数	1%	2%	3%	4%	5%	6%	7%	8%	9%
1	0.9901	0.9804	0.9709	0.9615	0.9524	0.9434	0.9346	0.9259	0.9174
2	1.9704	1.9416	1.9135	1.8861	1.8594	1.8334	1.8080	1.7833	1.7591
3	2.9410	2.8839	2.8286	2.7751	2.7232	2.6730	2.6243	2.5771	2.5313
4	3.9020	3.8077	3.7171	3.6299	3.5460	3.4651	3.3872	3.3121	3.2397
5	4.8534	4.7135	4.5797	4.4518	4.3295	4.2124	4.1002	3.9927	3.8897
6	5.7955	5.6014	5.4172	5.2421	5.0757	4.9173	4.7665	4.6229	4.4859
7	6.7282	6.4720	6.2303	6.0021	5.7864	5.5824	5.3893	5.2064	5.0330
8	7.6517	7.3255	7.0197	6.7327	6.4632	6.2098	5.9713	5.7466	5.5348
9	8.5660	8.1622	7.7861	7.4353	7.1078	6.8017	6.5152	6.2469	5.9952
10	9.4713	8.9826	8.5302	8.1109	7.7217	7.3601	7.0236	6.7101	6.4177
11	10.3676	9.7868	9.2526	8.7605	8.3064	7.8869	7.4987	7.1390	6.8052
12	11.2551	10.5753	9.9540	9.3851	8.8633	8.3838	7.9427	7.5361	7.1607
13	12.1337	11.3484	10.6350	9.9856	9.3936	8.8527	8.3577	7.9038	7.4869
14	13.0037	12.1062	11.2961	10.5631	9.8986	9.2950	8.7455	8.2442	7.7862
15	13.8651	12.8493	11.9379	11.1184	10.3797	9.7122	9.1079	8.5595	8.0607
16	14.7179	13.5777	12.5611	11.6523	10.8378	10.1059	9.4466	8.8514	8.3126
17	15.5623	14.2919	13.1661	12.1657	11.2741	10.4773	9.7632	9.1216	8.5436
18	16.3983	14.9920	13.7535	12.6896	11.6896	10.8276	10.0591	9.3719	8.7556
19	17.2260	15.6785	14.3238	13.1339	12.0853	11.1581	10.3356	9.6036	8.9601
20	18.0456	16.3514	14.8775	13.5903	12.4622	11.4699	10.5940	9.8181	9.1285
21	18.8570	17.0112	15.4150	14.0292	12.8212	11.7641	10.8355	10.0168	9.02922
22	19.6604	17.6580	15.9369	14.4511	13.4886	12.3034	11.0612	10.2007	9.4424
23	20.4558	18.2922	16.4436	14.8568	13.4886	12.3034	11.2722	10.3711	9.5802
24	21.2434	18.9139	16.9355	15.2470	13.7986	12.5504	11.4693	10.5288	9.7066
25	22.0232	19.5235	17.4131	15.6221	14.0939	12.7834	11.6536	10.6748	9.8226
26	22.7952	20.1210	17.8768	15.9828	14.3752	13.0032	11.8258	10.8100	9.9290
27	23.5596	20.7059	18.3270	16.3296	14.6430	13.2105	11.9867	10.9352	10.0266
28	24.3164	21.2813	18.7641	16.6631	14.8981	13.4062	12.1371	11.0511	10.1161
29	25.0658	21.8444	19.1885	16.9837	15.1411	13.5907	12.2777	11.1584	10.1983
30	25.8077	22.3965	19.6004	17.2920	15.3725	13.7648	12.4090	11.2578	10.2737
40	32.8347	27.3555	23.1148	19.7928	17.1591	15.0463	13.3317	11.9246	10.7574
50	39.1961	31.4236	25.7298	21.4822	18.2559	15.7619	13.8007	12.2335	10.9617

续表

期数	10%	12%	14%	15%	16%	18%	20%	24%	28%	32%
1	0.9091	0.8929	0.8772	0.8696	0.8621	0.8475	0.8333	0.8065	0.7813	0.7576
2	1.7355	1.6901	1.6467	1.6257	1.6052	1.5656	1.5278	1.4568	1.3916	1.3315
3	2.4869	2.4018	2.3216	2.2832	2.2459	2.1743	2.1065	1.9813	1.8684	1.7663
4	3.1699	3.0373	2.9173	2.8550	2.7982	2.6901	2.5887	2.4043	2.2410	2.0957
5	3.7908	3.6048	3.4331	3.3522	3.2743	3.1272	2.9906	2.7454	2.5320	2.3452
6	4.3553	4.1114	3.8887	3.7845	3.6847	3.4976	3.3255	3.0205	2.7594	2.5342
7	4.8684	4.5638	4.2882	4.1604	4.0386	3.8115	3.6046	3.2423	2.9370	2.6775
8	5.3349	4.9676	4.6389	4.4873	4.3436	4.0776	3.8372	3.4212	3.0758	2.7860
9	5.7590	5.3282	4.9164	4.7716	4.6065	4.3030	4.0310	3.5655	3.1842	2.8681
10	6.1446	5.6502	5.2161	5.0188	4.8332	4.4941	4.1925	3.6819	3.2689	2.9304
11	6.4951	5.9377	5.4527	5.2337	5.0286	4.6560	4.3271	3.7757	3.3351	2.9776
12	6.8137	6.1944	5.6603	5.4206	5.1971	4.7932	4.4392	3.8514	3.3868	3.0133
13	7.1034	6.4235	5.8424	5.5831	5.3423	4.9095	4.5327	3.9124	3.4272	3.0404
14	7.3667	6.6282	6.0021	5.7245	5.4675	5.0081	4.6106	3.9616	3.4587	3.0609
15	7.6061	6.8109	6.1422	5.8474	5.5755	5.0916	4.6755	4.0013	3.4834	3.0764
16	7.8237	6.9740	6.2651	5.9542	5.6685	5.1624	4.7296	4.0333	3.5026	3.0882
17	8.0216	7.1196	6.3729	6.0472	5.7487	5.2223	4.7746	4.0591	3.5177	3.0971
18	8.0216	7.2497	6.4674	6.1280	5.8178	5.2732	4.8122	4.0799	3.5294	3.1039
19	8.3649	7.3658	6.5504	6.1982	5.8775	5.3162	4.8435	4.0967	3.5386	3.1090
20	8.5136	7.4694	6.6231	6.2593	5.9288	5.3527	4.8696	4.1103	3.5458	3.1129
21	8.6487	7.5620	6.6870	6.3125	5.9731	5.3837	4.8913	4.1212	3.5514	3.1158
22	8.7715	7.6446	6.7429	6.3587	6.0113	5.4099	4.9094	4.1300	3.5558	3.1180
23	8.8832	7.7184	6.7921	6.3988	6.0442	5.3421	4.9245	4.1371	3.5592	3.1197
24	8.9847	7.7843	6.8351	6.4338	6.0726	5.4509	4.9371	4.1428	3.5619	3.1210
25	9.0770	7.8431	6.8729	6.4641	6.0971	5.4669	4.9476	4.1474	3.5640	3.1220
26	9.1609	7.8957	6.9061	6.4906	6.1182	5.4804	4.9563	4.1511	3.5656	3.1227
27	9.2372	7.9426	6.9352	6.5135	6.1364	5.4919	4.9636	4.1542	3.5669	3.1233
28	9.3066	7.9844	6.9607	6.5335	6.1520	5.5016	4.9697	4.1566	3.5679	3.1237
29	9.3696	8.0218	6.9830	6.5509	6.1656	5.5098	4.9747	4.1585	3.5687	3.1240
30	9.4269	8.0552	7.0027	6.5660	6.1772	5.5166	4.9789	4.1601	3.5693	3.1242
40	9.7791	8.2438	7.1050	6.6418	6.2335	5.5482	4.9966	4.1659	3.5712	3.1250
50	9.9148	8.3045	7.1327	6.6605	6.2463	5.5541	4.9995	4.1666	3.5714	3.1250

参 考 文 献

[1] 荆新，王化成. 财务管理学[M]. 北京：中国人民大学出版社，2009.

[2] 于兆河. 财务管理学[M]. 长春：吉林大学出版社，2009.

[3] 汤谷良，王化成. 企业财务管理学[M]. 北京：经济科学出版社，2000.

[4] 王化成. 国际财务管理[M]. 北京：中国审计出版社，1998.

[5] 爱斯华斯·达摩德伦. 公司财务理论与实务[M]. 北京：中国人民大学出版社，2002.

[6] 张显国. 财务管理[M]. 北京：机械工业出版社，2006.

[7] 张立达. 财务管理学[M]. 上海：立信会计出版社，2007.

[8] 财政部注册会计师考试委员会办公室. 财务成本管理[M]. 北京：经济科学出版社，2010.

[9] 隋静. 财务管理学[M]. 北京：北方交通大学出版社，2009.

[10] 贾国军. 财务管理学[M]. 北京：经济管理出版社，2006.

[11] 钟新桥，刘荣英，杨洛新. 现代企业财务管理[M]. 武汉：武汉理工大学出版社，2006.

[12] 魏明良. 财务管理[M]. 北京：经济管理出版社，2006.

[13] 严成根. 财务管理教程[M]. 北京：清华大学出版社，2006.

[14] 詹姆斯·C·范霍恩. 刘志远译. 财务管理与政策[M]. 大连：东北财经大学出版社，2000.

[15] 陆正飞. 财务管理[M]. 大连：东北财经大学出版社，2001.

[16] 余绪缨. 管理会计学[M]. 北京：中国人民大学出版社，1999.

[17] 徐光华，等. 现代企业财务管理[M]. 北京：清华大学出版社，2006.

[18] 王庆成，郭复初. 财务管理学[M]. 北京：高等教育出版社，2004.

[19] 安保荣. 财务管理教程[M]. 上海：立信会计出版社，2004.